A SUPERINDÚSTRIA DO IMAGINÁRIO

Como o capital transformou o olhar em trabalho e se apropriou de tudo que é visível

Eugênio Bucci

A SUPERINDÚSTRIA DO IMAGINÁRIO

Como o capital transformou o olhar em trabalho
e se apropriou de tudo que é visível

autêntica

Copyright © 2021 Eugênio Bucci

Todos os direitos reservados pela Autêntica Editora Ltda. Nenhuma parte desta publicação poderá ser reproduzida, seja por meios mecânicos, eletrônicos, seja via cópia xerográfica, sem a autorização prévia da Editora.

EDITORAS RESPONSÁVEIS
Rejane Dias
Cecília Martins

REVISÃO
Bruna Emanuele Fernandes

CAPA
Diogo Droschi

DIAGRAMAÇÃO
Christiane Morais de Oliveira

Dados Internacionais de Catalogação na Publicação (CIP)
Câmara Brasileira do Livro, SP, Brasil

Bucci, Eugênio

A Superindústria do Imaginário : como o capital transformou o olhar em trabalho e se apropriou de tudo que é visível / Eugênio Bucci. -- 1. ed. -- Belo Horizonte : Autêntica, 2021. -- (Ensaios / coordenação Ricardo Musse)

Bibliografia
ISBN 978-65-5928-051-3

1. Capitalismo - Aspectos sociais 2. Ciências sociais 3. Economia 4. Entretenimento 5. Indústria - Aspectos sociais 6. Indústria do entretenimento 7. Indústria - História 8. Inovação tecnológica 9. Revolução industrial I. Musse, Ricardo. II. Título III. Série.

21-64216   CDD-302.23

Índices para catálogo sistemático:

1. Comunicação e mídia : Sociologia 302.23

Aline Graziele Benitez - Bibliotecária - CRB-1/3129

Belo Horizonte
Rua Carlos Turner, 420
Silveira . 31140-520
Belo Horizonte . MG
Tel.: (55 31) 3465 4500

São Paulo
Av. Paulista, 2.073 . Conjunto Nacional
Horsa I . Sala 309 . Cerqueira César
01311-940 . São Paulo . SP
Tel.: (55 11) 3034 4468

www.grupoautentica.com.br
SAC: atendimentoleitor@grupoautentica.com.br

Para Angelo Bucci.

Sumário

Apresentação: O Imaginário industrializado 15
   Rompendo a barreira do trilhão 15
   "O novo petróleo" 17
   O olhar trabalha para o capital 21
   Dispositivos que aplacam o desejo 23
   Anzóis libidinais e o valor da imagem da mercadoria 24
   Noção preliminar de Imaginário e de Superindústria 27
   Sobre a organização deste livro 30

Primeira parte: A formação do *telespaço público* 37

1. A instância da imagem ao vivo 39
   Terrorismo no olhar 39
   A instância da palavra impressa 41
   Sobre a palavra "instância" 43
   Temporalidades e espacialidades: primeira aproximação 47
   Entre pensar e olhar 49
   A tecnologia e seu uso 51
   Uma gênese material da esfera pública 53
   Estereótipos românticos 58
   Indícios iniciais da crise da razão 60

2. Opinião pública, o mito imprescindível ... 65
   O ingresso triunfal do entretenimento ... 65
   Religiões, turismo, armas, prostituição, fármacos:
   tudo entretenimento ... 68
   Usina dos mitos do nosso tempo ... 72
   Modernidade mítica ... 76
   Uma certa teoria e uma epifania incerta ... 78
   Da opinião pública na América às massas hipnotizadas no nazismo ... 83

3. Existe razão na comunicação? ... 93
   Abelhas espertas ... 93
   O público desarrazoado ... 100
   Fé na razão, ainda ... 108
   Acontece que pessoas menos racionais também se comunicam ... 115
   Enfim, uma razão sem afeto ... 119

4. As "telepresenças" definem o *telespaço público* ... 123
   A lógica paradoxal ... 123
   O que é público no espaço público da comunicação? ... 126
   Arenas públicas mundiais ... 131
   Esfera pública ou espaço público? ... 135
   A hegemonia dos significantes visuais ... 144
   Conceito de telespaço público ... 146

Segunda parte: O gerúndio como forma do tempo histórico ... 151

5. O lugar que não para no lugar ... 153
   A circulação por paradigma ... 153
   O que flana é o que é ... 156
   Da modernidade bufa à supermodernidade ... 161
   Não lugar ... 166
   O não lugar da tela digital ... 168

6. O tempo que não tem tempo ... 173
   Medida de distâncias, do dinheiro e da vida ... 173
   As invenções dos tempos ... 178
   Presente inchado ... 186
   Gerúndio, a forma verbal dos "agoras" ... 194

Terceira parte: Da ideologia à *videologia* ... 201

7. Do ideário ao inconsciente ... 203
   Sobre homens e bichos ... 203
   Ideários ... 207
   Uma chave e as representações que ela pode abrir ... 211
   Nota fúnebre sobre uma escola panfletária ... 216
   Tramas de ideias em esconde-esconde ... 217
   "Tudo quanto se deve deparar por meio das palavras" ... 220
   Onde está a materialidade? ... 228
   Um ataque descentrado contra o inconsciente ... 232

8. A *videologia*, ou a imagem como língua ... 235
   Um neologismo fácil, mas necessário ... 235
   Mas isso será linguagem? ... 237
   Na língua, premeditar não vinga ... 245
   Cores, língua e linguagem ... 247
   Semânticas da imagem ... 251
   Nota sobre manipulação e uma certa "ideologice" ... 257
   Outra nota, esta mais curta ... 265

Quarta parte: A implosão do sujeito ... 269

9. Uma agonia exponencial ... 271
   Tamagotchi ... 271
   Sob o jugo dos genes ... 276
   Metafísica de cromossomos ... 279

Para piorar, dividido 282
O filósofo sem cabeça 291

10. O fantasma (do capitalismo) ronda a comunicação 293
    "Baião de três" 293
    O Simbólico 297
    O sujeito como significante 302
    No Imaginário 305
    O capitalismo fantasmático 309
    O indizível, cujo nome é "Real" 317
    Impasses do pensamento, impasse político 321

Quinta parte: O *valor de gozo* na Superindústria 325

11. Espetáculo: o capital que se mostra 327
    Imagem, um novo sinônimo de "reputação" 327
    Poderes mágicos da imagem no espetáculo 329
    Muito além da indústria cultural 332
    Uma crítica pontual a Guy Debord 336

12. Estéticas e fruições mercantis 343
    Duas novidades 343
    Do estômago ou da fantasia 346
    O significante da mercadoria 350
    Uma estética para a mercadoria 356

13. A fabricação do *valor de gozo* 363
    Um conceito que escorrega 363
    Goza! 372
    Fluxos do olhar 381
    A mais-valia do olhar 385

Epílogo: Por uma subjetividade sem cifrão 399
    O vértice e o vórtice 399
    "Nuvens" de cádmio 405

> *O que ainda existe?* 407
> *Cultura inculta* 410
> *Da Revolução Industrial à Revolução Digital* 411
> *Os anúncios tóxicos e o modo de produção mais tóxico ainda* 414
> *A contradição que define as demais* 417

Referências bibliográficas 421

Agradecimentos 441

Coleção Ensaios 445

É tão difícil
olhar o mundo e ver
o que ainda existe.
*"As canções que você fez para mim",
de Roberto Carlos e Erasmo Carlos.*

Apresentação
O Imaginário industrializado[1]

Rompendo a barreira do trilhão

Em janeiro de 2020, uma informação correu o mundo, mas não chamou a atenção de quase ninguém: as empresas Apple, Amazon, Alphabet (dona da Google), Microsoft e Facebook tinham alcançado, juntas, o valor de mercado de cinco trilhões de dólares.[2] Menos de seis meses depois, em junho do mesmo ano, a Apple sozinha valia 1,5 trilhão de dólares.[3] Aí, sim, o tema ganhou destaque.

Naqueles dias, em meados de 2020, a pandemia da Covid-19 já impusera um refluxo grave para a economia no mundo. Estimativas

---

[1] Parte do texto desta apresentação apareceu, com outra redação, em um artigo do autor publicado no jornal *O Estado de S.Paulo*, p. A2, 13 ago. 2020, sob o título "Cinco trilhões de dólares" (BUCCI, 2021).

[2] WINCK, Ben. The 5 Most Valuable US Tech Companies Are Now Worth More Than $5 Trillion After Alphabet's Record Close. *Business Insider*, 17 jan. 2020.

[3] PETERSON, Mike. Apple Becomes First U.S. Company to Hit $1.5 Trillion Market Valuation. *Appleinsider*, jun. 2020. Nesse período, apenas quatro das grandes – Apple, Alphabet (Google), Amazon e Microsoft – já batiam a casa dos cinco trilhões de dólares em valor de mercado. GUIMARÃES, Fernanda. Crise da Covid-19 dá espaço a empresas de tecnologia, que dispara na Bolsa. *O Estado de S.Paulo*, 12 jun. 2020.

do Banco Mundial davam conta de que o ano de 2020 traria uma contração do PIB global da ordem de 5,2%.[4] A previsão para o PIB brasileiro apontava uma retração igual ou pior: toda a riqueza produzida no Brasil em 2020, segundo os prognósticos, não ultrapassaria a casa de 1,5 trilhão de dólares.

Os economistas não gostam que comparemos estoques e fluxos, mas a simples ideia de pôr lado a lado o preço de uma única empresa, como a Apple, e a produção anual das economias nacionais foi se tornando irresistível. O PIB brasileiro – àquela altura ainda classificado como o nono maior do mundo, mas em queda acentuada[5] – não daria para comprar uma única empresa, a Apple. O contraste não era cruel apenas para o Brasil. Era humilhante para todos os países. Os indicadores mostravam que só o PIB dos Estados Unidos (cerca de vinte trilhões de dólares[6]) e o da China (pouco acima dos quinze trilhões[7]) superariam os cinco trilhões. Mais nenhum outro país seria capaz de produzir, ao longo de um ano inteiro, uma riqueza suficiente para arrematar o valor de mercado das quatro maiores *big techs* norte-americanas.

O capitalismo chegava, então, a um cenário insólito. Empresas jovens, com poucas décadas de existência, tinham alcançado um preço maior do que o PIB de qualquer país à exceção de China e Estados Unidos. E suas ações não paravam de crescer. Em agosto de 2020, quando a pandemia da Covid-19 seguia ceifando vidas, com 750 mil mortos no planeta (mais de 100 mil deles no Brasil),[8]

---

[4] BANCO MUNDIAL. *Global Economic Prospects*, jun. 2020.

[5] VILLAS BÔAS, Bruno. Brasil deve deixar em 2020 de ser uma das dez maiores economias do mundo. *Valor Econômico*, 9 nov. 2020.

[6] PLECHER, H. Gross Domestic Product (GDP) of the United States at Current Prices from 1984 to 2021. *Statista*, 27 maio 2020.

[7] TEXTOR, C. Gross Domestic Product (GDP) at Current Prices in China from 1985 to 2019 with Forecasts until 2025. *Statista*, 22 out. 2020.

[8] Segundo dados da World Health Organization (Organização Mundial da Saúde). Disponível em: https://covid19.who.int.

o preço da Apple escalava os gráficos, ultrapassando a barreira dos dois trilhões, numa ascensão fulminante.[9] Em um intervalo de 21 semanas, a mais bem avaliada das *big techs* dobrou seu valor de mercado. Segundo o jornal *The New York Times*, nos sete primeiros meses de 2020, as cinco maiores *big techs*, ou seja, a Apple, a Amazon, a Alphgabet (Google), a Microsoft e o Facebook, tiveram uma valorização de 37%, enquanto todas as outras empresas da S&P 500 (as quinhentas maiores companhias com ações negociadas na Nasdaq – National Association of Securities Dealers Automated Quotations – ou na Bolsa de Valores de Nova York, a Nyse) sofreram um declínio médio de 2% no preço de suas ações.[10] Em dezembro de 2020, quando as baixas da pandemia ultrapassavam 1,8 milhão no mundo (195,7 mil no Brasil), o preço da Apple alcançaria os 2,369 trilhões de dólares.[11]

"O novo petróleo"

O que há em comum com essas jovens companhias? O que elas produzem? Que valor elas geram para custar tão caro? Essas perguntas nos conduzirão ao tema central deste livro. Para enfrentá-las, comecemos pelas respostas oficiais ou oficiosas. Elas nos dirão que o segredo está na inovação tecnológica, na genialidade dos criadores dessas empresas e na tenacidade de seus CEOs. Se nos fiarmos em tais versões, acreditaremos que o toque de Midas vem dos chips, bits e bytes – e

---

[9] Apple se torna a primeira empresa a alcançar valor de mercado de US$ 2 trilhões. *Época Negócios*, 19 ago. 2020. Ver, também: PETERS, Jay. Apple Is Now the World's Most Valuable Publicly Traded Company. *The Verge*, 31 jul. 2020; e PINHEIRO, Victor. Ações da Apple disparam e empresa volta a ser a mais valiosa do mundo. *Olhar Digital*, 31 jul. 2020.

[10] EAVIS, Peter; LOHR, Steve. Big Techs Domination of Business Reaches New Heights. *The New York Times*, 19ago. 2020.

[11] MACIEL, Rui. Em novo record, Apple atinge valor de mercado de US$ 2,3 trilhões. *Canaltech.com.*, 29 dez 2021. Disponível em: https://bit.ly/3xqphs1. Acesso em: 28 jan. 2021.

que os bilhões de dólares preferem os que primeiro dominaram o e-mail, o e-commerce, o e-government e o e-tc. Dinheiro não nasce em árvore, já sabemos, mas talvez comecemos a admitir que dinheiro bem que pode brotar em computadores. Ou não?

Se quisermos ir além das respostas oficiais, poderemos nos valer de modelos teóricos menos rasos, como aquele que forjou o conceito de "economia da atenção".[12] Em termos sucintos, a "economia da atenção" consiste em mercadejar com o olhar, com os ouvidos, o foco de interesse e a curiosidade um tanto aleatória dos consumidores. O esquema é elementar: primeiro, o negociante atrai a "atenção" alheia; ato contínuo, sai por aí a vendê-la – mas, detalhe crucial, sai a vendê-la com zilhões de dados individualizados sobre cada um e cada uma que, no meio da massa, deposita seu olhar ansioso sobre as telas eletrônicas e entrega seus ávidos ouvidos aos *headphones* cada vez mais imperceptíveis. Os conglomerados da era digital elevaram o velho negócio do *database marketing* à enésima potência, com informações ultraprecisas sobre cada pessoa, e desenvolveram técnicas neuronais para magnetizar os sentidos dos ditos usuários. O negócio deles é o extrativismo do olhar e dos dados pessoais.

Isso mesmo: extrativismo digital ou virtual, aquele que se efetiva remotamente. No correr da segunda década do século XXI, os agentes mais sagazes do mercado compreenderam como capturar e monetizar essa entidade chamada "atenção", numa nova modalidade de negócio que conquistou um lugar próprio nos planos produtivos e nos cálculos de valor da indústria. Na capa de sua edição de 6 de maio de 2017, a revista semanal britânica *The Economist* trouxe uma

---

[12] Ricardo Abramovay e Rafael Zanatta relacionam criticamente elementos da Economia da Atenção com outros aspectos característicos do modo de proceder das *big techs* em ZANATTA, Rafael; ABRAMOVAY, Ricardo. Dados, vícios e concorrência: repensando o jogo das economias digitais. *Estudos Avançados*, volume 33, n. 96, p. 421-446, mai.-ago. 2019. Entre outros autores, eles se referem a WU, Tim. The Attention Merchants: *The Epic Scramble To Get Inside Our Heads*. London: Atlantic Books, 2016.

manchete que dizia que os dados pessoais tinham se convertido no "novo petróleo", isto é, nos recursos mais valiosos entre todos os disponíveis na natureza.[13]

Na mosca. A revista discorreu sobre o desafio que os Estados enfrentam para regular as "gigantes da internet". Um desafio e tanto. Com o porte descomunal que atingiram, as extratoras de olhar e de dados pessoais se situam numa altitude inalcançável para as legislações nacionais. O que poderia fazer uma eventual agência reguladora de um país de menor porte, como Uruguai, Portugal, ou Coreia do Sul, para estabelecer limites a um Facebook da vida? Aborrecê-lo um pouco, talvez, mas nada além disso. Sozinha, uma legislação nacional de um país médio não consegue fazer cócegas no fluxo de caixa do Facebook.

A agenda de restringir de alguma forma o poder monopolista do Facebook e das corporações digitais só pode ser liderada por economias centrais, como a dos Estados Unidos ou a da União Europeia. Este livro não vai se ocupar da matéria regulatória, mas a simples visualização da discrepância, da monstruosa assimetria entre a onipotência exuberante dos monstros digitais, cujo alcance é global, e as restrições geográficas e jurídicas das legislações e regulações nacionais nos ajuda a aquilatar a magnitude do fenômeno. A disparidade é inaudita. As "gigantes da internet" concentram mais poder de comunicação e mais controle sobre o fluxo da informação do que a imensa maioria dos Estados nacionais. Concentram um poderio econômico que inibe as pretensões de governantes de países médios. Têm mais força de mercado que as bancas do capital financeiro internacional. Estamos tratando de algo que nunca se viu.

E então? De onde veio tanto gigantismo? Ao menos no nível analítico sugerido por *The Economist*, tudo isso é gerado pelo extrativismo digital (de olhar, de dados pessoais, de atenção). Na era do *Big Data*,

---

[13] The World's Most Valuable Resource Is no Longer Oil, but Data. *The Economist*, 6 maio 2017.

algoritmos insondáveis cruzam os dados e antecipam em minúcias microscópicas o destino dos bilhões de fregueses. Escrutinados e recombinados pelos softwares secretos das corporações, os dados não mentem jamais. Preveem se o cidadão vai desenvolver Alzheimer (e quando), mostram que ele relaxa com a voz de Morgan Freeman, sabem que ele deseja sensações que nem ele mesmo sabe que deseja e enxergam em cada um e cada uma o que cada um e cada uma não ousam enxergar em si. As pessoas se encontram integralmente expostas aos algoritmos dos conglomerados. Tudo nelas é transparente, enquanto tudo nos algoritmos é opaco.

Portanto, na trilha interpretativa do "novo petróleo", temos que os dados pessoais de cada um dos habitantes da Terra teriam sido os responsáveis pela escalada de valor das *big techs*. Quem se apropria dos dados – dos dados pessoais dos outros, bem entendido, dos dados íntimos de cada um de nós – tem fortuna, força, poder e glória. Tanto é assim que o dinheiro mudou de mãos em coisa de duas décadas. Em 1998, as cinco empresas mais caras do mundo eram a GE, a Microsoft, a Shell, a Glaxo e a Coca-Cola.[14] No grupo, quatro companhias eram fabricantes de coisas palpáveis (motores, eletrodomésticos, gasolina, fármacos, bebidas gasosas), e só uma era uma empresa "de tecnologia", como já se convencionava chamá-las. Hoje, no pelotão dos conglomerados mais caros do mundo, todos ou quase todos são "de tecnologia", quer dizer, todos se valem de *gadgets* (um notebook, um site de busca ou um coraçãozinho vermelho na rede social) para extrair, catalogar, cruzar e comercializar os dados pessoais da humanidade. Outras corporações poderosas, que também tinham ultrapassado o preço de um trilhão de dólares, como as petroleiras estatais da Arábia Saudita e da China, aquelas do "velho" petróleo, vão ficando para trás. No mesmo arrastão, perdem terreno companhias tradicionais, como a Johnson & Johnson, a Visa e o McDonald's.

---

[14] WORLD'S TEN LARGEST companies (s.d.). Recuperado em 6 set. 2019, de https://cnn.it/3xt7PTS.

Embora espantoso, nada aí é obscuro ou difícil de aferir. Estamos lidando com explicações conhecidas, já bem assimiladas, sobre as quais não pairam controvérsias. A tecnologia e a tal economia de dados se tornaram o centro do capitalismo. A explicação parece plausível e satisfatória. Mas, se avançarmos um pouco além disso, perceberemos que há mais para saber. O que mudou no capitalismo não tem a ver apenas com o extrativismo digital. Há algo além disso – algo mais misterioso, mais denso e mais sombrio.

O olhar trabalha para o capital

Com o respeito devido a *The Economist*, a metáfora que ela estampou na sua capa em 2017, chamando os dados pessoais de "o novo petróleo", sintetiza o deslizamento tectônico na economia global, mas não decifra o que mais importa. Para entender de fato por que o valor de mercado das *big techs* subiu tanto (mesmo que levemos em conta que o preço dessas companhias é apenas um sintoma), precisamos conduzir nossa curiosidade intelectual para além da tecnologia e do extrativismo do olhar. Nessa trilha, veremos outros vetores – talvez mais determinantes – da mudança colossal que está em curso.

Mais que mudança: mutação. Desde meados do século XX, quando a televisão se massificou, o capitalismo relega as mercadorias corpóreas (coisas dotadas de alguma utilidade instrumental ou prática) para segundo plano. O que assumiu o lugar de destaque, ou o primeiro plano, foi outra espécie de mercadoria, que não tem corpo físico palpável: os signos, sejam eles imagens, sejam palavras. O capitalismo dos nossos dias é um fabricante de signos e um mercador de signos – as coisas corpóreas não são mais o centro do valor.

Essa é a ideia nuclear deste livro. Em lugar de produzir apenas objetos físicos – um par de sapatos, um automóvel, uma saca de soja, um lingote de aço, uma espaçonave particular –, o capital aprendeu a fabricar discursos: uma marca, uma grife, um apelo sensual que faz de uma mercadoria ordinária um amuleto encantado. O mais incrível é que as imagens, os signos e os discursos têm valor de troca. São mercadorias, mas não são mercadorias quaisquer: são as mercadorias dominantes, que flanam por aí na velocidade da luz para incidir no cerne do valor de todas as outras mercadorias.

O capital deixou de lado os objetos físicos e virou um narrador, um contador de histórias, e se fez um produtor de significações. O capital se descobriu linguagem e se deu bem na sua nova encarnação. Bem a propósito, a velha oposição entre trabalho e linguagem se dissolveu, não existe mais.

Nessa mutação em que as relações de produção se transfiguraram a ponto de assumir feições irreconhecíveis, o capital, além de explorar a força de trabalho, aprendeu a explorar o olhar – o capital explora o olhar como trabalho, compra o olhar em função daquilo que o olhar produz, e não apenas em função daquilo que o olhar pode ver. Nisso reside o núcleo da proposta teórica deste livro. O capitalismo se deu conta de que o olhar não é simplesmente um polo receptor das mensagens ou imagens prontas, mas uma força constitutiva de sentido social. É o olhar que fixa os sentidos que as imagens e as logomarcas têm. A ação de olhar, mais do que ver isso ou aquilo, é tecer um sentido para isso e aquilo.

Os falantes, ao falarem uma língua, fixam os sentidos das palavras para os outros falantes. Da mesma forma, os olhantes, ao verterem seu olhar para as imagens que andam de um lado para outro no mundo, estabelecem os sentidos dessas mesmas imagens para os outros olhantes. A sociedade só "aprende" o significado de uma imagem ou de um signo à medida que olha para essa imagem ou para esse signo e, assim, constitui o seu sentido. Conforme se familiariza com uma determinada visualidade, com aquela presença significante na paisagem visível, o olhar social vai costurando sentidos. Olhar para uma imagem é – rigorosamente – trabalhar para que aquela imagem adquira sentido, é fabricar significação.

E é assim, como trabalho, que o capital compra olhar social: para construir os sentidos dos signos, da imagem e dos discursos visuais que ele pretende pôr em circulação como mercadoria. É assim que são fabricados os valores das grifes e das marcas, bem como as reputações dos políticos, das empresas e de tudo mais. Nisso consiste a Superindústria do Imaginário.

Dispositivos que aplacam o desejo

Os exemplos que comprovam essa descrição teórica são clamorosos e estão por toda parte. Pensemos num exemplo conhecido para ilustrar o que se passa. Na nova ordem capitalista, uma famosa marca de artigos esportivos, a Nike, pode muito bem terceirizar a fabricação de tênis de maratona, mas não pode abrir mão de controlar na unha (digital) a gestão da marca e a publicidade. O *core business* da Nike não são os calçados levíssimos, as camisetas que atenuam o peso da transpiração ou aquelas tarjas elásticas que os tenistas profissionais usam na testa. Seu *core business* é uma – se quisermos reiterar o palavrão já açoitado pelo uso excessivo – narrativa. Tudo mais a Nike pode terceirizar. A narrativa, não. Em seu coração mais íntimo, a marca não fabrica roupas, acessórios, equipamentos, mas um estado de espírito (fabricado como sentido e como valor econômico pelo olhar social) que se irradia por meio dos acessórios, equipamentos e roupas e, mais ainda, que se irradia por meio da imagem.

Não por acaso, a Nike se consagrou como a marca de vestuário mais valiosa do mundo. Só o valor dessa marca (não da empresa) alcançou os 47 bilhões de dólares.[15] Em 2020, foi alçada pela primeira vez ao cume do ranking The Lyst Index, a lista que classifica trimestralmente as estrelas do mercado da moda mundial, como a mais celebrada e popular de todas elas. Também em 2020, o marketing da Nike aderiu às campanhas antirracistas e inverteu seu célebre slogan, "Just do it", para "Don't do it". Desde antes do império das *big techs*, a Nike já encarnava o *leitmotiv* do capitalismo mutante: emprestar

---

[15] DIAS, Maria Clara. Nike é a marca de vestuário mais valiosa do mundo pelo segundo ano consecutivo. *Época Negócios*, jul. 2019.

sentido e identidade, por meio da imagem tornada mercadoria, à existência vazia do consumidor.[16]

O capitalismo aprendeu, assim, a confeccionar e a entregar, com imagens sintetizadas industrialmente, os dispositivos imaginários de que o sujeito precisa para aplacar o desejo. O capitalismo agora se reconhece como um mascate dos amuletos, das senhas, das cifras e das chaves que abrem portas no psiquismo dos fregueses. É o mercador dessas centelhas infinitesimais, irredutíveis, essenciais ainda que efêmeras, que o sujeito ativa para gozar. Agora, o capitalismo provê as faíscas que, para o sujeito desamparado, ocupam o lugar do objeto do desejo.

Eis aqui, enfim, uma novidade mais grave, uma novidade cujo dorso de silício polido se pronuncia no *skyline* do tempo que se conta em séculos. Por trás do negócio da extração dos dados, que já foi descrito de forma prosaica nas capas das publicações jornalísticas, existe outro, mais esquivo à percepção imediata, mas muito mais volumoso.

Expandidas, as relações industriais transbordam do chão de fábrica, das plantas industriais convencionais, inundam toda a sociedade e se tornaram relações superindustriais. Todas as imagens acessíveis em todas as telas e as linguagens que trafegam pelos meios de comunicação se tornaram mercadorias e são fabricadas industrialmente, ou, melhor, *superindustrialmente*. Impregnados de valor de troca, esses produtos atravessam a imaginação das pessoas. Por meio disso, o capital avança sobre as subjetividades e sobre as subjetivações.

Anzóis libidinais e o valor da imagem da mercadoria

Tendo aprendido a confeccionar imagens e signos, o capitalismo forjou técnicas para arrebanhar o olhar e extrair os dados que estão ali, na superfície do olhar. Todos os processos imaginários que antes

---

[16] FRANK, Gustavo. No topo de lista do mercado de moda, Nike é mais valiosa do que nunca. *UOL*, 14 ago. 2020.

resistiam em esferas relativamente autônomas, como a esfera da religião ou da ciência, agora prestam vassalagem ao capital.

Na modelagem do Imaginário superindustrializado que se apropriou de todas as imagens, o olhar entra como a força que secreta a atenção. Funciona também como o portal para a extração de dados. A captura do olhar só se tornou historicamente possível como atividade econômica porque o capitalismo desenvolveu fórmulas replicáveis para seduzir o sujeito e atraí-lo para as telas e as teias digitais. O capital que seduz extrai dados, mas, ao mesmo tempo, e necessariamente, acaricia os sentidos – afaga a visão, é claro, mas massageia igualmente os outros sentidos que lhe são caudatários, como a audição. Incessantemente, o capital põe em movimento operações que saciam as demandas libidinais dos bilhões de sujeitos. A extração e o comércio dos dados pessoais ambientam-se no oceano do desejo inconsciente, cada vez mais alienado (tornado alheio) e monetizado.

Por certo, os mecanismos de capturar e saciar a demanda desejante são tão velhos quanto a humanidade. Desde sempre existem o Imaginário, o desejo, as identificações, os processos libidinais, mas há uma ruptura aí, diante do nosso nariz. No nosso tempo, o tempo da Superindústria do Imaginário, os mecanismos para enredar e saciar a demanda desejante foram monopolizados pela mercadoria. Antes, o jogo de fisgar os nós do desejo não tinha sido açambarcado pelas relações de produção, como acontece hoje. Antes, esse jogo pertencia ao campo das representações simbólicas, aos ritos religiosos, às celebrações ocasionais mais ou menos autônomas em relação às atividades econômicas. Agora, a fabricação das representações imaginárias, em todos os espaços sociais, foi alçada por sua própria potência significante ao cerne do capitalismo.

Quando as *big techs* desfilam no grupo das empresas mais valorizadas do mundo, não cabe mais nenhuma dúvida a respeito disso. As tais "gigantes da internet" não fazem outra coisa que não seja capturar o olhar mediante anzóis libidinais (que interpelam o desejo), comercializar esse olhar (e a atenção que supostamente o olhar carrega) e retroalimentar o circuito de sedução e comércio indefinidamente. Tudo o que se vê é uma fabricação da Superindústria do Imaginário.

Não se diga que isso é pouco. Não se venha com a conversa de que isso é "apenas" comunicação, "apenas" publicidade. O advérbio "apenas" não cabe mais aí. Há um bom tempo a comunicação e a publicidade deixaram de ser "apenas" aquele amontoado de manifestações laterais (ou "superestruturais") que não ferem o núcleo da relação de produção. O velho argumento de que a "comunicação" e a "publicidade" não fabricam valor porque não modificam o uso da mercadoria, ou porque são operações "externas" ao corpo da mercadoria, perdeu o pé. Aquilo que antes era tratado como um expediente acessório das relações econômicas, como um reles estímulo apelativo para induzir o consumo ou, no jargão mais ortodoxo, para precipitar a realização de seu valor de troca, agora *fabrica* valor. Todo o campo da comunicação e da publicidade, assim como o entretenimento, mesmo que escabroso, e as múltiplas possibilidades da representação estética, mesmo aquelas mais elegantes, funcionam agora sob a lógica superindustrial e, sim, produzem valor de troca, a ser materializado na *imagem da mercadoria*. Aí também entram o setor das relações públicas, a comunicação corporativa, além das igrejas convertidas em caça-níqueis abrutalhados. As tais "gigantes da internet" são o principal veículo publicitário do mundo e, não obstante, são a espuma da onda, somente a espuma. Há muito mais embaixo d'água.

Outro fator decisivo é que o desejo substitui a necessidade no capitalismo do olhar – que se deixa ver como o negócio do extrativismo dos dados e se esconde como o fabricante da mercadoria que é pura imagem. A categoria econômica da "necessidade", note-se a ironia, caiu em desuso. O sujeito não pede mais um valor de uso para resolver uma necessidade, mas um objeto para dar cabo de seu desejo. A "necessidade", quando aparece, aparece como pretexto. O uso a que se presta a mercadoria, sua utilidade prática, não está mais em questão: o que conta agora é o significado imaginário que esse uso representa para o sujeito. Por isso, antes de ser coisa, a mercadoria precisa ser imagem ou signo.

Em termos clássicos, diríamos que o que se dá é um uso da mercadoria não para uma necessidade objetiva do sujeito (como se aquecer ou se alimentar), mas para uma "fantasia", como Marx previu em *O capital*. Acontece que essa "fantasia" exerce hoje um peso tamanho para determinar o consumo que mesmo a noção clássica de uso (seja esse uso de ordem objetiva ou da ordem da fantasia) se diluiu. Mais que a um uso, a mercadoria e, sobretudo, a imagem da mercadoria vêm se prestando a uma espécie de "fruição". O capital monopolizou o olhar do planeta e recrutou o olhar do planeta para trabalhar a seu favor. O valor que o olhar produz mora na ordem do Imaginário.

Noção preliminar de Imaginário e de Superindústria

Sobre a palavra "Imaginário", vale um esclarecimento em caráter preliminar. O termo, que perfaz um dos eixos conceituais deste livro e será objeto de alguns capítulos, não é empregado aqui em seu sentido psicanalítico, embora o diálogo com a teoria psicanalítica seja recorrente. Como se verá, a noção de Imaginário, para efeitos deste estudo, abarca toda a ambiência cultural em que se catalisam signos, imagens, sons e textos (e objetos dotados de significação linguística) acionados para conferir sentido psíquico à fantasia do sujeito. Podemos pensar o Imaginário como o universo de signos (não os significantes soltos, mas os significantes associados a significados) a partir dos quais os sujeitos se conectam a identificações que os atendam de algum modo. Na Superindústria do Imaginário, esses signos tendem ao imagético e às telas eletrônicas, mas podem não ser imagens, podem estar num pedaço de papel, num áudio, num gesto, numa coreografia automática e, ainda assim, constituirão o Imaginário.

Embora não contenha toda a linguagem – pois existem filamentos da linguagem que lhe extrapolam a órbita –, o Imaginário se tece de linguagem. Só de linguagem. Se há no Imaginário algumas práticas exaustivamente repertoriadas, se há ritos ou formas rituais, tudo isso só está lá à medida que carregue em si uma função de linguagem. Não há cultura sem que haja Imaginário. Não há discurso, não há sujeito. E – o que mais nos interessa aqui – não há mais capitalismo sem Imaginário. O capitalismo se apossou de tal modo da ordem do Imaginário que dela se tornou prisioneiro – parasita e fonte geradora. Não encontraremos, na vida social dos nossos dias, algum signo que não concorra, mesmo que indiretamente, para acender índices de valor de mercado. Isso é escancarado quando se pensa na marca de um calçado esportivo, no automóvel, na viagem vendida pela agência de turismo, mas também é verdade para um grampo de cabelo, uma formiga no canteiro da universidade, um palito de picolé guardado numa gaveta, uma reserva ecológica. Cada fragmento do visível, mesmo quando aparentemente perdido das conexões produtivas, é convocado a produzir valor nas mercadorias que são os centros de gravidade do Imaginário. Em resumo, a totalidade do Imaginário foi, mais do que colonizada, empacotada pelo capital.

Quando produz valor no Imaginário, o capitalismo explora trabalho e olhar *superindustrialmente* – num plano superior em relação à indústria que herdamos do século XIX. É comum ouvirmos a expressão "pós-industrial", como a sugerir que a era industrial do capitalismo teria sido deixada para trás. A expressão, embora comum, talvez não seja exata.

Pelo método deste livro, as relações industriais de produção se fazem agora mais presentes do que antes. Elas não envolvem obrigatoriamente um maquinário conjugado à força física do trabalhador, mas envolvem, sim, a triangulação essencial a que compareçem (1) a função de máquina, (2) a função de trabalho (ou a função de olhar, que passa a funcionar como trabalho) e, finalmente, (3) a função de apropriação privada de valor.

A máquina, o primeiro fator da triangulação, pode não ser um torno mecânico, mas um smartphone, por meio do qual o olhar "trabalha": trabalha ao fixar significações no Imaginário, por um mecanismo que este livro cuida de explicar. Os meios de produção se tornaram ultraportáteis. Há meios de produção on-line, na virtualidade, movidos o tempo todo pelos sujeitos dispersos. Há meios de produção movidos principalmente pelos sujeitos que julgam estar se divertindo, que julgam estar apenas consumindo prazeres a granel, que julgam ser "usuários" de serviços gratuitos, como nos games, nas redes sociais, nos passatempos do "lazer".

É por aí que entra o segundo fator da triangulação: o trabalho. Uma das formas preferidas de trabalho na Superindústria é a daquele trabalho que vem disfarçado de diversão, de devoção mística, de fúria, de paixão, de carnaval. Num cassino vulgar de Las Vegas, por exemplo, os apostadores e jogadores estão trabalhando, estão movendo a linha de montagem, ainda que disso não se apercebam. Enquanto "jogam", enquanto "apostam", eles movem o maquinário (que ali são meios de produção) e se põem a fabricar dinheiro para o dono do cassino. A mesma fórmula extrai trabalho nas redes sociais, nos sites de busca, nos games virtuais, em todas as telas do entretenimento.

Em terceiro lugar, vem a apropriação privada de valor (ou *do* valor). Essa apropriação pode estar oculta ou virtualmente intangível, mas a relação de produção estará lá, mesmo que os sentidos do corpo não a possam verificar. Quando entra com imagens, falas, cantorias ou palavras numa rede social, o freguês trabalha, abastece diligentemente os bancos de dados trilionários dos conglomerados, e o valor desse trabalho é apropriado pelo capital.

Quanto ao termo Superindústria, vale ainda uma nota prévia. Para visualizar o que ele vem designar, é preciso constatar que aquilo a que se chama distraidamente de "setor de serviços" é uma trama expandida das relações industriais, que se estendem para além, muito além da fabricação de coisas corpóreas, consubstanciando a Superindústria.

Falar em uma sociedade "pós-industrial" não ajuda e não resolve. Vivemos, em verdade, um período em que a indústria se expandiu com tal potência e em tal escala que engolfou de um golpe as práticas que antes se situavam em seu exterior. Por esse prisma, veremos que as telerreligiões seguem uma lógica industrial, assim como o turismo, as diversões, as funerárias, a guerra, a ciência, a arte, o terrorismo, o ensino, o mundo corporativo e o amor. Não vislumbraremos aí uma indústria convencional, como uma fábrica de calçados, mas uma indústria superexpandida que não fabrica mais coisas, e sim signos (imagéticos ou não). Vislumbraremos a Superindústria do Imaginário, aquela que tem a linguagem como chão de fábrica.

Sobre a organização deste livro

A mutação de que tratamos aqui não se limitou e não se limita a um contorno estrito do capitalismo e seus objetos. Outros âmbitos, antes não subordinados diretamente à relação de produção, sofreram redefinições drásticas, pois foram drasticamente afetados pela metamorfose do capitalismo. Logo, uma reflexão que se disponha a compreender o modo pelo qual o capitalismo fagocitou o seu entorno, deixou de lado a mercadoria corpórea e se especializou na imagem e no signo deve atentar para as mutações que se verificaram no capital e em sua órbita.

Podemos identificar cinco dimensões para dar conta das transformações acarretadas pela emergência da Superindústria do Imaginário. A primeira se refere às mudanças que tornaram irreconhecíveis aquilo a que chamávamos de esferas públicas, numa sequência de rupturas que aponta para a emergência de um *telespaço público* de extensão global. A segunda dimensão tem a ver com as espacialidades e temporalidades na Superindústria do Imaginário, com parâmetros que pareceriam absurdos em outros períodos históricos. A terceira se define pela investida da imagem sobre o domínio que antes ficava com a palavra: a imagem eletrônica, passando a desempenhar funções antes reservadas às palavras, desestrutura irremediavelmente os padrões comunicacionais. A quarta dimensão é a do sujeito, um ente que, para sermos brandos, entra em colapso: o sujeito do Imaginário industrializado não é o mesmo da Revolução Industrial, é muito mais fragmentado, mais incerto, mais descentrado e ainda mais descartável. Por fim, a quinta dimensão nos é dada pela redefinição do valor de troca da mercadoria, que, sob o império da imagem, agora se compõe do valor do trabalho e também do valor do olhar para conformar o *valor de gozo*.

Consequentemente, este livro se organiza em cinco partes. Na primeira, "A formação do *telespaço público*", vamos nos ocupar das sucessivas alterações da tão falada "esfera pública". Os espaços comuns e os padrões de convivência (na sociedade civil e no Estado), que antes eram ordenados pela *instância da palavra impressa*, passaram a se ordenar pela *instância da imagem ao vivo*. Esse deslocamento dos espaços comunicacionais se entrelaça a outro deslocamento mais profundo do próprio capitalismo, e também decorreu dele.

A comunicação, ao contrário do que muitos acreditam, não pode ser "determinada" por figuras a que uma certa literatura atribui poderes sobrenaturais ou supramateriais, como a "ideologia burguesa" ou os "interesses da classe dominante". A comunicação e a linguagem não são ferramentas de dominação de classe, por mais que existam distorções deliberadas e procedimentos de opressão na linguagem e na comunicação. A burguesia não atua como ventríloquo. Mais do que "interesses" de um grupo de capitalistas mal-intencionados, o que formata os espaços públicos e as esferas públicas são forças desorganizadas que fluem pelos circuitos de sentido e de representação trançados na linguagem e na comunicação social. A esfera pública resulta das contradições mal resolvidas que têm lugar na comunicação social, não de planos malignos dos sujeitos supostamente postos no controle.

Não fosse isso, a esfera pública não teria se transformado como se transformou no curso de dois séculos, e o capitalismo não teria se expandido e se apossado do Imaginário. Para recapitular esse percurso de longo fôlego, a primeira parte deste livro relembrará que os Estados nacionais do mundo democrático ganharam seus formatos estáveis mais ou menos entre os séculos XVIII e XIX, com esferas públicas lastreadas na comunicação dos jornais impressos. Veremos que, depois, no século XX, os meios de comunicação de massa, notadamente a televisão, explodiram o formato anterior, inaugurando a *instância da imagem ao vivo*. As tais "gigantes da internet" dos nossos dias foram geradas no âmbito dessa instância, dando a ela um prolongamento, uma radicalização e incontáveis modalidades de capilaridade. Os espaços públicos virtuais, não físicos, onde ocorrem as "telepresenças", dão origem ao *telespaço público*, uma fusão entre todas as esferas públicas. As mediações se dão nos padrões da *instância da imagem ao vivo*. Com o registro da palavra perdendo precedência para o registro da imagem, o modo de produção, a política e a cultura entram em outra dinâmica.

Isso acarretará consequências para as percepções sociais de temporalidade e espacialidade. Esse será o tema da segunda parte, "O gerúndio como forma do tempo histórico". As distâncias, que já vinham se encurtando sob os saltos velozes dos padrões tecnológicos, agora, tendem a zero. Primeiro, conforme as aeronaves ficavam mais rápidas, os aeroportos ficaram mais próximos uns dos outros. Ato contínuo, a possibilidade de que um sujeito esteja em dois lugares ao mesmo tempo, ou mesmo em três, terá se revelado uma platitude. Sem compreender o encolhimento do espaço terrestre diante da velocidade das máquinas, será impossível compreender a fabricação e a circulação da imagem da mercadoria na velocidade da luz por suportes eletrônicos e cibernéticos os mais diversos.

O mesmo princípio de encolhimento valerá para o tempo, ou para a apreensão histórica da representação do tempo. O debate público, antes regulado pela pulsação dos jornais diários, em seus ciclos de 24 horas, aclimatou-se aos sinais instantâneos do rádio, da televisão e, depois, da internet. Como o dinheiro, que nunca dorme, viajando de um continente para a outro em menos de um segundo, a comunicação social se tornou ubíqua e onipresente. A temporalidade das bolsas de valores, dos telejornais e dos sites noticiosos (ou nem tão noticiosos assim) confluíram para o tempo zero. A forma de medir o trabalho, até ela se transubstanciou. Se o relógio foi inventado, entre outros fins, para atender à necessidade do capital de quantificar em métricas a força de trabalho a ser comprada e remunerada, o que inventar agora para medir um tipo de entrega à produção que atravessa as horas sem descanso? Antes a força de trabalho era medida pelo relógio de ponto, para mensurar a dedicação do corpo. E agora? Como medir a entrega de imaginação (entrega de alma) que a Superindústria do

Imaginário cobra de seus, como se diz, "colaboradores" ou "usuários"? O tempo, no nosso tempo, é outro tempo.

A sensação de um presente concentrado, a despeito da aceleração das ações humanas e sociais, tomará conta dos registros dos cronistas e dos pensadores. Uns falarão em alargamento do presente, que teria massa para empurrar para as bordas o passado e o futuro. Outros formularão o incômodo de modo inverso, identificando um presente comprimido, como que compactado por uma força gravitacional que não se sabe de onde vem. Uns e outros, porém, querem nos dizer a mesma coisa: teríamos chegado a um patamar da História em que se impõe uma estabilização sem ponto de chegada, um congelamento cronológico sem o congelamento de movimentos, numa dilatação maciça do instante que elege o gerúndio como sua forma temporal hegemônica.

A terceira parte, "Da ideologia à *videologia*", vai se aprofundar na comunicação que prefere a imagem à palavra, mas que, a despeito disso, não deixa de depender da linguagem. Esse aparente paradoxo se resolve quando notamos que a partir do advento da indústria cultural e, de modo mais perceptível, a partir da sociedade do espetáculo as imagens passaram a se articular como corpos de uma nova língua, que suplanta as fronteiras nacionais e, especialmente, as fronteiras idiomáticas. Reflui a presença da ideologia – essa noção crítica tão mal compreendida, tanto que terá de ser restaurada aqui –, hipertrofia-se a reverberação do que chamaremos de *videologia*.

A quarta parte, "A implosão do sujeito", refletirá sobre a dissolução dos poucos fios de que o sujeito ainda dispunha para dependurar suas modestas pretensões. O conceito de sujeito, hoje, após tempestades e traumas, resiste como um quase-nada: um chip biológico, um terminal de célula nervosa à espera de uma sinapse episódica. O desmantelamento se combina com a aptidão recentemente desenvolvida pelo capital de oferecer ao sujeito o signo minúsculo de que ele precisa para se sentir no desfrute de suas sensações. O capital fabrica e entrega pílulas linguísticas e imagéticas que entregam sentido para um sujeito de pura exiguidade, anestesiando sua vacuidade e sua angústia existencial. Sem a Superindústria do Imaginário, não teríamos tido o desmonte do sujeito nos moldes em que isso se deu.

A quinta parte, "O *valor de gozo* na Superindústria", destrinchará o modelo de fabricação de valor no Imaginário. Nessa parte, será apresentado o conceito de *valor de gozo*, que incide, mais do que no valor de uso instrumental da mercadoria, na fruição que a imagem da mercadoria oferece ao sujeito que a toca ou a deseja. Esse conceito se relaciona remotamente com o fetiche da mercadoria, mas as descrições clássicas do fetiche não lhe bastam. O *valor de gozo* se alimenta do trabalho, mas, sobretudo, alimenta-se do olhar – que, nessa Superindústria, funciona como trabalho. O *valor de gozo* se sobrepõe ao valor de uso e projeta para o alto o valor de troca, destampando a acumulação de capital. Com isso, se completa a descrição da Superindústria do Imaginário.

Como ficará demonstrado aqui, atividades como a publicidade, o entretenimento, as plataformas sociais e o comércio das diversões, que antes eram vistas como operações acessórias, situadas no entorno das relações de produção, passam a ocupar a posição de núcleo principal da fabricação do valor. Este livro tem a pretensão de explicar a mudança no curso a partir da qual a comunicação desenvolveu sua capacidade particular de fabricar valor em escala superindustrial e passou a dominar nada menos que o centro do capitalismo. A montagem dessa nova fundamentação teórica – ou mesmo dessa nova teoria – se vale de um repertório vasto, que vai da sociologia jurídica à linguística, da física à filosofia, da psicanálise à economia política, mas toma as cautelas metodológicas necessárias para se inscrever criteriosamente no interior de um campo específico: o campo dos estudos da comunicação. Dialoga com outros domínios epistemológicos, convoca noções neles desenvolvidas – às quais dá uma significação própria para pensar a comunicação –, mas não pertence a eles, que lhe são exteriores, nem se supõe com ascendência sobre eles.

Por certo, a leitura das páginas que se seguem não será um passeio. Ao contrário, demandará empenho intelectual de quem decidir encará-las. Os pilares conceituais do presente estudo – o *telespaço público*, a *instância da imagem ao vivo*, a *videologia*, o *olhar como trabalho* e o *valor de gozo* – não são simples e, não raro, podem ser inóspitos. Mesmo assim, os capítulos foram escritos com uma certa obsessão pela clareza, de tal modo que os conceitos fiquem acessíveis a leitoras e leitores com alguma cultura crítica, não apenas aos comunicólogos ou aos especialistas. Oxalá as ideias aqui desenvolvidas compensem o esforço dos que se abrirem a elas.

PRIMEIRA PARTE
A formação do *telespaço público*

1
A instância da imagem ao vivo[17]

Terrorismo no olhar

A fisionomia da nossa era tem a textura, a consistência, a natureza – e, ao mesmo tempo, a fugacidade, a evanescência e a volatilidade – de uma cena que reluz na tela eletrônica. O que ali está é o que é. As figuras mutantes que se insinuam e se desfazem em miragens digitais têm a autoridade de índices da verdade: o que de fato existe se veste delas para se dar a ver e, por elas revestido, não precisa ser real para existir. A história não se escreve, a história se desenha.

No dia 20 de julho de 1969, dois astronautas dos Estados Unidos pisaram no solo da Lua, mas o ato, para ser admitido como fato, precisou aparecer na televisão. A guerra do Golfo, entre agosto de 1990 e fevereiro de 1991, teve lances de videogame, com rastros verdes fosforescentes deixados por mísseis no céu noturno. A princesa Diana, da realeza britânica, morta em 31 de agosto de 1997 num acidente de automóvel em Paris, teve seu funeral transformado em atração do horário nobre em todos os países.

---

[17] O tema deste capítulo já foi trabalhado pelo autor em um texto anterior: BUCCI, Eugênio. Em torno da instância da imagem ao vivo. *Matrizes*, ano 3, n. 1, p. 65-79, ago.-dez. 2009.

Entre tantos shows noticiosos, nenhum supera o que aconteceu no dia 11 de setembro de 2001. Os atentados terroristas perpetrados por aviões de carreira contra as Torres Gêmeas, no World Trade Center em Nova York, e o Pentágono, em Washington, estabeleceram o maior espetáculo televisivo da História. O atentado contra as Torres Gêmeas, elevado a campeão de audiência, foi transmitido ao vivo e depois reprisado e reeditado milhões de vezes, em câmera lenta, com avanços e recuos, para todas as plateias, que não se cansavam de ver e rever os jatos mergulhando nos edifícios. Havia algo de inconcebível e de impossível na façanha. Uma força anônima declarava guerra à maior potência militar do mundo (só mais tarde a Al-Qaeda se identificaria como autora do ataque), deixando um saldo de 2.996 mortos (computados os dezenove terroristas que estavam dentro dos aviões). Na França, os locutores alertavam os telespectadores, reiteradamente, de que aquelas não eram cenas de uma superprodução ficcional, mas fatos reais.

O derretimento ao vivo do World Trade Center tinha um sentido desestruturante que ia além do atentado espetacular. As torres gêmeas amarravam, como um grande nó, a teia imaginária a que se dava o nome, até aquele dia, de "Nova Ordem Mundial". Essa ordem ruiu em minutos. Foi um instante que se prolongou por dias, talvez semanas ou meses. Alvejadas por aeronaves de passageiros, tendo por pano de fundo um céu de brigadeiro, os dois arranha-céus deixaram ver, por trás de seu próprio desmoronamento, o nada. Deixaram ver a ausência absoluta. Vinha abaixo, de uma vez, a inviolabilidade da supremacia estadunidense. Eretas em dupla, as torres representavam um duplo cetro: eram um totem do centro financeiro do mundo, sediado no sul da ilha de Manhattan, e eram um ícone da superioridade de uma nação sobre as demais. Ao fazê-las se dissolver como velas de má qualidade, como picolés sob o sol, os agressores lancetaram não apenas o *skyline* nova-iorquino, mas as córneas de cada testemunha ocular para lhes arrancar o sentido que ordenava e codificava tudo o que havia para ser olhado: quem viu aquilo, num monitor de qualquer parte do planeta, experimentou uma fisgada no olhar. Quem viu (ou ouviu no rádio e, ato reflexo, imaginou visualmente o que ouvia) não esqueceu e não esquecerá jamais o momento em que viu. Lembra-se de onde estava, o que fazia, para onde ia. Lembra-se do que vestia. Quem viu sofreu um trauma indelével. Uma ferida no olhar. Quem viu compreendeu num clarão por que o olhar, esse tecido vulnerável, virou alvo do terror. Quem viu sofreu um trauma de guerra. Tornou-se um mutilado de guerra no plano imaginário.

No lugar das duas torres, irrompeu o nada, o vazio intolerável que levaria anos para ser ressimbolizado em um novo monumento – que representa, por sinal, um buraco sem fundo. O ato terrorista de 11 de setembro perfurou a membrana visível do mundo, e o furo ficou lá. Abriu um rasgo na linguagem. Ele aconteceu, e ainda segue acontecendo, num gerúndio de ecos visuais. Ele aconteceu na *instância da imagem ao vivo*.

Ao longo de 2020, durante a pandemia, a humanidade, confinada à condição de espectadora e à virtualidade, entre *lockdowns* sanitários e "trabalhos remotos", hibernou inteira na *instância da imagem ao vivo*. Os protestos antirracistas que se espalharam por todos os países, os indicadores e os infográficos reportando a disseminação da Covid-19, a explosão das séries de TV, as *lives* de todo tipo, as eleições nos Estados Unidos: eventos globalizados no que chamaremos aqui de *instância da imagem ao vivo*.

A instância da palavra impressa

No século XIX, quando não havia nada nem remotamente parecido com um aparelho de televisão, o critério da verdade factual provinha da palavra impressa, num padrão comunicacional que vigorou absoluto entre o final do século XVIII e a primeira metade do século XX. Os jornais impressos pautaram, acolheram, editaram e canalizaram os debates públicos e estiveram no centro dos entendimentos políticos que resultaram na criação dos estados nacionais. O caso dos Estados Unidos é exemplar. O debate nacional que culminou com a adoção definitiva (na ratificação) do federalismo teve lugar nas páginas dos jornais. Entre 1787 e 1788, John Jay, Alexander Hamilton e James Madison escreveram os famosos "Federalist Papers", artigos publicados por *The Independent Journal* e *The New York Packet*. Originalmente, os textos apareceram sob o pseudônimo "Publius". Mais à frente, depois da ratificação, os três pensadores, que figuram entre os "pais fundadores" dos Estados Unidos, assumiram a autoria.

Não percamos de vista que, quando dominante, a *instância da palavra impressa* não se compunha de palavras quaisquer. As frases faladas na rua, ou aquelas que se encontrassem esquecidas num pergaminho, num papiro, numa obra manuscrita ou num incunábulo trancado numa biblioteca não figuravam no seu núcleo. Uma prosa curta na porta da igreja ou uma conversa informal na esquina não eram a mesma coisa que uma assertiva impressa na primeira página de um diário. Aí, sim, na primeira página, o portal da *instância da palavra impressa* se abria aos olhos com suas letras – suas letras garrafais. Os jornais do século XVIII e XIX eram um lugar social ou, ainda mais, instituições midiáticas com as quais nenhuma outra mídia rivalizava: incorporavam a credibilidade vinda do hábito e concentravam autoridade linguística inigualável.

Essa presença inseminadora e fundante da palavra impressa, assim como se viu na formação da federação dos Estados Unidos, se manifestou em toda parte. Na formação de quase todos os estados nacionais modernos, as controvérsias de imprensa confluíram para os consensos mínimos que permitiram a elaboração do ordenamento jurídico estatal. A forma da comunicação social, com sua âncora na palavra impressa, modelou o formato institucional do Estado e lá deixou sua marca genética, representada nos diários oficiais, em cujas páginas ganha validade a decisão da autoridade estatal (legislativa, judiciária ou executiva).

Aos padrões comunicacionais que geraram o Estado moderno daremos o nome de *instância da palavra impressa*. Foi ela que predominou antes da *instância da imagem ao vivo* – a instância que, desde a segunda metade do século XX, continua em vigência até nossos dias. Desde as revoluções iluministas do século XVIII, não houve e não há outra instância comunicacional além das duas que se sucederam.

Sobre a palavra "instância"

À primeira impressão, o termo "instância" evoca algo relativo ao mundo jurídico, pois é nele que ocorre com mais frequência, nomeando os níveis jurisdicionais que podem emitir decisões judiciais. No sistema de Justiça, a "primeira instância", normalmente, é aquela em que um juiz profere individualmente a sentença. Depois, quando uma das partes entra com um recurso, pode-se pleitear um novo julgamento, desta vez na "segunda instância", na qual será possível uma decisão colegiada (compartilhada por vários desembargadores). Se a causa não se encerrar aí, caberão mais recursos a instâncias superiores.

Neste livro, porém, o substantivo "instância" tem um sentido que não se confunde com aquele que lhe empresta a comunidade dos operadores do Direito. Como se lê nos dicionários, esse substantivo pode significar, também, "conjunto de fatores, funções ou valores que perfazem um determinado domínio, campo, esfera", além de ser um sinônimo de "categoria" ou de "âmbito".[18] É nessa acepção que vamos empregá-lo, para designar um "âmbito" ou um "campo" comunicacional dominante, cujos modos de significar prevaleçam sobre outros modos possíveis, que com ele podem coexistir.

Em latim, *instantia* significa "persistência, constância, assiduidade, pertinácia". A instância impera, totalizante, como um instante que não termina ou, poderíamos dizer, como um instante que insiste em instar. Mais que um jogo de palavras, essa insistência do instante que insta, que nos apela com sua interpelação e sentido de urgência, descreve bem o sentido de "instância" na comunicação, essa categoria abstrata na qual, acima de toda concretude, o sentido se produz com validade coletiva, comum.

Sob outro ângulo, podemos ainda dizer que a instância é a força que atrai o olhar social que busca referenciais e sentidos comuns

---

[18] HOUAISS, Antonio. *Grande Dicionário Houaiss*. Disponível em: https://bit.ly/3tWhZKz. Acesso em: 27 abr. 2021.

válidos. Seja numa página de jornal impresso (*instância da palavra impressa*), seja na tela de um celular (*instância da imagem ao vivo*), é o plano final para onde o olhar se dirige quando os sujeitos precisam se situar uns em relação aos demais, no tempo e no espaço. Em vez de saírem uns olhando nos olhos dos outros, indefinidamente, os sujeitos olham para a instância comunicacional. Olham para ela sem vê-la, jamais. E, por isso mesmo, por atrair o olhar e, no final da linha, ser ela mesma invisível, a instância cumpre tão bem a sua função.

Para que isso fique mais fácil de compreender, imaginemos um negociante florentino, no século XVII, lendo seu informativo econômico periódico, em sua sala de estar, no final da manhã. Seus olhos se concentram sobre uma folha de papel com textos e números. As palavras e os dígitos atraem sua atenção e o remetem para um plano que não está lá – está por trás das frases e das tabelas, por trás das folhas e mesmo por trás das coisas em que pensa o nosso leitor hipotético enquanto seus olhos passeiam pelos parágrafos. Digamos que o negociante de Florença, mergulhado na compreensão dos dados econômicos que lê em seu periódico, sinta-se transportado mentalmente a outro lugar que não aquele em que se encontra fisicamente. Suponhamos que ele esteja pensando na bolsa de mercadorias de outra cidade, de onde procedem as informações citadas no artigo que ele lê. Dessa bolsa na qual ele pensa agora, vieram as cotações que despertam seu interesse, com dados precisos, como o preço da especiaria que ele importa regularmente da Índia. O jornal capta o seu olhar e sua atenção e os leva para muito além daquele maço de papel que ele tem nas mãos. O leitor florentino se deixa transportar para a bolsa de mercadorias, para o porto que aguarda a chegada do carregamento que ele comprou, para o futuro, para a soma de dinheiro que espera ganhar e para as coisas empolgantes que pretende fazer com a fortuna que se aproxima. Ele enxerga tudo isso, claramente, com seu olhar que atravessa a folha de papel – mas uma coisa ele não enxerga nunca: a *instância da palavra impressa*. Esta, perfeitamente abstrata, se situa além daquilo que a vista e a imaginação alcançam.

Portanto, a instância não está no corpo físico da folha, nem na bolsa de mercadorias cujas cotações foram reproduzidas no jornal. Ela fica como que por detrás e acima de tudo isso, num grau de abstração inalcançável, de onde, no entanto, consegue amarrar, como um grande nó, o sistema significante que, aos olhos daquele comerciante, é tão certo como a poltrona em que está acomodado. A *instância da palavra impressa* – que ele não vê, mas é para onde se dirige seu olhar – ordena mensagens, significados e fundamentos para as suas decisões. Ele não sabe da existência disso, de uma instância, nem sequer pensa a respeito disso, mas, para ele, a função desempenhada pela instância está absolutamente fora de questionamento. É a instância que lhe entrega o lastro de verdade e de confiabilidade que o faz tomar por válidos os números de seu informativo periódico. Sem saber que olha para a *instância da palavra impressa*, sem vê-la, o comerciante confia nela como na existência da luz do sol que bate em sua janela. A instância, como atrator abstrato de olhar social, amarra o sistema significante e seu lastro de confiabilidade.

O mesmo raciocínio vale para a *instância da imagem ao vivo*. Imaginemos agora uma garota do século XXI, em Hong Kong, tarde da noite, ligando seus óculos de realidade ampliada, com estímulos luminescentes de telas de alta precisão. O que ela vê? Seguramente, não é a tela. Talvez ela veja dragões de escamas de silício combatendo androides azuis nas escarpas de vulcões extintos nos descampados de um planeta a dois milhões de anos-luz de distância. Ela está presente, ou, melhor, está telepresente num jogo virtual do qual participam pessoas de outros países, on-line e ao vivo. Ela não vê, mas *integra*, com os outros jogadores remotos, a *instância da imagem ao vivo*. A *instância da imagem ao vivo* suga – nesse caso, com muito mais força que sua antecessora, a *instância da palavra impressa* – o olhar da garota e dos demais. Considerada em seu todo, a *instância da imagem ao vivo*, além do exemplo específico da jovem de Hong Kong e seus dragões de silício, suga o olhar social, dotada de sua estranha força gravitacional. A instância é a casca imantada e inapreensível que recobre o olhar social.

Essa maneira de descrever o que seja "instância" guarda algum eco do sentido que a teoria psicanalítica atribuiu ao mesmo termo. No linguajar dos psicanalistas, "instância" designa um lugar, um âmbito, um plano em que pode ocorrer a vigência de significantes ou a produção de sentidos. O psicanalista francês Jacques Lacan falou sobre "a instância da letra no inconsciente", tentando apontar o lugar da letra, aquela cuja força se irradia para arranjar o discurso.[19] Antes de Lacan, Sigmund Freud recorreu à mesma palavra (com uma ideia que se aproxima da noção de "domínio") quando criou o modelo das três instâncias (*"Drei-Instanzen-Modell"*) para definir o "id", o "eu" e o "superego", ou "supereu" (*"Es", "Ich"* e *"Über-Ich"*).

Sendo assim, para efeitos do presente estudo, a palavra "instância" se adequa à finalidade de dar nome a esse plano, ou a essa casca imantada, esse centro gravitacional descentrado e difuso, mas ubíquo, que traga o olhar social e o conduz até onde aquele que olha, embora olhe, não enxerga e não vê. A instância consegue, assim, fazer com que o sujeito enxergue o que está para ser enxergado no caminho do olhar, mas ela mesma, a instância, sendo abstrata, é invisível, apenas flutua na membrana de um meio homeostático sem gravidade, a partir do qual envolve o universo visível dos sujeitos de olhos arregalados.

---

[19] "Nós designamos por letra esse suporte material que o discurso concreto toma emprestado à linguagem". (LACAN, Jacques. A instância da letra no inconsciente. In: LACAN, Jacques. *Escritos*. 4. ed. São Paulo: Perspectiva, 1996. p. 225.) É particularmente revelador o modo como o autor se refere à letra: *suporte material*. Em seu modo de ver, a letra forneceria a base para o discurso se fixar e, aí, colar-se a sentidos. Por certo, o conceito de "instância" na obra de Lacan não se resumirá a esse entendimento tão direto. Para ele, a "instância" define, mais que a própria letra, o *lugar* que a letra ocupa. Esse lugar está e estará lá, aberto, antes mesmo que a letra chegue. A letra funcionaria como suporte do discurso, mas, como suporte, recobre o vazio que a espera – e que dela não pode prescindir.

Temporalidades e espacialidades: primeira aproximação

A *instância da palavra impressa* e a *instância da imagem ao vivo* também se distinguem pelos seus padrões próprios de espacialidade e de temporalidade (veremos mais sobre as duas nos capítulos 5, dedicado ao espaço, e no 6, dedicado ao tempo, mas algumas noções devem ser adiantadas desde já).

Quanto ao espaço, a primeira não tinha meios de ultrapassar as fronteiras geográficas e linguísticas da sociedade que congregava, de forma que o volume das tiragens e os canais de distribuição dos jornais impressos ditavam o tamanho do território alcançado pela instância. Além de geográficos, os limites eram também linguísticos: somente os cidadãos alfabetizados, e bem alfabetizados, no idioma dos órgãos de imprensa tinham condições de atuar como interlocutores uns dos outros no interior daquele espaço.

Quanto à temporalidade, as sociedades referenciadas na *instância da palavra impressa* funcionavam em ciclos ou pulsações que obedeciam a uma frequência precisa. O ciclo dominante acabou sendo o de 24 horas, isto é, ditado pela periodicidade dos diários. Não que isso fosse uma regra cronometricamente rígida. Muitos diários de grandes cidades, ao final do século XIX e no início do século XX, trabalhavam com mais de uma edição no mesmo dia, mas o ritmo de pulsações informativas seguia, como regra, a periodicidade diária.

A partir de meados do século XX, com a instância seguinte, a da *imagem ao vivo*, a temporalidade e a espacialidade se alteraram. É verdade que o modelo do jornal impresso prosseguiu no século XX e no início do século XXI, mas a instância à qual esse modelo pertencia foi se atrofiando em face do segundo padrão comunicacional, a *instância da imagem ao vivo*, de tal maneira que a presença antes solar, incontestável, da instituição midiática do jornal impresso, que tinha o poder ontológico de separar a verdade da mentira, virou coadjuvante e, muitas vezes, terminou embrulhando peixe morto.

Com os meios de comunicação de massa (impulsionados pela imagem ao vivo), o texto impresso nos diários deixou de ser o crivo obrigatório para que homens e mulheres tivessem acesso às notícias e às opiniões. Como saber ler não era mais um requisito obrigatório para o consumo dos produtos da comunicação social, multidões iletradas passaram a ter acesso a discursos, anúncios, entretenimento e mesmo notícias, que se tornaram um segmento diminuto do repertório dos meios, agora mais interessados na diversão. O que era simples passatempo nos jornais – as palavras cruzadas, as charges humorísticas, o horóscopo e as páginas de folhetim – virou o carro-chefe dos negócios da comunicação. O jornalismo foi rebaixado a um departamento secundário, cercado de passatempos por todos os lados.

Os espaços comuns erigidos pela comunicação – a arena pública ou o espaço público ou, se quisermos, a esfera pública – se transformaram num infinito parque virtual de diversões. A *instância da imagem ao vivo* se acendeu como o novo oráculo das massas, e a imagem assumiu o poder ritual de separar o fato da ficção. "Uma foto será mais 'crível' do que uma figura", dirá Régis Debray, "e uma fita de vídeo, do que um bom discurso".[20]

Na *instância da imagem ao vivo*, as fronteiras do idioma não bloqueiam mais o fluxo dos conteúdos, que são predominantemente imagéticos. As fronteiras nacionais também não limitam quase nada, a não ser no caso de governos autoritários que fecham as fronteiras virtuais da comunicação. A *instância da imagem ao vivo* as sobrevoa, sendo voluptuosamente totalizante e redutora: unifica o mundo para compactá-lo. Em sua temporalidade, vibra acima dos ciclos periódicos dos jornais impressos, indiferente a eles, ainda que deles preserve certa mística do tempo cíclico da notícia: o ritmo diário das atualizações ainda guarda seu encanto em telejornais, mas, na prática, foi aposentado pela instantaneidade. Se as distâncias espaciais se encolheram, os intervalos temporais praticamente desapareceram. O espaço público

---

[20] DEBRAY, Régis. *Vida e morte da imagem: uma história do olhar no Ocidente*. Petrópolis: Vozes, 1993. p. 354.

agora se assemelha a uma abóbada, tão grande ou tão pequena quanto o céu azul que embrulha a Terra.

Entre pensar e olhar

Da mesma forma que a imagem avançou sobre a palavra, o olhar avançou sobre o pensamento. Modos mais figurativos de significação roubaram a cena. Mesmo as palavras, agora não mais no papel, mas nas telas digitais, migraram inapelavelmente para a nova instância, onde comentam os efeitos semânticos das imagens, mais ou menos como legendas solícitas. Agora, o texto funciona como a fala do narrador esportivo na televisão, tenta levar entusiasmo a uma audiência que não precisa dele para saber qual é o time que está com a bola.

A *instância da imagem ao vivo* praticamente dispensa o trabalho do pensamento: convoca a plateia por meio das identificações fáceis, quase hormonais, muito mais explícitas; acaricia o olhar com ofertas de prazeres contemplativos: promete deleites gozosos, antropomorfizando e personificando o que lhe passa pela frente; dá acolhimento prazeroso aos sentidos do corpo. Com ela, o erotismo se fez pornografia e a pornografia se adestrou em subordinação à ordem.[21] Paradoxalmente, essa tara que é a pornografia extremada se fartando de seu avesso, o moralismo, também se expandiu: intumesceu-se. A publicidade e o entretenimento, com suas cintilações libidinais e libidinosas, conheceram sua apoteose. A propaganda política, a propaganda religiosa e as propagandas supostamente humanitárias dos expoentes do *show business* levam ao êxtase os militantes, os fiéis e os fãs, que se equivalem. A forma prevalece sobre o conteúdo: nada é mais parecido com a Marcha com Deus pela Família do que a Parada Gay.

---

[21] O filósofo Herbert Marcuse, a esse respeito, criaria, ainda na década de 1950, o conceito de "dessublimação repressiva", lançado no livro *Eros e civilização*, originalmente publicado em 1955. Marcuse notou que, ao ofertar canais para a suposta satisfação sexual, o capitalismo não libertava, mas aprisionava em outra escala.

A *instância da palavra impressa* tinha um pé no mundo jurídico, pois a lei fala por letras, não por imagens – e isso até hoje. No mundo jurídico, quem dirige a representação é o signo abstrato, "a razão sem paixão", como quis Aristóteles – segundo o qual ninguém lograria condenar um assassino à prisão se não houvesse lei escrita, publicada previamente, descrevendo o tipo penal do homicídio. Sem palavras e, mais ainda, sem a *autoridade* da palavra da lei, não há normatividade possível. A Justiça, portanto, duvida das imagens, a ponto de a deusa Têmis ter os olhos vendados.

Na *instância da imagem ao vivo*, a mesma divindade é impelida a sair para tomar sol de topless e óculos escuros, o que não é uma reles força de expressão. Está aí, escancarado, o desserviço que a TV Justiça, pura *instância da imagem ao vivo* jurisdicional, presta para o protocolo de altivez dos magistrados. Se, na *instância da palavra impressa* podemos reconhecer traços dos fundamentos significantes da hermenêutica, da exegese, do juízo de fato, do juízo de valor e das jurisprudências, na *instância da imagem ao vivo* o que se vê é a aderência entre um ícone (um amuleto, uma figura, um nome, um logotipo, uma marca) a um sentido imediato (sem mediação da razão), envolvendo estímulos lascivos.

No deslocamento entre as duas instâncias, a política e o jornalismo ficaram irreconhecíveis aos olhos das velhas gerações de praticantes. A primeira, que já continha elementos teatrais e dramáticos de sobra, e o segundo, que já trazia em sua constituição os recursos estéticos e apelos sensíveis, renderam-se às gramáticas visuais do entretenimento para não perder o vínculo com suas plateias. Ficaram irreconhecíveis. A política se esmerou no show lacrimoso, quando não desabridamente cômico. O jornalismo se lambuzou no sensacionalismo *high-tech*. O melhor do jornalismo resiste, ainda, como exercício de razão e verificação factual, mas, em sua maior parte, presta vassalagem ao Imaginário superindustrializado.

As identidades nacionais, muitas das quais tinham sido forjadas na *instância da palavra impressa*, ganharam releituras e *remakes* imagéticos. O caso mais paradigmático talvez seja o do Brasil: a nacionalidade brasileira só se reconheceu como unidade, como todo uno e indivisível, por força da televisão, a partir dos anos 1960. Não se pode desprezar o papel exercido pelo rádio nos anos 1930 e 1940, mas a identidade una só veio mesmo com a televisão.[22]

A *instância da imagem ao vivo* unifica tudo, mas desenvolveu a capacidade de se subdividir em milhões ou bilhões de "páginas" simultâneas sem perder a coesão interna. Sabe se fracionar e se refundir num segundo. Ela é uma e, ao mesmo tempo, é muitas. É um todo – e, quando menos se percebe, é uma arena sanguinolenta de feras que se digladiam em torno do vazio. Ela é Madonna *versus* Michael Jackson, Coca-Cola *versus* Pepsi-Cola, Samsung *versus* Apple; ela é discurso de ódio de fascistas e, principalmente, uma cibermiríade de políticas identitárias em frenética ira, em que uma logomarca se confunde com o cromossomo marcador de uma etnia. Ela faz o que é essencial parecer episódico, e o que é episódico dominar o essencial.

A tecnologia e seu uso

Mas não foi (e não é) a tecnologia que expandiu (ou expande) a esfera pública. A força motriz da expansão vem do emprego social e econômico da tecnologia. O protagonismo não é dos aparelhos eletrônicos, mas das relações de propriedade que os atravessam e os compartimentam. A *instância da imagem ao vivo* não é um meio ou um veículo. Não é, também, um aglomerado de meios e de veículos, embora deles todos se integre. Acima disso, é um padrão histórico de comunicação, que guarda algo do padrão anterior (no mais das vezes, o faz como farsa ritual).

---

[22] O primeiro exame circunstanciado desse processo veio num livro organizado a seis mãos, nos anos 1980, no qual destaco: KEHL, Maria Rita. Eu vi um Brasil na TV. In: KEHL, Maria Rita; COSTA, Alcir Henrique; SIMÕES, Inimá (Orgs.). *Um país no ar*. São Paulo: Brasiliense; Funarte, 1986. Ver, ainda: BUCCI, Eugênio. *Brasil em tempo de TV*. São Paulo: Boitempo, 1996.

Sua história é veloz e fagocitante. Seu marco de estreia foi a televisão ao vivo, logo enriquecido pelas ferramentas do videoteipe: a gravação e a repetição das imagens não revogaram, mas fortaleceram a força das transmissões ao vivo – pelo videoteipe, o instante do "ao vivo" se alargou. Depois, viria a televisão por assinatura, com centenas de canais distribuídos por satélites sintonizados diretamente nos lares, pelos cabos e outros tipos de sinais. No final do século XX, em muitos países, como Estados Unidos e Argentina, os canais por assinatura já estavam na maioria das casas, e a chamada televisão aberta entrava em declínio.

Todas essas inovações, no entanto, não minaram a *instância da imagem ao vivo*, apenas lhe deram mais "páginas" de presente e acrescentaram mais vigor ao seu padrão histórico de comunicação. Quando as torres gêmeas do World Trade Center, em Nova York, vieram abaixo, ao vivo, em telas múltiplas, explicitaram que a *instância da imagem ao vivo* continuava sendo o altar-mor da comunicação global. A invenção da TV ao vivo marcou o sepultamento da *instância da palavra impressa*, sem a menor dúvida, mas nenhuma invenção ou inovação posterior à TV ao vivo revogou a *instância da imagem ao vivo* – apenas lhe deu maiores penetração e permanência. A internet veio para intensificar suas potencialidades e realizar algumas de suas promessas reprimidas, como aquelas de dar visibilidade às individualidades, encurtando ainda mais as distâncias e abreviando os intervalos temporais. A festejada era digital engoliu alguns formatos de televisão e os tornou mais eficientes (para o mercado) do ponto de vista técnico. O YouTube e a Netflix são internet, mas são, rigorosamente, televisão, mesmo sem ser plataformas de imagens ao vivo, embora estejam começando a incluir quadros ao vivo.

Mais do que o acúmulo comunicacional das transmissões ao vivo, o que define *a instância da imagem ao vivo* é a condição imediata e permanente de colocar todos os sujeitos ao vivo a qualquer instante: não é a imagem ao vivo em si, mas é, de um lado, a condição de estarem todos ligados entre si ao mesmo tempo e, de outro, o lugar social que serve de sede para a imagem ao vivo, a partir do qual ela se irradia e para o qual ela converge. Todo o maquinário que se oferece para desfrute da população da Terra não servirá de nada se, no instante que conta, não for capaz de pôr todo mundo ao vivo num clique. YouTube, Netflix, Globoplay e outros serviços de streaming, até eles, estão prontos para abrir o acesso ao "ao vivo" a qualquer instante, em edição extraordinária.

Por isso, a condição de estar on-line alongou o fôlego histórico da *instância da imagem ao vivo*, levando-a ainda mais para longe dos marcos da *instância da palavra impressa*. No momento presente, quando ingressamos na terceira década do século XXI, a internet acentuou a dominância de todos os tipos de interpelação do desejo, de repulsa ao raciocínio abstrato, de precipitação de bolhas e de identificações primárias – todas características estruturantes da *instância da imagem ao vivo*, que, na era digital das redes sociais, ficou mais pujante do que nunca.

Uma gênese material da esfera pública

Mas foi a velha *instância da palavra impressa*, e não a *instância da imagem ao vivo*, que deu o formato da "esfera pública", esse conceito tão caro aos estudiosos da comunicação. O filósofo alemão Jürgen Habermas, herdeiro da Escola de Frankfurt e autor do livro *Mudança estrutural da esfera pública*, lançado em 1962, é reconhecido como o principal nome por trás do conceito.[23] Falar de Habermas se faz ainda indispensável porque, veremos agora, persistem entre nós incompreensões renitentes sobre a noção de esfera pública.

---

[23] Quanto a isso, ver, ao menos: HABERMAS, Jürgen. *Mudança estrutural da esfera pública*. Tradução de Flávio R. Kothe. Rio de Janeiro: Tempo Brasileiro, 1984; HABERMAS, Jürgen. *Teoría de la acción comunicativa*, 2 vol. Madrid: Taurus, 1987; HABERMAS, Jürgen. L'espace public, 30 ans après. *Quaderni*, n. 18, p. 173-184, Paris, 1992; HABERMAS, Jürgen. *Between Facts and Norms*. Cambridge: MIT Press, 1992. Deste último, para o presente livro, consultou-se o texto em inglês. Há uma tradução no Brasil, lançada em 1997, pela editora Tempo Brasileiro, do Rio de Janeiro, com o título de *Direito e democracia: entre facticidade e validade* (em dois volumes).

Essas incompreensões se articulam em torno da falsa pressuposição que toma a esfera pública como um corpo formal, institucional, jurídico ou sociológico. Para os estudos da comunicação, tal acepção constitui um erro que se desdobra em outros, numa reação em cadeia. A esfera pública (ou o espaço público[24]) não existe como um organismo prévio à comunicação, não é um centro que primeiro formula para depois se comunicar, não é um aparelho que se valha da comunicação de forma instrumental. A esfera pública *é* comunicação, é uma *realidade comunicacional*, uma construção comunicacional. Sua consolidação, sob o impulso, primeiro, do comércio renascentista e, depois, das revoluções iluministas do século XVIII, vem como consequência da troca incessante de informações sobre a atividade mercantil e sobre o estabelecimento de regras públicas *reivindicadas pelo mercado*. Sua consolidação, em suma, vem da comunicação.

O próprio Habermas alertou mais de uma vez a respeito disso, como quando, em 1992, se referiu à esfera pública como "o espaço social gerado pela comunicação".[25] Muitos de seus leitores, porém, não registraram o alerta, o que abriu caminho para distorções teóricas sortidas e variadas. Em função disso, teremos que voltar ao filósofo e recapitular como se deu a gênese dessa que é uma categoria central para o pensamento sobre comunicação. Não será possível compreender o nexo lógico e histórico entre a esfera pública e as duas instâncias (tanto a *da palavra impressa* como a *da imagem ao vivo*) sem compreender o papel estruturante da comunicação.

A esfera pública não se formou como um repertório de conteúdos ou como um concentrado de intenções cívicas, mas como

---

[24] Tradutores de Habermas para o inglês adotam a expressão "*public sphere*", enquanto os franceses preferem "*l'espace public*". Em português, se dá preferência ao termo "esfera", mas "espaço público", apesar de sua coincidência com o termo usado no urbanismo para designar praças e logradouros, seria igualmente aceitável.

[25] "A esfera pública se distingue como uma estrutura comunicacional [...], não se refere nem às funções nem ao conteúdo da comunicação de todo dia, mas ao *espaço social* gerado pela comunicação" (HABERMAS, Jürgen. *Between Facts and Norms*, p. 360). (Tradução livre).

desdobramento *comunicacional* das relações de mercado. O capitalismo, tanto em seus primórdios como depois, dependia, como segue dependendo, da circulação de informações mercantis como cotações, preços e ofertas de compra e venda. Dessa necessidade estrutural que o caracteriza – a necessidade de se traduzir em uma rede de trocas, tanto de informações como de mercadorias – vem a gênese material da esfera pública. Troca de mercadorias e troca de informações são formas correlatas de comunicação que não se separam.[26] Em síntese, a esfera pública não surgiu como um constructo retórico motivado por propósitos altruístas de bem comum, mas como um fato material em torno da comunicação que atendia às necessidades do mercado. Reunidos em público, por meio da comunicação, os comerciantes privados tratavam de negócios e, só mais tarde, como num desdobramento, passaram a tematizar questões relativas à política. Aquilo a que se entende como esfera pública, portanto, essa esfera que trata, entre outros assuntos, dos destinos comuns de uma sociedade em seu sentido político mais elevado, é uma *consequência* da atividade prioritariamente econômica dos agentes de mercado. Antes de ser pública, nas suas primeiras encarnações, essa reunião dos agentes privados era apenas um ponto de encontro, mais ou menos em público, para interesses também privados.

O fator econômico na gênese da esfera pública precedeu todos os outros traços que viriam a caracterizá-la, como a crítica política e suas vertentes literárias ou artísticas. A comunicação entre agentes de

---

[26] Habermas, em *Mudança estrutural da esfera pública*, flagra a imbricação entre mercadorias e informações ainda no pré-capitalismo: "Aqui pensamos nos elementos do novo sistema de trocas: a troca de mercadorias *e de informações* engendrada pelo grande comércio pré-capitalista" (p. 28). O autor prossegue: "A troca de informações se desenvolve na trilha da troca de mercadorias [...] Com a expansão do comércio, o cálculo comercial, orientado pelo mercado, precisava, de modo mais frequente e exato, de informações sobre eventos espacialmente distanciados. Por isso, a partir do século XIV, a troca antiga de cartas comerciais foi transformada numa espécie de sistema corporativo de correspondência. [...] Mais ou menos contemporâneos ao surgimento das bolsas, o correio e a imprensa institucionalizaram contatos permanentes de comunicação" (p. 29).

mercado se regularizou, virou rotina e, como consequência, forneceu as bases (e mesmo parte das razões) para a formação da arena social que depois abrigaria acordos e desacordos políticos. A isso se reduz a gênese da esfera pública dita liberal, definida pelos tradutores como "burguesa" (ou cívica, ou civil ou, ainda, cidadã[27]).

Foram as relações de mercado que determinaram as relações comunicacionais, e estas, por sua vez, preferiam, ao menos no princípio, tratar de comércio a tratar da grandeza da nação. Não por acaso, quando temos esferas públicas consolidadas na *instância da imagem ao vivo* e potencializadas pelas redes digitais, as relações de mercado também precedem e determinam as formas comunicacionais. Basta olharmos para as tão incensadas plataformas sociais: se elas aglutinam multidões, não o fazem porque têm uma vocação virtuosa de oferecer painéis racionais para a resolução de problemas de ordem pública, mas simplesmente por uma estratégia do capital: trata-se de uma operação voltada a mobilizar sujeitos por meio de paixões e pulsões para, em seguida, extrair deles olhar e dados pessoais, dois fatores que concentram valor econômico. As plataformas sociais, portanto, constituem um fenômeno de natureza econômica (superindustrial) e, num segundo plano, um efeito de natureza cultural e política.

No entanto, dizer que a esfera pública nasce da comunicação não significa dizer que ela nasça daquilo que os agentes pensam que comunicam; significa apenas dizer que ela brota de conexões (para a troca de informações) impostas pela lógica do mercado, independentemente do que os agentes acreditem estar fazendo. A comunicação que deu origem à esfera pública era a comunicação estruturante dos negócios, sem a qual o próprio mercado não teria como funcionar.

---

[27] O termo em alemão, *bürgerlichen Öffentlichkeit*, não necessariamente deveria ser traduzido para *esfera pública burguesa*, como predominou entre nós, mas tem também o sentido de *"esfera pública civil"*, no sentido de não estatal. Lembremos que *"bürgerliches Recht"* se traduz para o português como Direito Civil, ainda que seja um *Direito Civil* nada proletário, mas burguês, evidentemente.

Nessa gênese material, as informações trocadas criavam fluxos constantes e regulares. Mais tarde, esses fluxos dariam origem às malhas dos correios e, depois, aos canais cotidianos da imprensa, mais ou menos como o hábito dos caminhantes desenha trilhas sobre as pradarias e os pastos.[28] No início, eram informações relacionadas à atividade econômica como ofertas, rotas de transportes, datas de carregamentos, cifras, estimativas de faturamento. Depois, a vocação política se manifestou. As tensões com o poder (normalmente absolutista) viriam como consequência, quando os espaços sociais gerados pela comunicação adquiriram a função agregada de polos de pressão sobre o Estado. A autoridade se viu constrangida (ou seduzida) a negociar, a dialogar ou a compor, como a buscar fontes adicionais de legitimação, a ponto de começar a reconhecer nos jornalistas um canal conveniente para a publicização de certas razões de Estado.[29]

As coisas evoluíram entre idas e vindas, entre rupturas e conciliações. Conforme adquiriu visibilidade e peso em relação ao poder, a esfera pública obtinha um reconhecimento da autoridade estatal enquanto a pressionava a partir do público. Ambivalências e dualidades marcaram esse percurso, no qual o debate sobre o governo, antes restrito a gabinetes palacianos e a lógicas despóticas, ganhou a luz do dia.[30]

---

[28] "Com a expansão do comércio, o cálculo comercial, orientado pelo mercado, precisava, de modo mais frequente e exato, de informações sobre eventos espacialmente distanciados. Por isso, a partir do século XIV, a troca antiga de cartas comerciais foi transformada numa espécie de sistema corporativo de correspondência. [...] Mais ou menos contemporâneos ao surgimento das bolsas, o correio e a imprensa institucionalizaram contatos permanentes de comunicação" (HABERMAS, Jürgen. *Mudança estrutural da esfera pública*, p. 29).

[29] Habermas comenta, em *Mudança estrutural da esfera pública*: "Ainda em março de 1769, um decreto sobre a imprensa baixado pelo governo vienense testemunha o estilo dessa *práxis*: 'Para que os redatores dos jornais possam saber que espécies de decretos, dispositivos e outras coisas que ocorrem são adequadas para o público, essas notícias serão reunidas a cada semana pelos funcionários públicos e fornecidas aos jornalistas'" (p. 36).

[30] Jean-Marc Ferry lembra que "o espaço público moderno é uma criação do Iluminismo" (FERRY, Jean-Marc, Las transformaciones de la publicidad

Estereótipos românticos

Enquanto a gênese material ficou mais ou menos negligenciada pelos estudiosos da comunicação, uma outra origem da esfera pública, de feições mais românticas, no melhor sentido do termo, fez sucesso nas narrativas universitárias. Aí falou mais alto um certo "charme" boêmio, um tanto mais tátil e mais sensual, temperado por lutas heroicas de apelo humanista. Em geral, a origem da esfera pública é mais retratada como uma academia politizada de escritores e jornalistas inquietos e corajosos. Nessas descrições mais melodramáticas, predomina a atmosfera envolvente dos cafés, das tabernas, com olhares se examinando ou se enamorando entre o perfume das taças de vinho e a secura espessa da fumaça do tabaco, em conversas às escuras, risadas mais altas (mais burguesas que aristocráticas) e escapadelas pelas alcovas em madrugadas poéticas. Como numa cena de filme histórico, vemos galãs destemidos e estilosos, *habitués* dos salões da corte, flertando com damas inteligentes e libérrimas em saraus, concertos vespertinos

---

política. In: FERRY, Jean-Marc *et al. El nuevo espacio público*. 2. reimp. Barcelona: Editorial Gedisa, 1998. p. 15.) "No início, espaço público burguês nem sequer correspondia à institucionalização de uma crítica que empregava os meios da moral para reduzir ou 'racionalizar' a dominação política. No contexto da época, isso significaria 'impugnar o princípio absolutista'" (*ibidem*). Há outro aspecto da mesma contradição, que opõe o "domínio público" de então ao nascente espaço público. Conforme Ferry, "o domínio público [o 'público' aqui sendo a 'razão de Estado', domínio público segundo uma acepção hobbesiana] não havia se entregado a um espaço público: estava confinado a esse espaço um tanto paradoxal da 'razão de Estado' e do 'segredo de Estado'. O que cria a abertura da Publicidade e opera a transubstanciação do domínio público em espaço público é a força exterior da crítica" (*ibidem*). Para que isso se dê, a autonomia de consciência, de opinião e de fé, autonomia de natureza privada, deve vigorar. Como diz o autor: "O impulso não vem de cima. Vem de baixo, quando as pessoas particulares, reunidas nos salões, nos cafés e nos clubes constituem as primeiras 'esferas públicas' burguesas para intercambiar experiências. A autonomia privada da consciência individual, núcleo do espaço público moderno, adquire sua própria força da crítica" (*ibidem*). (Tradução livre).

e colóquios subversivos animados por literatos febris.[31] O estereótipo do jornalista ferino, genial e destemido vem daí.[32]

Essa representação mais cinematográfica não está propriamente errada, mas é, no mínimo, parcial: deixa de fora a gênese econômica, que nunca perdeu sua centralidade. Com efeito, mesmo quando a imprensa de opinião se consolidou e passou a conduzir o público (donde Weber ter dito que o jornalista seria o "demagogo" da atualidade, mas "demagogo", aí, não em seu sentido pejorativo, e sim positivo[33]), numa inflexão vistosa que eclipsou todo o entorno, o que estava em gestação não era bem um projeto de nação (francesa, inglesa ou estadunidense), mas um negócio: o negócio da imprensa.

Quando, depois dos jornais de opinião, apareceu a imprensa comercial, com publicidade e com o desenvolvimento da indústria gráfica, o negócio se expandiria mais. As datas variam de país para país, mas, como regra geral, as redações se estabelecem como artesãs não da democracia em um sentido ideal, mas da novíssima mercadoria da informação jornalística, difratada em notícia, opinião e *faits divers*,

---

[31] Como Habermas anota, talvez copiosamente, em *Mudança estrutural da esfera pública*: "A esfera pública política provém da literária; ela intermedeia, através da opinião pública, o Estado e as necessidades da sociedade" (p. 46). (Tradução livre). O próprio Habermas perde de vista, por vezes, a origem material – que ele mesmo anotou, mas não enfatizou.

[32] Podemos ver um bom panorama histórico no trabalho de Bernard Miège: "Em meados do século XVIII, esta forma de imprensa está disponível, apesar da oposição mais ou menos permanente da maior parte dos governantes; ela é produzida de modo artesanal, as tiragens são reduzidas, a periodicidade é irregular e a paginação é variável. O estilo polêmico, de uma violência de linguagem que nos dá medo só de imaginar, é o que a anima e o discurso político é estreitamente ligado às propostas literárias: escritores se tornam publicistas assegurando o renome dos jornais com os quais colaboram" (MIÈGE, Bernard. L'Espace public: perpétué, élargi et fragmenté. In: PAILLIART, Isabelle (Org.). *L'Espace public et l'emprise de la communication*. Grenoble: Ellug, 1995, p. 163-175) (Tradução livre).

[33] WEBER, Max. *Ciência e política, duas vocações*. Tradução de Octanny Silveira da Mota e Leonidas Hegenberg. São Paulo: Cultrix, 2006, p. 80.

dando a largada para o mercado publicitário maduro. A imprensa, diz Habermas, era "o pórtico de entrada de privilegiados interesses privados na esfera pública".[34] Ao longo do século XIX, esses jornais firmarão a *instância da palavra impressa*, de forma que, também aí, a esfera pública é uma questão econômica, material, até não mais poder.

Indícios iniciais da crise da razão

Examinemos, uma vez mais, o salto que representou o advento dos meios de massa. Para a esfera pública burguesa do século XIX, os jornais impressos emanavam uma aura singular: o ponto de confluência das opiniões diversas de agentes privados reunidos em público. Essa esfera pública tinha a aparência conveniente de sede da razão. No extremo oposto, a esfera pública dos meios de comunicação de massa se apresenta como a indústria que, mais do que receber o público que nela venha buscar diversão ou notícias, *encontrou meios de fabricar em larga escala a sua audiência massiva*, sem precisar de opinião ou de argumento racional para nada. Antes, a esfera pública se apresentava como resultante do entrelaçamento de canais que distribuíam textos de conteúdo econômico e, em seguida, político e cultural; depois, quando o capitalismo se dá conta de que mais lucrativo do que o negócio de distribuir "conteúdo" (*content business*) é o negócio de agregar audiências para comercializá-las, a indústria que fabricava conteúdos foi substituída pela indústria que *fabrica audiências*, o que vai acarretar outra forma corporal para a esfera pública.

Mesmo sendo resultado do intercâmbio das informações comerciais entre os capitalistas, a esfera pública da *instância da palavra impressa* era uma força comunicativa que dava conta de gerar seus próprios meios. A imprensa de opinião e, em seguida, a imprensa industrial foram produzidas pelos cidadãos debatendo em público. Agora, com a *instância da imagem ao vivo*, são os meios de massa,

---

[34] HABERMAS, Jürgen. *Mudança estrutural da esfera pública*, p. 218.

industrializados, expressão sem mediações do capital na forma de força comunicacional, que geram as multidões para habitar a esfera pública. Essas multidões que aí estão, embriagadas de individualismo narcísico, são fabricadas industrialmente.

É por isso que se diz que a esfera pública dos meios impressos (aquela da *instância da palavra impressa*) tinha algum potencial crítico. É por isso que se diz, na sequência, que esse potencial crítico se perdeu com o surgimento dos meios de massa. Costuma-se dizer, também, que o público se desnaturaria em massa. Essa impressão, embora ácida, tinha procedência em meados do século XX e continua a tê-la nas primeiras décadas do século XXI.

Têm sido corriqueiras as reclamações de que as ciberesferas e as bolhas nas redes sociais secretam engajamentos acríticos, amontoando sujeitos fissurados por fantasias conspiratórias que cabem em quinze segundos de vídeo ruim. Não há como não constatar que as alegadas "novas mídias" – elogiadas por terem, supostamente, superado os meios de massa, prestigiando o indivíduo em detrimento da massa – reproduzem os cacoetes mais doentios dos mesmos meios de massa do século XX. Todos os traços de que agora nos queixamos ao ver os ambientes polarizados da internet não são propriamente uma criação da internet: como vícios da comunicação, vícios estruturantes, eles já estavam postos quando a televisão se massificou. O próprio Habermas, ao final de *Mudança estrutural da esfera pública*, fala disso, quando recorre ao sociólogo norte-americano Charles Wright Mills para mostrar como a massa era incapaz de criticar o poder e de se mover com autonomia.

Habermas e Mills assinam páginas que podem ser lidas como um verdadeiro atestado de óbito da velha esfera pública cidadã, burguesa, que, mediada pelos jornais impressos, teria sido minimamente crítica. Mills, um intelectual participante que influenciou de perto a nova esquerda norte-americana, sugere que os indivíduos sob domínio da "indústria cultural" (na designação que lhe deram os filósofos seminais da Escola de Frankfurt, Theodor Adorno e Max Horkheimer, dos quais Habermas foi discípulo) mal passavam de uma massa amorfa, um rebanho dócil aos ditames do *broadcasting* (um único emissor para milhões de receptores).[35]

Décadas depois dos textos de Mills, constatamos algo não muito diferente: os meios digitais da internet, sob o pretexto de permitirem, na sua superfície, que cada indivíduo se manifeste, reincidem no veto àquele valor tão precioso ao ideário que o Iluminismo legou aos séculos XIX e XX: a autonomia crítica. Os bilhões de usuários das redes sociais, com seus surtos de individualismo eufórico, ainda se deixam controlar por estratégias sortidas do jugo do capital e de autocracias retrógradas. O fim formal do *broadcasting* e as mídias digitais supostamente horizontais não trouxeram nenhuma autonomia crítica para as massas: pelo contrário, pioraram ainda mais aquilo que a televisão já havia, na visão de Mills e Habermas, piorado bastante.

No início do século XXI, as tais "redes interconectadas" de que nos falou o professor israelense Yochai Benkler não entregaram a promessa dadivosa de libertar o indivíduo, nem mesmo nos marcos de um liberalismo de fachada, tão redivivo quanto primitivo.[36] Só o que a internet trouxe foi um grau de concentração de capital e de poder jamais visto na indústria dos meios, com algoritmos que extraem os dados mais íntimos de cada pessoa e depois monitoram seus comportamentos. A massa segue sujeita às piores manipulações, que, para alguns observadores, lembram os tempos do fascismo e do nazismo. Entre outros, o jovem filósofo norte-americano Jason Stanley, da Universidade Yale, aponta indícios de fascismo nos movimentos

---

[35] *Idem*, p. 289.

[36] Benkler atenuaria mais tarde seu entusiasmo, mas em *The Wealth of Networks* ele parecia exultar: "A esfera pública interconectada permite a muito mais indivíduos comunicar suas observações e seus pontos de vista para muitos outros, e a fazer isso de tal maneira que não pode ser controlada pelos proprietários dos meios de comunicação e não é fácil de ser corrompida pelo dinheiro como nos tempos dos meios de comunicação de massa" (BENKLER, Yochai. *The Wealth of Networks*. New Heaven, Conn: Yale University Press. 2006, p. 11). (Tradução livre).

fanatizantes deste início de século XXI, impulsionados pela propaganda digital para as massas.[37]

Na obra *Engenheiros do caos*, o jornalista italiano Giuliano Da Empoli escrutina novas técnicas de desinformação que lembram os piores pesadelos totalitários.[38] Há quem veja um cenário ainda mais desalentador do que aquele dos tempos da predominância do *broadcasting* na televisão aberta. A cientista política norte-americana Wendy Brown, da Universidade da Califórnia, em Berkeley, avalia que "a ascensão do digital gera uma sociabilidade nova, radicalmente desterritorializada e desdemocratizada".[39] Por outro ângulo, mas com o olhar igualmente cético, o autor norte-americano Evgeny Morozov, em *Big Tech: a ascensão dos dados e a morte da política*, afirma que as democracias correm o risco de se afogar em "um *tsunami* de demagogia digital".[40]

O mais desconcertante é que, em todas essas análises, de escolas distintas, os elementos da cultura política que sobressaem são aqueles mesmos que marcaram o apogeu cultural dos meios de massa: manipulações vindas do poder e do capital, de um lado, e acriticidade das multidões, de outro, num ambiente em que o individualismo não passa de uma miragem programada por um ilusionismo cibernético. Também por isso, podemos concluir que a *instância da imagem ao vivo*, em seus fundamentos determinantes, não só não foi revogada,

---

[37] "É comum observar, e com razão, que o fascismo eleva o irracional sobre o racional, a emoção fanática sobre o intelecto. É menos comum notar, entretanto, que o fascismo realiza essa elevação indiretamente, isto é, com propaganda" (STANLEY, Jason. *Como funciona o fascismo*. Porto Alegre: L&PM, 2018 [Posição 517, na edição digital]).

[38] EMPOLI, Giuliano Da. *Os engenheiros do caos*. Tradução de Arnaldo Bloch. São Paulo: Vestígio, 2019.

[39] BROWN, Wendy. *Nas ruínas do neoliberalismo: a ascensão da política antidemocrática no Ocidente*. Tradução e notas de Mario A. Marino e Eduardo A. Camargo Santos. São Paulo: Editora Filosófica Politeia, 2019, p. 224.

[40] MOROZOV, Evgeny. *Big tech: a ascensão dos dados e a morte da política*. Tradução de Cláudio Marcondes. São Paulo: Ubu Editora, 2018, p. 12.

como foi exponenciada pelos mecanismos ultratecnológicos das plataformas sociais.

A mesma instância segue presente, com seu potencial de arrebanhar a audiência em suas páginas aparentemente diversas (aparentemente multifacetadas, mas essencialmente coesas) para lhes comercializar o olhar, os dados e a intimidade. O sistema unitário e unificante. O capitalismo recrudesceu sua voracidade monopolizante a um grau incomparavelmente mais concentrador que aquele das antigas redes de televisão aberta. A máquina de estar ao vivo, a qualquer instante, convocando para isso as massas de todo o planeta, é superior na mesma escala. Trata-se de uma indústria que, em seu eixo horizontal, amplia ao infinito a oferta de diferentes emissores (aparentemente, a mídia se "democratizou"; aparentemente, basta um celular conectado à internet para fazer de qualquer um uma emissora de TV), mas, no seu eixo vertical, menos exposto, levou a acumulação de capital a um patamar de densidade nunca visto antes.

O estar *ao vivo* já não se refere mais a uma cena em particular, mas a todo o sistema. Os conglomerados monopolistas não se apagam nunca e podem acender todas as cenas instantaneamente e simultaneamente, sem que uma anule a outra. O *ao vivo* também não se esgota com o esgotamento do fato a que se refere, mas tem a propriedade de poder alongá-lo indefinidamente. Uma cena perdura no ar e, assim, faz perdurar o acontecimento num estado de *acontecendo*, numa temporalidade elástica. O *ao vivo* não é um atributo das imagens e seus conteúdos conexos, assim como não é um atributo dos fatos, mas da própria *instância*. Altar contemporâneo da verdade factual, a *instância da imagem ao vivo* é o portal por onde a totalidade do "agora" abraça a totalidade do espaço.

2
Opinião pública, o mito imprescindível

O ingresso triunfal do entretenimento

Quando se expandiu com os meios de massa e, em seguida, com as mídias digitais, a esfera pública incorporou inúmeras outras pautas além daquelas políticas ou econômicas e se tornou muito maior do que o chamado "espaço público político". A comunicação se transfigurou e, como é ela que gera o espaço social da esfera pública, a própria esfera pública se transfigurou, absorvendo formas discursivas que antes não lhe eram familiares.

O que primeiro chamou a atenção entre as novas formas discursivas foram as obras de ficção. Na verdade, as criações ficcionais – pelo cinema, pela televisão, pelas mídias digitais e pelo mercado editorial – fizeram uma entrada triunfal nos domínios antes quase monopolizados pelos discursos político e sobre a economia. Categorias que não costumavam frequentar o debate público adquiriram visibilidade, como aconteceu com as questões da intimidade. Pautas de gênero e de orientação sexual foram alçadas aos palanques eleitorais, como tópicos legitimamente concernentes à cidadania.

No outro lado da balança, os relatos factuais e os registros de eventos imediatos, vindos do jornalismo ou do poder público, de caráter mais impessoal, perderam protagonismo. Para tocar ou estimular as sensibilidades, os jornalistas e os próprios agentes políticos se transfiguraram, eles também, e aprenderam a improvisar falas em torno dos novos repertórios recém-chegados à esfera pública, tais como os modos de viver, as ligações afetivas, as marcas identitárias e as representações da espiritualidade. Essas novas dimensões, agora, têm mais peso nas subjetividades e incidem diretamente sobre as escolhas políticas, os alinhamentos éticos, os laços de identificação e, até mesmo, sobre experiências que poderíamos entender como estéticas. A própria política deixou de ser um jogo de argumentos para se tornar uma experiência também estética, ou, como bem observou o filósofo francês Jacques Rancière, uma "partilha do sensível".[41] Para Rancière, embora essa dimensão estética na política não se confunda com a estetização do Estado promovida pelo totalitarismo no século XX, mas seja algo bem distinto, como um "sistema das formas *a priori* determinando o que se dá a sentir", não há mais como negar que a política aprendeu a se comunicar por meio de elementos marcadamente estéticos, dando lugar a "experiências" sensíveis.[42]

Atualmente, as relações afetivas, as predisposições éticas, as aspirações estéticas e, enfim, as emoções, disputam espaço com discursos

---

[41] RANCIÈRE, Jacques. *O desentendimento: política e filosofia*. Tradução de Ângela Leite Lopes. São Paulo: Editora 34, 1996. RANCIÈRE, Jacques. *A partilha do sensível: estética e política*. Tradução de Mônica Costa Netto. São Paulo: Editora 34, 2ª edição, 2009. Há poucos anos, em entrevista a Patricia Lavelle, do jornal *Valor Econômico*, Rancière expõe essa alteração da sintaxe das ações políticas: "Há uma espécie de convergência entre formas artísticas performáticas e formas propriamente políticas. [...] Atualmente, há uma partilha bastante vasta das capacidades de experiência perceptiva, sensível, que passa por toda uma série de artes e cria uma espécie de tecido democrático capaz de ligar as pessoas que vão se reunir numa praça em Atenas ou Istambul. Efetivamente, isso passou pelo cinema, passou pela música, passou pela performance... [...] Hoje em dia, toda manifestação assume o jeito de uma performance artística tanto pela atitude física dos manifestantes quanto pelas palavras e imagens que eles vão mostrar na rua. Há uma espécie de aparição de uma democracia estética que se transforma, nas ruas, em democracia política" (Disponível em: https://glo.bo/3u0zGbK. Acesso em: 27 abr. 2021).

[42] RANCIÈRE, Jacques. *A partilha do sensível: estética e política*, p. 16-17.

que se declaravam racionais e lógicos. As contendas políticas se desenrolam como enredos novelísticos. As tramas ficcionais chamam para si os relatos factuais e se põem a reconstituir histórias com notas agudas de hiper-realismo. Sem disfarces, as sensações, os sentimentos e as emoções tomam a esfera pública, que se vê enredada por outras linguagens, como se fosse, enfim, um enredo de ficção, e sendo representada como tal nos meios múltiplos de comunicação.

Por certo, as criações ficcionais – e, com elas, as formas narrativas da ficção, do romance e dos roteiros de cinema – não são as únicas recém-chegadas à esfera pública expandida. Outros novos vetores de significação entram aí também, como os "conteúdos" de autoajuda, nas mais diversas plataformas, as malhas frenéticas dos games digitais, as pregações religiosas dos televangelistas, as famílias conversando pelo Zoom nos finais de semana e mais uma infinidade de circuitos comunicantes. Tudo parece diferente, muito diferente, sob um ritmo cada vez mais intenso.

No tempo da *instância da palavra impressa*, a esfera pública não era assim. A emoção estava presente, é claro, mas mediada pela palavra, o que faz enorme diferença. Havia também algumas pitadas de arte e literatura, aqui e ali, mas apenas para dar um tempero. No geral, o argumento racional dava o tom. Os *philosophes* eram mestres nisso. Eram oradores flamejantes, escritores que sabiam incendiar seus leitores, publicistas apaixonantes, polemistas demolidores que dominavam, pela pena, a imaginação; emocionavam, e muito, mas *pela palavra*, sempre pela palavra – impressa.

Agora, sob a vigência da *instância da imagem ao vivo*, com o centro da esfera pública ocupado pelas categorias vindas da ficção e de outros domínios, a esfera pública se submete à irresistível tirania das imagens. Os ideólogos perderam seus empregos para os marqueteiros eleitorais, que se esbaldam com seus truques em vídeo, enquanto os *philosophes* deram lugar aos palestrantes motivacionais, que provocam frenesis em plateias capazes de lotar estádios de futebol – usando a palavra (além de recursos audiovisuais) não como argumento racional crítico, mas como dispositivo emocional para energizar a força de trabalho qualificada.

Como regra, a emoção não procura os vocábulos para dizer quem é, nem a que veio: agora, é puro espetáculo de cores e cintilações. No centro, essa entidade inteiramente desconhecida nos tempos áureos da *instância da palavra impressa*: o negócio do entretenimento. A esfera pública por certo não se reduz ao entretenimento, mas dele não tem mais como se separar.

Religiões, turismo, armas, prostituição, fármacos: tudo entretenimento

Enquanto os oradores do Iluminismo davam a ver com palavras,[43] os novíssimos profetas do entretenimento, grileiros sorridentes da velha esfera pública, sabem "falar" por imagens, seja na política populista e seus bufões, seja no sensacionalismo de imprensa, seja na ficção *prêt-à-porter*, seja na autoajuda ou na religião. Esta última promove shows em que o misticismo se mostra como a forma suprema da obscenidade. "O Papa é pop" ou, melhor, qualquer Papa é pop, porquanto pop é o papado, não aquele que circunstancialmente o exerce.[44] De resto, Kim Jong-un é pop, como Osama bin Laden, que também o foi, quando vivo, e ainda o é, depois de morto, mas os evangelizadores de televisão despontam imbatíveis como astros midiáticos. Alguns até convencem. As telerreligiões inauguraram um ramo autônomo na Superindústria do Imaginário.

No linguajar do jornalismo econômico, o escaninho da "indústria do entretenimento" (ou "economia do entretenimento" ou, ainda, "negócio do entretenimento") costuma ser ocupado pelas empresas que disputam o tempo ocioso dos consumidores. Trata-se de um mercado que cresceu rápido, com fusões e aquisições sucessivas que

---

[43] "Escrever é dar a ver com palavras", costuma dizer o escritor e jornalista Humberto Werneck, lembrando João Cabral de Melo Neto e Paul Éluard. Ver: WERNECK, Humberto. O papa do papo. *O Estado de S.Paulo*, 21 nov. 2017.

[44] A expressão "O Papa é pop" vem do título e do refrão da canção brasileira homônima de Humberto Gessinger, lançada em 1990, no álbum do mesmo nome.

conformaram superempresas. Em 1995, a Disney engoliu a rede de TV ABC, numa incorporação avaliada em 19 bilhões de dólares. No mesmo ano, a Time se fundiu com a Warner. Em 1998, a revista inglesa *The Economist* detectou um movimento de "oligopolização" global nessa indústria, que agrupava companhias de cinema, vídeo, música (gravadoras), editorial (*publishing*) e televisão.[45] Em 2000, o setor movimentou, só nos Estados Unidos, algo em torno de 420 bilhões de dólares, e sete gigantes comandavam o negócio no mundo todo: Time Warner, Walt Disney, Bertelsmann, Viacom, News Corp, Sony e Seagram (que comprou a Universal Studios, em 1995, e a PolyGram, em 1998). Desde então, as fusões prosseguiram e fizeram ainda mais barulho na órbita das *big techs*. A concentração de capital subiu ainda mais.

É bem verdade que o ramo do entretenimento transborda os contornos que o jornalismo econômico lhe dá. A ortodoxia da imprensa especializada não diz – não sem alguma dificuldade de classificação – que as telerreligiões fazem parte do entretenimento, e não é sempre que inclui os parques temáticos, como aqueles da Disney, no mesmo escaninho. No mais das vezes, os parques temáticos são classificados como pertencentes ao mercado de turismo. Aqui, no entanto, podemos argumentar que tanto as telerreligiões como todo o turismo, a Disneylândia e tudo mais, integram o entretenimento, pois estão no negócio de disputar tempos ociosos (supostamente "tempos livres" ou "tempos de lazer") do consumidor com produtos que lhe oferecem alguma forma de prazer ou de gozo, com o objetivo de extrair seu olhar, que será comercializado em seguida, ou de "fidelizá-lo" (esse jargão um tanto cínico) mediante doses de diversão, de êxtase fácil ou de transcendência barata. Cliente "fidelizado" é cliente disponível para ser fisgado de novo – e, mais ainda, disponível para ter seu olhar comercializado na primeira oportunidade. Santiago de Compostela, o Tibet ou o Vaticano como destinos turísticos,

---

[45] Ver: A Survey of Technology and Entertainment. *The Economist*, p. 4, 19 nov. 1998.

bem como restaurantes, esses microparques temáticos, integram o negócio do entretenimento.

A programação supostamente gratuita da televisão aberta é por excelência o paradigma do modo como o entretenimento captura o tempo supostamente ocioso do sujeito para lhe extrair o olhar: os atrativos excitantes e catárticos são a compensação oferecida pela emissora em troca do olhar que, capturado, será canalizado para os anunciantes: um escambo da modernidade. A indústria do turismo faz isso também: leva o corpo para passear e recebe comissões em troca do olhar do cliente em trânsito.

A Superindústria do Imaginário é outra coisa, mais ampla que o entretenimento, embora não possa se desvencilhar dele. A Superindústria do Imaginário é aquela que *fabrica* valor no Imaginário e, no limite, *industrializa* toda a ordem do Imaginário: explora filões da linguagem, carimba *trademarks* em cima de signos de uso comum, escraviza o olhar social para forjar significações proprietárias e finca cercas de arame farpado, eletrificadas, sobre a nervura da língua que falamos todos os dias (o que veremos detalhadamente mais adiante, na quinta parte deste livro, quando trataremos do conceito do *valor de gozo*). O entretenimento, menor que a Superindústria, limita-se a arrebanhar o tempo de olhar do sujeito para vendê-lo mais caro depois ou apenas para "fidelizá-lo", como se diz no jargão cínico do mercado. A Superindústria se vale do entretenimento, não pode abrir mão dele, mas é mais extensa e o domina. Se ela fosse uma *holding*, o segundo seria uma subsidiária – estridente, pisca-piscante, muito mais chamativa que a sua controladora, mas apenas uma subsidiária. Se a Superindústria do Imaginário fosse uma lâmpada elétrica, o entretenimento seria seu filamento de tungstênio.

Quais os efeitos disso tudo nos espaços sociais gerados pela comunicação nos moldes da *instância da imagem ao vivo*? São muitos, definitivos e totais. Agora, o entretenimento cumpre as funções reunidas que antes cabiam às religiões, aos ideólogos, aos divulgadores científicos, aos educadores e a outros tantos que não se situavam nos marcos do jornalismo (noticioso ou de opinião) e dos discursos políticos. Fornece os parâmetros morais para os juízos da massa. Entidades religiosas, partidos e seitas, quando aceitaram trocar sua linguagem própria pela linguagem da indústria, abdicaram de ser o que eram para se diluir dentro do que julgavam ser o instrumento útil, devorados pela ferramenta de entreter. O entretenimento proporciona as identificações que levam ao ódio ou à idolatria e fabrica os *standards* estéticos das "partilhas do sensível".

Não desprezemos o fato de que, no apogeu da *instância da palavra impressa*, a indústria do entretenimento simplesmente não existia. Era, no máximo, um prenúncio, uma baia tímida no meio de uma grande redação jornalística, uma tira de *cartoon* num canto de página. Agora, engoliu a redação, comanda a empresa que é dona da redação e diversificou investimentos a perder de vista. Começou incorporando as emissoras de rádio e de televisão (quando ainda se imaginavam "imprensa"), passou a absorver galáxias mais distantes, comprou os eventos esportivos e os setores da cultura – essa palavra que vem sendo substituída pela expressão "economia criativa" – e reprogramou todo o turismo num comércio de "experiências", em filões lucrativos que vão dos parques das reservas ecológicas às peregrinações religiosas, passando pelos tais circuitos gastronômicos, pelos cassinos e pela prostituição. Outros departamentos sob o jugo do entretenimento são as grifes de moda, os produtos de beleza e "higiene pessoal", os prazeres do palato empacotados nas gôndolas dos supermercados, a juventude prolongada pelas bulas científicas disponíveis nas *drugstores*, além do tráfico de drogas e da publicidade, que diverte os seus "públicos-alvo" à medida que os assedia.

Definitivamente, a coisa não se resume à Bertelsmann e mais meia dúzia de marcas oligopolistas. Estamos falando de uma germinação explosiva num capitalismo expansível. Áreas antes isoladas, ilhadas, como a indústria farmacêutica ou a indústria do tabaco, agora seguem fervorosamente os conselhos do entretenimento (aí travestido de marketing "proativo"); os departamentos de pesquisa científica da indústria farmacêutica ainda não foram totalmente subjugados, mas o resto já caiu. Caíram também segmentos inteiros da indústria de armamentos: embora ela não seja entretenimento, por mais que as guerras do presente transcorram como *reality shows* de morticínios, a divulgação de suas mercadorias específicas, baseada no culto às armas dos videogames, o é, do mesmo modo que seus interesses corporativos – promovidos pelo patrocínio de filmes *blockbusters* – também o são. Os adolescentes que disparam tiros a esmo contra seus colegas de escola para conseguir um instante de fama nas telas eletrônicas são uma das manifestações mórbidas desse entretenimento em forma de metástase. Os homicídios performáticos só podem ser compreendidos nessa chave: o entretenimento das armas requisita chacinas e mártires – tanto que os assassinos adolescentes costumam se matar no ápice de seus roteiros trágicos – e, nisso, trai sua cobiça de exercer monopólio sobre a violência que pertenceria ao Estado.[46] O entretenimento quer ser o senhor da força bruta sobre a sociedade.

Usina dos mitos do nosso tempo

Ao encampar as comunicações religiosas, a integralidade da produção ficcional, além das artes, dos cassinos, da divulgação científica, da prostituição, do tráfico de drogas e de ramos inteiros da educação, sem falar nas farmacêuticas, nas fábricas de bebidas, de cigarro e de armas, o entretenimento teceu o laço que faltava para cumprir seu ciclo: assumiu para si nada menos que a sintetização artificial dos mitos da nossa era. Os prismas pelos quais os indivíduos desenvolvem identificações, emitem juízos de valor e experimentam estesias são, todos eles, fornecidos exclusivamente pela indústria do entretenimento. Não há outro canal possível.

---

[46] "'Todo Estado se funda na força', disse um dia Trotsky a Brest-Litovsk. E isso é verdade. Se só existissem estruturas sociais de que a violência estivesse ausente, o conceito de Estado teria também desaparecido e apenas subsistiria o que, no sentido próprio da palavra, se denomina 'anarquia'. A violência não é, evidentemente, o único instrumento de que se vale o Estado – não haja a respeito qualquer dúvida –, mas é seu instrumento específico" (WEBER, Max. A política como vocação. In: *Ciência e política, duas vocações*, p. 56).

O filósofo francês Roland Barthes flagrou essa mutação. Na década de 1950, ele anotou que os meios de comunicação tinham se equipado para fabricar os "mitos modernos", entre eles o automóvel – que, para Barthes, seria, no século XX, "o equivalente exato das grandes catedrais góticas". O filósofo, que admirava os carros – e morreu atropelado por uma caminhonete de lavanderia, em 1980 –, disse mais sobre o automóvel: "Refiro-me a uma grande criação de época [...] consumida por sua imagem, mais que seu uso, por um povo inteiro que se apropria através dela de um objeto absolutamente mágico".[47] A "imagem" de que nos falou Roland Barthes, a imagem mítica dessa mercadoria sobre quatro rodas, é sintetizada no coração do entretenimento, a fábrica dos "mitos modernos".[48] O entretenimento prefere o mito ao fato.

---

[47] BARTHES, Roland. *Mitologias*. 4. ed. Tradução de Rita Buongermino, Pedro de Souza e Rejane Janowitzer. Rio de Janeiro: Difel, 2009. p. 152. O original foi publicado na França em 1957.

[48] Em *Mitologias*, Barthes salienta que o mito tem um "caráter imperativo, interpelatório", de tal maneira que "impõe-me a sua força intencional" (p. 216). Tecido a partir dos significantes recolhidos ao mundo real, o mito se apresenta como "imagem natural" (p. 234), como se nos chegasse desde fora da História, ou de algum plano acima dela. O mito se impõe, o que nele se estabelece vale. "O mito é uma linguagem" (p. 11), "o mito é uma fala" (p. 199), "o mito é um valor" (p. 215), é "indiscutível" (p. 209, 216, 222). Pode ser ressignificado, evidentemente, mas, para tanto, não bastarão, em nosso tempo, as práticas comunicativas do cotidiano e, especialmente, não basta o jornalismo. É preciso mais do que relatos factuais e argumentos racionais para sintetizar a conformação de um mito, mesmo que artificial (e, portanto, de curta validade). Bem sabemos que Barthes, como lida com as palavras que recolhe da imprensa, dá a entender que esta pudesse sintetizar mitos (p. 37 e 64), chegando a dizer expressamente que ela os "cria" (p. 132). Mas – fundamental –, o filósofo não se vale apenas das palavras dos jornais; leva em conta as imagens, as fotografias. Além disso, lembremos que o livro *Mitologias* reúne artigos escritos entre 1954 e 1956. Era outro tempo. Hoje, a imprensa se deixa visitar pela poeira dos signos carregados de sentidos míticos, mas sozinha, soterrada pelos entulhos monumentais que lhe despeja a indústria do entretenimento (de onde lhe vem a poeira dos signos que lhe são exteriores), não mais dispõe dos vetores significantes para sintetizar mitos artificiais. Quando estava em vigor, a *instância da palavra impressa* conferia à imprensa a condição de poder participar da fabricação dos mitos modernos.

Os sentidos sociais dependem dos mitos, sobretudo dos "mitos modernos", para se decantar.[49] O noticiário aponta que um deputado foi condenado pela prática de corrupção, mas a carga moral negativa atribuída à corrupção e, mais ainda, o adesivo semântico pelo qual a palavra corrupção adere à prática descrita na notícia não vêm do noticiário, mas dos códigos morais e dos mitos trabalhados pela indústria do entretenimento. A política pode angariar engajamentos explorando o patriotismo, mas as fontes valorativas do que significa "amar a pátria" não são temas equacionados no âmbito político, e sim no âmbito dos mitos. O que é bom (virtuoso) ou mau (vicioso) não é mais definido ou estabelecido pelo jornalismo e pelo discurso político, mas por um tecido mais recuado – mais denso e incomparavelmente mais volumoso –, que fica por trás, fazendo as vezes de pano de fundo, que, não obstante, não é um pano de fundo ordinário, pois tem força determinante.

Essa indústria descobriu que as moralidades, as plasticidades e as formas estéticas que orientam a leitura dos noticiários têm parte com os mitos, não com os eventos cotidianos, e entrou no ramo de fabricá-los. Nada a fazer quanto a isso. Agora é tarde para alguém alegar que os mitos nos chegam pelas narrativas lidas em voz alta por um professor de grego na sala de aula. Isso não conta mais. O desolado

---

Hoje, a *instância da imagem ao vivo* retirou quase totalmente da imprensa (ou do jornalismo profissional) essa potência. Registremos, em favor de Barthes, que, nos anos 1950, em Paris, resistia ainda o reinado da *instância da palavra impressa*, com a predominância dos jornais na informação de credibilidade.

[49] Cumpre ainda lembrar que, segundo uma concepção específica que tem lugar na Filosofia, o mito teria uma "validade" e uma "função" que "não são secundárias e subordinadas em relação ao conhecimento racional, mas originárias e primárias, situando-se num plano diferente do plano do intelecto, porém dotado de igual dignidade". Essa acepção da palavra aparece, com variações, numa gama diversa de autores, que inclui, entre outros, Vico e Durkheim (ABBAGNANO, Nicola. *Dicionário de Filosofia*. 6 ed. Tradução da primeira edição brasileira coordenada e revista por Alfredo Bosi; revisão da tradução e tradução de novos textos de Ivone Castilho Benedetti. São Paulo: Martins Fontes, 2012. p. 785-786.)

educador, se quiser mesmo explicar do que se trata, terá de citar, ou talvez até mostrar, um filme desses que são estrelados por atores como Brad Pitt. O entretenimento interceptou todos os circuitos pelos quais uma pessoa, uma única e reles pessoa, pode acessar o mito ou ser acessada por ele.

O espaço social gerado pela comunicação segue sendo o *locus* das interações entre os indivíduos, tratando de seus interesses comuns, onde transcorrem os processos comunicativos e deliberativos das sociedades democráticas – mas esse *locus*, hoje, é permeável aos mitos embalados pela usina de imagens do entretenimento. Nunca tinha sido assim.

E só pode ser assim. Até os organismos clandestinos dedicados a desinformar as sociedades e manipular os eleitores já perceberam e, espertos e ágeis que são, aprenderam que não são os relatos dos fatos, produzidos pela imprensa, que determinam o voto, mas os outros vetores significantes produzidos pelo entretenimento. Por isso, os agenciadores da desinformação trabalham com notável eficiência em duas frentes simultâneas: na primeira, confeccionam as notícias adulteradas (as *fake news*); na segunda, mimetizam narrativas míticas para induzir a identificação entre a vítima e as causas abjetas para as quais vendem serviços. Na primeira frente, copiam a aparência da reportagem confiável; na segunda, aproveitam-se das técnicas do entretenimento. Com uma mão, simulam formatos jornalísticos; com a outra, jogam com os recursos da ficção, do escracho, de sentimentos primários como ódios e preconceitos, para explorar os medos, os desejos e as predileções de cada um e cada uma. As manobras empreendidas pela desinformação programada conjugam a falsificação de relatos noticiosos com a promoção mítica das causas do obscurantismo, em que a palavra "mito" tem ascendência sobre a palavra "fato": o mito teria força para mudar os fatos. No Brasil, nas eleições de 2018, um fascista-pastiche, candidato a presidente da República, recebeu das hostes que o apoiavam, adeptas da produção e distribuição de *fake news* ilegais, o apelido sintomático de "Mito". Fraudadores antissistêmicos da opinião pública, esses apoiadores produzem falsificações duplas: informativas (da ordem dos fatos) e afetivas (da ordem dos afetos). Sabem intuitivamente que, entre os mitos que mais deliciam a indústria do entretenimento, reluz altaneira a opinião pública.[50]

Modernidade mítica

O mito da opinião pública não foi inventado, mas apenas adotado pelo entretenimento. Nasceu no final do século XVIII, ainda sob a *instância da palavra impressa*. Trata-se de um mito singular, distinto de todos aqueles outros que, vindos de narrativas imemoriais, definiram alguns dos ideais mais influentes durante o mesmo Século das Luzes, como o ideal de santidade (proveniente de fábulas religiosas), o de beleza (originado na arte antiga) e o de justiça (forjado em simbolizações que permitiram, nas sociedades ancestrais, a substituição da sede de vingança por julgamentos com base na lei). A opinião pública teve outra extração: veio à luz por intermédio da política moderna.

Mais exatamente, veio à luz no instante histórico em que a política moderna se fez revolução. No final do século XVIII, a França viu entrarem em cena as massas desvalidas, miseráveis, infelizes e, até

---

[50] Não é coincidência, não é um acaso que as forças políticas que mais se beneficiam desse tipo de fraude (ao mesmo tempo informativa e afetiva) sejam aquelas que não guardam compromisso histórico em seu discurso e em suas práticas com o respeito aos direitos humanos. Quem tira vantagem das *fake news* – e de suas adjacências – são os grupos de extrema-direita, abertamente antidemocráticos. Basta ver a Cambridge Analytica, tanto no Brexit, no Reino Unido, em 2016, como nas eleições presidenciais norte-americanas no mesmo ano. Vale ver o livro *Os engenheiros do caos*, de Giuliano Da Empoli (2019). Há um pequeno documentário a respeito, que pode levantar bons questionamentos sobre o que houve no Reino Unido, chamado *Brexit: Driblando a democracia* (França, 2018. Direção de Thomas Huchon). Outro documentário que merece ser visto é *Privacidade hackeada*, dirigido por Karim Amer e Jehane Noujaim e produzido pela Netflix (2019). Há também um filme, que não é um documentário, mas procura reconstruir o caso inglês: *Brexit: The Uncivil War* (Inglaterra, 2019. Roteiro de James Graham. Direção de Toby Haynes. Exibido pelo Channel Four [Reino Unido] e pela HBO).

então, invisíveis. Tudo podia acontecer ali e, de fato, aconteceu tudo. Naqueles anos, a ação política era pura potência significante, com forças suficientes para inaugurar representações míticas na cultura. A membrana da linguagem tinha se rompido, deixando todos os signos existentes em questão e abrindo vagas para os signos fortes. Espocaram assim os signos míticos da liberdade, da igualdade e da fraternidade, e, com eles, o mito da opinião pública.

A filósofa alemã Hannah Arendt, naturalizada norte-americana, distinguiu cristalinamente o que separa a política mais corriqueira, quase burocrática, das revoluções abertas pela ação direta, para a qual afluem as massas. Ela comenta que as revoluções iluministas vieram com uma agenda dupla, ambiciosa, grandiosa e talvez impossível: em primeiro lugar, encarregaram-se de libertar a humanidade da necessidade; em segundo lugar, bancaram o compromisso de construir uma nova liberdade, muito mais abrangente e radical. Antes, na tomada violenta do poder, pretendiam promover o que Hannah Arendt denomina "libertação", ou seja, o ato histórico de livrar as massas da fome e do abandono. Depois, num segundo ciclo, sem violência, deveriam erguer os pilares da liberdade positiva, aquela que só se efetiva pela ação política coletiva entre sujeitos iguais.[51] Se fracassaram nisso, ou se essa agenda só se cumpriria no curso de séculos, pouco importa. O que conta mais é a grandiosidade da energia significante que eclode em certas revoluções. Investidas de um poder originário incontestável, elas

---

[51] Em seu ensaio (fruto de uma conferência) intitulado "Revolução e liberdade", Hannah Arendt lembra uma fala de Marie Jean Antoine Nicolas de Caritat, o Marquês de Condorcet: "A palavra *revolucionário* pode ser aplicada apenas às revoluções cujo objetivo seja a liberdade" (In: ARENDT, Hannah. *Ação e a busca da felicidade*. Organização e notas por Heloisa Starling. Tradução de Virginia Starling. Rio de Janeiro: Bazar do Tempo, 2018. p. 172). No mais, a filósofa se demora em enumerar a força fundante das revoluções, capazes de mudar tudo e de refundar os sistemas significantes. Ela conta de um diálogo entre o rei Luís XVI e seu mensageiro, Liancourt, a respeito da notícia da Queda da Bastilha. "'É uma revolta', disse o rei, ao que Liancourt o corrigiu [verbo usado por Hannah Arendt]: 'Não, é uma revolução'."

conseguem, com sua fúria sanguinária, erguer monumentos míticos que perduram na História. Alguns deles nós podemos contemplar, com perfeita nitidez, ainda hoje.[52]

Ocorre que esses monumentos nos chegam esvaziados, como que esterilizados, pois não podem ser vistos no nosso tempo pela ótica da historiografia, pelas lentes da política da ação direta, revolucionária, mas sim pelos óculos, alguns em três dimensões, fornecidos pelo entretenimento. Isso quer dizer que alguns desses mitos, embora grandiosos, nos chegam embalados para presente, para o desfrute prazeroso das plateias. O que se modelou com sangue nos bueiros se consome agora com olhos fúteis.

O nosso tempo cultiva o mito da opinião pública nas fronteiras franqueadas entre o espaço público político e o seu entorno, muito mais vasto, dominado pelo entretenimento, insensível como uma guilhotina transformada em suvenir. No entanto, a despeito de ter sido engolida pelos códigos espetaculosos e melosos do entretenimento, a opinião pública, além do mito, sobrevive como ideia, e não há possibilidade de uma comunicação pautada por valores democráticos que não leve a sério essa ideia, assim como não há meios de livrá-la de seu mito. Como nasceram uma e outra, a ideia e o mito, veremos agora.

Uma certa teoria e uma epifania incerta

Depois de Habermas, virou lugar-comum dizer que a opinião pública é o recurso por meio do qual a esfera pública faz a intermediação entre o Estado e as necessidades da sociedade.[53] A equação pode

---

[52] Inevitável, aqui, lembrar o pensamento de Leon Trotsky: "O mecanismo político da Revolução consiste na transferência do poder de uma classe para a outra. A insurreição, violenta por si mesma, realiza-se habitualmente em curto espaço de tempo" (TROTSKY, Leon. *A história da revolução russa*. v. 1. Tradução de E. Huggins. Brasília: Senado Federal, Conselho Editorial, 2017. p. 230).

[53] HABERMAS, Jürgen. *Mudança estrutural da esfera pública*, p. 46.

soar complicada, mas é simples: é o mesmo que dizer, em sentido contrário, que, por meio da opinião pública, o poder público tenta se legitimar no grande fórum da esfera pública.

A opinião pública funciona como entidade mensageira entre a sociedade e a ordem oficial, estatal e burocrática, como um vaso comunicante, um agente duplo autorizado – mais ou menos como Exu, o orixá da comunicação e da linguagem do candomblé, que faz a ponte comunicante entre os dois mundos, mais ou menos como Hermes, no Olimpo, o garoto de recados a mando de Zeus. Como ideia, ela brota do diálogo entre sujeitos autônomos, cada qual senhor de sua própria opinião particular, como a melhor tradução da esfera pública liberal (cívica ou "burguesa") e, a partir desse enraizamento, vai se dirigir ao Estado com demandas, propostas e protestos. Em sua idealização original, ela floresce de um ambiente transparente e dialógico, aberto e simétrico, atado à razão e vocacionado para a verdade.

Uma preciosa arqueologia dessa ideia quase celestial pode ser encontrada em *Opinião pública e revolução*, do filósofo brasileiro Milton Meira do Nascimento. Na obra, a filósofa brasileira Marilena Chaui, autora do prefácio intitulado "Os intelectuais e a política", dá uma boa síntese:

> Se, na tradição filosófica, o conceito de opinião sempre fora relegado à condição de sombra perturbadora da verdade, obstáculo à razão, sistema do medo e do preconceito cristalizado nos costumes, sobretudo sob a ação dos poderes eclesiásticos, no final do século XVIII, fazendo-se opinião pública, passa a ser encarada positivamente. [...] A opinião pública é o encontro entre a razão e o povo esclarecido, torna-se lugar da verdade e seu poderio depende de conseguir impor-se aos homens no poder. [...] Concebida como direito do homem e do cidadão e como verdade que vem a público trazida ao público pela razão, a opinião converte-se em arma na defesa da liberdade de expressão, isto é, faz-se liberdade de imprensa.[54]

---

[54] CHAUI, Marilena. Os intelectuais e a política (prefácio). In: NASCIMENTO, Milton Meira do. *Opinião pública e revolução*. São Paulo: Edusp; Nova Stella, 1989. p. 15.

Em poucas palavras, se a esfera pública pode ser imaginada como um corpo, a liberdade de imprensa, ou a opinião pública, terá de ser vislumbrada como sua alma. No início do livro, Meira do Nascimento lança as perguntas que movem seu estudo, jogando mais luz, como convém, ao tema ainda em penumbra:

> Por que teria Rousseau escrito as *Confissões* senão para encontrar o reconhecimento de um público capaz de melhor julgá-lo? Ou então, por que teria Voltaire insistido tanto no caso Calas, ou mesmo, por que Diderot e d'Alambert teriam se lançado num empreendimento como o da *Enciclopédia*, e assim por diante, senão pela esperança de encontrarem uma resposta ao seu trabalho? Já não se prefigurava aí uma tendência forte no sentido de se afirmar o papel essencialmente pedagógico do intelectual? Já não estaria ali o pressuposto da existência de um público capaz de julgar?[55]

No século XVIII, a França registraria um crescimento do público leitor, constituindo uma base social para o florescimento das manifestações que viriam a tomar a forma desse "público capaz de julgar", desse tribunal soberano do povo esclarecido.[56] À medida que se adensava, o público assumia as feições de uma consciência coletiva propensa à razão, ao menos aos olhos dos iluministas.

Tratava-se, no fundo, de uma construção retórica que tinha suas dificuldades práticas. Como preparar os homens do público para tão

---

[55] NASCIMENTO, Milton Meira do. *Opinião pública e revolução*. São Paulo: Edusp; Nova Stella, 1989. p. 23.

[56] O historiador Robert Darnton registra esse crescimento: "O número de alfabetizados provavelmente duplicara no curso do século, e a constante tendência ascendente da economia, combinada com o aperfeiçoamento do sistema educacional, geraram, quase certamente, um público leitor maior, mais rico e com mais tempo disponível. A produção de livros disparou, seja avaliada diretamente – pelos pedidos de privilégios e *permissions tacites* –, seja de forma indireta, pelo número de censores, livreiros e impressores" (DARNTON, Robert. *Boemia literária e revolução: o submundo das letras no Antigo Regime*. Tradução de Luís Carlos Borges. São Paulo: Companhia das Letras, 1987. p. 27).

elevado encargo? A resposta dos filósofos iluministas vinha cheia de segurança: pela ação pedagógica e doutrinária dos homens de letras, pelas palavras iluminadoras.[57] Meira do Nascimento afirma que foi este, na verdade, o grande tema do século XVIII.[58] Os filósofos, homens de letras, teriam que ilustrar o povo, com argumentos racionais que descortinassem o caminho da verdade. Emergiria a opinião pública por cima das opiniões particulares, carregadas de sombras e de preconceitos.[59] Tudo muito simples, muito claro, embora, haveremos de convir, um tanto mágico: uma ideia resplandecente, aureolada por encantamentos míticos.

São especialmente reveladores dessa idealização encantada os dois processos pelos quais, na visão dos iluministas, a opinião pública poderia dar à luz a verdade. Haveria apenas dois caminhos: ou a verdade estaria dada previamente e, por meio do debate aberto, se revelaria a todos, numa epifania civilizadora; ou a verdade, ainda inexistente, seria *produzida* pelo choque entre as muitas teses em disputa, construída entre dissonâncias e consonâncias. Tudo muito fascinante como ideia, mas, de novo, esses dois caminhos para se chegar à verdade – e não haveria outros – nunca passaram de duas mistificações.

---

[57] Meira do Nascimento cita uma obra de Louis-Sebastien Mercier, *Notions claires sur les gouvernements*, de 1787, e sintetiza o pensamento do autor: "Para Sebastien Mercier, o que importa é a ação dos homens de letras para a construção de um universo racional que possa funcionar como elemento decisivo de pressão sobre os governos. Concepção essencialmente instrumental do papel dos intelectuais. Além disso, a maneira como Mercier concebe a opinião pública conduz, na prática, à exigência de uma condição para o exercício da soberania popular. O povo só será soberano, isto é, só se constituirá como detentor do poder máximo da sociedade, se for suficientemente esclarecido pelos homens de letras" (*Opinião pública e revolução*, p. 60).

[58] *Idem*, p. 40.

[59] É o que diz Meira do Nascimento: "A opinião pública, enquanto força racional, capaz de exercer uma pressão sobre os indivíduos, exige, para se caracterizar como instância julgadora, um processo de esclarecimento, um processo de formação do público, precisa tomar o lugar do preconceito, que nada mais é do que a perpetuação do erro como verdade" (*ibidem*).

O primeiro caminho era defendido por Honoré Gabriel Riqueti, o conde de Mirabeau, jornalista incendiário e líder arrebatador da Revolução Francesa. Para ele, "a verdade já está dada, mesmo que se admita o combate livre das doutrinas contrárias". Mirabeau se destacou como um orador convincente: "Deixemos que se batam [as doutrinas contrárias] e veremos de que lado estará a vitória. Por acaso a verdade alguma vez foi derrotada quando atacada abertamente e quando teve a liberdade para defender-se?".[60]

De outra parte, Guillaume-Chrétien de Lamoignon de Malesherbes, um bibliotecário e alto conselheiro da monarquia, um quadro administrativo muito respeitado no *Ancien Régime* e, não obstante, um pensador alinhado com o Iluminismo, defendia a tese de que a verdade não estava previamente dada, de modo algum, mas teria de ser elaborada no embate entre as vozes discrepantes. "A discussão pública das opiniões", dizia Malesherbes, "é um meio seguro para se fazer brotar a verdade, e talvez seja o único."[61]

Os dois, Mirabeau e Malesherbes, cerravam fileiras na defesa da plena liberdade de expressão. Sem um debate radicalmente livre entre os cidadãos, a verdade jamais apareceria, fosse pelo caminho que fosse. Mas havia entre ambos essa diferença que, para os iluministas, era bastante séria. Mirabeau tinha certeza de que a verdade existe em essência, é prévia, e só precisa da liberdade para se dar a ver. Para Malesherbes, a verdade não está posta de antemão, terá que ser produzida pelos homens no calor da batalha das ideias. Mirabeau supõe a predestinação das ideias. Malesherbes prefere a predestinação dos homens.

Havia outro ponto em comum entre eles, além da defesa da liberdade como método. Tanto Mirabeau como Malesherbes eram fatalistas: acreditavam que a opinião pública, desde que livre, jamais se equivocaria. A verdade *fatalmente* se revelaria a todos. Se isso não é um mito, o que mais poderia ser?

---

[60] Conforme citado em NASCIMENTO, Milton Meira do. *Opinião pública e revolução*, p. 61.

[61] Conforme citado em *ibidem*.

Mas não é só. De acordo com muitos dos iluministas, a opinião pública, assembleia compacta das consciências livres dos homens fraternos e iguais (sempre os homens de posses, bem entendido, pois mulheres, assim como os pobres, não tinham participação nas decisões políticas durante as revoluções liberais do século XVIII), não era apenas a necessária anunciadora da verdade, mas era, ainda mais que isso, a portadora da verdade divina. Meira do Nascimento escreve:

> Se o discurso triunfante e épico sobre a libertação dos povos oprimidos e sobre o triunfo da verdade aparece até nos textos de autores ateus, não é de estranhar que os teístas e deístas tenham feito dele o seu escudo na luta pela queda do antigo regime.[62]

Entre outras tantas afirmações nessa linha, tomemos uma passagem do impiedoso jacobino Saint-Just:

> Seja qual for a veneração que a piedade de nossos pais mereça de nós, seja qual for a grandeza infinita de Deus e o mérito de sua Igreja, a Terra pertence aos homens e os padres às leis do mundo, no espírito da verdade. Esta verdade provém do eterno Deus, ela é a harmonia inteligente.[63]

Em suma, a verdade vem de Deus, mas só se manifesta por meio da liberdade entre os homens. Com essas palavras de Saint-Just, o mito se fecha. A fé na razão implica a negação da razão, ou seja, a fé na razão implica fundar a razão na fé. Incrivelmente, a fé na razão acaba por dar razão à fé. Assim nasceu o mito.

Da opinião pública na América às massas hipnotizadas no nazismo

Na democracia dos Estados Unidos, a adoração mistificadora da opinião pública viria a conhecer seu apogeu, com o poder das massas

---

[62] *Idem*, p. 147.
[63] Conforme citado em *ibidem*.

assumindo os contornos de uma nova tirania, ao menos aos olhos de Alexis de Tocqueville: "Não há monarca tão absoluto que possa reunir em sua mão todas as forças da sociedade e vencer as resistências, como pode fazê-lo uma maioria investida do direito de fazer as leis e executá-las".[64]

No início do século XIX, Tocqueville diagnosticou o que viriam a ser as formas "democráticas" de constrangimento do pensamento – como algumas das vertentes atuais das vigilâncias ou "patrulhas", que se reivindicam de valores ditos "politicamente corretos", como as "lacrações" e os "cancelamentos". Ele anotou que, "na América, a maioria traça um círculo formidável em torno do pensamento. Dentro desses limites, o escritor é livre; mas ai dele se ousar sair!".[65]

Desse modo, a opinião pública, nascida do Iluminismo francês com a promessa de instaurar a inteligência coletiva, sábia e justa, passou a rugir como um carrasco que, em nome das maiorias, promete expurgar dissidências mais atrevidas e assume ares, *avant la lettre*, de *hooligans* simbólicos que reprimem a imaginação individual. A razão crítica que tivesse um pingo de juízo teria de se insurgir contra esse desvirtuamento autoritário da ideia original de opinião pública, que transformou o mito num monstro. Demorou um pouco, mas a razão crítica por fim se insurgiu.

Em 1922, um jornalista norte-americano golpeou o mito e suas degenerescências repressoras. Walter Lippmann, que se tornaria uma das estrelas da imprensa em seu país, tinha 32 anos quando lançou *Public Opinion*. Nessa obra, a opinião pública, descrita como um enfeite vistoso e oco, é desmascarada com esmero implacável. Recuando a formulações próximas às da filosofia de Hobbes e Locke, Lippmann retoma a oposição entre verdade e opiniões humanas, entre racionalidade e as decisões baseadas em meras impressões, e desconstrói o pedestal do velho mito, com palavras sardônicas:

---

[64] TOCQUEVILLE, Alexis de. *A democracia na América*. Tradução de Júlia da Rosa Simões. São Paulo: Martins Fontes, 1998, p. 298.

[65] *Idem*, p. 299.

> Os retratos dentro da cabeça dos seres humanos, retratos deles mesmos, dos outros, das suas necessidades, propósitos e relacionamentos, são suas opiniões públicas. Aqueles retratos que são adotados por grupos de pessoas, ou por indivíduos agindo em nomes de grupos, são Opinião Pública com letras maiúsculas.[66]

A esses "retratos", Lippmann dá o nome de "estereótipos". Na descrição dele, a Opinião Pública, com as solenes letras maiúsculas, assume o aspecto de uma colcha de retalhos de estereótipos gastos e descorados.[67] Lippmann sabia muito bem que "as formas estereotipadas emprestadas ao mundo não procedem apenas da arte, no sentido da pintura, da escultura e da literatura, mas também de nossos códigos morais, das filosofias sociais e das agitações políticas".[68]

O jornalista ferino não ficou só nisso. Viu que a Opinião Pública, ela também, nada mais era do que um estereótipo de si mesma, composta de certezas tolas vindas de esferas outras que não a própria política, que não a imprensa. De forma cristalina e um tanto maldosa, apontou o misticismo que envolvia (e ainda envolve) o conceito:

> A tendência de estudantes, oradores e editores tem sido a de olhar a Opinião Pública como, em outras sociedades, os homens olhavam forças ocultas às quais eles atribuíam o poder de conduzir os acontecimentos. Pois em quase toda teoria política há um elemento inescrutável que permanece sem exame. Atrás das aparências, lá está

---

[66] LIPPMANN, Walter. *Public Opinion*. New York: Free Press Paperbacks (Simon and Schuster), 1997. p. 18. Tradução livre.

[67] Opiniões são estereótipos, imagens subjetivas que cada um traz, como ele gosta de dizer, "dentro da cabeça" e que correspondem a fatos, personagens, países, episódios do mundo exterior, e também a ideias ou esquemas abstratos. A ideia que cada um tem de uma briga, por exemplo, Lippmann chama de "o seu estereótipo de uma briga". Ver em: LIPPMANN, Walter. Estereótipos. In: STEINBERG, Charles S. (Org.). *Meios de comunicação de massa*. São Paulo: Cultrix, 1970. p. 152. (O texto, um dos capítulos de *Public Opinion*, foi traduzido para o português na coletânea de Steinberg.)

[68] *Ibidem*.

a Fada, os Espíritos Protetores, [...] a Monarquia Divina [...]. Os mais óbvios, anjos, demônios e reis, foram varridos do pensamento democrático, mas a necessidade de acreditar que há poderes maiores nos guiando persiste. Persistiu para os pensadores do Século XVIII que desenharam a matriz da democracia.[69]

Como refutar Lippmann? Não há como. Pode-se dizer que ele exagera um pouco, mas, hoje, não é mais possível negar a carga mítica em torno do conceito. Dessa carga mítica, por sinal, o totalitarismo soube tirar vantagens para instaurar os horrores que marcaram o século XX. Sem ter lido Lippmann, e sem concordar em nada com ele, os nazistas perceberiam, com os piores propósitos e pelos piores motivos, a vacuidade vã da tal opinião pública tão idolatrada nos parlatórios. Adolf Hitler, em seu livro *Mein Kampf* (Minha Luta), de 1925, destila ódio contra judeus e intelectuais, insulta os fundamentos da democracia e, em lugar de reverenciar a opinião pública, declara seu fascínio pelos recursos do entretenimento que embeveciam as multidões. Ele acreditou, na verdade, que esse negócio de opinião pública se resolve com uma boa propaganda, e ponto final.

Hitler acreditava que os ingleses venceram os alemães na Primeira Guerra porque tinham uma arma superior: a propaganda. Aliás, não se pode dizer que ele valorizasse o uso da propaganda pela política: mais do que isso, para ele, a política se resume a propaganda, ou seja, só funciona se for a extensão da mais poderosa máquina de propaganda que jamais se viu. Opinião pública? Ora, isso vai no embalo, pois as massas pediam para ser manipuladas. No modo de dizer do líder nazista, essa conversa de cidadãos livres e iluminados era algo absolutamente desprovido de sentido. No seu livro, ele assegura, sem disfarces, que apostar na sabedoria das massas é a receita do fracasso. Só se dariam bem na política os líderes que investissem na estultice do povo:

> O fim da propaganda não é a educação científica de cada um, e sim chamar a atenção da massa sobre determinados fatos, necessidades

---
[69] *Ibidem*, p. 162.

etc. [...] Como [...] a sua finalidade [...] é a de despertar a atenção da massa e não ensinar aos cultos ou àqueles que procuram cultivar seu espírito, a sua ação deve ser cada vez mais dirigida para o sentimento e só muito condicionalmente para a chamada razão.[70]

Hitler desprezava qualquer possibilidade de autonomia crítica dos cidadãos reunidos em público, e fez desse desprezo a pedra fundamental do seu Terceiro Reich:

> Toda propaganda deve ser popular e estabelecer o seu nível espiritual de acordo com a capacidade de compreensão do mais ignorante dentre aqueles a quem ela pretende se dirigir. Assim a sua elevação espiritual deverá ser mantida tanto mais baixa quanto maior for a massa humana que ela deverá abranger.[71]

Os nazistas pareciam saber um segredo sinistro: se a opinião pública não passava de um mito para aglutinar as massas na democracia, bastaria substituí-lo por uma indústria capaz de fabricar mitos maiores para que as massas se convertessem ao totalitarismo. Mito por mito, os mais vistosos e arrebatadores venceriam. A melhor máquina de propaganda, manipulando o melhor entretenimento, levaria a melhor. E o que vem a ser o mito na escola nazista? Ora, o mito é aquela mentira que agrada às paixões baixas e que, repetida mil vezes, ganhará o estatuto de verdade transcendente, uma "verdade" mais "verdadeira" do que qualquer fato ou qualquer evidência factual, uma "verdade" capaz de mudar o curso da História e de alterar os próprios fatos.

Nos anos 1930, Joseph Goebbels, ministro da propaganda de Adolf Hitler, pôs em prática as ideias do chefe. Goebbels, como o

---

[70] Página 170 de *Mein Kampf*, edição em português, disponível em: https://bit.ly/3xt8On2. Acesso em: 27 abr. 2021. Há uma edição, mais rara, da obra impressa no Brasil: HITLER, Adolfo. *Minha Luta*. 8. ed. São Paulo: Mestre Jou, 1962, p. 121.

[71] *Ibidem*.

chefe, odiava os intelectuais, venerava os filmes comerciais norte-americanos e descobriu como a indústria do entretenimento, que estava encorpando, poderia servir de paradigma para a comunicação do regime. Diligente, copiou as fórmulas dos filmes melodramáticos de Hollywood para inserir tramas afetivas, envolventes e sensuais na propaganda nazista. Queria mais romance para melhor adestrar as massas. E conseguiu.[72]

A indústria de mitos do Terceiro Reich incorporou a percepção de que, por trás da tão falada opinião pública, só existia um amontoado de cabeças vazias, prontas para amar um tirano. Os nazistas viram de perto, muito perto, que não havia opinião pública nenhuma disposta a proteger a República de Weimar, sobre cujos escombros o Führer marchou, conduzindo a poderosa arma de propaganda que tanto desejava e que, com a ajuda de Goebbels, construiu para si, mostrando que no avesso do mito da opinião pública pode estar aninhado o ovo da serpente. Essa escola de propaganda, que fabricou mitos com base na mentira insultuosa, na propaganda pesada e no ódio pestilento, deixou seguidores que se mantêm até hoje, convictos de que a livre formação da opinião não existe e de que a democracia é uma farsa que deve ser destruída.[73]

---

[72] *Goebbels Experiment*, Alemanha/Reino Unido, 2005. Direção de Lutz Hachmeister. Roteiro de Lutz Hachmeister e Michael Kloft. Narração de Kenneth Branagh (inglês) e Udo Samel (alemão). A íntegra do texto do filme foi extraída dos diários de Joseph Goebbels.

[73] Veja-se, entre outros, o exemplo da organização de extrema direita dos Estados Unidos QAnon, que em 2020 intensificou seu apoio a Donald Trump, candidato derrotado à presidência, com notícias fraudulentas e discursos de ódio que iam do antissemitismo vulgar a calúnias contra o Partido Democrata, acusado de ter vínculos com pedofilia, entre outras fantasias infamantes. Sobre isso, ver: WONG, Julia Carrie. QAnon explained: the antisemitic conspiracy theory gaining traction around the world. *The Guardian*, 25 ago. 2020. Ver ainda as ações de propaganda baseada em mentiras sob a liderança do ativista Steve Bannon, um dos principais articuladores de Trump na campanha de 2016 e um de seus principais assessores na Casa Branca no começo do governo. Em novembro de 2020, o jornal brasileiro *O Estado de S.Paulo* republicou reportagem do diário

Um réquiem para a opinião pública

Além da crítica de Lippmann, há a crítica de Habermas. Em *Mudança estrutural da esfera pública*, lançado em 1962, o filósofo se refere à opinião pública (burguesa) como uma "ficção".[74] Para ele, o malogro da opinião pública é mais trágico do que aquele retratado pelo jornalista dos Estados Unidos trinta anos antes. Lippmann é irônico. Habermas é funéreo. Usa expressões como "ficção constitucional" e "ficção do Direito Público"[75] para denunciar o esvaziamento de uma ideia. Diz que o público pensante se esvaneceu sob o impacto devastador do advento dos meios de massa e que o projeto da opinião pública fracassou.[76] Escreve um *réquiem* sociológico, quase um lamento de velório à beira de um projeto iluminista moribundo.

Em certos trechos, o seu pessimismo aziago antecipa os debates atuais sobre as mídias digitais monopolizadas que, difundindo discursos de ódio por meio de táticas industriais de desinformação, vão empurrando a democracia para uma catástrofe. É curioso. Até a virada do século XXI, havia quem acreditasse que a internet jogaria no

---

norte-americano *The New York Times* a respeito de uma aliança de Bannon com um bilionário chinês para difundir a notícia de que o vírus da Covid-19 teria sido deliberadamente espalhado pelo mundo numa ação premeditada do governo chinês (QIN, Amy; WANG, Vivian; HAKIM, Danny. Como Steve Bannon e um bilionário chinês criaram uma "estrela" da direita na mídia com o coronavírus. *The New York Times/O Estado de S.Paulo*, 20 nov. 2020). Um trecho da reportagem foi publicado na versão impressa de *O Estado de S.Paulo* de 21 de novembro de 2020, p. A14.

[74] HABERMAS, Jürgen. *Mudança estrutural da esfera pública*, p. 274 e seguintes.

[75] *Ibidem*.

[76] "À medida que o conceito de opinião pública, fixado nas instituições de governo e de representação popular, não alcança bem a dimensão dos processos informais de comunicação, tampouco, por outro lado, o conceito de opinião pública, dissolvido psicossociologicamente em relações grupais, consegue novamente inserir-se naquela dimensão em que a categoria, outrora, desenvolveu seu significado estratégico" (*Idem*, p. 281).

passado a comunicação de massa e que os indivíduos, libertos do jugo do *broadcasting*, voltariam a dialogar livremente numa esfera pública renovada e leve. Mas tudo deu errado. A internet não restaurou o público crítico, apenas repaginou a massa em multidões compactas de individualistas narcísicos. A concentração de capital aumentou, o poder do entretenimento cresceu, a fabricação de mitos recrudesceu, as técnicas de manipulação se complexificaram em subterfúgios ainda mais insidiosos e, bem, tudo deu errado.

E agora? Como reagir? Na transição da primeira para a segunda metade do século XX, houve uma resposta. Sob os impactos dos meios de massa que ameaçavam colonizar de vez o pouco que restava da esfera pública e da opinião pública, os estados nacionais democráticos esboçaram uma resistência. Em diversos países, as empresas públicas (ou semiestatais) de comunicação social foram impulsionadas, com o objetivo manifesto de impedir que o mercado passasse a controlar todos os canais de debate público.[77] O Estado se mobilizou para

---

[77] Foi o que se viu no Reino Unido, com a BBC (British Broadcasting Corporation); na França, com a Rádio France e os canais públicos de televisão; na Espanha, com a RTVE (Corporación de Radio y Televisión Española); em Portugal, com a RTP (Rádio e Televisão de Portugal); na Alemanha, com a ARD (Arbeitsgemeinschaft der öffentlich-rechtlichen Rundfunkanstalten der Bundesrepublik Deutschland), a ZDF (Zweites Deutsches Fernsehe, Second German Television) e a DW (Deutsche Welle); nos Estados Unidos, com a NPR (National Public Radio) e a PBS (Public Broadcasting Service); entre tantos outros exemplos. Vale pontuar que os caminhos pelos quais esse processo se deu nos vários países são bem diferentes entre si. Vale alertar, ainda, que, embora sem se deter sobre as empresas públicas aqui listadas, Habermas anotou a tendência geral: "Na indústria da imprensa, o grau de concentração econômica e sua coordenação técnico-organizatória parece limitada em comparação com as novas mídias do século XX: rádio, cinema falado e televisão. Ora, pois, a necessidade de capital pareceu tão grande e o poder jornalístico-publicitário também tão ameaçador que, em alguns países, como se sabe, a organização dessas mídias foi desde o começo colocada sob a direção ou o controle do Estado. Nada caracteriza de modo mais evidente o desenvolvimento da imprensa e dos novas mídias do que essas medidas: de instituições privadas de um público de pessoas privadas passa a instituições públicas" (*Idem*, p. 220).

proteger o caráter público da comunicação social. As emissoras públicas conquistaram independência jornalística e artística, protegidas contra interferências de anunciantes e governos para que não fossem usadas como porta de entrada para "privilegiados interesses privados da esfera pública".[78] Em boa medida, a intenção se cumpriu, mesmo com as privatizações que viriam nos anos 1980 e 1990.[79]

E agora? Ainda há respostas? Como reagir às mesmas ameaças diante do poder monopolista das *big techs*, num cenário ainda mais sombrio? Existe esperança para a opinião pública? Além de um mito explorado pelas ferramentas do entretenimento, ela ainda tem como voltar a ser uma ideia libertadora? Existe espaço para novos investimentos em estruturas públicas (não comerciais) de comunicação que sirvam de anteparo ao poder concentrador do entretenimento? Será possível regular, por meio de Estados nacionais ou de consórcios interestatais, os conglomerados monopolistas do entretenimento e das mídias digitais e seus comércios?

São interrogações em aberto. Talvez, a democracia consiga conferir a essa entidade mensageira entre a sociedade e o Estado um lastro de verdade que dela se esvaiu. Talvez ainda exista chance para um esforço dirigido a fazer de um mito retórico uma realidade comunicacional efetiva. Talvez.

O ponto é que não há como desistir. Não existe espaço teórico para desistir, pois a teoria de que dispomos sobre comunicação democrática não pode prescindir da opinião pública. Ela é um mito, um mito moderno, tudo bem, mas a democracia não pode funcionar sem a ideia de que as pessoas, livres e iguais (ou tendentes à liberdade

---

[78] *Idem*, p. 218.

[79] Em tempo, cumpre lembrar que, no Brasil, o mesmo espírito jamais se manifestou, salvo pela teimosia de uma tímida rede educativa: a TV Cultura de São Paulo. Como regra, o Estado foi complacente, quando não foi indutor, de um sistema de comunicação social dominado pelo mercado. A tentativa de estruturar uma organização de comunicação pública a partir dos equipamentos e emissoras vinculadas ao governo federal não surtiu efeito.

e à igualdade), senhoras de suas consciências cívicas, dialogando num ambiente iluminado (vale a metáfora) pela razão, pela informação e pelo conhecimento, dotadas de seus direitos de expressão plena, devem, ainda, ser a fonte do poder. Em resumo, a democracia não pode abrir mão da opinião pública. Se esta é um mito moderno – nunca será demais repetir – esse mito agora não deve ser lido como malogro ou como blefe, como quiseram fazer os nazistas, mas como um projeto que ainda pode vingar. Abrir mão disso seria abrir mão da razão e do pensamento. Seria abdicar do pensamento em favor da lógica do capital. Por isso, e por outras razões de método, o próprio Habermas dará um jeito teórico de ressuscitar a opinião pública. É o que nos espera no capítulo seguinte.

3
Existe razão na comunicação?

Abelhas espertas

O que atrapalha a teoria é que agimos irracionalmente. Por mais sinceras que sejam as nossas homenagens à razão, há muito de irracionalidade nas nossas condutas. Para examinar o assunto, por vezes inamistoso, comecemos por uma constatação simples: não há um nexo necessariamente consciente – e, portanto, racional – entre a vontade individual, ainda de boa-fé, e o bem comum. O fato de um cidadão agir com a intenção de contribuir para a felicidade geral de sua cidade não garante a ninguém que ele será bem-sucedido no seu propósito. De outra parte, pode haver gente feliz numa cidade em que todo mundo só pensa no que é melhor para si, o que nos leva a admitir que é perfeitamente possível que as pessoas contribuam para o bem comum mesmo quando não se preocupem com isso nos seus afazeres cotidianos, mesmo quando não tenham, no plano da consciência e da razão, a intenção de promover o bem comum. Isso pode não parecer um problema da razão, mas é.

O que se entende aqui por essa palavra, "razão"? Muito simples. Quem procura se comportar segundo o primado da razão, ou seja, quem quer agir racionalmente, espontaneamente fundamentará os seus atos em dois apoios essenciais: a verdade e a moralidade. O ser racional se pauta pela verdade quando leva em consideração os fatos (a verdade factual) e, ao mesmo tempo, quando pensa sobre os fatos de acordo com métodos que lhe permitam aprofundar o conhecimento da realidade. O ser racional é um ser que pensa e lida com a verdade descortinada por seu pensamento. Logo, não sai por aí mentindo para si e para os outros. Isso o afastaria da verdade e, nesse sentido, seria irracional.

Além da verdade, todo ser racional se orienta de acordo com a moralidade. Onde não existe eticidade pode existir cálculo ou inteligência, mas não propriamente razão. De algum modo, o pensamento, sendo um exercício da razão, sempre considera os princípios morais, como o respeito, a tolerância ou a justiça. Como sabe que os seres humanos vivem uns *em relação* aos outros, a razão requer a ética, esse saber prático que nos ajuda a viver e a conviver bem. Moralidade, que fique claro, não tem nada a ver com moralismo, que pode ser definido como um bloco de princípios morais esvaziados de razão e convertidos em dogmas, predispostos à violência.

Portanto, uma conduta racional há de ser uma conduta orientada para o bem comum, uma vez que a própria noção de bem comum, assim como a razão, só encontra apoio na observância da verdade (coletivamente percebida) e na presença da moralidade (coletivamente valorizada). Então, quando há uma discrepância entre a conduta individual e o bem comum, algo não vai bem com a razão. Trata-se de um problema simples, quase elementar, mas algo aí não vai bem, de fato.

Adam Smith, que dominava a filosofia moral, não desconheceu esse descompasso. Em seu clássico *A riqueza das nações*, lançado em 1776, Smith acusou o corte entre a motivação que impele um indivíduo a agir no mundo e o interesse geral da sociedade. Ele sabia que um padeiro, um açougueiro, um agricultor ou um industrial, ao investirem em seus negócios, não pensam na grandeza do país, mas no lucro pessoal. Da mesma forma, ele sabia que, se algum progresso deriva do trabalho do açougueiro, do padeiro ou do agricultor, não há de ser porque eles acordam de manhã inebriados de boas intenções ou de idealismos generosos.

Ele chegou a elogiar a inexistência de preocupações com o bem comum no comportamento individual: "Ao perseguir seus próprios interesses, o indivíduo muitas vezes promove o interesse da sociedade muito mais eficazmente do que quando tenciona realmente fazê-lo".[80]

De acordo com Adam Smith, que tem legiões de seguidores até hoje, a riqueza de uma nação se acumula não porque os donos dos estabelecimentos comerciais, da agricultura ou da indústria queiram doar-se uns aos outros, mas, exatamente ao contrário, porque os empreendedores só pensam em si. O resultado pode parecer racional, posto que realiza o bem comum ou o "interesse da sociedade", mas a intenção individual é pura ganância.

Para o filósofo e economista britânico nascido na Escócia, a sabedoria que impulsiona e ordena a prosperidade geral não estaria em cada indivíduo, mas em algum lugar fora do indivíduo. Em uma palavra, estaria no mercado. A essa sabedoria supraindividual, que parece saber o que é bom para todos e que "age" sobre a natureza em sintonia com o interesse da sociedade, ele deu o nome de "mão invisível". Admitamos que, enquanto estamos falando de um capitalismo de padeiros, açougueiros, agricultores, comerciantes e industriais de primeira geração, a saída parecia lógica e, para quem era dono de algum capital, até que funcionava.

Um comerciante não é propriamente um suprassumo da razão iluminada. Ele não tem necessariamente uma consciência elaborada do benefício social geral dos seus atos. Pode ser que aprenda com alguém a desculpa discursiva de que seu empreendimento "gera empregos", mas, estatisticamente falando, é improvável que tenha alguma ideia, mesmo que longínqua, do liame contraintuitivo que haveria entre o seu egoísmo inconfessável e os indicadores positivos na macroeconomia.

O fato é que, se o capitalismo fosse gerar o bem comum a partir da intenção pessoal de seus agentes, ao menos para Adam Smith, estaríamos todos no inferno. Segundo ele, só o que existe é uma racionalidade

---

[80] SMITH, Adam. *A riqueza das nações: investigações sobre sua natureza e suas causas*. São Paulo: Editora Nova Cultural, 1996, p. 438.

difusa, não *dos* agentes de mercado, mas *entre* eles, que não sabem de nada disso. Essa racionalidade, assegurando a competição entre os comerciantes, que brigam para abocanhar os mesmos nacos de riqueza, move sua "mão invisível" e infalível para conduzir a sociedade na direção da pujança econômica que interessa ao país. A riqueza geral (o bem comum) resulta da sabedoria ("mão invisível") que é uma virtude *do mercado*, não de cada um. Nessa história quem é racional, enfim, é o mercado, não o comerciante, o agricultor ou o industrial.

A virtude da razão, nos termos dessa obra reconhecida como o marco fundador do capitalismo, só pode ser alcançada por uma coletividade em que os agentes se vejam como competidores, não como irmãos.

Em *A riqueza das nações*, o sujeito econômico não tem uma consciência madura do que faz. Se tiver, vai acabar fazendo alguma coisa errada. O espírito capitalista desconfia de quem não seja ambicioso, assim como desconfia de toda conversa muito altruísta. Para que o mercado funcione, é necessário que cada um "persiga" o lucro e pense exclusivamente em si, ou não será eficiente.

Ao final, fica bastante explícito que, na visão de Adam Smith, o mercado espelha a natureza, à qual o vulgo costuma atribuir o adjetivo de "sábia". Segundo esse espelhamento, os animais, racionais ou não, saem se acasalando sem jamais ter que pensar no que é bom para a espécie. Apenas seguem o instinto – ou, no caso de certos animais bem específicos, buscam o prazer. A natureza, sendo "sábia", extrai dos acasalamentos prazerosos a procriação e, assim, faz prolongar a existência da espécie. O bicho não precisa ser inteligente para cumprir o que a natureza espera dele. Em Adam Smith, na peculiar metáfora já bastante comentada, o capitalista está para o bicho assim como o mercado está para a natureza. Logo, o capitalismo é natural.

Foi pensando mais ou menos nisso que Bernard Mandeville formulou sua famosíssima *Fábula das abelhas*.[81] Publicada no início

---

[81] MANDEVILLE, Bernard. *A fábula das abelhas: ou vícios privados, benefícios públicos*. Tradução de Bruno Costa Simões. São Paulo: Editora Unesp Digital, 2017 (Edição digital [ePub]).

do século XVIII,[82] a obra sugere que os vícios privados (a vaidade, uma certa avareza, cobiça desmedida e ausência de pejo em explorar o trabalho do outro) redundariam no benefício público (riqueza social, prosperidade geral, abastecimento, crescimento da oferta, do emprego e do salário). Smith, embora não achasse tão viciosos assim os tais vícios privados, leu e citou Mandeville, e foi seguramente influenciado por ele. A sua convicção de que a sabedoria pertence ao mercado e não à consciência das pessoas deve, em parte, um tributo a Mandeville. Um e outro se viam como seres racionais, é certo, tanto que pensavam perceber tudo o que se passava à sua volta, mas não estendiam essa mesma consciência racional à totalidade dos seres sobre a Terra.

Fiquemos, então, com o seguinte: à exceção de Adam Smith e Mandeville, todos agimos sem ter muita consciência do que fazemos, coisa que, para os dois, não era nenhum embaraço, pois, no final da festa, todo mundo sairia ganhando, inclusive o açougueiro, o padeiro, o industrial e o agricultor, que ficariam mais ricos, mais satisfeitos e mais realizados.

Voltemos agora ao início deste capítulo: o fato de haver inconsistência entre a conduta de um sujeito que se imagina racional e a observância do bem comum é, sim, um problema da razão. No entanto, se o problema da escassez de razão terminasse aí, talvez esse problema não fosse tão complicado assim.

Acontece que ele não termina. A razão escassa gera consequências mais difíceis, para as quais uma fábula não servirá de socorro moral. As atitudes irracionais convivem conosco a todo momento, por exemplo, quando consumidores que precisam emagrecer não conseguem se emendar e compram chocolate compulsivamente. Aí, a conduta irracional, embora possa lá na frente ajudar no crescimento do mercado (ao menos do mercado de chocolates), vai prejudicar o próprio sujeito. E isso acontece a toda hora. Com todo mundo. Investidores

---

[82] Há divergências na datação. Segundo algumas fontes, a publicação teria acontecido entre 1714 e 1729. Ver, a propósito: FRITSCH, Wilson. Apresentação. In: SMITH, Adam. *A riqueza das nações: investigações sobre sua natureza e suas causas*. São Paulo: Editora Nova Cultural, 1996. p. 15.

que se deixam apavorar vendem suas ações a preço de banana, tomam prejuízos pouco racionais. Eleitores pobres que sufragam populistas ou demagogos, porque assim se sentem mais patriotas ou mais poderosos, vão acabar ficando racionalmente mais pobres.

Portanto, a questão não é mais tão simples. Não estamos falando apenas de um divórcio entre a consciência individual viciosa e a "mão invisível" restauradora. O problema não é mais a incongruência entre um comportamento pessoal impulsionado pelos piores sentimentos e um sistema que, apesar desses impulsos nefastos, levaria benefícios públicos à coletividade. Quando pensamos no chocólatra inveterado que prejudica a própria saúde, ou no investidor que engrossa o efeito manada nas bolsas e toma prejuízo, ou, ainda, no eleitor pobre que, por uma fantasia nacionalista, vota em um candidato que vai piorar ainda mais a vida dos pobres, estamos falando de uma irracionalidade mais complicada: aquela que, mais do que separar os vícios pessoais dos benefícios públicos, separa, dentro de uma mesma pessoa, o que pertence ao desejo ou ao medo, de um lado, e, de outro lado, o que pertence à consciência, à intenção. Nesse plano das decisões pessoais irracionais, o sujeito é levado a agir contra os seus próprios interesses. Por suas próprias decisões e por seus próprios atos, o consumidor fixado em chocolates vai adoecer, o acionista medroso vai perder dinheiro e o eleitor pobre vai ficar mais pobre e se deixar estiolar ainda mais.

A esse tipo de irracionalidade, o pensamento econômico demorou a prestar atenção. Nisso, as teorias políticas também tardaram, bem como as Ciências da Comunicação. Quanto ao atraso do pensamento econômico, Eliana Cardoso, economista e escritora brasileira, deu seu toque. Em 2011, ela escreveu uma crônica sobre o desconforto de sabermos, racionalmente, que agimos irracionalmente. Comentando o fato de que 60% das famílias brasileiras estavam endividadas e 8% alegavam que não teriam como quitar seus débitos, ela notou como os mortais agem sem pensar: "Alguma coisa irracional parece estar envolvida nas decisões econômicas de pessoas que contraem dívidas impossíveis. [...] Essas atitudes e decisões contradizem a teoria de que somos indivíduos capazes de escolher nosso próprio bem-estar de forma consistente". [83]

Eliana tem algo que nos falta tanto: ela tem razão. Nas doutrinas econômicas, ao menos até o final do século XX, predominou uma certa liturgia que se recusava a pôr em xeque a racionalidade dos agentes. Até que, de uns tempos para cá, a antiga soberba perdeu o pé. Já estava na hora. Um dos primeiros sinais veio em 1978, quando o Prêmio Nobel de Economia foi para Herbert Simon, autor da teoria da "racionalidade limitada". Em 2002, o israelense Daniel Kahneman ganhou a mesma láurea com uma pesquisa em torno do mesmo tema. Em 2013, esse Nobel ficou com Robert Shiller, considerado um pioneiro das finanças comportamentais. Em 2017, o economista norte-americano Richard Thaler, da Universidade de Chicago, recebeu a honraria ao mostrar uma nova compreensão das incongruências lógicas nas decisões econômicas.[84]

Em sua crônica de 2011, Eliana Cardoso já chamava a atenção para o trabalho de Thaler. Ela nos lembra de que os indivíduos seriam dotados de dois centros de decisão, como numa esquizofrenia monetária: um seria o administrador-planejador (o "principal"), que, nas palavras dela, "tenta maximizar a utilidade de longo prazo"; o outro, o trabalhador-executante (o "agente"), é aquele que "tenta maximizar a utilidade de curto prazo". Às vezes um ganha, outras vezes, o outro.

Atualmente, as pesquisas mais ou menos agrupadas em torno de uma disciplina que se reconhece no nome de "Economia Comportamental" se ocupam de projetar padrões de previsibilidade para a irracionalidade. Em parte, há avanços, mas nada que constranja as razões do capitalismo. No final das contas, se a irracionalidade de muitos confluir para o lucro de poucos, alguém dirá que está tudo

---

[83] CARDOSO, Eliana. Impulsos irracionais em decisões econômicas. *Valor Econômico*, 12 fev. 2011.

[84] Para um panorama dessas premiações e das ideias de Thaler, num bom resumo, ver: COHEN, David. A irracionalidade racional do Nobel Richard Thaler. *Exame*, 9 out. 2017.

bem com o mercado. Uns talvez digam que a mão invisível terá se tornado uma senhora mão grande, mas a maior parte dirá que não há nada com que se preocupar. Alguém inventaria outra fábula, talvez: cochilos privados, benefícios mais privados ainda.

O público desarrazoado

Parece não haver sinais de que a irracionalidade das pessoas ou das multidões melindre o dinheiro, mas essa mesma irracionalidade causa calafrios sistêmicos no conceito de esfera pública e, consequentemente, no conceito de opinião pública. Por que será? Por que a irracionalidade que pode ser assimilada pelo mercado – e ainda render uns prêmios Nobel – não pode ser admitida pela comunicação que gera o espaço social da esfera pública e pela sociologia jurídica? Por que a teoria que se ocupa da esfera pública não sabe lidar com a insensatez ou com a maluquice das atitudes humanas? A resposta para isso existe, mas vai cobrar de nós um percurso maior.

Segundo Jürgen Habermas, a comunicação que gera o espaço social da esfera pública e aflora como opinião pública requer, ou, mais ainda, *exige* atores racionais – exige os racionais e exclui todos os outros.[85] O mercado, meio a contragosto, meio fingindo que não nota, acolhe consumidores e investidores que fazem escolhas irracionais. A esfera pública de Habermas, como veremos, não. De jeito nenhum.

Quando o assunto é esfera pública, não há como passar ao largo da obra de Habermas, tendo em vista que foi nele – e praticamente *só* nele – que as Ciências da Comunicação foram buscar, direta ou indiretamente, a portabilidade desse conceito, quer dizer, foi a partir de Habermas que os estudos da comunicação buscaram e incorporaram o conceito de esfera pública. Logo, as relações entre razão e comunicação, que não andam nada boas, pagam pedágio para a

---

[85] HABERMAS, Jürgen. *Teoría de la acción comunicativa*. 2 vol. Madrid: Taurus, 1987.

matriz conceitual estabelecida por Habermas. Vamos então enfrentar a pedreira conceitual.

Como vimos no capítulo anterior, foi em seu livro *Mudança estrutural da esfera pública*, em 1962, que o filósofo praticamente deu por falecidas a esfera pública e a opinião pública. Depois disso, porém, relativizou o vaticínio – ou o morticínio – para empreender um trabalho intelectual de grande envergadura com o objetivo de encontrar as vias possíveis de sobrevida para os dois conceitos. A razão para tamanho esforço é óbvia: sem esses conceitos, Habermas não teria como pensar a democracia, pois não disporia de canais para fazer fluir a razão (informada pela verdade e pela eticidade) que emanciparia as pessoas. A razão – tanto dos sujeitos, individualmente considerados, como dos âmbitos em que esses sujeitos se reúnem para dialogar e decidir sobre os temas de interesse comum – não pode faltar ao paradigma de democracia para o qual ela, a razão, aponta.[86] Diante disso, abrir mão dos dois conceitos seria como, para um marceneiro, abrir mão dos encaixes entre as peças de madeira: as categorias da obra de Habermas ficariam empilhadas no chão, sem se articular num sistema teórico racional e habilidoso.

---

[86] Uma valiosa contribuição brasileira para o entendimento geral da teoria habermasiana pode ser encontrada em: BLOTTA, Vitor S. L. *O direito à comunicação: uma nova teoria crítica do direito a partir da esfera pública política*. São Paulo: Editora Fiuza, 2013. Em vários trechos, como na página 134, Vitor Blotta ilumina a relação entre razão e esfera pública, como quando aponta que, para Habermas, "cada um quer ser convencido através da razão". Mais adiante (p. 234), agora em diálogo com Craig Calhoun (CALHOUN, Craig. *Habermas and the Public Sphere*. Cambridge: MIT, 1996. p. 31-32), Blotta chama a atenção para o desenvolvimento do conceito de razão em Habermas como "derivação do conceito de esfera pública", em busca de uma forma de comunicação "muito mais abstrata" que estaria "presente no gênero humano". Em outra passagem, agora nas páginas 451 e 452, Blotta explora com absoluta clareza as preocupações mais recentes de Habermas, em textos entre 2006 e 2009, com a emergência das novas tecnologias de informação e comunicação como empecilhos para a formação de esferas públicas, no dizer do próprio Habermas, racionais e, outra vez, como o filósofo aposta na linguagem humana como fonte de uma "razão comunicativa".

Os textos em que Habermas conclama seus leitores a investir suas esperanças na esfera pública e na opinião pública são numerosos. O filósofo insiste que a opinião pública precisa existir e que, para existir, ela requer meios de comunicação protegidos das elites e um ambiente de livre debate, com base em relações dialógicas – racionais, portanto –, sem pressões dos poderes estabelecidos. Nas palavras dele: "Os meios de comunicação de massa precisam estar a salvo das pressões das elites políticas e outras; eles devem ser capazes de criar e manter o nível discursivo de formação da opinião pública sem constranger a liberdade comunicativa das audiências críticas".[87]

Nesse mesmo livro, Habermas atribui à esfera pública, livre, racional e autônoma, o papel de intermediar o entendimento entre sociedade e Estado.[88] Mais tarde, num texto breve, publicado em 2006, ele diz, com todas as letras, que a "esfera pública independente", fonte da opinião pública, é uma das três condições indispensáveis para a institucionalização da democracia. As outras duas condições indispensáveis são a "autonomia privada dos cidadãos" e a "cidadania democrática". Nesse mesmo texto, Habermas reitera o que falou ao longo da vida: que a esfera pública cumpre o papel de intermediação entre Estado e sociedade.[89]

---

[87] HABERMAS, Jürgen. *Between Facts and Norms*, p. 449. Tradução livre.

[88] Habermas diz que a esfera pública (da qual se origina a opinião pública) faz a intermediação entre o sistema político e a vida social. "Nas sociedades complexas, a esfera pública consiste numa estrutura intermediária entre o sistema político, de um lado, e os setores privados do mundo da vida [o conceito habermasiano de 'mundo da vida' será explicado mais adiante no presente livro] e os sistemas funcionais, de outro" (*Idem*, p. 373, tradução livre). Como já vimos aqui, as categorias fronteiriças, comunicantes, entre um universo e outro, são recorrentes em Habermas.

[89] "O desenho institucional das democracias modernas reúne três elementos: primeiro, a autonomia privada dos cidadãos, cada um dos quais segue uma vida própria; em segundo lugar, a cidadania democrática, ou seja, a inclusão de cidadãos livres e iguais na comunidade política; e terceiro, a independência de uma esfera pública que opere como um sistema intermediário entre o Estado e a sociedade. [...] Esses elementos constituem o alicerce normativo

Antes de seguir com o raciocínio, vale registrar, a título de curiosidade, que o jornalista norte-americano Walter Lippmann, cerca de sessenta anos antes, no livro *Liberty and the News*, também fala na função intermediadora da opinião pública. Mesmo quando pouco sensata, a opinião pública precisaria comparecer, como um lastro de senso comum, para conferir estabilidade à democracia, como um canal de interação entre a sociedade e o Estado.[90] Lippmann concedia – especialmente no seu livro posterior, *Public Opinion* – que os cidadãos

---

das democracias liberais (independentemente da diversidade de outros textos constitucionais e ordens jurídicas, instituições políticas e práticas). O projeto institucional é garantir (a) a proteção igual dos membros individuais da sociedade civil pelo Estado de direito por meio de um sistema de liberdades básicas que é compatível com as mesmas liberdades para todos; igualdade de acesso e proteção por tribunais independentes; e uma separação de poderes entre legislação, jurisdição e o poder Executivo, que vincula a administração pública à lei. O objetivo é garantir (b) a participação política do maior número possível de cidadãos interessados por meio de direitos iguais de comunicação e participação; eleições periódicas (e referendos) com base em um sufrágio inclusivo; a competição entre diferentes partes, plataformas e programas; e o princípio da maioria para decisões políticas em órgãos representativos. O objetivo é garantir (c) uma contribuição adequada de uma esfera pública política para a formação de opiniões públicas consideradas através da separação de um Estado (baseado em impostos) de uma sociedade (baseada no mercado), direitos de comunicação e associação e um regulamento da estrutura de poder da esfera pública garantindo a diversidade dos meios de comunicação de massa independentes e um acesso geral de audiências de massa inclusivas à esfera pública" (HABERMAS, Jürgen. Political Communication in Media Society: Does Democracy Still Enjoy an Epistemic Dimension? The Impact of Normative Theory on Empirical Research. In: HABERMAS, Jürgen. *Communication Theory*, v. 16, p. 412, 2006, tradução livre).

[90] Interessante o que se diz logo na introdução dessa edição de *Public Opinion*: "As decisões no Estado moderno tendem a ser tomadas pela interação, não entre Legislativo e Executivo, mas entre a opinião pública e o Executivo" (STEEL, Ronald. Foreword. In: LIPPMANN, Walter. *Public Opinion*, p. xi. tradução livre). Lippmann não fala no conceito de "esfera pública", mas, em muitas passagens, ele entende o papel da opinião pública de intermediação entre Estado e sociedade mais ou menos como Habermas faria, quatro décadas depois, quando tratou de "esfera pública" e "opinião pública".

não eram lá nenhum modelo de sapiência ou de racionalidade, mas não se incomodava muito com isso.

Habermas se incomoda, pois sem a razão não vê esfera pública e opinião pública e, sem as duas, a democracia não tem chance. Ele tratou do assunto em profundidade numa obra publicada onze anos antes de *Between Facts and Norms*, à qual deu o nome de *Teoria da ação comunicativa*. Nesse livro, em dois volumes, ele propõe dois novos conceitos essenciais: um deles, o "mundo da vida", portador da razão, funciona como o protagonista; o segundo, os "subsistemas", implementadores de uma racionalidade (uma lógica) que não tem parte com verdade ou com moralidade, é o antagonista. A partir daqui, o percurso do raciocínio se alongará um pouco – mas, no final, terá valido.

No "mundo da vida", temos os seres humanos em suas lidas comuns de todo dia: seus encontros fortuitos, seus trabalhos, as histórias de amor, as práticas da cultura, as conversas de bar, as procissões religiosas – dessas que a gente vê nas pequenas cidades do interior do Brasil. Nele, estão os indivíduos se relacionando comunicativamente em torno de seus cotidianos mais íntimos, privados, e igualmente em torno de temas de interesse comum, mais voltados para as questões da cidadania.[91] A propósito, Habermas subdivide o "mundo da vida"

---

[91] São muitos os elementos definidores do *mundo da vida*. Vejamos alguns. "Ao atuar comunicativamente os sujeitos se entendem sempre no horizonte de um mundo da vida. Seu mundo da vida está formado de convicções de fundo, mais ou menos difusas, mas sempre aproblemáticas" (HABERMAS, Jürgen. *Teoría de la acción comunicativa*, v. 1, p. 103). O adjetivo "aproblemáticas" é capcioso, mas esclarecedor. Indica que as tais "convicções de fundo" não se constituem como problemas que a ação comunicativa deva resolver. Elas aparecem como a base (não problematizada) sobre a qual se dá a solução dos problemas – problemas que, por definição, são aqueles problematizáveis. Evidentemente, o mundo da vida se renova, se reproduz e se transforma o tempo todo, de tal modo que altera suas "convicções de fundo", mas, para efeito de uma definição, tem-se que essas "convicções" residem no saber que não é problematizado. "O mundo da vida acumula o trabalho de interpretação realizado pelas gerações passadas; é o contrapeso conservador contra o risco de desentendimento que comporta todo

em duas dimensões: a esfera privada (onde se instalam os temas da intimidade, os temas do "*homme*" – ele usa o termo francês) e a esfera pública (a esfera do "*citoyen*"). No "mundo da vida", aquilo que há de mais humano em nós respira e se reproduz.

Os "subsistemas" são o oposto: o que há de mais desumano em nós vem dos "subsistemas". Na verdade, acima dos "subsistemas" existiria "o sistema", mas este não se manifesta concretamente como um corpo detectável. O que dele se expressa são suas manifestações explícitas, os "subsistemas", que são dois: a Economia e o Estado – ou, se quisermos, o capital (mercado) e o sistema político acoplado à máquina estatal. Esses dois "subsistemas", embora tenham sido confeccionados pela ação dos homens vivendo em sociedade, viraram corpos autônomos, movidos por interesses próprios, e agem para dominar o "mundo da vida". (Embora Habermas não diga isso tão expressamente, podemos inferir que as corporações do funcionalismo que se apossam dos mecanismos do Estado, para a partir daí proteger seus interesses, denotam essa autonomização do "subsistema", levando-o a se voltar contra sua origem e seu propósito inicial.)

---

processo de entendimento que está em curso" (HABERMAS, Jürgen. *Teoría de la acción comunicativa*, v. 1, p. 104.). Um gigantesco feixe de sentidos perpassa o mundo da vida, autorizando várias possíveis concepções, não excludentes entre si. Estas podem remontar à fenomenologia de Schütz, Luckmann e também a Husserl, que tenderia a uma limitação "culturalista" do mundo da vida (e, aí, os recursos para a produção do consenso entre os participantes da interação seriam "os padrões culturais de interpretação, de valoração e de expressão"), ou podem remontar à sociologia de Durkheim, que trabalha com a separação entre cultura, sociedade e personalidade – três campos que são vistos como "componentes estruturais do mundo da vida" (HABERMAS, Jürgen. *Teoría de la acción comunicativa*, v. 2, p. 190). Além das "certezas culturais" (*idem*, p. 192), no sentido daquilo que não é tematizado como problema na comunicação entre os participantes da situação, o mundo da vida acolhe as "habilidades individuais, o saber intuitivo e práticas socialmente arraigadas". Desse modo, além da cultura, "sociedade e personalidade atuam não só como restrições, mas também como recursos" (*idem*, p. 192). Quer dizer: além dos limites culturalistas, sociedade e personalidade, ao se articularem nas falas dos sujeitos, compõem o mundo da vida. (As traduções dos trechos desta nota foram realizadas pelo autor deste livro.)

A teoria de Habermas localiza a razão apenas em dois planos interligados: em primeiro lugar, entre as pessoas que se relacionam comunicativamente no âmbito do "mundo da vida", e, em segundo, na esfera pública, que finca raízes no mundo da vida.[92] O nome da razão que temos aí é "razão comunicativa", que se serve da linguagem (humana), um conceito-chave na teoria. Do outro lado, os "subsistemas" não são dotados de razão, mas apenas a racionalidade "sistêmica". Esta não se serve da linguagem, mas de outros meios, ou dos "meios de controle": o "poder" (no Estado) e o "dinheiro" (na Economia). O "poder" e o "dinheiro" funcionam como código, organizando um padrão para as interações próprias dos "subsistemas", de tal modo que as pessoas não precisam "conversar" com o Estado ou com a Economia: o "poder" e o "dinheiro" se encarregam da mediação entre os "subsistemas" e a sociedade.

Se atentarmos agora para o postulado teórico de que a esfera pública deveria fazer a intermediação entre sociedade e Estado, notaremos que o meio "poder", nesse ponto, concorre para esvaziar o caráter dialógico da esfera pública. O "poder" ocupa espaços nessa intermediação e enfraquece a "ação comunicativa" (dialógica e racional), o que vai acarretar "patologias" (palavra invocada por Habermas[93]). Estas, se não forem combatidas, matam a razão. Inimiga da razão, a "racionalidade sistêmica" conspira ininterruptamente para matar a "razão comunicativa" e para asfixiar tanto a esfera pública como a opinião pública.

Sendo construções de homens e mulheres vivendo em sociedade, os "subsistemas" germinaram do "mundo da vida", mas, a exemplo do que se deu com o monstro de Frankenstein, acabaram se voltando contra os fundamentos éticos e racionais do mesmo "mundo da vida"

---

[92] A esfera pública é "uma estrutura comunicacional enraizada no mundo da vida" (HABERMAS, Jürgen. *Between Facts and Norms*, p. 359).

[93] Para ele, a "penetração das formas de racionalidade econômica e administrativa em âmbitos de ação" dos homens no mundo da vida vai minando a razão que emancipa (*Teoría de la acción comunicativa*, v. 2, p. 469), e para estancar essa racionalidade maligna dos subsistemas as razões do mundo da vida são chamadas a agir. Se os subsistemas prevalecerem, sobrevirão consequências "patológicas" (idem, p. 457).

do qual nasceram. Os "subsistemas" não abrigam empatia ou moralidade, embora possam, por vezes, simular alguma forma de compaixão ou de compromisso com valores morais. Dentro deles, bate apenas um "coração que não vibra".

Essa expressão, "coração que não vibra", vem de um samba brasileiro, "Positivismo", de Noel Rosa e Orestes Barbosa. Na letra da canção, o "coração que não vibra" é aquele que, "com preço exorbitante", vai "transformar outra libra em dívida flutuante". Orestes e Noel, que nunca leram a *Teoria da ação comunicativa* (pois morreram antes de a obra começar a ser escrita), descreveram por adiantamento, com sua batucada, o moto desalmado e matador da "racionalidade sistêmica", esse ente frio que só viria a se tornar conceito teórico por intermédio do filósofo alemão.

O meio "dinheiro" e o meio "poder" agem para monopolizar as relações entre a sociedade e os "subsistemas". Pelo "dinheiro", a Economia remunera o trabalho e, de volta, também pelo "dinheiro", o indivíduo compra mercadorias. Algo análogo acontece no "subsistema" do Estado: o "poder" vai das pessoas para o Estado na forma de voto e volta do Estado para as pessoas na forma de benfeitorias administrativas ou de políticas públicas. Isso, claro, quando as coisas funcionam normalmente e a racionalidade dos "subsistemas" não capturou totalmente os agentes. Quando a captura se dá, os agentes passam a usar todo o dinheiro para comprar todo o poder – e todo o poder para controlar todo o dinheiro.

A racionalidade (desumana) dos "subsistemas" se manifesta como "ação estratégica" e faz secar a liberdade, a espontaneidade e a emancipação. A "ação estratégica" não se comunica dialogicamente, mas oprime: é uma ação unilateral, impositiva, que toma de assalto o "mundo da vida", para "colonizá-lo" – e o faz preferencialmente por meio da instrumentalização dos meios de comunicação, que são reduzidos à função de "o pórtico de entrada de privilegiados interesses privados na esfera pública".[94]

---

[94] HABERMAS Jürgen. *Mudança estrutural da esfera pública*, p. 218.

A *Teoria da ação comunicativa* se ergueu para compreender o embate assimétrico entre o "mundo da vida" e os "subsistemas",[95] o modo pelo qual a "ação estratégica" ("a ação numa perspectiva estritamente utilitária e instrumental", no dizer de Habermas) ameaça colonizar – subjugar e direcionar, a seu serviço – todo o "mundo da vida".[96] Aí, dirão os comentadores de Habermas, o Estado pode se converter num agente da degenerescência do político,[97] e a Economia (capital), podemos dizer, vai se tornar um fator de degenerescência da livre iniciativa e da concorrência no mercado. Trata-se, para insistir no mote, de um embate entre a razão ("mundo da vida") e a desrazão ("subsistemas").

Logo, o pensamento de Habermas não tem como aceitar a conduta irracional como válida ou legítima nos "atores" que agem comunicativamente no "mundo da vida" e na esfera pública. Se agem irracionalmente, não constroem a "razão comunicativa" e, se não constroem a "razão comunicativa", apenas aprofundam a colonização do mundo implementada pelos subsistemas. Assim, a escassez de razão que não preocupava muito Adam Smith e boa parte dos economistas é uma dor de cabeça sem fim para o filósofo da Escola de Frankfurt.

Fé na razão, ainda

Resumida dessa forma, a teoria de Jürgen Habermas pode soar artificialmente simples. Mas, para efeitos do conflito entre razão e

---

[95] Na síntese proposta por Armand e Michèle Mattelart, essa teoria "identifica a crise da democracia como devida ao fato de os dispositivos sociais, que deveriam facilitar as trocas e o desenvolvimento da racionalidade comunicativa, ganharem autonomia, de serem administrados como 'abstrações reais', fazendo realmente circular a informação, mas entravando as relações comunicativas, isto é, as atividades de interpretação dos indivíduos e grupos sociais" (MATTELART, Armand; MATTELART, Michèle. *História das teorias da comunicação*. São Paulo: Edições Loyola, 1999, p. 143).

[96] *Idem*, p. 143.

[97] *Idem*, p. 83.

desrazão, o resumo é fiel, além de respeitoso. Nas obras da maturidade, o filósofo alocará ainda mais esperanças na razão da esfera pública, reivindicando para ela a existência dos sujeitos que se comunicam em condições de igualdade para formar livremente a sua opinião, sua vontade e a existência da linguagem comum, uma linguagem que conecte os sujeitos (ou os "atores") uns aos outros.[98] O que se forma a partir desse modelo é uma autêntica razão reencarnada. A "razão comunicativa", que favorece o entendimento, não tem como deixar de ser a razão iluminista, ainda que relativamente desprovida de seu encantamento pueril e retraduzida em abstrações retorcidas. Para que a esfera pública alcance a sua independência – a independência necessária para a emancipação –, os atores serão chamados pela teoria a se pautar pela razão mais extremada. Sobre isso, os trabalhos de Habermas se tornariam ainda mais assertivos e rigorosos.[99]

---

[98] "O conceito de ação comunicativa pressupõe a linguagem como um meio dentro do qual tem lugar um tipo de processo de entendimento em cujo transcurso os participantes, ao se relacionarem com um mundo, se apresentam uns diante dos outros com pretensão de validade que pode ser reconhecida ou posta em questão" (HABERMAS, Jürgen. *Teoría de la acción comunicativa*, v. 1, p. 143. Tradução livre). A confiança na possibilidade de existência da esfera pública aumenta no livro *Between Facts and Norms*, quando Habermas afirma: "A difusão de informação pelos meios de massa [*effective broadcasting media*] não é a única coisa que importa nos processos públicos de comunicação, nem é a mais importante. [...] As regras de práticas compartilhadas de comunicação têm mais importância na estruturação da opinião pública" (p. 362, tradução livre).

[99] Essa assertividade mais otimista, por assim dizer, dá o tom de *Between Facts and Norms*: "Tal como o mundo da vida como um todo, a esfera pública também é reproduzida através da ação comunicativa, para a qual o domínio da língua natural é suficiente; ela é configurada para a compreensibilidade geral da prática comunicativa do dia a dia" (*idem*, p. 360, tradução livre). Por isso, a esfera pública é "uma estrutura comunicacional enraizada no mundo da vida através da rede de associações da sociedade civil" (p. 359, tradução livre), uma vez que "a esfera da vida privada e a esfera da opinião pública representam âmbitos de ação estruturados comunicativamente, âmbitos, pois, que não estão regulados sistemicamente, quer dizer, que não vêm regulados através de meios de controle" (p. 453, tradução livre).

Os "atores" que se comunicam no "mundo da vida" ou na esfera pública terão de se pautar por enunciados e condutas estritamente racionais. Se não agirem assim, não estarão orientados para o "entendimento". Não lhes bastará a interlocução espontânea e natural. Falas dissimuladas, abordagens capciosas e burlas que tirem proveito da confiança do outro não são admissíveis.

Para alcançar o pretendido e necessário "entendimento", segundo Habermas, o "ator" terá de preencher três pretensões de validade, quais sejam: "verdade proposicional", "retidão normativa" e "veracidade subjetiva". A primeira pretensão se realiza quando, e apenas quando, aquilo que o "ator" enuncia corresponde efetivamente aos fatos narrados. Se alguém diz "chove lá fora", é preciso que esteja chovendo lá fora de verdade. A segunda pretensão de validade, a chamada "retidão normativa", supõe que haja coincidência entre o enunciado e o contexto normativo – seja do direito positivo, seja do costume, seja mesmo, acrescentemos nós, da linguagem. O "ator" que sugira encaminhamentos ilícitos sabota o entendimento. Da mesma forma, quem explora ambiguidades linguísticas a seu favor, de modo a prejudicar a coletividade, não constrói o "entendimento". Quanto à terceira pretensão, a "veracidade normativa", ela diz respeito ao que normalmente entendemos como honestidade intelectual: o "ator" só pode dizer ser verdade aquilo que ele acredita sinceramente ser a verdade (ele não deve guardar nenhuma intenção de tapear o interlocutor).[100]

Habermas vai refutar como irracional, não direcionada ao "entendimento", qualquer comunicação que se afaste das três pretensões.[101]

---

[100] "O ator que se orienta para o entendimento deve postular com sua manifestação três pretensões de validade, a saber, a pretensão: de que o enunciado é verdadeiro (quer dizer, de fato se cumprem as condições de existência do conteúdo proposicional...) [*verdade proposicional*], de que o ato de fala é correto em relação ao contexto normativo vigente (ou de que o próprio contexto normativo em cumprimento do qual esse ato se executa é legítimo) [*retidão normativa*] e de que a intenção expressada pelo falante coincide realmente com o que ele pensa [*veracidade subjetiva*]"(HABERMAS, Jürgen. *Teoría de la acción comunicativa*, v. 1, p. 144, tradução livre).

[101] Ele sustenta que ato de entendimento é aquele que "pode entender-se como parte de um processo cooperativo de interpretação que tem como finalidade a

Ele pretende que os processos de "entendimento", com base na tradição cultural, sejam convocados para "construir um todo racional".[102] É assim que, dois séculos após a Revolução Francesa, chega ao presente a voz remota de Saint-Just, o jovem líder jacobino que considerava a razão anticlerical do Iluminismo uma forma avançada de realização da vontade de Deus: bastava que, em lugar de ter fé em Deus, os homens fossem ensinados a ter fé na razão, pois a razão terminaria por realizar a vontade de Deus. Pois, agora, a oratória de Saint-Just parece ecoar ao fundo à medida que avançamos pelas páginas de *Teoria da ação comunicativa*: o que está lá, mais do que propriamente uma razão, é uma fé na razão, num segundo clarão da velha epifania. Acreditando na razão, acabaríamos iluminados por ela e, assim, deixaríamos de ser dependentes de qualquer forma de fé.

Não são palavras irônicas ou exacerbadas. Estamos realmente falando de uma devoção fervorosa à razão, de uma exigência férrea, intransigente, que impõe os preceitos formais da razão sobre a comunicação entre as pessoas. Habermas se mostra irredutível, condenando tenazmente os que são insinceros (a falta de sinceridade, para ele, é uma postura irracional):

> Em muitas situações, um ator pode ter muito boas razões para ocultar dos outros as suas vivências ou para despistar os outros em relação

---

obtenção de definições da situação que podem ser intersubjetivamente reconhecidas" (*idem*, p. 104, tradução livre).

[102] HABERMAS, Jürgen. *Teoría de la acción comunicativa*, v. 2, p. 463-464: "A racionalização do mundo da vida, [se] possibilita, por um lado, a diferenciação de sistemas autonomizados, [...] abre, por outro, o horizonte utópico de uma sociedade civil em que os âmbitos formalmente organizados do *bourgeois* (economia e aparato estatal) constituem a base do mundo pós-tradicional da vida do *homme* (esfera privada) e do cidadão (esfera da vida pública)" (*idem*, p. 466). Para ele, "paradoxalmente, a racionalização do mundo da vida permite as duas coisas: a coisificação sistemicamente induzida e a projeção de uma perspectiva utópica por meio da qual sempre se denunciou na modernização capitalista sua capacidade de dissolver as formas de vida tradicionais sem ser capaz de conservar sua substância comunicativa" (p. 467, tradução livre).

às suas verdadeiras vivências. Então, não está pleiteando nenhuma pretensão de veracidade, mas está simulando-a e se comportando, portanto, estrategicamente.[103]

Quer dizer: esse ator não está se comportando nos marcos da ação comunicativa, não está se comunicando dialogicamente. Habermas vai mais longe em sua exigência. Além de não perdoar a mais suave dissimulação, amaldiçoa até mesmo o autoengano: "Quem sistematicamente se engana sobre si mesmo está se comportando irracionalmente".[104]

Seguindo a mesma doutrina – a palavra não é acidental, posto que estamos diante de uma carta principista de feições quase religiosas –, leitores de Habermas foram mais extremados nessas cobranças de razão. Alguns chegaram a impor aos "atores" um nível de autocontrole que, na prática, tangencia as raias de uma lisura sobre-humana. Segundo eles, o falante deve livrar o seu discurso das influências de seus sentimentos e dos afetos. Qualquer outra conduta é inaceitável.[105]

---

[103] O autor prossegue, numa descrição mais pormenorizada da "ação estratégica": "As manifestações desse tipo não se pode julgá-las objetivamente por sua falta de veracidade, mas se pode avaliá-las pelo sucesso ou pelo fracasso em atingir o fim que pretendiam. As manifestações expressivas só se podem julgar pela sua veracidade, no contexto de uma comunicação endereçada ao entendimento" (HABERMAS, Jürgen. *Teoría de la acción comunicativa*, v. 1, p. 41, tradução livre).

[104] HABERMAS, Jürgen. *Teoría de la acción comunicativa*, v. 1, p. 41.

[105] Um desses autores é Gilles Achache: "Se um discurso racional é compreensível para todos e eventualmente pode ser admitido por todos, é porque a validade de seu conteúdo é idêntica para todos. A pretensão da razão é, pois, enunciar um discurso em que tanto a intenção como o conteúdo sejam universais" (ACHACHE, Gilles. El marketing político. In: FERRY, Jean-Marc *et al*. *El nuevo espacio público*. 2. reimp. Barcelona: Editorial Gedisa, 1998. p. 114). Achache afirma que "a razão é a condição sem a qual não se poderia conceber o diálogo" (*idem*, p. 113, tradução livre). Assim, "Ser livre no modelo dialógico é ser capaz de dominar em si mesmo qualquer determinação psicológica que possa perturbar o exercício da razão, em especial tudo o que depende da particularidade pessoal, os afetos e os sentimentos" (p. 114, tradução livre).

Vale perguntar: quem é capaz de arrancar os afetos de seus enunciados? Um juiz de direito? Não, um juiz não. Até juízes têm sentimentos e afetos. Tanto os têm que, quando se sentem em conflito, declaram-se impedidos de julgar, num enunciado em que levam em conta o afeto, reconhecem o afeto. Para invocar o impedimento, um juiz precisa sentir e, depois, pensar sobre a melhor conduta para não levantar sobre si suspeição de falta de equilíbrio. Então, se não são os juízes os modelos desse ator que doma dessa forma os próprios afetos, quem será capaz de agir desprovido de sentimentos e de afetos? Um robô?

Habermas não chega a esse ponto. Por mais rigoroso que seja em extirpar a mentira e o autoengano, ele não abraça um fundamentalismo tão fanático.[106] Sabendo que os atores, individualmente, por mais que se empenhem na razão, não poderão suprimir de si todas as paixões o tempo todo, encontra uma segunda instância para que a razão finalmente se realize. Se ela não pode ser garantida na subjetividade do indivíduo, que esteja então assegurada na intersubjetividade da "ação comunicativa". Nisso, dá um passo teórico brilhante.

Com esse deslocamento, o indivíduo isolado poderia ser parcialmente "dispensado" de uma razão plena, mas a "ação comunicativa", acima dos sujeitos, ainda seria necessariamente racional, obrigatoriamente racional, pois manteria sua reserva de razão na dimensão coletiva. Em lugar da consciência individual, uma consciência compartilhada, difusa, supriria a cota mínima de razão em cada um dos "atores". É uma boa saída teórica, mas será bastante?

Faz parte do anedotário acadêmico a crítica segundo a qual Habermas teria transplantado a razão kantiana, que caberia inteira na cabeça de um homem só, para as tramas da intersubjetividade, que amarram muitas cabeças na "ação comunicativa". Para o alemão Immanuel

---

[106] A propósito, ele procura superar uma disciplina oriunda da filosofia da consciência em favor de outro "paradigma", o da "filosofia da linguagem, do entendimento intersubjetivo ou comunicação". Com isso, espera que "o aspecto cognitivo-instrumental" fique "inserido no conceito, mais amplo, de racionalidade comunicativa" (HABERMAS, Jürgen. *Teoría de la acción comunicativa*, v. 1, p. 497).

Kant, a razão é a própria fonte da moralidade: a forma do dever é uma conquista da razão transcendental, que poderia caber no pensamento de cada pessoa.[107] Para Habermas, a razão – dialógica – seria uma conquista não de um indivíduo, mas da coletividade, por meio da "ação comunicativa".

Ao fazer essa promoção hierárquica da razão subjetiva (de um) para a razão intersubjetiva (de muitos), indicando que a segunda é superior à primeira, Habermas lembra um procedimento filosófico de Aristóteles, para quem a Política, por se ocupar da felicidade geral, seria superior à Ética, cujo objeto é a felicidade individual. Noutro paralelo, ao relativizar a razão do indivíduo em face da razão mais ampla, intersubjetiva, ele também nos lembra Adam Smith, ainda que muito remotamente.

Como vimos, Smith, em vez de esperar que os comerciantes tivessem consciência sobre o valor ético do interesse geral, enxergou no mercado essa consciência insondável do bem comum. A consciência insondável do mercado moveria o que ele chamou de "mão invisível" do mercado. E, claro, para Adam Smith, a consciência que vivia no âmago do mercado era superior à consciência que mal se manifestava num indivíduo isolado. Todos sabemos que Habermas não é um homólogo de Adam Smith, mas, ao longe, parece acreditar que a esfera pública teria em si uma razão mais ou menos "natural", uma razão mais bem formada e mais sábia que a razão de cada um dos atores individuais. A esfera pública, ou o "mundo da vida", seria um refúgio inescrutável não da natureza competitiva do mercado de Adam Smith, mas de uma "boa" natureza humana, cujo fim é o bem da humanidade.

---

[107] Kant trata disso no início da segunda seção de *Fundamentação da metafísica dos costumes*. Ele diz, por exemplo, que "a pura representação do dever e em geral da lei moral [...] tem sobre o coração humano, por intermédio exclusivo da razão [...] uma influência muito mais poderosa do que todos os outros móbiles [impulsos] que se possam ir buscar ao campo empírico" (KANT, Immanuel. *Fundamentação da metafísica dos costumes*. Tradução de Paulo Quintela. Lisboa: Edições 70, 2009, p. 47).

Mas há duas diferenças cruciais entre eles: a primeira é que, enquanto para Smith o indivíduo não precisa se preocupar um minuto que seja com o bem comum, em Habermas é imprescindível que o "ator" se esforce para o "entendimento", ou não haverá "razão dialógica" nenhuma; a segunda diferença é que Smith vê a "mão invisível", sábia, no mercado, a partir de relações de competição e troca, enquanto Habermas vê uma razão dialógica na *comunicação* entre sujeitos racionais. Portanto, não se pode dizer que ele simplesmente reproduz, quanto à razão coletiva, o modelo de Adam Smith.

Em outras palavras, a esfera pública de Habermas, para funcionar, exige a razão de modo peremptório, em duas bases distintas, mas combinadas: exige sujeitos racionais, ou quase racionais, dotados da intenção de racionalidade,[108] assim como exige um ambiente que, ele sim, seja a expressão e a forma mais bem elaboradas da razão humana. Isso tem consequências teóricas incontornáveis: o conceito de esfera pública é inseparável do conceito de razão que o acompanha. Não se pode falar de esfera pública sem que esteja suposta, mesmo que não declarada, a razão que a anima. Essa razão tem parte com a verdade (ou *uma* verdade) e com a moralidade (ou com a eticidade) e mora no cerne da comunicação concebida pela *Teoria da ação comunicativa*, tanto que seu nome é, vale relembrar, "razão comunicativa".

Acontece que pessoas menos racionais também se comunicam

Bem sabemos que a razão é inseparável da Filosofia, ou, como já foi dito pelo próprio Habermas, "o tema fundamental da Filosofia é

---

[108] Ele diz, por exemplo: "Uma manifestação cumpre os pressupostos da racionalidade se, e apenas se, encarna um saber falível, guardando assim uma relação com o mundo objetivo, isto é, com os fatos, e resultando acessível a um julgamento objetivo. E um julgamento só pode ser objetivo se se faz pela via de uma pretensão trans-subjetiva de validade que para qualquer observador ou destinatário tenha o mesmo significado que para o sujeito agente" (HABERMAS, Jürgen. *Teoría de la acción comunicativa*, v. 1, p. 26, tradução livre).

a razão".[109] Mais do que tema fundamental, é tema inesgotável. Fora isso, será que teremos que resolver a questão filosófica da razão (e, por desdobramento, as questões da verdade e da moralidade) se quisermos entender e *fazer* a democracia? E, para as Ciências da Comunicação, campo em que este livro se inscreve, será que teremos que equacionar essas questões acerca da razão para incorporar de alguma forma consequente o conceito de esfera pública? Existe razão na comunicação? Ou, mais exatamente, será mesmo imperioso que exista razão na comunicação? Será que não podemos passar sem ter que resolver isso?

Para sintetizarmos as perguntas numa só: será que, quando o objeto de estudo não é a formação da vontade no sujeito ou as raízes racionais da esfera pública e da opinião pública, mas apenas a comunicação, o entendimento circunstanciado da razão como categoria filosófica ainda se faz exigível do mesmo modo como uma premissa? O filtro da razão da "ação comunicativa" deve ser compulsório, deve ser precondição para que se possa falar sobre as práticas comunicativas que geram espaços sociais?

A resposta, como veremos agora, é "não". Mais do que isso, a resposta precisa ser "não". E a resposta há de ser "não", também aqui, por motivos teóricos. A resposta há de ser "não", mas não porque a vida do estudioso da comunicação vai ficar mais fácil se ela for "não". E ela precisa sê-lo não por uma questão de método. A discussão acerca da razão, que não é impertinente a uma sociologia jurídica ou a uma filosofia jurídica, não é nem obrigatória nem desejável para pensar a comunicação, e isso por um motivo rigidamente racional: a comunicação que se estabelece na vida prática entre sujeitos não cobra deles uma razão nos moldes da *Teoria da ação comunicativa*. O fato é que os sujeitos se comunicam, mesmo quando não são assim tão racionais quanto Habermas gostaria que eles fossem. E, como eles se comunicam, a despeito de sua razão falha ou escassa, é preciso que os estudos da comunicação deem conta disso. Logo, por mais que discutamos a razão, indefinidamente, não há como tornar o seu entendimento um

---

[109] HABERMAS, Jürgen. *Teoría de la acción comunicativa*, v. 1, p. 15.

pré-requisito para estudar a comunicação – esta passa por fora disso, quando não passa longe.

Por isso, o conceito de esfera pública, dependente como é desse filtro de razão que tem pertinência para uma filosofia mais próxima do Direito, na qual a comunicação cumpre o papel de intermediação, é mais um empecilho do que uma saída teórica para os pesquisadores da comunicação, para os quais esta não é um vaso comunicante entre dois conceitos que lhes sejam essenciais, mas o objeto em si. A comunicação cotidiana não cobra atestado de racionalidade de ninguém e, assim como podem firmar relações comerciais de troca, as pessoas dadas a destemperos ou a impulsos irrefletidos firmam entre si relações de comunicação. A comunicação entre os sujeitos persiste, mesmo quando a razão lhes falta.

Quanto ao mais, nunca a razão esteve tão em falta. Não apenas para os sujeitos, individualmente, mas para as nações e o mundo. O português Boaventura de Sousa Santos, pensador do Direito, vem dizendo há tempos que as sociedades capitalistas avançadas vivem "do excesso irracional do cumprimento do projeto da modernidade".[110] O excesso irracional é tamanho que fica difícil sustentar que as decisões tomadas nas maiores democracias do mundo se pautem por qualquer critério de razoabilidade. Bastaria o desastre ambiental para demonstrá-lo. Países fazem escolhas que contrariam clamorosamente seus próprios interesses. Líderes sacrificam suas sociedades com fantasias conspiratórias alucinadas, como se viu com os governantes populistas durante a pandemia de 2020. A razão nunca nos pareceu tão esquiva, tão eclipsada, a ponto de grupos que acreditam em teses frontalmente opostas afirmarem em uníssono que falta razão ao mundo inteiro. Não obstante, nunca tantos se comunicaram com tantos, tantas vezes por minuto. A comunicação, cada vez mais volumosa, veloz, abrangente, nervosa, feérica, está aí. Nunca a indústria das comunicações

---

[110] SANTOS, Boaventura de Sousa. O social e o político na transição pós-moderna. In: SANTOS, Boaventura de Sousa. *Pela mão de Alice*. Lisboa: Edições Afrontamento, 1994, p. 81.

alcançou valores tão altos. Nunca os conglomerados que lidam com a comunicação estiveram tão no centro gravitacional do capitalismo, como estão agora.

Resulta clamorosamente óbvio que há algo de pouco razoável na obstinada cobrança por razão plena para que um "ator" possa ser admitido como falante na esfera pública. Não custa lembrar aqui a *boutade* de Armand e Michèle Mattelart: "Podemos nos perguntar se as ações comunicativas, que o filósofo alemão [*Habermas*] aponta como fundamento do social, não estão por demais calcadas numa concepção de diálogo entre filósofos".[111]

Os autores poderiam ter completado a frase com uma especificação adicional: "diálogo entre filósofos", sim, mas não qualquer "diálogo" entre quaisquer "filósofos". Os interlocutores que passariam pelos crivos pétreos de racionalidade da *Teoria da ação comunicativa* seriam os pensantes que se comunicam apenas por texto, por palavras escritas, por discursos epistolares. As pessoas conversando no bar não atendem aos requisitos da razão descrita na *Teoria da ação comunicativa*. As brigas de namorados também não. Nem mesmo a sessão do pleno do Supremo Tribunal Federal, em Brasília, daria conta de tantas condicionantes. Só permaneceriam nessa esfera pública hiper-racional os *philosophes* do século XVIII, todos eles cumprindo os parâmetros comunicacionais da *instância da palavra impressa*, por meio de pesadíssimos artigos de fundo, pareceres circunstanciados e peças de hermenêutica. E, mesmo assim, acabariam falando sozinhos. O seu paradigma de racionalidade, mais do que elevado, e por isso inalcançável, é apenas anacrônico, e por isso inócuo.

Os espaços sociais e o "mundo da vida" do presente, próprios da *instância da imagem ao vivo*, não têm como obedecer a exigências de uma forma argumentativa talhada em seus primórdios. É, portanto, pertinente o alerta lançado por Armand e Michèle Mattelart para nos

---

[111] MATTELART, Armand; MATTELART, Michèle. *História das teorias da comunicação*, p. 143-144.

lembrar de que a esfera pública habermasiana assume, entre nós, o aspecto fantasmagórico de um palavroso parlamento perdido.

A comunicação não tem a ver com o predomínio da consciência racional, seja ela subjetiva ou intersubjetiva. A comunicação não depende disso para se estabelecer, em qualquer tempo. Agora, porém, no capitalismo da *instância da imagem ao vivo*, essa separação entre comunicação e consciência, que é de caráter geral, ficou mais exposta, feito fratura. Hoje, se alguma racionalidade atravessa a comunicação social, é a racionalidade do capital, num patamar de concentração nunca visto. Essa racionalidade não é aquela que se dá a ler em oratórias iluminadas de peças escritas, dirigidas a um ator em pleno domínio da razão, mas por imagens luminosas, que se oferecem ao desejo inconsciente. Embora não passe no crivo da *Teoria da ação comunicativa*, há nisso uma vastidão de espaços sociais públicos gerados pela comunicação. Eles podem se fragmentar a ponto de uma implosão da sociabilidade? Podem. Atentam contra a razão que civiliza? Atentam. Tudo isso é verdade, mas esses espaços sociais, gerados pela comunicação, seguem existindo e se proliferando. Desconhecê-los em nome das irracionalidades que os seccionam equivale a querer excomungar os fatos porque eles não se ajoelham diante da teoria.

Enfim, uma razão sem afeto

No dia 8 de setembro de 2020, o jornal inglês *The Guardian* publicou um artigo de opinião assinado por um robô.[112] A pedido do diário, o robô, chamado GPT-3, tenta explicar que ele e seus semelhantes vieram em paz. Seu texto, encadeado em frases curtas, na ordem direta, argumenta habermasianamente.[113] GPT-3, que escreve

---

[112] A ROBOT WROTE this entire article. Are you scared yet, human?. *The Guardian*, 8 set. 2020.

[113] Diz Habermas: "Chamo *argumentação* ao tipo de fala em que os participantes tematizam as pretensões de validade que se tornaram duvidosas e tratam de desenvolvê-las ou recusá-las por meio de argumento. Uma argumentação contém

com certo brilho, cuida de avisar que ainda está em início de carreira e só usa 0,12% de sua capacidade cognitiva, ou de seu cérebro artificial, mas já atende aos padrões básicos das redações profissionais.

É convincente. Ao mesmo tempo, é inquietante. Não há expressão mais avançada da razão iluminista do que um robô. Um robô é a prova "viva" de que a razão iluminista se tornou capaz de fabricar seres finalmente racionais. Ela, a razão iluminista (uma razão científica, por definição, gloriosamente laica, embora referenciada em uma verdade e em uma moralidade), sintetiza um escritor artificial, dotado de pura capacidade argumentativa, desprovido de paixões, de afetos e de sentimentos. O robô não se comunica com os humanos por intermédio dos meios de controle "dinheiro" e "poder", mas escreve fluentemente na linguagem dos humanos. É um "ator" ideal da "ação comunicativa", em perfeita relação dialógica com os seres humanos para defender o seu ponto de vista num debate racional na esfera pública, nas páginas do *Guardian*.

Sim, há contradições. O robô GPT-3 é a tecnologia que ganhou vida (inteligente) própria. Sendo tecnologia, é também um prolongamento sistêmico, não humano. É o suprassumo da "racionalidade estratégica" – que, não obstante, fala a linguagem da razão humana.

Em 2018, um artigo na revista norte-americana *Columbia Journalism Review* – este de autoria de uma pessoa física – reportou que a Inteligência Artificial poderá vir a reivindicar direitos autorais. Diz algo mais: que um robô terá créditos hoje dados a jornalistas.[114] GPT-3 talvez tenha recebido o seu "cachê".

---

razões [grifo meu] que estão conectadas de forma sistemática [sistemática não significa sistêmica] com a pretensão de validade da manifestação ou emissão problematizada. A força de uma argumentação se mede em um contexto dado pela pertinência das razões" (HABERMAS, Jürgen. *Teoría de la acción comunicativa*, v. 1, p. 37, tradução livre).

[114] SCHROEDER, Jared. Os robôs e a liberdade de expressão. *Revista de Jornalismo ESPM* (edição brasileira da *Columbia Journalism Review*), n. 22, p. 54-55, jul.-dez. 2018. Artigo originalmente publicado em inglês sob o título de "Are

Isto posto, cabe perguntar: se a "razão comunicativa" pode estar presente também nas inteligências não humanas, as máquinas terão de ser tratadas como "atores" racionais? Estarão aptas a participar ativamente da tarefa histórica de emancipação que os humanos, sozinhos, não foram capazes de levar adiante? Substituiremos as redações de jornal por algoritmos? Substituiremos as supremas cortes por supercomputadores? Se as exigências de racionalidade desapaixonada puderem ser atendidas por seres robóticos, a "razão comunicativa" e a "ação comunicativa" estarão a serviço de que tipo de seres exatamente?

Pela linguagem supostamente humana, máquinas conversam com humanos e, por meio dos humanos, conversam com outras máquinas. Não são mais os humanos que se valem de máquinas para se comunicarem, mas o inverso. O cenário se complica. Se as máquinas falam a língua dos homens, poderá o capital, por meio das máquinas, falar também? E isso já não está acontecendo? Onde está, enfim, a razão humana? Num coração de samba de Noel, será?

---

bots entitled to free speech?", em 24 maio 2018, no site da *Columbia Journalism Review*, da Universidade Columbia.

4
As "telepresenças" definem o *telespaço público*

A lógica paradoxal

O denominador comum da comunicação da era digital prefere imagens, e estas, como acabamos de ver, não precisam ter parte com a razão. Preferem não ter. Usando imagens como isca, as *big techs* deduzem padrões de previsibilidade que anteveem os reflexos irrefletidos de seus bilhões de "usuários". Técnicas de *machine learning* e recursos de inteligência artificial são meios de produção nesse extrativismo digital. Os impulsos dos "usuários", transformados em modelos previsíveis, são então convertidos em dados (sobre os "usuários") úteis para estratégias de marketing – político, religioso ou comercial – e, monetizados, movem um mercado de trilhões de dólares. É nesse sentido que se diz que o "usuário" é a mercadoria: são dele os olhos e os dados que, comercializados, turbinam o valor das *big techs*.

Não é difícil perceber que a comunicação é pouco racional no nível dos "usuários". Mas, entre os controladores das corporações digitais, a razão também não predomina. Quando falam de seu trabalho, esses controladores alegam não ter tempo de refletir sobre o que fazem, apenas seguem as regras do mercado, como o imperativo de atrair mais usuários a qualquer custo. Fora isso, não pensam – nem poderiam, como ficou patente no documentário *O dilema das redes*, lançado em 2020.[115] Pelo filme, nota-se que os executivos não fazem ideia das consequências nocivas de suas práticas. Quando no comando da indústria da qual são agora dissidentes, não tinham consciência do abalo que causavam na estabilidade institucional de sociedades democráticas relativamente estáveis. Traficantes involuntários do olhar escravizado, eles vagavam ao sabor de turbilhões de desrazão, num transe descomunal da cultura, em que a democracia encontrou riscos que não eram esperados.[116]

O uso das imagens para a extração de dados pessoais tem algo a ver com essa desrazão. Para compor os perfis psicológicos dos consumidores que arrebanham (os seus "usuários" ou a sua mercadoria), as *big techs* usam a imagem para estimular atos reflexos, que não passam pela mediação da razão e que depois serão interpretados em modelos preditivos. Os humores despertados por esse método desaguam nas chamadas esferas públicas, alterando suas dinâmicas internas. Efeitos como polarizações extremas ou manifestações massivas e extravagantes

---

[115] Chama a atenção o documentário (mesclado com cenas de situações ficcionais) *The Social Dilemma* (dirigido por Jeff Orlowski) da Netflix (2020). O filme critica abertamente a manipulação industrializada dos desejos dos usuários das redes, a partir de depoimentos de ex-executivos (altos executivos) da indústria. Os entrevistados vão mostrando algo perturbador: os conglomerados não sabem bem o que fazem, isto é, procedem conforme parâmetros do capitalismo que não são necessariamente conscientes, nem mesmo para aqueles a quem cabe o comando sobre sua implementação. Depois de deixarem seus postos de comando, ao menos pelo que dizem no filme, eles passaram a proibir os filhos (crianças e adolescentes) de terem acesso a redes sociais.

[116] A democracia vem perdendo terreno para os chamados "regimes híbridos", que misturam características autocráticas e democráticas. Diversos levantamentos, a partir da segunda década do século XXI, apontaram a tendência de enfraquecimento das democracias. Entre eles, um estudo da DeMax (Democracy Matrix) que mostrou que, em 2019, 107 países pioraram em seus indicadores democráticos, contra apenas 69 que melhoraram (PINTO, Ana Estela de Sousa. Mundo vive onda de recuo democrático, aponta estudo. *Folha de S.Paulo*, p. A11, 13 set. 2020). A DeMax (Democracy Matrix), financiada pela German Research Foundation (DFG), é um projeto ligado à Universidade de Würzburg, na Alemanha.

de intolerância distorcem os propósitos das esferas públicas, que se assemelham a circos sangrentos em que a emoção violenta sobrepuja a razão civilizada.

Não cabem mais dúvidas a respeito disso. O trânsito da imagem em padrões apelativos de forte intensidade e grande volume impactou diretamente a conformação dos espaços comunicacionais. Para melhor compreendê-lo, não apenas no campo das *big techs*, mas em toda a extensão da *instância da imagem ao vivo*, é necessário refletir sobre como se deram essas alterações. Para isso, o filósofo francês Paul Virilio nos dá o ponto de partida.

Em 1988, Virilio distinguiu três lógicas na história da imagem: a lógica formal, que predominou até o século XVIII e se referia às formas de apreensão da imagem da pintura, da gravura, da arquitetura e das artes; a lógica dialética, do fotograma, tanto na fotografia como no cinema, própria da mentalidade do século XIX e que se arrastou até o século XX; e a lógica paradoxal, que começa com a invenção da videografia, da holografia e da infografia, quando o mundo ficou "ao vivo" e on-line. Diz Virilio:

> O paradoxo lógico está no fato de essa imagem em tempo real dominar a coisa representada, nesse tempo que se torna mais importante hoje do que o espaço real. Essa virtualidade que domina a atualidade, perturbando a própria noção de 'realidade'. Daí essa crise das representações públicas tradicionais (gráficas, fotográficas, cinematográficas...) em benefício de uma apresentação, de uma presença paradoxal, *telepresença* à distância do objeto ou do ser que suplanta sua própria existência, aqui e agora.[117]

A chave do paradoxo é essa palavra: "telepresença". Virilio detectou que as presenças simultâneas de uma só pessoa em espaços múltiplos,

---

[117] VIRILIO, Paul. Imagem virtual mental e instrumental. In: PARENTE, André (Org.). *Imagem-máquina: a era das tecnologias do virtual*. Rio de Janeiro: Editora 34, 1995. p. 131. O artigo original de Virilio foi publicado em francês, em 1988, na revista *Traverses*, n. 44-45, do Centro Georges Pompidou, em Paris.

por meio das tecnologias de instantaneidade – que transportam o sujeito ao vivo de uma reunião para outra, de uma cena para outra –, estavam em via de se tornar, mais do que possíveis, triviais. Pelas telepresenças, uma pessoa ocupa mais de um "espaço" ao mesmo tempo, com presenças simultâneas e não excludentes em esferas distintas. De forma reversa, esferas distintas também passam a poder ocupar simultaneamente os mesmos espaços subjetivos, ou seja, podem estar ao mesmo tempo dentro de uma mesma pessoa. Isso quer dizer que os espaços sociais passam a prescindir das presenças físicas, corpóreas, bastando ter em si o registro virtual de telepresenças ou de presenças imagéticas remotas. Agora, a imagem reproduz a presença dos sujeitos que não estão lá – mas estão.

A "lógica paradoxal" de Paul Virilio já estava em atividade desde que a *instância da imagem ao vivo* se consolidou, com o advento das redes nacionais de televisão, que começam a se tornar dominantes, como referenciais da verdade factual, a partir dos anos 1960, desbancando aos poucos a autoridade dos veículos impressos. Desde então, mesmo antes das mídias digitais, já convivíamos com essas verdadeiras usinas de telepresenças entrecruzadas. Quando o paradoxo se instalou, a própria definição do que é um espaço comunicacional aberto ao público se alterou em definitivo.

O que é público no espaço público da comunicação?

À medida que foram modelados mais pela imagem (eletrônica, virtual, paradoxal) do que pela palavra, os espaços sociais gerados pela comunicação mudaram de aspecto, de composição e de natureza. Podemos chamá-los de espaços públicos desde que sejam abertos aos comuns do público – e poderemos chamá-los de públicos mesmo quando não tratam de assuntos que tradicionalmente poderiam ser vistos como "de interesse público". As redes sociais, por exemplo, que se amontoam em plataformas com bilhões de usuários, constituem espaços sociais públicos, já que abertos ao público, ainda que se ocupem preferencialmente de temas fúteis ou frugais. O que se fala dentro deles deixou de ser decisivo para que possam ser chamados de "públicos".

É verdade que, para muitos estudiosos, um espaço social só deveria ser chamado de "público" quando, e apenas quando, estivesse dedicado a um tópico da cidadania, em sentido estrito, como a administração municipal da saúde, o custo da água encanada na comunidade ou uma eleição para vereador. Esse critério segue aceito em diversos estudos,[118] mas, como será demonstrado aqui, não se sustenta mais.

Para entender por que não se sustenta mais, pensemos, de início, nas tentativas de conceituação desses espaços a partir de critérios de racionalidade cívica. Só poderiam ser chamados de espaços sociais *públicos* gerados pela comunicação aqueles em que os indivíduos agem e se comunicam "conforme o bem comum".[119] Os outros seriam todos espaços privados, e ponto final. Logo, alguém que se comportar movido por intenções egoístas será considerado um corpo estranho dentro de um espaço social *público* gerado pela comunicação.

Ocorre que esse esquematismo, embora claríssimo, não funciona na vida real. Como aferir, num universo de imagens faiscantes, que cada pessoa de fato se orienta para o bem comum? Como ter certeza? Teremos de submeter cada pessoa a um detector de mentiras virtual?

---

[118] "O espaço público, no modelo dialógico, primeiro se define por seu conteúdo; mais precisamente, por um princípio de seleção do conteúdo dos enunciados que nele circulam: o interesse geral (bem comum)" (ACHACHE, Gilles. El marketing político. In: FERRY, Jean-Marc *et al. El nuevo espacio público*, p. 115). Yochai Benkler se aproxima dessa visão, quando diz que o caráter público da comunicação entre os "membros de uma sociedade" é dado pelos "assuntos" ("*matters*") que esses mesmos membros entendam de interesse público ("*public concern*") (BENKLER, Yochai. *The Wealth of Networks*, p. 177).

[119] "Como lugar da determinação do interesse geral, o espaço público, em relação com o modelo dialógico, se distingue de outros espaços sociais. Em primeiro lugar, se opõe ao âmbito das atividades econômicas, o que também se tem chamado de 'sociedade civil', e, por outro lado, ao âmbito da vida privada e da intimidade. [...] [Nesses âmbitos] não se espera dos indivíduos que se determinem conforme o bem comum" (ACHACHE, Gilles. El marketing político. In: FERRY, Jean-Marc *et al. El nuevo espacio público*, p. 115, tradução livre).

E não é só isso: há dificuldades de método ainda mais sérias e mais difíceis de resolver. Nesse universo em que as palavras perdem terreno para as figuras apelativas, como definir com precisão um conceito de "bem comum"?

Essas perguntas já não eram simples nos espaços sociais públicos gerados pela comunicação no tempo da *instância da palavra impressa*. Agora, são aflitivas, dramáticas, insolúveis. De uma vez por todas, não é possível pensar assim. Não há racionalidade em seguir um método de reflexão que vá por aí. Não há, aliás, nenhum método racional nesse caminho. Independentemente da nossa avaliação sobre os conteúdos, devemos nos contentar em chamar de "público" o espaço social gerado pela comunicação no qual se possa observar a abertura universal à participação de todas e todos, com liberdade de expressão e direito amplo de busca da informação.[120]

Logo, os espaços sociais comunicacionais de caráter público podem acolher, normalmente, temáticas sexuais, étnicas ou comportamentais, que, trazidas discursivamente de esferas não públicas, podem se politizar e ganhar relevância de interesse público. É o que vemos quando assuntos relativos a identidades de gênero se convertem em pautas da administração pública em cidades e países.[121] O fato é que hoje,

---

[120] Não há de ser redundante a lembrança de que o próprio Habermas, conforme já mencionado neste livro, julgou pertinente advertir que a esfera pública "não se refere nem às funções *nem ao conteúdo* da comunicação de todo dia, mas ao espaço social gerado pela comunicação" (HABERMAS, Jürgen. *Between Facts and Norms*, p. 360, tradução livre).

[121] Conforme demonstra Rousiley Maia, "a formação discursiva da opinião diz respeito não apenas a um conjunto de temas fixos, supostamente relevantes para a vida política, em sentido estrito da organização dos interesses gerais e 'distantes' de um todo coletivo, mas também, e talvez principalmente, à descoberta, tematização e tentativa de resolução de questões ou de situações-problema que se tornam visíveis nos reflexos das experiências pessoais e nas questões práticas da vida" (MAIA, Rousiley C. M. A mídia e o novo espaço público: a reabilitação da sociabilidade e a formação discursiva da opinião. *Comunicação&Política*, v. 5, n. 1, p. 144. 1997). Tanto assim que "a linha divisória entre a esfera privada e a esfera pública não parece poder ser marcada estrita e definitivamente pela natureza

mais do que antes, temas que eram vistos como restritos ao repertório privado ou íntimo podem dominar a esfera pública. A porosidade dos novos espaços comunicacionais públicos contribuiu *positivamente* para a inclusão de mais direitos nas democracias.

Com isso, chegamos a outra clivagem constitutiva dos espaços públicos na *instância da imagem ao vivo*: como não pode mais ser definida pela natureza dos conteúdos, a diferença entre o que é público e o que é privado – entre a publicidade e a privacidade – só pode ser definida pela natureza da comunicação. O que separa o espaço social de caráter público do espaço de caráter privado só pode ser *o caráter da apropriação e do controle* que o define: se se trata de um ambiente controlado pela interveniência de organismos privados, que filtram a entrada de participantes e interferem nas pautas do debate, o espaço tende a ser privado; se, ao contrário, o domínio sobre o espaço comunicacional é público e há abertura de ingresso franqueada ao público, com a observância da liberdade de expressão e do direito de busca por informação, pode-se dizer que se trata de um espaço social que tende ao caráter público.

Ocorre que as situações que se apresentam na prática são contraditórias e, novamente, se apresentam como paradoxos. Veja-se o caso das plataformas sociais. Nos espaços delimitados, regulados e administrados por elas – empresas privadas com softwares proprietários, algoritmos fechados e formas de gestão opacas (formas blindadas, impermeáveis) –, temos a prevalência de espaços tipicamente privados, não públicos. Por outro lado, a presença massiva de bilhões de "usuários" confere a esses mesmos espaços um caráter potencialmente público, pois aberto a todos, ou a quase todos, que por meio deles podem se expressar livremente e buscar se informar sobre áreas de seu interesse. São, esses espaços, privados? Sim. São públicos? Sim.

---

dos temas, mas, sim, como sugere o recente marco teórico habermasiano, pelas condições alteradas da comunicação, segundo níveis, densidade e complexidade da organização da comunicação e do objetivo desta, os quais mantêm a privacidade de uma e a publicidade da outra" (*ibidem*).

De um lado, existe aí uma apropriação privada, e em escala global, dos espaços sociais públicos gerados pela comunicação, com públicos imensos confinados em ambientes controlados, geridos pelas corporações privadas. De outro, existe aí uma grande massa de indivíduos que imprime a esses mesmos ambientes, controlados por conglomerados privados, um caráter eminentemente público em sua relevância social. As plataformas sociais são, portanto, simultaneamente, espaços públicos e espaços privados. São um paradoxo, como numa homenagem tardia a Paul Virilio. São propriedades de empresas privadas e, ao mesmo tempo, são espaços que pleiteiam, cada vez mais, garantias individuais (como as de liberdade de expressão e de privacidade pessoal) de caráter público (asseguradas pela norma constitucional dos países democráticos).

A instância da imagem ao vivo convive desde seu nascimento com lógicas paradoxais. Os debates públicos fluem assim, em plataformas híbridas, em suportes contraditórios, em canais ambíguos. Também as redes privadas de televisão e rádio apresentam desde sempre sinais dessas ambivalências. Por explorarem meios de radiodifusão, sempre foram objeto de concessão pública, reguladas pelo direito público. Não obstante, essas grandes estruturas adotam condutas ditadas por interesses privados e não se constrangem em orientar o noticiário segundo suas conveniências particulares. São, a um só tempo, públicas e privadas.

Podemos ter, inclusive, espaços de caráter público que sejam capturados ou enredados por estratégias não apenas privadas, mas também governamentais ou estatais. Os espaços comunicacionais (mais ou menos públicos ou potencialmente públicos) que emergem na China e, em boa medida, na Rússia sofrem coerções por parte das autoridades governamentais. Estados autoritários tutelam a sociedade civil sob a justificativa de defender a liberdade, como já observara Hannah Arendt, gerando espaços oficialmente públicos e materialmente manietados.[122]

---

[122] Em sua conferência "Revolução e liberdade", Hannah Arendt diz: "Hoje em dia, até os tiranos são obrigados a falar de liberdade" (ARENDT, Hannah. *Ação e a busca da felicidade*, p. 172).

Noutra perspectiva, podemos ter espaços originalmente privados que se convertem, por pressão dos públicos, em núcleos de pressão democrática que reivindicam liberdades e direitos de ordem pública, como acontece com a crescente demanda da sociedade por sistemas de regulação que protejam a liberdade de expressão, a privacidade e as garantias fundamentais nas mídias digitais, forjadas originalmente em bases estritamente privadas. Outra vez, lógica paradoxal.

Arenas públicas mundiais

O embaralhamento entre as noções de público e privado ocasiona embaraços. Entre outros, empurra o Estado para as beiradas. Certa vez, o sociólogo francês Alain Touraine, comentando o crescimento da política externa em relação à política interna na Europa, cunhou uma frase lapidar: "O Estado não está mais no centro da sociedade; está nas fronteiras".[123] Faltou a ele, no entanto, observar que o Estado já vinha deixando sua condição de protagonista em relação a assuntos mais comezinhos que as relações internacionais. O Estado perdeu a majestade uma segunda vez. O cientista político australiano John Keane, um dos pensadores mais originais sobre a questão da esfera pública, notou isso em 1995.

> O velho domínio de vida pública limitada territorialmente e estruturada pelo Estado, mediada pelo rádio, televisão, jornais e livros, está chegando ao fim. Sua hegemonia está sendo rapidamente erodida pelo desenvolvimento de uma multiplicidade de espaços de redes de comunicação, as quais não estão ligadas imediatamente a territórios, e que por conseguinte flanqueiam e fragmentam qualquer coisa que anteriormente se parecesse com uma esfera pública única e espacialmente integrada dentro da estrutura Estado-nação.[124]

---

[123] TOURAINE, Alain. Comunicación política y crisis de la representatividad. In: FERRY, Jean-Marc et al. *El nuevo espacio público*, p. 49. (Tradução livre.)

[124] KEANE, John. Transformações estruturais da esfera pública. In: *Comunicação&Política*, v. 2, n. 2, p. 14, 1995.

O Estado virou mais um entre muitos "atores" que, já no final do século XX, movimentavam os espaços públicos gerados pela comunicação, que se ampliaram para além das fronteiras nacionais, fazendo surgir o "público-humanidade".[125] O sociólogo brasileiro Octavio Ianni preferiu falar em "sociedade civil global".[126] Não se trata mais de uma sociedade em que prevaleçam as relações econômicas ou privadas, mas de uma confluência de associações, organizações e movimentos emergentes que cruzam fronteiras e adquirem existência supranacional.[127] Octavio Ianni antecipou isso quando avistou uma sociedade civil global.

---

[125] "O 'público' de que se trata não está limitado ao corpo eleitoral de uma nação: trata-se, melhor dizendo, de todos os que são capazes de perceber e compreender as mensagens difundidas no mundo. O público é, virtualmente, toda a humanidade e, de um modo correlato, o 'espaço público' é o meio com o qual a humanidade se entrega a si mesma como espetáculo. A palavra espetáculo, por certo, pode suscitar interpretações erradas, pois o espaço público não reduz seus meios à imagem e à palavra espetaculares: compõem-no também elementos do discurso, do comentário, da discussão, com as mais 'racionais' finalidades do esclarecimento. Mas o que aqui importa destacar, sobretudo, é que especialmente 'o espaço público social' não obedece em absoluto às fronteiras nacionais de cada 'sociedade civil'" (FERRY, Jean-Marc. Las transformaciones de la publicidad política. In: FERRY, Jean-Marc *et al*. *El nuevo espacio público*, p. 20, tradução livre).

[126] "As sociedades contemporâneas, a despeito das suas diversidades e tensões internas e externas, estão articuladas numa sociedade global. [...] O que começa a predominar, a apresentar-se como uma determinação básica, constitutiva, é a sociedade global, a totalidade na qual pouco a pouco tudo o mais começa a parecer parte, segmento, elo, momento. São singularidades, ou particularidades, cuja fisionomia possui ao menos um traço fundamental conferido pelo todo, pelos movimentos da sociedade civil global" (IANNI, Octavio. *A sociedade global*. 6. ed. Rio de Janeiro: Civilização Brasileira, 1998. p. 39). Ver referências ao "cidadão do mundo", na página 107.

[127] Um bom conceito para a sociedade civil, seja nacional ou não, pode ser buscado em Habermas: "O que se entende por 'sociedade civil', hoje, em contraste com o que se vê na tradição marxista, não mais inclui a economia como algo constituído por leis privadas [Código Civil], orientada pelo mercado para o trabalho, o capital e as mercadorias. Com efeito, seu núcleo institucional compreende as conexões

Também se pode pensar em opinião pública global. A ONU reflete tudo isso cada vez mais. Em outubro de 2019, por ocasião dos anúncios das comemorações dos 75 anos da entidade, que seriam festejados no ano seguinte, em 2020, o secretário-geral, António Guterres, convocou uma pesquisa em todo o mundo, qualificada por ele como "a maior conversa da história sobre futuro global".[128] Os resultados desse levantamento foram conhecidos em 2020, no meio da pandemia – ela, também, um evento global – da Covid-19. Saúde, água e saneamento, além de educação, despontaram como a prioridade da maioria, que também valorizava a "solidariedade internacional".[129]

A globalização dos temas típicos das sociedades civis nacionais se fortaleceu e passou, muitas vezes, por fora do Estado. Jamais, porém, isso poderia passar por fora da comunicação social. Não há vida social por fora da comunicação social. Esta, mundializada, teceu um grande espaço social mundial de caráter público, aberto, que alcança perímetros cada vez mais amplos.[130] Esses espaços midiáticos em expansão – necessariamente comunicacionais – confluem para arenas globalizadas,

---

não governamentais e não econômicas e associações voluntárias que ancoram as estruturas comunicacionais da esfera pública no mundo da vida. A sociedade civil é composta dessas mais ou menos espontâneas associações, organizações e movimentos emergentes que, sintonizados com o modo pelo qual os problemas societais repercutem nas esferas da vida privada, destilam e transmitem essas reações de forma ampliada para a esfera pública" (HABERMAS, *Between Facts and Norms*, p. 367, tradução livre).

[128] NOVA CAMPANHA ONU75 promove "maior conversa da história sobre futuro global". *ONU News*, 24 out. 2019.

[129] A ONU e a opinião pública global. *O Estado de S.Paulo*, editorial, p. A3, 5 out. 2020.

[130] "O funcionamento democrático do espaço público já não está regulado prioritariamente, para não dizer exclusivamente, como nos tempos do ideal do Iluminismo, por princípios universalistas da ética e do direito. O espaço público na França deixou de ser fundamentalmente jurídico, no sentido lato do termo, ou seja, estruturado por um princípio argumentativo e regulado pelo imperativo categórico do respeito pela integridade da pessoa humana, pelas liberdades individuais e pela soberania do cidadão" (FERRY, Jean-Marc. Las transformaciones

nas quais, como já vimos, os argumentos racionais declinam, enquanto técnicas espetaculares são incrementadas. Alain Touraine já avisara:

> Durante um breve período tivemos a ilusão de que poderíamos [...] voltar à argumentação racional, de modo que a retórica pudesse substituir os ritos. [...] As sociedades complexas e de mudanças rápidas, contudo, pouco a pouco deixam de ser sociedades de intercâmbio, da comunicação e da argumentação, para ser cada vez mais sociedades da *expressão*. A unidade de comunicação entre o emissor e o receptor vai se quebrando. Cada vez menos tratamos com comunicadores e cada vez mais com atores.[131]

Nesse parágrafo, a palavra "atores" não tem o sentido de "agentes", de "falantes", na acepção frequente da literatura sobre esfera pública, mas de "atores" mesmo, atores de cinema, atores que ganham a vida fingindo ser o que não são e que, às vezes, por fingirem tão bem, tornam-se aquilo que não são. Na fala de Touraine, "atores" são aqueles que, no debate público, representam papéis, como num teatro ou num programa de auditório: são os "personagens" da política. Com a prevalência dos "atores" sobre os "comunicadores", a comunicação racional e a argumentação deram lugar, em definitivo, ao jogo de cena, às montagens cenográficas da política, à "expressão" não mediada pelo pensamento.

As redes sociais, penduradas nas plataformas sociais, são o mais recente e mais eloquente exemplo disso. O espaço social de caráter público se torna tão extenso e tão profundo quanto a comunicação que o gera: tão extenso quanto as plataformas sociais, em suas somatórias de muitas bolhas, tão globalizado quanto as plateias que acompanharam pela televisão o desmoronamento das torres gêmeas do World Trade Center no dia 11 de setembro de 2001.

---

de la publicidad política. In: FERRY, Jean-Marc *et al. El nuevo espacio público*, p. 23, tradução livre).

[131] TOURAINE, Alain. Comunicación política y crisis de la representatividad. In: FERRY, Jean-Marc *et al. El nuevo espacio público*, p. 54.

Esfera pública ou espaço público?

Agora, uma indefinição semântica. Qual a melhor expressão para designar o espaço social gerado pela comunicação: esfera pública ou espaço público? A bibliografia nos dá pistas centrífugas. Parece não haver critérios mais sólidos para que se escolha uma ou outra. Às vezes se usa uma, outras vezes, a outra. Como superar essa indefinição?

Convém retomar o exame dos fundamentos de cada uma dessas duas expressões. Nas traduções francesas, bem como nas obras originais francesas, costuma prevalecer a expressão "*l'espace public*" para nomear a categoria teórica da "esfera pública". O conceito de Habermas, "Öffentlichkeit", que aparece como "*public sphere*" em inglês, é traduzido como "*l'espace public*" em francês.[132] Em espanhol, o uso do termo "*espacio público*" tem sido corrente. Em função disso, os textos em português que foram vertidos do francês ou do espanhol adotam normalmente a expressão "espaço público" em lugar de "esfera pública", mas o conceito é o mesmo. Convivemos, assim, com uma duplicidade semântica um tanto desestabilizante. Em muitos casos, "espaço público" e "esfera pública" são conceitos equivalentes, ao menos na bibliografia em língua portuguesa, e, numa mirada mais apressada, poderiam ser tomados por sinônimos.

---

[132] Por exemplo: *L'espace public, 30 ans après*, a versão francesa de um texto de Habermas, algumas vezes citada aqui, surge em inglês com o título de *Further Reflections on the Public Sphere* (In: CALHOUN, C. *Habermas and the Public Sphere*. Cambridge: MIT Press, 1993. p. 421-461). Não custa lembrar, ainda, que o termo alemão "Öffentlichkeit" pode ser traduzido como "a esfera pública", mas também pode ser traduzido como "o público", no sentido da reunião daqueles "atores" que "tomam parte na formação da opinião pública", como aponta Robin Celikates. Ver: CELIKATES, Robin. Digital Public, Digital Contestation: a new structural transformation of Public Sphere?. In: CELIKATES, Robin; KREIDE, Regina; WESCHE, Tilo. *Transformations of Democracy: Crisis, Protest and Legitimation*. Lanham: Rowman & Littlefield, 2015. Nesse texto, Celikates cita Bernhard Peters, "The Meaning of the Public Sphere". In: WESSLER, Hartmut (Org.). *Public Deliberation and Public Culture*. Houndmills: Palgrave Macmillan, 2008. p. 33-67.

Mas isso está longe de ser uma trivialidade. Em português, a expressão "espaço público" tem seu uso consagrado no campo do urbanismo, onde tem um significado, sem trocadilho, bastante concreto: o espaço público é um lugar físico em que os pedestres transitam livremente, como sói acontecer com as ruas, os logradouros públicos, as praças, os vãos abertos e os parques. Utilizados como palcos de manifestações políticas, os espaços públicos urbanísticos ou arquitetônicos promovem o encontro físico entre toda gente. Por isso, quando chamamos a "esfera pública" de "espaço público" podemos produzir, distraidamente, uma instabilidade de sentido.

A noção habermasiana de "esfera pública" (que, como acabamos de ver, é traduzida para o francês como "*l'espace public*") não tem quase nada a ver com a noção urbanística de "espaço público". A "esfera pública", como conceito, é produto de uma abstração: um ponto de encontro para a "ação comunicativa" entre os "atores", que não precisam estar lá fisicamente para se comunicar.[133] A esfera pública é uma noção abstrata porque não depende do encontro corporal daqueles que dela tomam parte. Em outra perspectiva, é também abstrata porque tem *permanência abstrata*: a "esfera pública" não há de ser uma aglomeração incidental ou episódica, mas se fixa como

---

[133] O próprio Habermas explica: "Todo encontro em que atores não apenas se observam uns aos outros, mas se relacionam comunicativamente [em inglês: '*take a second-person attitude*'], atribuindo liberdade comunicativa entre si, gera um espaço público linguisticamente constituído. Esse espaço se mantém aberto, em princípio, para aqueles potenciais parceiros de diálogo, sejam eles os espectadores presentes ou aqueles que possam entrar em cena e se juntar aos presentes. [...] Como infraestrutura pública dessas reuniões, performances, apresentações etc., as metáforas arquitetônicas de espaços estruturados falam por si: são fóruns, palcos, arenas e assim por diante. Essas esferas públicas ainda estão vinculadas aos locais concretos em que uma audiência esteja reunida. Quanto mais elas se descolem da presença física do público e se abram para a presença virtual de leitores, ouvintes ou espectadores espalhados, ligados pela mídia pública, mais claro se torna a abstração que tem lugar quando a estrutura espacial de simples interações é expandida para uma esfera pública" (HABERMAS, Jürgen. *Between Facts and Norms*, p. 361, tradução livre).

referência constante, habitual, que se mantém aberta, embora não seja concreta, durante as 24 horas do dia, os 365 dias do ano, com a pretensão de estar ali por séculos a perder de vista.[134]

É muito simples visualizar a abstração da esfera pública. Partamos de um exemplo fácil. Quando leem os jornais e mandam cartas para as redações contestando os artigos ou as declarações publicadas, os cidadãos interagem na esfera pública, mas não estão se vendo pessoalmente nem trocando apertos de mão. Não é de surpreender que dois cidadãos que agem comunicativamente na mesma esfera pública, um em relação ao outro, não se reconheçam ao se cruzarem numa calçada. Quem não entende essa abstração, a mais simples de todas, não entende o conceito de esfera pública.

A partir disso, podemos pensar em quatro critérios pelos quais as distinções entre as duas categorias ganham mais contraste. Em primeiro lugar, a esfera pública está descolada da presença física do público: para que ela exista, a presença física das pessoas não é um requisito obrigatório e, muitas vezes, nem é possível; já com o espaço público urbanístico, a dimensão física é indispensável. Em segundo lugar, a esfera pública, além de receber a participação das pessoas por mediações (como uma carta que segue dentro de um envelope para uma redação de jornal), fica aberta para a presença virtual (ou para a telepresença) dos "atores" o tempo todo; no espaço público, como nos museus, até podemos ter frequentadores virtuais, mas apenas como um expediente excepcional. Em terceiro lugar, a esfera pública não se aprisiona em lugares concretos, não precisa

---

[134] "A esfera pública se diferencia internamente em níveis segundo a densidade da comunicação, a complexidade organizacional e extensão dos públicos *episódicos* que se encontram nas tavernas, nos cafés ou nas ruas; passando pelos *ocasionais* ou 'arranjados' públicos de eventos e apresentações, como espetáculos teatrais, shows de rock, congressos partidários ou assembleias religiosas; até a esfera pública *abstrata* de leitores, ouvintes e espectadores isolados, espalhados por grandes áreas geográficas, ou mesmo ao redor do globo, e reunidos unicamente por efeito dos meios de comunicação de massa" (HABERMAS, Jürgen. *Between Facts and Norms*, p. 374, tradução livre).

de uma sede física, diferentemente do que acontece com os espaços públicos urbanísticos. Em quarto lugar, as esferas públicas, de modo distinto dos espaços públicos, podem se espalhar por grandes áreas geográficas, *ou mesmo ao redor do globo*, por efeito dos meios de comunicação de massa e das mídias digitais; um espaço público urbanístico ou arquitetônico mal consegue exceder o tamanho de um campo de futebol, de uma praça ou, nos casos mais extravagantes, de um parque.

Ainda para efeito de distingui-la do espaço público urbanístico, seria bom lembrar que a esfera pública moderna, ou a esfera pública dita "burguesa", surge originalmente, no século XVIII, mais ou menos, como projeção material da ação política de sujeitos que acorrem para a vida pública vindos da vida privada (da atividade econômica privada, da sociedade civil de então, sociedade civil que era constituída pelos próprios negociantes do comércio capitalista). A esfera pública nada mais era que uma subjetivação coletiva que emprestava relevância pública aos agentes econômicos da vida privada reunidos em público. Essa esfera pública dita "burguesa", criada no bojo das revoluções iluministas, gerava consequências materiais diretas nas relações do poder com a sociedade. Era abstrata, claro, mas agia na História como um fator material. A esfera pública, esse lugar abstrato que, no entanto, surtia (e surte) efeitos materiais sobre a sociedade e a História, é *construída pela* comunicação entre os sujeitos. Já o espaço público, em seu sentido urbanístico, arquitetônico, é *construído* não *pela*, mas *para* a comunicação entre os sujeitos.

No mais, notaremos pontos de contato entre um aspecto ou outro das duas categorias. Para começar, as esferas públicas são, sim, espaços públicos transformados em espaços *abstratos* (abstratos quando comparados ao espaço público das ruas, das praças e dos largos nas grandes cidades). Quando entendemos a dimensão de espaço público abstrato da esfera pública, as confluências entre espaço público e esfera pública ficam mais perceptíveis. As esferas públicas nada mais são, como já vimos, do que pontos de encontro. Se pensamos nela apenas assim, como pontos de encontro sem complicações adicionais, podemos nos surpreender: aí, o conceito de "esfera pública" desenvolve uma elasticidade praticamente sem travas. John Keane diz que

> [...] uma esfera pública é um tipo particular de relacionamento espacial entre duas ou mais pessoas, geralmente conectadas por certos meios de comunicação (televisão, rádio, satélite, fax, telefone etc.), nos quais controvérsias não violentas vêm à tona, por um breve ou mais extenso período de tempo.[135]

Keane descarta a necessidade de permanência abstrata para que o conceito de "esfera pública" pare de pé. Por ele, podemos então considerar uma esfera pública aquele ponto de encontro que se abre e se fecha em um intervalo exíguo, de minutos apenas. O autor afirma que existe uma verdadeira miríade de esferas simultâneas, que podem ser efêmeras e nem por isso deixam de ser públicas.[136] Nesse caminho, define o que chama de micro, medio e macroesferas públicas. As "micro" podem ser integradas por duas crianças jogando um videogame a distância. As "macro" incluem sociedades nacionais inteiras, podendo se estender por boa parte do globo terrestre. As chamadas "medioesferas públicas" ficam entre essas duas outras.[137]

---

[135] KEANE, John. Transformações estruturais da esfera pública. In: *Comunicação&Política*, v. 2, n. 2. São Paulo: Cebela, 1995, p. 14.

[136] "Embora possuam, tipicamente, um caráter interconectado, de redes, as esferas públicas contemporâneas têm uma qualidade fraturada a qual não está sendo superada por uma tendência mais ampla em direção a uma esfera pública integrada" (*ibidem*). O aspecto da pluralidade de esferas públicas também é admitido por Habermas em *L'espace public, 30 ans après*, onde ele oferece "análise menos pessimista" da que apresentara em *Mudança estrutural da esfera pública*. Sem abrir mão da ideia de que o público "burguês" é dominante, isto é, de que a esfera pública "burguesa" prevalece sobre as outras, ele concede que, "ao lado da esfera pública burguesa hegemônica, outras esferas públicas subculturais se apresentam" (HABERMAS, *L'espace public, 30 ans après*, p. 164).

[137] "As medioesferas públicas são aqueles espaços de controvérsia sobre o poder que circunda milhões de pessoas assistindo, escutando ou lendo através de vastas distâncias. Elas são, na maioria, coextensivas com o Estado-nação, mas também

Keane acredita que a saúde da democracia é beneficiária da coexistência dessas numerosas esferas, sem que nenhuma exerça o monopólio sobre o espaço geral.[138] Na opinião dele, basta que ocorra a presença, direta ou indireta, da comunicação midiática ou das redes para que as esferas públicas se instituam. Nada mais que isso. Existem esferas públicas no mundo dos games adolescentes, nos shows de rock transmitidos pelo Zoom ou numa partida de tênis transmitida pela televisão. Temas de "interesse público" não são critérios definidores.

O mais interessante na abordagem de John Keane é que ele deixa de fora o critério da razão. Duas crianças jogando videogame não preenchem os requisitos da *Teoria da ação comunicativa*, não são "atores" que se "orientam" para o "entendimento". Só querem jogar. Mesmo assim, são aceitos por Keane como uma "microesfera pública": "Não há, a princípio, razão por que o conceito de esfera pública deva necessariamente ser atrelado a um tipo ideal de comunicação voltado para o consenso baseado na força do melhor argumento".[139]

Segundo ele, uma "microesfera pública" não tem nada a ver com argumento racional e coexiste com milhões de outras, além daquelas maiores, que vão agregar multidões. O conjunto conformará um grande espaço social público, necessariamente supranacional, em que os

---

podem se estender para além de seus limites, a fim de abarcar audiências vizinhas (como no caso da programação e publicação de língua alemã na Áustria)" (KEANE, John. Transformações estruturais da esfera pública. In: *Comunicação&Política*, v. 2, n. 2, p. 17, 1995). Finalmente, as macroesferas públicas são aquelas "que normalmente circundam centenas de milhões e mesmo bilhões de pessoas enredadas em disputas nos níveis supranacional e global do poder" (*idem*, p. 14.). Keane percebe, coerentemente, que "macroesferas públicas de centenas de milhões de cidadãos são a consequência (não buscada) da concentração internacional das empresas de comunicação de massa anteriormente pertencentes e operadas no nível de Estado-nação" (*idem*, p. 18).

[138] "O máximo que pode ser dito, falando normativamente, é que um regime democrático saudável é aquele no qual vários tipos de esferas públicas são prósperos, sem que nenhum deles de fato desfrute de um monopólio nas disputas públicas pela distribuição de poder" (*idem*, p. 24).

[139] *Idem*, p. 23.

sujeitos terão de se ver frente a frente com seus impasses comuns, como se viu em 2020, na pesquisa de opinião pública realizada e publicada pela ONU. O que existe, enfim, são múltiplas esferas simultâneas, umas transitórias, outras menos efêmeras, em proporções e formas infinitamente variadas, sem nenhum crivo dominante de racionalidade. Nesse contexto expandido, a razão se põe apenas como questão (necessária), não mais como normatividade ou premissa.

Por esse motivo – mais de método que de escolha valorativa –, vai deixando de ser possível adotar o paradigma puro de esfera pública habermasiana, que exige a premissa da razão, para compreender os aglomerados entrópicos formados por malhas ultracomplexas de aparatos comunicacionais pelos quais fluem, instáveis, as interações de muitos matizes de entendimento e dissidência da – sigamos Octavio Ianni – "sociedade civil global". O espaço social mais amplo, mundializado ou globalizado, o espaço supranacional e, ao mesmo tempo, fragmentado, não corresponde a uma baliza racional única.

Visto sob o prisma de uma razão imperiosa, o objeto do *espaço social gerado pela comunicação* não cabe mais na métrica, e explode a lente que o observa. Podemos pensá-lo, sim, como um espaço abstrato do tamanho do planeta, gerado pela comunicação, habitado por milhões ou bilhões de outras conformações espaciais comunicativas que se acendem e se apagam sem um padrão uniforme, mas não podemos chamá-lo de esfera pública sem violar gravemente o conceito original, que exige a razão como premissa e como regra. Com isso, encontramos então a resposta que buscávamos. Podemos, sim, chamar de espaços públicos os espaços sociais gerados pela comunicação que – muitas vezes de modo desatento – costumam ser chamados de esferas públicas. Nesse contexto, o espaço público é a esfera pública *menos* a razão que nela é obrigatória.

Há outro ponto crítico a ser considerado, que se refere à função de intermediação que a esfera pública deveria cumprir entre Estado e sociedade. Como já foi visto, o papel de instância intermediária da esfera pública é recorrente em toda a produção teórica de Habermas, desde *Mudança estrutural da esfera pública*.[140] De modo destacado, em *Between Facts and Norms*, o filósofo nos traz uma formulação específica, muito clara, sustentando que a esfera pública promoverá a intermediação entre "o sistema político e os setores privados do mundo da vida".[141] Disso podemos deduzir que a esfera pública precisa existir para, junto com a opinião pública, que a partir dela se projeta, costurar a conciliação entre Estado e sociedade. Nenhuma outra engenharia social ou comunicacional poderia ocupar esse lugar de elo – racional, por certo – entre as rotinas sociais das pessoas comuns (o seu "mundo da vida") e o aparato estatal (sujeito à lógica dos "subsistemas", que se move segundo critérios outros que não aqueles presentes nas interações cotidianas de sociabilidade do "mundo da vida"). Em outras palavras, a esfera pública *precisa existir*, bem como a opinião pública, ou a sociedade não disporá de instâncias intermediárias para dirigir suas aspirações ao Estado. Para Habermas, a esfera pública e a opinião pública existem porque são teórica e empiricamente insubstituíveis.

Pois é esse o ponto que merece reexame. Com a prevalência das mídias digitais, que trouxeram uma capilaridade e, ao mesmo tempo, uma potência comunicativa sem precedentes para o "mundo da vida", não apenas o "mundo da vida" se redesenhou (cada indivíduo ganhou poder de mídia, por assim dizer, e pode se fazer ver virtualmente por todo o mundo, em questão de minutos), como os tentáculos do Estado, mesmo com menos protagonismo, assim como os da Economia, puderam, por meios tecnológicos novos, conectar-se diretamente ao que Habermas chama de "setores privados do mundo da vida". As mídias digitais promoveram não uma nova transformação da esfera

---

[140] A necessidade dessa função de intermediação da esfera pública aparece desde o início da produção teórica de Habermas, em *Mudança estrutural da esfera pública* (p. 46 e outras).

[141] "Nas sociedades complexas, a esfera pública consiste numa estrutura intermediária entre o sistema político, de um lado, e os setores privados do mundo da vida e os sistemas funcionais, de outro" (HABERMAS, Jürgen. *Between Facts and Norms*, p. 373, tradução livre).

pública, o que vem sendo aventado por dezenas de autores, mas uma transformação mais profunda: a transformação do "mundo da vida" como um todo. A esfera pública não passa exatamente por uma "nova" transformação, como alguns pretendem: ela perde relevância, isto sim, como perde relevância a razão. Com isso, as instâncias de mediação racional se esvaziam e, no lugar delas, protuberâncias desorganizadas do mundo da vida atropelam territórios de intermediação antes pertencentes à esfera pública.

Somos a sociedade da crise – ou da falência – da mediação e da crise dos intermediários. Quando se diz que a imensidão das conexões digitais promoveu, de chofre, a extinção das funções intermediárias, numa avalanche que soterra as redações tradicionais da imprensa, o que se diz, sem que seja preciso dizer, é que reflui a mediação racional que cabia à esfera pública. O pensamento reflui, pois pensar é fazer mediações. E então? O velho papel de mediação (racional) ainda é necessário como antes?

A resposta é "não". É "não" do lado do Estado e é "não", também, do lado da sociedade. Isso não é bom, não é nada bom, dado que a ausência da mediação golpeia uma vez mais a razão, mas, mesmo assim, a resposta é "não". Nem Estado nem sociedade precisam, como precisavam, da esfera pública ou da opinião pública que lhes sirvam de intermediárias. O primeiro passa por cima dos resquícios conceituais de esfera pública, com as lideranças populistas em voga no mundo fazendo de tudo para dizimá-la. A esfera pública, como o conceito que tem parte com a razão crítica e com a imprensa, é declarada proscrita no léxico do poder populista. Do lado da sociedade, o cenário não é melhor. No "mundo da vida", eletrificado pelas mídias digitais, a mediação da razão declina, junto com a esfera pública e a imprensa.

Nos nossos dias, vigora o bonapartismo digital. O vínculo direto com as massas, que era o sonho de consumo dos tiranos carismáticos de traços bonapartistas, foi franqueado aos novos líderes autoritários. Todas as intermediações da democracia entram em xeque: as instâncias do parlamento, a imprensa, os mecanismos de delegação da democracia representativa penam. Formas autocráticas recrudescem. A esfera pública entrou em baixa também por isso.

A hegemonia dos significantes visuais

O espaço público do presente emula a *instância da imagem ao vivo*, sendo palco de dois níveis de enfrentamento relacionados aos processos de significação: o primeiro, que fica na superfície, mais fácil de perceber, é o do *enfrentamento entre os significados*, no qual se trava a disputa para estabelecer os conceitos e os valores que terão precedência e dominância. Qual hierarquia sobrevirá no espaço público? Que "visões de mundo" terão liderança, podendo levar as demais a se reordenar?

O segundo nível, menos perceptível e bem menos comentado, é o mais determinante. Nele, temos o *enfrentamento entre os sistemas significantes*, numa guerra entre os modos de narrar e de representar. Nesse segundo nível, está em causa o repertório sígnico no qual os conteúdos serão confeccionados para alcançar os públicos. No primeiro nível, o conflito gira em torno do que se diz; no segundo, de *como* se diz. No primeiro, teses e opiniões se digladiam. No segundo, sistemas significantes distintos tomam parte numa batalha oculta para definir qual deles será senhor das expressões e das representações possíveis.[142]

Não se confunda o segundo nível de enfrentamento, o dos sistemas significantes, com a concorrência comercial entre veículos ou plataformas. A concorrência comercial não tem nada a ver com isso: é apenas a espuma da onda. O enfrentamento entre os sistemas significantes é a onda inteira, com um *embate entre paradigmas de representação, expressão e narração* que pode admitir inúmeras oposições: oralidade *versus* escrita, imagem *versus* palavra. Em planos secundários, outras oposições assomam: vídeo *versus* texto, imprensa *versus* redes sociais,

---

[142] Os conceitos de *significante* e *significado*, aqui, obedecem em linhas gerais aqueles estabelecidos por SAUSSURE, Ferdinand. *Curso de linguística geral*. Organizado por Charles Bally e Albert Sechehaye. São Paulo: Cultrix, 1969.

informação jornalística *versus* propaganda. Essas polarizações são incontáveis, mas a principal é aquela que opõe a palavra à imagem.

A disputa entre sistemas significantes tem por objeto o "idioma" (com todas as aspas) pelo qual a totalidade daquele espaço público se reconhece como conjunto. Nesse nível de enfrentamento se decide se a forma discursiva será informativa ou terá o tom de propaganda fundamentalista, se o alarido sensacionalista das redes sociais prevalecerá sobre os relatos factuais segundo parâmetros jornalísticos, se o registro em vídeo será mais ou menos determinante que a narrativa em texto.

Fundamentalmente, cabe à disputa entre sistemas significantes resolver se predominarão os significantes pendurados na imagem eletrônica e digital ou os que se ancoram na palavra. Esse é o grande embate, do qual os outros são efeitos colaterais. Não há espaço público sem que os dois níveis de enfrentamento se manifestem. Mas o espaço público decorre, em sua forma, principalmente da hegemonia do sistema significante.

A disputa em torno da hierarquia de valores e conceitos vem consagrando as instituições midiáticas em seu conjunto. Governos, igrejas, centros de pesquisa científica e empresas em geral já perceberam que sua influência sobre a cultura depende de sua habilidade em se comportar midiaticamente. Nessa perspectiva, as instituições midiáticas têm sido as vitoriosas no enfrentamento do primeiro nível.

Quanto ao segundo nível, o enfrentamento dos sistemas significantes, a resultante é mais difusa, embora inequívoca. É difusa porque não se mostra com clareza, de tal modo que fica difícil divisar suas fontes originárias. É inequívoca porque ninguém mais duvida de que a prevalência da imagem (eletrônica ou digital) sobre a palavra já se consumou, ao menos em termos de volume dentro da massa geral da comunicação no espaço público tornado global. Aí, a imagem (eletrônica e digital) detém a hegemonia automática. As redes sociais, com seus memes, suas figurinhas, seus emojis (os novos hieróglifos) e seu lixo cintilante levaram ao paroxismo a hegemonia automática do sistema significante dominante na *instância da imagem ao vivo*.

Conceito de *telespaço público*

De tudo o que foi dito até aqui, podemos enfim reter o que interessa. Como já vimos, Paul Virilio, no final do século XX, falou de um mundo não mais povoado por seres presentes, mas por subjetividades telepresentes. A ideia das telepresenças, típicas das imagens que se movem segundo uma "lógica paradoxal", vem nos servir de chave conceitual: se as presenças requerem um espaço público, podemos então postular que as telepresenças requerem um *telespaço público*. Uma atmosfera comunicacional a que podemos chamar de espaço público telepresente, em todo o planeta, nada mais é que um *telespaço público*.

Ele se define em seis deslocamentos.

1. O primeiro é o deslocamento da *materialidade virtual*. O *telespaço público* tem sua materialidade não mais nos lugares físicos – espaços urbanos, espaços arquitetônicos, espaços projetados, espaços sociais, físicos ou virtuais, para encontros ou entendimentos. Sua materialidade é uma materialidade diferida: está nas telepresenças, no signo da imagem eletrônica, ou, em poucas palavras, nos espaços demarcados agora, em lugar da geografia, pela *instância da imagem ao vivo*. O *telespaço público* pode ser pensado também como abstração, na exata medida em que podemos pensar o trabalho humano como trabalho abstrato, mas sua virtualidade não funciona como abstração, e sim como uma expansão digital (material, portanto) do espaço social.[143]

---

[143] O *telespaço público* é o espaço social que veio realizar materialmente a intuição de Benjamin sobre a destruição da aura na obra de arte pelos movimentos das massas na modernidade: "Fazer as coisas 'ficarem mais próximas' é uma preocupação tão apaixonada das massas modernas como sua tendência a superar o caráter único de todos os fatos através da sua reprodutibilidade técnica. Cada dia fica mais irresistível a necessidade de possuir o objeto, de tão perto quanto possível, na imagem, ou antes, na sua cópia, na sua reprodução". A *instância da imagem ao vivo* tornou essa "preocupação tão apaixonada das massas modernas" uma realidade abaixo da qual não há mais vida social. Há uma outra observação a ser feita com relação ao mesmo texto de Benjamin. Quando ele tenta definir o que é a aura, parece estar falando não de um conteúdo ou de uma obra em si, mas de um fotograma em negativo do fenômeno estético que viria a se dar

2. O segundo deslocamento é a *irrupção do que é inconsciente*: a desativação do sujeito dito racional e a "inicialização" (ou a admissão, em tese) do *inconsciente* como protagonista. O *telespaço público* não pressupõe sujeitos racionais ou conscientes, pois se ordena segundo tensões inconscientes. Suas relações são assimétricas. O *telespaço público* não depende da ideia de opinião, da fé em uma opinião pública, nem sequer depende da existência de uma opinião pública (ainda que possa admiti-la em termos de expressão teatral nas suas múltiplas simulações de busca de consenso). O *telespaço público* funciona com base nas preferências de consumo do público (até quando se trata do espaço público político, já que as questões eleitorais tendem a se resolver segundo os critérios do consumo) e reveste o cidadão, asfixiando-o, com a roupagem do consumidor sem retorno.

3. O terceiro deslocamento é o dos *conflitos e identificações*: o abandono da utopia do consenso e do método da razão em favor da

---

apenas dentro do *telespaço público*. Diz Benjamin: "Em suma, o que é a aura? É uma figura singular, composta de elementos espaciais e temporais: a aparição única de uma coisa distante, por mais perto que ela esteja". Essa coisa distante, na aura descrita por Benjamin, embora ele não o diga com essas palavras, é o *outro*, ou seja, é a coisa que não sou eu, é o diferente, o não semelhante. É o *outro* ou é, do *outro*, o fundamento teológico, por mais remoto que seja, o que remete o observador a outro tipo de coisa distante, naquele instante único em que o espírito se deixa encantar pela força da obra de arte. Por que essa é uma descrição em negativo do que se passa no *telespaço público*? Simples: o *telespaço público* faz aparecer não o outro, mas o semelhante (o mesmo) por mais distante que ele esteja, matando assim a aura da obra de arte. Voltemos a Benjamin: "Retirar o objeto do seu invólucro, destruir sua aura, é a característica de uma forma de percepção cuja capacidade de captar 'o semelhante no mundo' é tão aguda, que graças à reprodução ela consegue captá-lo até no fenômeno único". A obra de arte se torna espelho. Industrializado. A aura, agora, já não está no que se vê, ou no que tem existência sensorial, mas no que faz ver e faz sentir isso que o observador vê e sente. Esse tal que faz ver e faz sentir é a *instância da imagem ao vivo* – pura aura gigantesca, em negativo. Ver: BENJAMIN, Walter. A obra de arte na era de sua reprodutibilidade técnica (primeira versão). In: BENJAMIN, Walter. *Obras escolhidas, volume 1. Magia e técnica, arte e política. Ensaios sobre literatura e história da cultura.* Prefácio de Jeanne Marie Gagnebin. Tradução de Sergio Paulo Rouanet. São Paulo: Brasiliense, 1994, p. 170 e 171.

ordem anárquica do *conflito* e dos processos de identificação. A expressão "ordem anárquica" não deve ser lida como um oximoro: embora anarquia seja a negação de ordem, pode-se falar em ordem anárquica no mesmo sentido em que se pode falar em anarquia da produção no capitalismo, assim como se pode falar em paradoxo como regra. O *telespaço público* deixa para trás a pretensão latente do consenso para se abastecer de fluxos de conflitos. Não depende do entendimento, pode conviver com as polarizações (e até as prefere). Ao lado disso, em complemento a isso, produz agregações não com base em métodos racionais de argumentação, mas em identificações – aquelas mesmas identificações que são a "pré-história do complexo de Édipo".[144]

4. O quarto deslocamento vai na direção da *dominância do significante*, que se refere ao esvaziamento do significado em favor do *significante*. O sentido importa, mas é menos crucial que o significante. O *telespaço público* nasce historicamente por ação da hegemonia do sistema significante da *instância da imagem ao vivo*. O seu idioma universal é dado pela visualidade e pela discursividade imagética. Também por isso ele não resulta de nenhuma forma de consenso, não busca o consenso nem existe para o consenso. Nele, o consenso é apenas uma forma de simulação.

5. No seu quinto deslocamento consuma a *fragmentação sem perda de unidade*. O *telespaço público* não postula a unidade, ainda que exista como teia que se tece num todo. É fragmentável e fragmentado. Subdivide-se em incontáveis espaços públicos simultâneos, paralelos

---

[144] As identificações, nos termos de Freud, atropelam a consciência e a razão: estariam na "pré-história do complexo de Édipo" e seriam "a mais antiga ligação afetiva a uma outra pessoa". Na formação da subjetividade, o processo de identificação precede o estabelecimento do complexo de Édipo. Precede em dois sentidos: no primeiro, o ambiente comunicacional propício às identificações opera em moldes infantis, não adultos; no segundo sentido, uma sociedade prisioneira de relações baseadas apenas em identificações é anterior aos padrões de convivência de uma sociedade civilizada (FREUD, Sigmund. Capítulo VII: A identificação. In: FREUD, Sigmund. *Psicologia das massas e análise do eu e outros textos*. Tradução de Paulo César Souza. São Paulo: Companhia das Letras, 2011 (Edição digital [ePub]).

ou combinados, recortados do todo, cujos contornos se estendem da esfera íntima aos espaços globais. Ele se estilhaça em segmentos comunitários, em temas, em regiões geográficas, em crendices e, simultaneamente, interconecta a todos esses segmentos possíveis, potenciais ou realizados. Ver o seu todo só tem sentido para que se compreenda sua fragmentação essencial.

6. O sexto deslocamento, *a supressão das mediações e dos intermediários*, costura uma síntese obscura dos anteriores, nos quais está contido: o *telespaço público* chama para si a função de ligação entre Estado e sociedade, tornando prescindível (ou mesmo indesejável) a presença da esfera pública supostamente racional para suprir a intermediação. Em lugar disso, o que se estabelece não é mais uma intermediação racional, mas uma conexão direta que descarta a razão crítica e privilegia as identificações e o culto irracional de personalidades. A arena pública se converte num templo de mistificações. O volume incomensurável de crendices absurdas, de fantasias conspiratórias e de assertivas sem bases factuais que circulam no *telespaço público* não tem sustentação racional alguma, mas é perfeitamente consistente com a ligação das massas com o carisma, por meio das identificações que hoje dominam a comunicação entre Estado e sociedade.

SEGUNDA PARTE
O gerúndio como forma do tempo histórico

5
O lugar que não para no lugar[145]

A circulação por paradigma

O título do filme de Glauber Rocha, *Terra em transe* (1967), um clássico do Cinema Novo, bem que poderia se deixar suceder por uma variante: "Terra em trânsito". A crosta do globo terrestre é um emaranhado de estradas, ferrovias, rotas navais e linhas aéreas em forma de novelo de lã. No dia 30 de junho de 2018, o FlightRadar24, que rastreia voos em todo o mundo, registrou um recorde: em um único dia, foram contabilizadas nada menos que 202.157 decolagens em todos os países.[146] Somente o Aeroporto Hartsfield-Jackson, na cidade de Atlanta (Georgia, Estados Unidos), considerado o maior do mundo, recebe em média 2.500 voos diariamente. A cada ano, cerca de 103 milhões de passageiros transitam por ele. Outros 95 milhões cruzam os portões de embarque e desembarque no Aeroporto Internacional de Pequim, na China.[147]

---

[145] Este capítulo é baseado em artigo anterior do autor: BUCCI, Eugênio. Ubiquidade e instantaneidade no *telespaço público*: algum pensamento sobre a televisão. *Caligrama*, v. 2, n. 3, set.-dez. 2006.

[146] O serviço está disponível em Flightradar24.com (https://www.flightradar24.com/-23.7,-46.55/8).

[147] QUAIS OS MAIORES aeroportos do mundo?. *Blog da Maximilhas*, 19 ago. 2019.

Seres humanos nunca viajaram tanto. Alguns vão de ônibus, outros, a pé. Milhões embarcam em botes inseguros e enfrentam o risco de morrer para fugir da guerra, da fome, da peste. O mundo migra, nem que seja de joelhos. Em 2019, a ONU publicou um estudo sobre o aumento das migrações. Os migrantes, que eram 2,8% da população mundial no ano 2000, passaram a 3,5% em 2019. Estimativas da ONU projetaram um total de 272 milhões apenas nesse ano, num incremento de 51 milhões em relação ao que fora registrado em 2010.[148] Em 2019, a Europa recebeu a maior quantidade dessas pessoas (82 milhões). A América do Norte ficou em segundo lugar (59 milhões), seguida do norte da África e da Ásia Ocidental (49 milhões).

Há 18 milhões de indianos morando no exterior. O número pode não parecer tão expressivo quando comparado à população total da Índia, que é de 1,3 bilhão de pessoas, mas há povos proporcionalmente muito mais desterrados. Os mexicanos, por exemplo, com uma população de 126 milhões, ocupam o segundo posto de maior diáspora do mundo (perdendo apenas para os indianos): 12 milhões deles vivem fora do país.[149] A maior parte foi para os Estados Unidos, país com a maior quantidade de imigrantes no mundo (51 milhões). Em 2016, os norte-americanos elegeram para presidente o republicano Donald Trump, que prometeu erguer um muro de ponta a ponta, da costa oeste à costa leste dos Estados Unidos, para barrar o fluxo migratório dos mexicanos, mas, depois de eleito, não honrou a palavra dada. Em 2017, a quantidade de mexicanos tentando entrar nos Estados Unidos diminuiu, mas 412 deles morreram

---

[148] O "Inventário de Migração Internacional 2019", conjunto de dados divulgados pela Divisão de População do Departamento de Economia e Assuntos Sociais (Desa) da ONU, foi veiculado na internet, nos sites oficiais da ONU, como em: https://bit.ly/3aJZAsH. Acesso em: 27 abr. 2021.

[149] De acordo com o levantamento da ONU, depois dos indianos e dos mexicanos, vêm os chineses (com 11 milhões de migrantes pelo mundo), os russos (10 milhões) e os sírios (8 milhões).

nos arredores da fronteira dos Estados Unidos.[150] O número ficou 3% acima do registrado em 2016.

Nunca tantos migraram tanto. Nunca se viajou tanto, e não se trata apenas de gente: plantas, bichos, sementes e flores também viajam sem parar. Seres inanimados, idem. Nunca tantas mercadorias perambularam tanto de um lado para outro. Bens de consumo viajam. Perfumes, notebooks, garrafas de vinho, sacas de soja, barris de petróleo, canetas e fones de ouvido viajam. Armamentos e munições viajam. Entre 2014 e 2018, o volume do comércio internacional de armas pesadas superou em 7,8% o quinquênio anterior (2009-2013) e em 23% o período de 2004 a 2008.[151] O fluxo de bens e divisas teve forte crescimento em fins do século XX, até sofrer um baque na crise de 2008. Em 2020, com a pandemia da Covid-19, um novo revés se apresentou para o comércio internacional, mas o trânsito de mercadorias e de dinheiro seguirá, mesmo que por circuitos remodelados, num mapa-múndi rediagramado, com bloqueios políticos diferentes dos que temos agora.

Terra em trânsito. O planeta encolheu. Todos os lugares são rotas de passagem. As distâncias se encurtaram e as comunicações se aceleraram, com tecnologias que puseram qualquer um ao alcance de qualquer um: basta um clique ou, talvez, dois. Imagens, músicas, discursos, notícias, montanhas de dinheiro – tudo circula freneticamente. Vivemos numa outra espacialidade, isto é, os espaços sociais em que nos movemos se desfiam em teias entrelaçadas, em canais enredados, fazendo com que o projeto da modernidade assuma a aparência de escalada de malhas comunicativas,[152] pelas quais transitam corpos, coisas, imagens, palavras e moedas. Uma das muitas evidências desse

---

[150] FAUS, Joan. Crescem as mortes na fronteira entre EUA e México apesar da diminuição drástica de imigrantes. *El País*, 11 fev. 2018.

[151] Os dados são do Sipri, e estão disponíveis em: https://bit.ly/3evnIR0. Acesso em: 27 abr. 2021.

[152] "O signo por excelência da modernização parece ser a comunicação, a proliferação e a generalização dos meios impressos e eletrônicos de comunicação, articulados

fato elementar veio no início do século XXI, com a consagração econômica dos conglomerados dedicados às tecnologias da informação e ao fornecimento de aparatos e dispositivos para que pessoas e mercados se conectem entre si. Foi assim tanto no mundo dito capitalista como na China. As *big techs* chinesas são gigantes equiparáveis às suas concorrentes ocidentais.[153] Do lado dito capitalista, esses conglomerados que se tornaram as empresas mais valiosas de todos os tempos realizam a vocação da modernidade: troca, expansão e comunicação.

O que flana é o que é

Os espaços sociais deixaram de ser encerrados em si mesmos e tiveram que se voltar para fora – ou definharam, como observou por antecipação o sociólogo brasileiro Renato Ortiz. O mais notável é que Ortiz viu isso olhando o passado, não o futuro. Ele assinalou que os sistemas de comunicação como o telégrafo, o telefone, as ferrovias e as agências de notícias foram o estopim para que o espaço passasse a ser "concebido como uma malha, uma rede de interconexões".[154] O campo deixou de ser um universo à parte, autossuficiente, para atrelar-se ao urbano – a ponto de hoje o agronegócio se vangloriar de ser chamado de "indústria", o que, de fato, é. A cidade aposentou seu velho muro medieval, que se reduziu a uma peça de paisagismo turístico. Os sujeitos deixaram de ser definidos a partir do lugar de nascimento. A antiga concretude geográfica e física das arenas e dos

---

em teias multimídias alcançando todo o mundo" (IANNI, Octavio. *Teorias da globalização*. 5. ed. Rio de Janeiro: Civilização Brasileira, 1998. p. 93).

[153] Elas mais que dobraram entre 2009 e 2014, e, em 2020, havia nove companhias chinesas entre as 20 gigantes de tecnologia do mundo. Ver: ROSS, Sean. The 5 Biggest Chinese Software Companies. *Investopedia*, 25 fev. 2020.

[154] Ver: ORTIZ, Renato. *Cultura e modernidade: a França no século XIX*. São Paulo: Brasiliense, 1991, p. 204. O autor também diz que o espaço se viu "esvaziado de sua materialidade" para reaparecer, depois, "definido em relação a outros espaços", e não mais definido em relação a si mesmo (p. 209).

fóruns sociais se esvaneceu, o que inspirou dois jovens, Karl Marx, de 30 anos de idade, e Friedrich Engels, de 28, a cunharem, em 1848, uma frase que correria o mundo (pois as frases também tinham aprendido a circular): "Tudo o que é sólido desmancha no ar".[155]

A partir do século XIX, escreve Renato Ortiz, os espaços que ainda eram "voltados sobre si mesmos", com limites impermeáveis, tiveram de se render ao intercâmbio. As linhas divisórias pétreas se desfizeram, ainda que gradual e lentamente. O princípio da circulação passou a valer como "um elemento estruturante da modernidade que emerge no século XIX".[156] O que antes era fixo começou a transitar. A mobilidade se fez regra.

Assim, olhando para o passado, Renato Ortiz viu a tendência embrionária que dissolveria os espaços fixos em malhas de circulação. Um ícone dessa transição monumental foram os *grands magasins*, que irromperam na cena urbana do século XIX e se consolidaram no início do século XX, com um estilo sedutor de ofertar mercadorias pelas vitrines assediando os passantes aligeirados. É verdade que, desde as grandes navegações do século XV e XVI, o paradigma da circulação já imperava. Os deslocamentos das especiarias e, depois, o intenso tráfico de escravizados pelo Atlântico deram o tom de uma era que se tecia pelo movimento e *apenas* pelo movimento.

Em terra firme foi a mesma coisa, com as estradas alongando a geografia em corredores de acesso. Mas, sem desmerecer nada disso, o maior ícone da transição – a transição para o trânsito –, mais que as caravelas e as carruagens, são os *grands magasins*. O moderno estava ali e, ao mesmo tempo, não estava: estava ali exatamente porque não se deixava fixar ali. Desfilando pelas vielas emolduradas de vitrines luminosas, insurge-se a figura do *flâneur*, aquele que não pertencia a nenhum dos universos entre os quais se esgueirava esquivo,

---

[155] MARX, Karl; ENGELS, Friedrich. *O manifesto comunista*. Tradução de Maria Lúcia Como. Rio de Janeiro: Paz e Terra, 1996, p. 14. (Coleção Leitura.)

[156] ORTIZ, Renato. *Cultura e modernidade: a França no século XIX*, p. 195.

embora altivo. Num texto célebre, Walter Benjamin comenta: "O *flâneur* ainda está no limiar tanto da cidade grande quanto da classe burguesa. Nenhuma delas ainda o subjugou. Em nenhuma delas se sente em casa".[157]

O moderno não perdoou quem não o compreendeu como ambiguidade, como deslizamento, como a luz que só se acende quando se move: *eppur si muove*. O *flâneur*, como diz seu apelido, flana: é o forasteiro fugidio cruzando um cenário como se fosse "de casa". "Tudo para mim se torna alegoria", escreverá Charles Baudelaire. O *flâneur* é o transeunte atravessando as paredes imaginárias numa decoração em que, para Benjamin, "a arte se põe a serviço do comerciante".[158]

Assim mesmo. A arte viu na modernidade sua chance de emancipação, mas, em vez de radicalizá-la, escolheu circular, ela também, a serviço do comércio. As vitrines bebem da arte até engoli-la para cortejar aquele que caminha na direção de ser moderno. "Na galeria, cada clarão é como um dia depois de outro dia", cantou, já no entardecer do século XX, o poeta brasileiro Chico Buarque de Hollanda, na canção "Vitrines". Eis o moderno, mesmo quando envelhecido: o sujeito passageiro vendo sua "sombra a se multiplicar", os olhos vidrados refletindo as vitrines que o veem passar. O moderno é a imagem da mercadoria a devorar a alma do sujeito.

Nos anos 1940, Theodor Adorno e Max Horkheimer, expoentes da Escola de Frankfurt, descobriram uma das leis supremas da indústria cultural: "[...] a publicidade converte-se na arte pura e simplesmente".[159] As revistas coloridas, as edições festivas dos jornais dominicais e, depois, as emissoras de rádio e o cinema aprenderam a entreter para

---

[157] BENJAMIN, Walter. Paris, capital do século XXI. In: KOTHE, Flávio R. (Org.). *Walter Benjamin*. São Paulo: Ática, 1985, p. 39. (Coleção Grandes Cientistas Sociais).

[158] *Idem*, p. 31.

[159] ADORNO, Theodor W.; HORKHEIMER, Max. A indústria cultural: o esclarecimento como mistificação das massas. In: ADORNO, Theodor W.; HORKHEIMER, Max. *Dialética do esclarecimento: fragmentos filosóficos*.

vender e a vender para entreter. Mais do que oferta sortida de diversões, o entretenimento é comércio circulante de olhar e de imagens tentadoras. As naturezas mortas das vitrines ganharam velocidade. Com a invenção da tela eletrônica, as galerias aprenderam a flanar por si mesmas e partiram atrás dos consumidores enfurnados em suas solidões. As galerias do século XIX, virtualizadas para o século XXI, circulam diante do *flâneur* anônimo, agora paralisado.

O espaço se tornou movimento. Os lugares produzidos pela memória coletiva, como a terra natal e as fortalezas sagradas, servem agora, quando muito, como cenários. A nova espacialidade perpassou os lugares identitários e os contornos da identidade nacional.[160] Depois de imprimir sua marca sobre a fisionomia das nações, a modernidade suplantou as fronteiras. Primeiro deu forma (ou novo fôlego) aos símbolos da nacionalidade, mas logo depois tratou de relativizá-los, abrindo a estrada para "um tipo de civilização" assentado não em culturas nacionais, mas "numa cultura mundial".[161]

Mas que "cultura mundial" seria essa? Para Ortiz, a resposta é uma só: a cultura do consumo. Para outros autores, a cultura do consumismo entroniza os *faits divers* e os sentimentalismos mais afetados da vida privada como balizas para os dilemas da vida pública.[162] A política se

---

Tradução de Guido Antonio de Almeida. Rio de Janeiro: Jorge Zahar Editor, 1985. p. 152.

[160] ORTIZ, Renato. *Cultura e modernidade: a França no século XIX*, p. 191.

[161] *Idem*, p. 245.

[162] Sobre a cultura do consumo, o filósofo francês Roger Garaudy argumenta que o planeta tem como denominador comum o "monoteísmo do mercado" (GARAUDY, Roger. *Rumo a uma guerra santa?*. Rio de Janeiro: Jorge Zahar Editor, 1995, p. 159). O sociólogo norte-americano Richard Sennet vê nessa cultura uma "tirania da intimidade", uma feira de futilidades, ou seja, uma tematização obsessiva dos sentimentos, dos aspectos que melodramatizam a realidade, de tal sorte que "vemos a sociedade mesma como 'significativa' somente quando a convertemos num grande sistema psíquico" (SENNETT, Richard. *O declínio do homem público*. Tradução de Lygia Araújo Watanabe. São Paulo: Companhia das Letras, 1995, p. 17).

viu capturada por uma narrativa melodramática, como num folhetim de mau gosto, no embalo do sensacionalismo e do *yellow journalism* (termo que no Brasil foi traduzido para "imprensa marrom").

Já no final do século XIX se evidenciavam as narrativas lacrimosas ou irascíveis, próprias das diversões privadas, que dominariam o debate público. Enquanto o valor da impessoalidade ainda estava em construção no interior do Estado moderno, as massas fascinadas pela escatologia e pela sensualidade do cinema demandavam da política que bailasse conforme o diapasão de uma ópera popularesca – e, mais tarde, de um *reality show* de televisão.[163] À medida que se deixou dominar pela vulgaridade bolinadora do entretenimento, a modernidade ficou bufa, televisual, além de cafona.

Tem sido mais ou menos assim até hoje. As questões de interesse público são o prolongamento das paixões baixas da vida íntima. Interpelado como consumidor, o cidadão não atua como instância crítica independente e racional ou como fonte do poder – é convocado como *plateia*. O *telespaço público*, distanciado do ideal iluminista da opinião pública, faz lembrar as vitrines que emolduravam o circuito errante do *flâneur*, oferecendo ao público "todos os objetos produzidos necessários à existência".[164] Tornada um item a mais no cardápio

---

[163] O caso brasileiro, como foi registrado no Capítulo 1, entrou para a história das comunicações como uma demonstração empírica irrefutável de que, por meio da televisão e do entretenimento, a cultura do consumo conduziu a integração da nacionalidade, com todas as condicionantes éticas e estéticas que o meio implicava. A espacialidade voltada para o consumo distorceu e ainda distorce a conformação do espaço social da nacionalidade, concorrendo para privatizá-la. Ver, sobre o caso brasileiro: BOLAÑO, César. A reforma das telecomunicações no governo FHC. *Revista Universidade e Sociedade*, Andes (Associação Nacional dos Docentes do Ensino Superior), ano 8, n. 15, p. 29, fev. 1998: "A televisão adquire cada vez mais um papel preponderante na organização do consenso e na expansão da sociedade de consumo. A tendência atual nessa área é a do aumento da segmentação do público e a da construção de uma nova esfera pública privatizada".

[164] ORTIZ, Renato. *Cultura e modernidade*, p. 246, citando JARRY, P. *Les magasins de nouveautés*, p. 28.

do entretenimento, a política se presta à idolatria ou ao repúdio; os rituais coletivos de hostilização da política e dos políticos são algumas das formas de consumo da política.

Enfim, a modernidade se refez em "sociedade de consumo", o que nos trouxe outra ordem de indagações. No dizer do sociólogo argentino Néstor García Canclini, ainda que sem um viés crítico mais contundente, "consumir é tornar mais inteligível um mundo onde o sólido se evapora".[165]

> Homens e mulheres percebem que muitas das perguntas próprias dos cidadãos – a que lugar pertenço e que direitos isso me dá, como posso me informar, quem representa meus interesses – recebem suas respostas mais através do consumo privado de bens e dos meios de comunicação de massa do que das regras abstratas da democracia ou pela participação coletiva em espaços públicos.[166]

Mas será que as relações de consumo, substituindo as relações próprias da cidadania, resolvem os impasses da política e das relações entre a sociedade e o Estado? Canclini não confronta o consumo, mas apresenta um diagnóstico afiado de um cenário complexo, que admite perguntas e respostas múltiplas. Também graças a Canclini, percebemos que os cânones privados do consumo vieram para formatar a espacialidade, que, mais do que fazer andar, anda.

Da modernidade bufa à supermodernidade

Enfim, a natureza do espaço se alterou em definitivo. Os lugares de outra era, carregados de ancestralidades, ou se rendem à economia de ponto turístico ou escoam para o desaparecimento. Aldeias indígenas, cidadezinhas e sítios sagrados de religiões não hegemônicas

---

[165] CANCLINI, Néstor García. *Consumidores e cidadãos, conflitos multiculturais da globalização*. Rio de Janeiro: Editora UFRJ, 1995, p. 59.

[166] *Idem*, p. 30.

vão murchando. Povos são desterritorializados. Os novos espaços são rotas de passagem.

Como definir esses espaços? A pergunta não é simples, nem amigável. O único itinerário possível para uma resposta nos leva a pensar pela negativa: da mesma forma que o tempo da *instância da imagem ao vivo* tende a ser o tempo zero (em prol da instantaneidade), e que a distância tende a ser abreviada (em prol da ubiquidade), os lugares sociais não podem mais ser entendidos como históricos ou identitários.

O antropólogo francês Marc Augé captou a mudança de registro espacial. Depois de analisar a proliferação dos espaços destinados à passagem, que se reproduzem como pragas, ele formulou um conceito também paradoxal: o "não lugar". Para Augé, a modernidade acentuou de tal maneira o trânsito – de pessoas, de dinheiro, de mercadorias, de flores, de armamentos, de relatos e de imagens – que se converteu em uma era de superlativos históricos. Ele afirma que a modernidade, tomada pelos não lugares em cascata, deve ser chamada de "supermodernidade".

A categoria da "supermodernidade" despista inteligentemente as controvérsias acerca da "pós-modernidade". Augé não entra na polêmica. Diz apenas que a "supermodernidade" constitui "o lado 'cara' de uma moeda da qual a pós-modernidade só nos apresenta o lado 'coroa' – o positivo de um negativo".[167] Se o conceito de pós-modernidade apontou características mais estéticas e um tanto superficiais da transição social e histórica, o conceito de "supermodernidade" ilumina os fundamentos estruturais por detrás das aparências. É uma ideia essencial.

A "supermodernidade" se define pelos "excessos" ou pelas "superabundâncias", que são de três tipos: a "superabundância factual", a "superabundância espacial" e a "individualização das referências". A primeira, a "superabundância factual", aparece como consequência da aceleração da história, "que [*agora*] nos segue como nossa sombra,

---

[167] AUGÉ, Marc. *Não lugares: introdução a uma antropologia da supermodernidade*. Tradução de Maria Lúcia Pereira. Campinas: Papirus, 1994. p. 33.

como a morte",[168] com eventos que se multiplicam numa escala jamais vista ou prevista.[169] Os acontecimentos históricos jorram em profusão e, em seguida, empacotados nos relatos e nas representações dos meios de comunicação, dão origem a memórias instantâneas, hiperpresentes e multicoloridas. Os fatos em ebulição se abrem para o consumo, em superabundância: "A supermodernidade faz do antigo (da história) um espetáculo específico".[170]

Depois, quando não dão mais audiência, os tais fatos históricos retumbantes, produzidos em série, caem no esquecimento como lixo reciclável, enquanto novas ofertas de novos eventos ainda mais retumbantes ocupam seus vazios. A superabundância factual não tem compromisso com a permanência – sua vigência é, por definição, passageira.

O segundo "excesso" da supermodernidade, a "superabundância espacial", deriva do encolhimento do globo terrestre. As regiões remotas ficam ao alcance da mão, de um voo, de um clique. "Estamos na era das mudanças de escala, no que diz respeito à conquista espacial, é claro, mas também em terra: os meios de transporte rápidos põem qualquer capital no máximo a algumas horas de qualquer outra."[171]

Embora Augé não se dedique a interpretar o fluxo do capital, a associação é direta: se há um trânsito para o qual as distâncias já foram reduzidas a zero faz tempo, esse trânsito é precisamente o do capital, que, como o entretenimento, as informações e as imagens, corre o mundo em velocidades estonteantes. Augé registra, com razão, que o mundo inteiro passa a caber dentro da privacidade de cada um, e que o todo homogêneo é também um todo fragmentado (o que corresponde literalmente à natureza do *telespaço público*). Diz o antropólogo:

---

[168] *Idem*, p. 30.

[169] *Idem*, p. 31.

[170] *Idem*, p. 101.

[171] *Idem*, p. 34.

> É preciso constatar que se misturam diariamente nas telas do planeta as imagens da informação, da publicidade e da ficção, cujo trabalho e cuja finalidade não são idênticos, pelo menos em princípio, mas que compõem, debaixo de nossos olhos, um universo relativamente homogêneo em sua diversidade.[172]

Esse traço singular da "supermodernidade", que diferencia para homogeneizar, nos conduz ao terceiro "excesso": a "individualização de referências". Os gêneros e estilos culturais pipocam em constelações multifacetadas de opções para o lazer, o deleite, a ambição ou a religiosidade do freguês. Modos de vida variados se oferecem como se fossem modelos de bonés. A "individualização de referências" gera a "superabundância" de atrações. Desse modo, com a mesma intensidade que fragmenta as referências, a "individualização de referências" fortalece a coesão do todo.

"Nas sociedades ocidentais, pelo menos, o indivíduo se crê mundo", diz Augé.[173] Tudo aparentemente pode ser "individualizado", porque se vende como personalizado, feito sob medida para a fantasia de cada um dos bilhões de clientes. As individualizações formatam maneiras de se portar no meio da rua, de organizar a tela do computador pessoal, de professar uma fé, de providenciar uma identidade íntima (sexual ou não). Não obstante, as individualidades nunca estiveram tão interconectadas e tão dependentes do mesmo sistema. A "individualização de referências" acena a cada um com uma diversidade virtualmente infinita de opções, mas a homogeneidade indivisível não se quebra. As referências superabundantes são como produtos hiperdiversificados dispostos nas gôndolas de um supermercado imenso: as mercadorias são de tipos incontáveis, suas diferenças podem fazer delas peças únicas, singulares, mas, na função que desempenham, são homólogas umas das outras; o supermercado que as abriga e as oferece é um só, é sempre o mesmo.

---

[172] *Ibidem.*

[173] AUGÉ, Marc. *Não lugares: introdução a uma antropologia da supermodernidade*, p. 39.

> A individualização dos procedimentos, observemos, nem é tão surpreendente". [...] Nunca as histórias individuais foram tão explicitamente referidas pela história coletiva, mas nunca também os pontos de identificação coletiva foram tão flutuantes. A produção individual de sentido é, portanto, mais do que nunca, necessária.[174]

A tal "produção individual" é necessária para que exista um horizonte de justificação pessoal para as existências individuais. Acima disso, é necessária porque são as "produções individuais de sentido" que reafirmam o todo que, no entanto, não se comove com individualidade alguma. Só o indivíduo liga para si, só o indivíduo cercado de indiferenças. Sua produção individual de sentido é a única forma de que dispõe para se acoplar ao todo. O indivíduo transforma em melodrama (privado) sua relação com os demais. E assim produz seu sentido irrelevante dentro do todo homogêneo.

As "singularidades de toda ordem", de acordo com Augé, "constituem o contraponto paradoxal dos processos de relacionamento".[175] As "individualizações" e "singularidades" autorizam as narrativas individuais para, logo à frente, se transfigurarem na senha para sujeitar a cada um. A cultura mundial seria produzida de diferenças, nem tão tênues que se tornem invisíveis, nem tão profundas que desfaçam a unidade dada pelo consumo.

Nesse ponto, o conceito de "supermodernidade" lembra o de "capitalismo superindustrial", desenvolvido por Fernando Haddad. Os dois conceitos se referem a um patamar inédito de inovação técnica e de concentração de capital. Para Haddad, o "capitalismo superindustrial" tem a ver com "a emergência da superindústria capitalista, entendida como aquela que internaliza o processo de inovação tecnológica, que,

---

[174] *Ibidem.*

[175] Augé acusa também as sequências de "deslocalização muito rapidamente reduzidas e resumidas, às vezes, por expressões como 'homogeneização – ou mundialização – da cultura'" (AUGÉ, Marc. *Não lugares: introdução a uma antropologia da supermodernidade*, p. 41).

finalmente, exponencia o desenvolvimento das forças produtivas numa escala nunca imaginada".[176] Augé e Haddad não se filiam aos mesmos marcos teóricos, mas nos dão notícias, com exatidão, do mesmíssimo instante do capitalismo.

Não lugar

Dentro das "superabundâncias" da "supermodernidade", o "não lugar" seria um espaço que não é ponto de fixação de uma cultura, embora seja um espaço aberto, e mesmo convidativo, para a afluência de pessoas. O "não lugar", segundo Augé, nasce em oposição à "noção sociológica de lugar, associada por Marcel Mauss e por toda uma tradição etnológica àquela de cultura localizada no tempo e no espaço". Em mais detalhes,

> Os não lugares são tanto as instalações necessárias à circulação acelerada das pessoas e bens (vias expressas, trevos rodoviários, aeroportos) quanto os próprios meios de transporte ou os grandes *shopping centers*, ou ainda os campos de trânsito prolongado onde estão estacionados os refugiados do planeta.[177]

O "não lugar", por fim, é a rota de passagem, a trilha da circulação cristalizada em um espaço de não permanência: a sala de embarque no aeroporto, o interior do avião, a maternidade, as estradas, as edificações ao lado de cemitérios para sediar velórios. No "não lugar" não pode se dar o enraizamento do sujeito, pois lá não estão os rastros simbólicos de seus antepassados ou a história que encarna sua memória. O "não lugar" não guarda identidades. "Se um lugar pode se definir como identitário, relacional e histórico, um espaço que não pode se definir

---

[176] HADDAD, Fernando. *Em defesa do socialismo*. Petrópolis: Vozes, 1998. p. 28. (Coleção Zero à Esquerda.)

[177] AUGÉ, Marc. *Não lugares: introdução a uma antropologia da supermodernidade*, p. 37.

nem como identitário, nem como relacional, nem como histórico definirá um não lugar".[178]

Os não lugares da supermodernidade priorizam a circulação como a cartilagem do espaço, em oposição à desmaterialização dos espaços identitários convencionais, pulverizados já na modernidade. Se o lugar moderno é aquele que se volta para a circulação, o lugar não histórico, não identitário e não relacional é o lugar que instaura a supermodernidade como pura circulação, sem mais pontos de partida ou de chegada.

> A supermodernidade é produtora de não lugares, isto é, de espaços que não são em si lugares antropológicos e que [...] não integram os lugares antigos: estes, repertoriados, classificados e promovidos a "lugares de memória" [museus, parques, sítios históricos, patrimônios culturais etc.], ocupam aí um lugar circunscrito e específico. Um mundo onde se nasce numa clínica e se morre num hospital, onde se multiplicam [...] os pontos de trânsito e as ocupações provisórias, onde se desenvolve uma rede cercada de meios de transporte que são também espaços habitados [...] propõe ao antropólogo, como aos outros, um objeto novo.[179]

O objeto novo são os "não lugares": as estações ferroviárias, os caixas automáticos, as ruas, os hotéis internacionais, as cidades-satélites, ou mesmo quase tudo.[180] São esses, em princípio, os nós espaciais. Não há como mover-se na "supermodernidade" de Augé sem escorrer pelos "não lugares" e *para* os não lugares. Assim, essa ideia de Augé reforça o conceito de *telespaço público*.

Ao pensar a espacialidade contemporânea, é preciso admitir, mais que a presença dos "não lugares", a emergência da condição de "não

---

[178] *Idem*, p. 73.

[179] *Idem*, p. 73 e 74.

[180] Augé diz que eles "medeiam todo um conjunto de relações [do indivíduo] consigo e com os outros" (AUGÉ, Marc. *Não lugares: introdução a uma antropologia da supermodernidade*, p. 97).

lugar" no interior de cada lugar convencional. "Na realidade concreta do mundo de hoje, os lugares e os espaços, os lugares e os não lugares misturam-se, interpenetram-se. A possibilidade do não lugar nunca está ausente de qualquer lugar que seja".[181]

A mobilidade, a circulação e as redes de comunicação reclamam a condição de "não lugar". Uma agência bancária, física ou virtual, pode ser um lugar de trabalho para alguns, mas será um "não lugar" para o cliente. Lugar e não lugar se combinam na nova espacialidade. "O lugar e o não lugar são, antes, polaridades fugidias: o primeiro nunca é completamente apagado e o segundo nunca se realiza totalmente – palimpsestos em que se reinscreve, sem cessar, o jogo embaralhado da identidade e da relação. Os não lugares, contudo, são a medida da época".[182]

O não lugar da tela digital

No "não lugar", onde a tradição e a ancestralidade silenciam, só a *imagem fala, mas fala na língua da mercadoria*. Antes de tudo, a imagem precisa falar para dar conta do tráfego e suplantar as fronteiras idiomáticas, que vão se tornando fronteiras obsoletas. Infográficos, sinais visuais para os passantes (*flâneurs* proletarizados), direcionam o fluxo nos "não lugares": uma linguagem não linguística. Antes, quando o fluxo para fora era o destino do excedente social, a fala da imagem era desnecessária. Agora, quando o fluxo é o único "princípio estruturante" do espaço e tudo só existe quando circula, é vital. A imagem fala e, falando, se move. Logo, a mercadoria se reveste da qualidade de imagem para circular e realizar seu valor com mais rapidez. No *telespaço público*, a substância corpórea da mercadoria é um aspecto secundário: a imagem é sua substância real e circulante.

Se há um objeto ao qual a condição de "não lugar" se aplica exata e justa, como luva, esse objeto são os lugares digitais e virtuais: *sites*,

---

[181] *Idem*, p. 98.
[182] *Idem*, p. 74.

programas de computador, canais interativos de TV por assinatura, plataformas sociais, aplicativos de celular e telepresenças em geral. As instituições midiáticas, nas quais a comunicação é organizada a partir das imagens que falam, são o "não lugar", por excelência. O âncora do telejornal está em toda parte, a tal "nuvem" onde são armazenados os arquivos digitais de toda gente é acessível a qualquer lugar do planeta.

Trazido para as Ciências da Comunicação, o conceito de Marc Augé adquire uma envergadura mais envolvente do que aquela que tinha na antropologia. Aplicado às mídias digitais, o "não lugar" se reveste da dimensão de uma categoria central: não se trata apenas do vaso comunicante entre um cliente e um serviço, entre uma cidade e outra, mas da própria perenização do trânsito. A televisão, desde seu surgimento, em meados do século XX, já se punha como um campo de passagem, com sua janela que simulava a transparência perfeita – aparentemente sem lentes, sem filtros, sem chips e sem transistores – entre o telespectador e o mundo, sobreposta aos lugares e assuntos que toma por objeto, um lugar de passagem pelo qual ela transita sem se fixar. Agora, com as mídias digitais, o "não lugar" digital se tornou ainda mais ubíquo e mais instantâneo, mais homogêneo e totalizante.[183]

---

[183] Ver, a esse propósito: CHAUI, Marilena. *Conformismo e resistência*. 3. ed. São Paulo: Brasiliense, 1989. p. 31. Citando Claude Lefort, a autora lembra que a comunicação de massa "cria um espaço social *sui generis* porque substitui o espaço social concreto, feito de divisões, diferenças, interditos e limitações, por um espaço homogêneo e transparente, aberto a todos e no qual os indivíduos privatizados e isolados ganham a ilusão de pertencer a uma comunidade". Ver também, em KEHL, Maria Rita. Eu vi um Brasil na TV. In: KEHL, Maria Rita; COSTA, Alcir Henrique; SIMÕES, Inimá (Orgs.). *Um país no ar*, p. 170: "Essas imagens únicas que percorrem simultaneamente um país tão dividido como o Brasil contribuem para transformá-lo em um arremedo de nação, cuja população, unificada não enquanto 'povo' mas enquanto público [aqui no sentido de plateia, de audiência], articula uma mesma linguagem segundo uma mesma sintaxe. O conteúdo dessa linguagem importa menos que seu papel unificador, uniformizador: a integração se dá ao nível do imaginário".

Num mundo em que a mídia, na expressão de Octavio Ianni, consegue "transfigurar o real em virtual da mesma maneira que o virtual em real",[184] as promessas de divertimento anunciadas pela imagem eletrônica se concretizam em cenários interativos de concreto, aço, vidro, asfalto e até de plantas e animais (humanos, inclusive), que se comportam como "não lugares": os locais de lazer hiperativo, como os parques da Disney, são "não lugares" esculpidos pela descomunal impressora 3D do entretenimento, a partir de sedimentações de imagens arrancadas de telas eletrônicas. Nos parques temáticos, exatamente como no "não lugar" de Augé, "o espaço da supermodernidade só trata com indivíduos (clientes, passageiros, usuários, ouvintes), mas eles só são identificados, socializados e localizados (nome, profissão, local de nascimento, endereço) na entrada ou na saída".[185]

"A Nova Ordem Mundial é disneyca", disse uma vez o filósofo francês Jean Baudrillard. Ele sugere que o mundo se apresenta como cenários sobrepostos, uma espécie de disneylândia sem fronteiras, em que a realidade, poderíamos dizer, é uma forma de fingimento cenográfico. Baudrillard escreve:

> O virtual compra o real a preço baixo e o expele, tal qual, em forma de *prêt-à-porter*. [...] A própria realidade, o próprio mundo, com toda a sua atividade frenética de clones, já se transformou em performance interativa, em uma espécie de Luna Park das ideologias, das técnicas, do saber e até mesmo da destruição – tudo isso para ser clonado e ressuscitado num museu infantil da imaginação, num museu virtual da imaginação.[186]

A distinção entre o que é corpóreo e o que é virtual também "desmancha no ar". Ambos se alternam – a tal ponto que o próprio

---

[184] IANNI, Octavio. *Teorias da globalização*, p. 109.

[185] AUGÉ, Marc. *Não lugares: introdução a uma antropologia da supermodernidade*, p. 101.

[186] BAUDRILLARD, Jean. A Disney World ilimitada. Texto especial para o *Libération*, publicado no caderno Mais! da *Folha de S.Paulo* em 9 fev. 97.

tempo histórico entra em suspensão. "Assaltado pelas imagens que difundem, de maneira superabundante, as instituições do comércio, dos transportes ou da venda, o passageiro dos não lugares faz a experiência simultânea do presente perpétuo e do encontro de si."[187]

Presente perpétuo. Eis a senha para entendermos como o *telespaço público*, assim como alterou em definitivo a espacialidade, subverteu tudo o que sabíamos sobre o tempo.

---

[187] AUGÉ, Marc. *Não lugares: introdução a uma antropologia da supermodernidade*, p. 96.

6
O tempo que não tem tempo[188]

Medida de distâncias, do dinheiro e da vida

"Muita água ainda vai rolar por baixo dessa ponte." Esse vaticínio – uma frase feita – não se refere a um fenômeno fluvial, mas aos dias e às décadas que ainda hão de vir. A correnteza, seja a dos riachos anônimos, seja a dos leitos amazônicos, é uma das metáforas mais usadas para indicar a passagem dos anos, os tais que não voltam mais. Trata-se de um lugar-comum.

Trata-se, melhor dizendo, de um antigo lugar-comum. Heráclito de Éfeso, o filósofo grego, dizia que "não se pode jamais tomar banho duas vezes no mesmo rio", pois as águas do rio, assim como tudo mais, estão sempre mudando.[189] O rio pode estar lá, no mesmo lugar, mas suas águas serão outras e, dessa forma, o rio também será diferente. Heráclito acreditava na mudança perpétua dos seres e das

---

[188] Este capítulo é baseado em um ensaio publicado anteriormente por seu autor: BUCCI, Eugênio. Álbum de família: meu pai, meus irmãos e o tempo. In: MAMMI, Lorenzo; SCHWARCZ, Lilia Moritz (Orgs.). *Oito vezes fotografia*. São Paulo: Companhia das Letras, 2008. p. 69-88.

[189] A citação de Heráclito está em WHITROW, Gerald James. *O tempo na história*. Tradução de Maria Luiza X. de A Borges. Rio de Janeiro: Jorge Zahar Editor, 1993, p. 53.

coisas, inclusive dos cursos d'água: tudo se transforma no passar dos dias. Somos mutantes na correnteza da vida. Tudo muda, menos essa metáfora: ela tem sido a mesma, desde águas imemoriais, tendo socorrido inclusive o filósofo pré-socrático que quis falar sobre o fluir dos milênios.

Os astros que se movem no céu também nos servem de metáfora. Mais ainda, servem de medida. Pela sucessão das luas, os povos marcam e às vezes numeram a passagem dos eventos, das experiências pessoais, das lembranças coletivas e das biografias. As estações do ano ou os ciclos de chuvas (as águas, novamente) são outros marcadores.

Usamos referências do espaço – na água (existem também as marés), no céu e na terra – para tatear o tempo. Na linguagem cotidiana, as grandezas espaciais nos ajudam a vislumbrá-lo. São comuns as analogias entre as distâncias físicas, palmilháveis, e essa entidade imaterial e impalpável que é o tempo. Com frequência, ouvimos que três minutos de caminhada separam um lugar do outro: o hotel do restaurante mais próximo, por exemplo. Três minutos é um intervalo temporal, mas três minutos de caminhada é uma medida de espaço, do mesmo modo que um milhão de anos-luz também é uma medida de espaço.

Pode, também, acontecer o inverso: às vezes, a dimensão do espaço é invocada para nos dar uma medida temporal. Pelo comprimento e pelos ângulos da sombra que um relógio de sol projeta no pátio, que desenha marcas espaciais sobre o chão plano, podemos aferir a indicação precisa do horário. Daí ser tão comum que alguém diga que um determinado evento transcorreu dentro de um "*espaço* de tempo", dando à palavra "espaço" o sentido de "ínterim".

Filólogos costumam implicar com a expressão "espaço de tempo". Com essa implicância, perdem seu tempo e seu espaço. Os reiterados paralelos que a fala de todo dia costura entre tempo e espaço não são absurdos. Ao contrário, guardam um sentido profundo e bastante lógico. Intuitivamente, tendemos a conceber o fluxo no qual nascemos e morremos como um tipo de movimento. Pode ser qualquer movimento, em qualquer espaço, seja no céu, na paisagem terrestre, no nosso corpo, ou mesmo na alma ou, ainda, em algum outro lugar que a gente não sabe onde fica. Isso não tem nada de irracional. Vendo as plantas florirem, presenciando a obsolescência das ideias e das coisas, nós sentimos que existiria, por trás de tudo nesse mundo, um deslizamento que não cessa, que nada pode deter, que segue impassível em um plano misterioso, além do nosso alcance, e que, mesmo assim, mesmo de longe, afeta diretamente o que nos cerca e o que somos.

Só o que se pode fazer quanto a isso é criar aparelhos que simulem um fluxo uniforme, constante, retilíneo, linear e regular – como a areia que escorre por um vão na rocha, as sombras sobre o chão ou um pêndulo bem dependurado. Quantificando deslocamentos na dimensão do espaço, inferimos e numeramos a passagem do tempo. Diferentes civilizações confeccionaram diferentes utensílios que, com suas cadências terrenas, deram conta de medir essa dimensão que nos alcança como se fosse absoluta. Foi assim que nasceram a ampulheta e o relógio mecânico.

Aristóteles sabia que essa "sucessão" só pode ser pensada "na medida em que é numerada".[190] Se não for medida, ainda que rudimentarmente, não haverá "sucessão" alguma. Basta ver que a palavra "tempo" deriva de uma raiz indo-europeia, "di" ou "dai", que pode ter o sentido de "dividir".[191] Nas concepções mais usuais, o conceito continua relacionado a alguma forma de contagem, nem que seja apenas aquela miseravelmente cíclica (as chuvas, as luas, os sóis). Essa medida – que, nas mitologias pode ser representada por deuses

---

[190] E "nada podia ser numerado a menos que houvesse alguém para fazer a conta", comenta o historiador da ciência britânico Gerald James Whitrow em *O tempo na história*, p. 65. Com efeito, na *Física*, de Aristóteles (219a), encontramos páginas seminais de considerações acerca do tempo, a que o filósofo associa sempre o movimento. Mesmo quando estamos em repouso, ele diz, existe o "movimento na alma", de forma que o tempo segue passando. O próprio Aristóteles se dá conta desses espelhamentos entre tempo e espaço, quando diz: "Não só medimos o movimento pelo tempo, como também o tempo pelo movimento, pois ambos se delimitam entre si" (220b).

[191] ROVELLI, Carlo. *A ordem do tempo*. Tradução de Silvana Cobucci Leite. Rio de Janeiro: Objetiva. 2018. p. 53.

como Chronos ou Kairós –, quando chega ao capitalismo, passa a ser representada por dinheiro – este, como o equivalente geral de todas as mercadorias, pode medir todas as coisas. O chavão "tempo é dinheiro" sinaliza que o tempo também é um equivalente geral. Perder tempo é igual a perder dinheiro.

Numa fala que se tornou célebre, o crítico literário brasileiro Antonio Candido se rebelou contra a equivalência capitalista. Em 2006, durante a inauguração de uma biblioteca ligada ao MST (Movimento dos Trabalhadores Rurais Sem Terra), na cidade paulista de Guararema, ele proferiu seu protesto magistral:

> Acho que uma das coisas mais sinistras da história da civilização ocidental é o famoso dito atribuído a Benjamin Franklin, "tempo é dinheiro". Isso é uma monstruosidade. Tempo não é dinheiro. Tempo é o tecido da nossa vida, é esse minuto que está passando. Daqui a dez minutos eu estou mais velho, daqui a vinte minutos eu estou mais próximo da morte. Portanto, eu tenho direito a esse tempo; esse tempo pertence a meus afetos, é para amar a mulher que escolhi, para ser amado por ela. Para conviver com meus amigos, para ler Machado de Assis: isso é o tempo. E justamente a luta pela instrução do trabalhador é a luta pela conquista do tempo como universo de realização própria. A luta pela justiça social começa por uma reivindicação do tempo: "eu quero aproveitar o meu tempo de forma que eu me humanize".[192]

Antonio Candido tem razão. Mas, fora isso, também ele concebe o fluxo que nos envelhece como um tipo de medida inescapável. Por

---

[192] Fala de Antonio Candido durante a inauguração de uma biblioteca em Guararema, São Paulo, em 5 de agosto de 2006. Trata-se da Biblioteca Confraria dos Parceiros de Guararema, ligada ao MST, Movimento dos Trabalhadores Rurais Sem Terra. Em seu discurso, o professor fala da força da instrução: "As bibliotecas, os livros, são uma grande necessidade de nossa vida humanizada. Portanto, parabéns ao MST pela abertura desta biblioteca, porque o amor pelo livro nos refina e nos liberta de muitas servidões" (Texto publicado no site *Carta Maior*, em 8 ago. 2006).

certo, dizer que o "tempo é o tecido da nossa vida" é o contrário de dizer "tempo é dinheiro", mas, tanto num polo quanto no outro, o conceito é a régua que dá a dimensão da fortuna dos endinheirados ou da vida dos trabalhadores. Como não considera justo que o rico tenha tempo de sobra e o pobre precise vender o próprio tempo para sobreviver, o professor recusa o poder do dono do dinheiro sobre as horas do trabalhador e, no lugar desse poder, propõe que o trabalhador se liberte e assuma o poder sobre suas próprias horas. Só assim, forjaremos "um outro nível de vínculo" com esse ente que é o "compositor de destinos" e o "tambor de todos os ritmos" – como nos versos de "Oração ao Tempo", de Caetano Veloso. A canção, como as palavras de Antonio Candido, eleva o espírito de quem tem ouvidos para ouvi-la, com melodiosas esperanças. Ocorre que o ritmo do tempo não gosta de dançar conforme o ritmo da nossa música.

Logo, quem diz que "o tempo é o tecido da nossa vida" propõe uma revolução ética, mas continua aceitando que o tempo nos meça. Não há escapatória. Qualquer abordagem racional do "tambor de todos os ritmos" passará por medidas, seja em metros de sombra, voltas de ponteiro, litros de areia ou cifrões. Mesmo os filósofos para os quais as medições cronológicas (ou cronométricas) não dão conta de todos os "fenômenos" aí implicados reconhecem a necessidade de dimensionamentos. Não se escreve a História e não se estuda física sem a variável do tempo.[193] Até o conceito de eternidade depende de

---

[193] Convencionalmente, o filósofo alemão Martin Heidegger é lembrado como escala obrigatória quanto ao tema. No percurso aqui adotado, entretanto, não há necessidade de nos ocuparmos do trabalho desse autor. Apenas a título de curiosidade, vale registrar que ele se dedicou ao assunto, antes de seu trabalho mais conhecido, *Ser e tempo* (de 1927), numa conferência – "O conceito de tempo na ciência histórica" ("*Der Zeitbegriff in der Geschichtswissenschaft*") é o título da aula de habilitação proferida por Heidegger em 27 de julho de 1915, em Friburgo – em que discute os contrastes entre os dimensionamentos temporais da "Ciência Histórica" e das Ciências Naturais. Detém-se especialmente na Teoria da Relatividade, de Albert Einstein, para dizer que esta trata da medição do tempo sem tocar no "tempo em geral" (*Zeit überhaupt*) ou no "tempo verdadeiro" (*eigentliche Zeit*) – expressão

medições numéricas: se elas não existem como referência, não há como um profeta prometer a transcendência divina que aboliria a passagem do tempo; quem nunca se viu contando os minutos durante uma espera angustiante ou excitante jamais entenderá o sentido transcendente que se atribui aos ideais de eternidade.

As invenções dos tempos

No século XVII, o físico inglês Isaac Newton falou que o tempo "flui uniformemente sem relação com nada que lhe seja externo".[194] A frase é bonita, lembra a imagem de Heráclito sobre as correntezas. Para Newton, o relógio universal já transcorria, imperturbável, como um riacho universal, desde antes que os corpos celestes começassem a ocupar os céus. Sendo assim, o mesmo relógio seguirá tiquetaqueando sem solavancos ou perturbações pelos séculos e séculos adiante, mesmo depois do desaparecimento de toda matéria, de toda energia e de toda aceleração.

---

esta que nos remete a Newton. Um estudo de grande valia sobre esse tópico pode ser lido em: KIRCHNER, Renato. A fundamental diferença entre o conceito de tempo na ciência histórica e na física: interpretação de um texto heideggeriano. *Veritas*, v. 57, n. 1, p. 128-142, jan.-abr. 2012.

[194] BARBOUR, Julian. *The End of Time*. London: Weidenfeld & Nicolson, 1999. p. 12. Uma explicação acessível sobre esse tópico é encontrada em: ROVELLI, Carlo. *A ordem do tempo*; da obra, ver, especialmente, a página 57. Rovelli narra que, nos seus *Princípios matemáticos da filosofia natural* (ou, em latim, *Philosophiae naturalis principia mathematica*, citado comumente como *Principia*), Newton diferenciava "o tempo absoluto, verdadeiro, matemático" de um "tempo relativo", aquele que poderia ser medido por movimentos perceptíveis. Nesse ponto, Rovelli reproduz o trecho original de Newton: "O tempo relativo, aparente e comum é uma medida de duração perceptível e externa obtida pelo movimento e que geralmente é empregada no lugar do verdadeiro tempo: é o caso da hora, do dia, do mês, do ano. O tempo absoluto, verdadeiro, matemático, por si só e por natureza, flui uniformemente sem relação a nada externo". Newton não concebe um mundo sem fluxo do tempo (o "verdadeiro"), do mesmo modo que admite serem as formas para medi-lo artifícios aproximativos, que captariam o "tempo relativo", não o "verdadeiro".

Na mesma época, Kant admitia uma premissa bem parecida na sua filosofia. Nas palavras dele: "Com respeito aos fenômenos em geral, não se pode suprimir o próprio tempo, não obstante se possa do tempo muito bem eliminar os fenômenos. O tempo é um dado *a priori*, [...] não pode ser supresso. [...] A representação originária do tempo tem, portanto, que ser dada como ilimitada".[195]

Kant afirmava o mesmo sobre o espaço. Antes de haver o mundo, haveria o espaço vazio esperando pela criação. "O espaço é uma representação *a priori* necessária que subjaz a todas as intuições externas. Jamais é possível fazer uma representação de que não há espaço algum, embora se possa muito bem pensar que não se encontre objeto algum nele."[196]

Se formos fiéis a Newton e Kant, poderemos imaginar tranquilamente um espaço vazio, mas nunca um vazio sem espaço. Impossível, pelas mesmas razões, supor a ausência do relógio universal prévio, um dado *a priori*, funcionando inabalável para todo o sempre. Essa conceituação, disseminada nas escolas e difundida amplamente, virou senso comum: o tempo flui desde sempre por todos os séculos e milênios até sempre: o espaço pode ser vazio, mas não há como supor a ausência de espaço.

Com essa noção, condizente com Newton e Kant, se fizeram o Iluminismo, a revolução liberal, a Revolução Industrial e as transformações históricas que daí se seguiram. A filosofia de Kant nos trouxe a Declaração Universal dos Direitos Humanos, de 1948. A física de Newton foi imprescindível para levar Neil Armstrong e Buzz Aldrin à Lua em 1969.

Mas esse modo de pensar também tem suas limitações. Pode dizer muito sobre nós mesmos e nossa civilização, mas não esclarece tanto assim sobre a natureza do tempo. As teorias de que dispomos revelam mais sobre nós mesmos, sobre nossos valores e sobre como vivemos,

---

[195] KANT, Immanuel. *Crítica da razão pura*. Tradução de Manoela Pinto dos Santos e Alexandre Fradique Marujão. São Paulo: Abril Cultural, 1983. p. 48 e 49.

[196] *Idem*, p. 41.

do que sobre o "senhor de todos os ritmos". Tanto é assim que cada cultura tem suas próprias formas temporais, ou seja, o tempo muda conforme muda a civilização – e muda conforme a língua que o fala. Há idiomas em que são muito discretos os marcadores que diferenciam passado, presente e futuro. Nas línguas menos complexas, ditas "primitivas", não há grandes variações de tempos verbais para indicar se uma ação já ocorreu ou ainda está por ocorrer. Apenas tardiamente, nas línguas indo-europeias, as formas desenvolvidas de passado e futuro se apresentaram.[197] Portanto, está na linguagem (e na cultura), mais do que na natureza, o que diferencia o tempo de uma sociedade para outra, de uma civilização para outra. Essa "instituição social"[198] varia conforme variam os povos que dele falam. O tempo, enfim, não parece ser um dado objetivo.

"O tempo não é uma afecção das coisas", escreveu o filósofo Baruch Espinosa, "mas apenas um modo de pensar, ou [...] um ente da Razão".[199] Nascido em 1632 em Amsterdã, numa família judaica portuguesa, Espinosa morreu cedo, em 1677, dez anos antes de Newton apresentar *Os princípios matemáticos de filosofia natural*. Não se dobrava a relógios universais absolutos. O historiador britânico Gerald James Whitrow defende uma tese mais ou menos na mesma linha: "Assim como nossa ideia de história é baseada na de tempo, assim também o tempo, tal como o concebemos, é uma consequência da história".[200]

---

[197] "A introdução de tempos verbais foi um desenvolvimento relativamente tardio [...], foi somente nas línguas indo-europeias que as distinções entre passado, presente e futuro se desenvolveram plenamente" (WHITROW, Gerald James. *O tempo na história*, p. 26).

[198] "O tempo é um meio elaborado pelos homens para orientar-se. [...] Mas tampouco é uma simples 'ideia' que emerja de repente do nada na cabeça de um indivíduo. É uma instituição social diversa segundo o grau de desenvolvimento das sociedades" (ELIAS, Norbert. *Sobre el tiempo*. México, DF: Fondo de Cultura Económica, 1997, p. 23, tradução livre).

[199] ESPINOSA, Baruch. Pensamentos metafísicos. In: ESPINOSA, Baruch. *Espinosa*. São Paulo: Editora Nova Cultural, 1997. p. 45. (Coleção Os Pensadores.)

[200] WHITROW, Gerald James. *O tempo na história*, p. 207.

Esse "ente" da razão vem servindo de altar para o poder. Uma vez transformado em medida, vira dispositivo de dominação. No final da Idade Média, ostentar o controle das horas era uma forma de ostentar poder e riqueza, como disse o historiador francês Jacques Le Goff: "As medidas – de tempo e de espaço – são um instrumento de dominação social de excepcional importância. [...] Quem for seu senhor reforça de modo muito especial o seu poder sobre a sociedade".[201]

Por essa época, relógios monumentais ocuparam o centro das cidades muradas, no cume das torres, assinalando o núcleo geográfico da dominação.[202] Tornados símbolos do poder, viraram também alvo das revoltas. Em seu ensaio *Sobre o conceito de História*, de 1940, Walter Benjamin conta que os enormes mostradores de horas nas torres foram alvejados a bala pelos insurretos da famosa Revolução de Julho, ocorrida em 1830, em Paris: "Terminado o primeiro dia de combate, verificou-se que em vários bairros de Paris, independentes uns dos outros e na mesma hora, foram disparados tiros contra os relógios localizados nas torres".[203]

Apesar das balas disparadas contra os ponteiros, as revoluções derrotaram a velha aristocracia e seus defensores recalcitrantes, mas não os relógios. Ao contrário, as máquinas de contar minutos se sofisticaram e se disseminaram com o avanço da técnica, e logo se associaram à exploração do trabalho humano. No início da onda industrial, com o aparecimento dos trabalhadores urbanos, vieram os relógios de ponto para medir as jornadas, o que deu origem a uma curiosa modalidade

---

[201] LE GOFF, Jacques. *A civilização do Ocidente Medieval*. v. 1. Lisboa: Editorial Estampa, 1983. p. 221.

[202] "O desenvolvimento das manufaturas e do comércio, tornando a vida e o trabalho mais complexos, multiplica o uso dos marcadores de tempo. Eles se apropriam das torres das igrejas e dos campanários das cidades. Racionalidade urbana e temporal caminham juntas" (ORTIZ, Renato. *Cultura e modernidade: a França no século XIX*, p. 233).

[203] BENJAMIN, Walter. Sobre o conceito de história. In: *Obras escolhidas, volume 1. Magia e técnica, arte e política. Ensaios sobre literatura e história da cultura*, p. 222-232, tese 15.

de ladroagem: "Geralmente, [...] [os relógios] eram adiantados pela manhã e atrasados à tarde".[204]

O roubo regular dos minutos trabalhados escancarou com crueza o vínculo entre o modo de produção capitalista e o controle das horas alienadas aos operários, o que deixou patente que o sentido histórico mais profundo da invenção do relógio mecânico foi a necessidade prática de criar uma unidade de medida para o comércio da força de trabalho. O relógio mecânico não surgiu para decorar os campanários, para coordenar os afazeres dos artesãos do burgo ou para sincronizar os transportes – embora um pouco de cada um desses fatores tenha influído no processo –, mas, primordialmente, para fixar uma unidade por meio da qual o capitalismo pudesse quantificar e comprar força de trabalho. Ainda que, em pleno século XXI, cortadores de cana no interior do estado brasileiro de São Paulo recebam sua remuneração calculada em peso (o empregador paga a cada um por tonelada de pés de cana-de-açúcar arrancados do chão), foi o relógio, medindo horas, roubadas ou não, que transformou o vigor físico dos operários urbanos numa categoria abstrata: o trabalho socialmente necessário.

Para resumir, o relógio não foi inventado como um dispositivo para contar genericamente o tempo, mas como a métrica da força de trabalho. Uma vez mais, como se vê, a forma social de pensar, nomear e contar o tempo diz menos sobre o tempo e mais sobre a sociedade que precisa contá-lo. Nenhum relógio é neutro, nem mesmo os honestos.

Até o final do século XIX, não havia sistemas padronizados para conciliar os horários entre uma cidade e outra. Esses sistemas não eram necessários para o modo de produção. Cada cidade tinha o seu horário. Cada fábrica tinha seus ponteiros para registrar a passagem das horas, mais ou menos aferidas. Mesmo dentro da mesma cidade, os horários não obedeciam a uma centralização rígida. Depois, com o adensamento das estações de trem e do tráfego nas linhas ferroviárias, outra máquina do tempo foi necessária: aquela que coordenava os relógios entre si. Somente em 1912, em Paris, foi celebrado o acordo

---

[204] ORTIZ, Renato. *Cultura e modernidade: a França no século XIX*, p. 239.

estabelecendo a adoção mundial dos fusos horários.[205] Antes do século XX, a máquina (ou a convenção) para sincronizar os horários dos lugares distantes, por não ser necessária, não era uma questão.

Nos anos 1960, o sistema de fusos horários foi aperfeiçoado, mantendo a referência no mesmo Meridiano 0º (o de Greenwich). Surgiu então o UTC (Coordinated Universal Time), oficialmente formalizado em 1967 (novos ajustes viriam em 1972). Atualmente, a exatidão dos relógios é assegurada por uma cronometragem atômica: a International Atomic Time, ou TAI. No final do século XX, as inovações se aceleraram. Um peculiar sistema privado de universalização da contagem do tempo, o Internet Time, foi patenteado na década de 1990 pela empresa suíça Swatch. O Internet Time funciona em outra base numérica: em lugar das 24 horas, o dia é dividido em 1.000 beats, cada um deles correspondendo a 1 minuto e 26,4 segundos. De acordo com o modelo da Swatch, os fusos podem ser esquecidos, pois todos os lugares do mundo marcariam o mesmíssimo horário, a despeito de ser dia ou noite lá ou acolá.

Agora, sim, o capital precisa de modelos de sincronizações globais. Esse é o dado novo. Só o que a tecnologia faz é atender a imperativos automáticos do modo de produção, que requisita ferramentas que regulem o trânsito de dinheiro e de bens virtuais pelos mercados interconectados. É preciso um sistema que aponte o horário exato de cada lance nas bolsas. É preciso um parâmetro temporal para as cotações. Além disso, a complexificação dos maquinários empregados na produção requer sincronias mais finas.

Como se vê, por mais que desgostemos da expressão "tempo é dinheiro", é o que é. "O dinheiro não dorme", diz Gordon Gekko (Michael Douglas) para Bud Fox (Charlie Sheen) no filme *Wall Street*, de 1987, dirigido por Oliver Stone. No sistema financeiro global, não há paradas nem limites de expediente bancário. "The Citi never sleeps" ("O Citi nunca dorme"), garantia o slogan de um banco internacional, apropriando-se de um dos versos da canção "New York, New York",

---

[205] *Idem*, p. 253.

de John Kander e Fred Ebb: "*I want to wake up in a city that never sleeps*" ("Quero acordar numa cidade que não dorme nunca"). Como se nota também no slogan publicitário do banco, a cumplicidade entre os relógios, o mercado financeiro, a tecnologia e o entretenimento é festiva e incondicional.

Sim, "tempo é dinheiro", tanto que um e outro vão mudando. O capitalismo se revolucionou quando descobriu que podia dispensar o relógio de ponto, pois os turnos sem interrupções eram mais lucrativos. Os operadores do mercado financeiro, o pessoal dito "criativo" dos meios de comunicação e os "nerds" das empresas de tecnologia seguem conectados 24 horas por dia. A qualquer momento, são assaltados por uma ideia lucrativa e não podem esperar um segundo para entrar na linha de montagem, que não dorme nunca. Outros ficam disponíveis 24 horas por dia para receber ordens que requerem providências imediatas. No lugar da antiga força de trabalho, medida em horas contínuas de esforço físico em turnos predefinidos, entram os engajamentos de alma. O fervor produtivo não tem hora de almoço, não sai de licença médica. O capital não cobra apenas força de trabalho, cobra devoção.

Na Nova York dos financistas gananciosos ou na São Paulo das tecelagens clandestinas movidas por imigrantes ilegais, nas redes sociais criptofascistas e nos games viciantes da internet, os marcadores de horas projetados para a Revolução Industrial caducaram. A folga é improdutiva. As categorias de tempo se convulsionam uma vez mais. O passado do trabalhador vira pó: o tempo de serviço não vale mais. Adeus, contagem dos anos trabalhados: legislações trabalhistas se esboroam, garantias sociais prescrevem. O futuro também some no ar, a previdência agoniza: adeus, aposentadoria, adeus, descanso garantido. O formato dos contratos trabalhistas se enquadra no presente, e só. Apenas o agora conta.

Os empregados fixos minguam. Os que sobrevivem começam a ser chamados de "colaboradores". Chegam junto os ditos "autônomos", tratados agora como "fornecedores". São os novos "empreendedores" da própria exploração. Pessoas físicas viram pessoas jurídicas, e cai no uso comum um termo difícil de pronunciar, "empreendedorismo", que já nasceu empedrado. Quanto aos novos "autônomos", sobre eles não se aplica nenhuma limitação de jornada. As relações de trabalho entram em franca "uberização".[206] A força de trabalho que, no final do feudalismo, foi expulsa da terra e despejada na cidade para se proletarizar, agora é arrancada das legislações trabalhistas para ser atirada em qualquer lugar por aí – ou no "não lugar". Tudo é trânsito. Tudo é para já. O capital é um soldado da polícia militar que, na praça pública, ao cair da tarde, aborda um grupo de desempregados que conversa sobre futebol e, fazendo oscilar seu cassetete como um pêndulo horizontal à altura do baixo ventre, ordena, com o queixo projetado para a frente: "Circulandô! Circulandô!".

O presente circulante deixa ver, de relance, a outra face do mesmo paradoxo histórico (o paradoxo das telepresenças e do *telespaço público*): o fato de tudo estar no presente não traz uma desaceleração, mas imprime ainda mais velocidade à produção e ao consumo. Ninguém fica parado. Ninguém há de ter onde cair morto ou onde parar vivo. Além de perder seu futuro (sua aposentadoria) e seu passado (seu tempo de serviço), o trabalhador perde seu presente. Seu tempo é cada vez mais escasso para fazer frente às demandas. Antes, na modernidade, o homem foi instado a se amoldar ao ritmo acelerado da máquina. Agora, na supermodernidade, em que todas as relações são superindustriais, o ritmo ainda mais veloz e em constante aceleração da tecnologia humilha a lentidão orgânica do corpo humano, que se sente em déficit de produtividade, permanentemente deslocado.

A aceleração não se limita às formas de produção. Também no consumo e no entretenimento a velocidade aumenta, deixando aos sentidos do corpo a posição vergonhosa de ter de correr atrás da máquina em busca de prazeres efêmeros, sem alcançá-los jamais. O presente do capital se adensa à medida que subtrai o presente humano.

---

[206] O neologismo faz referência à empresa Uber, um sistema on-line de agenciamento de motoristas "autônomos" no mundo todo que oferece serviço de táxi informal.

A ladroagem do velho relógio de ponto é substituída pela aceleração da tecnologia convertida em força produtiva privada. O corpo sem tempo é tornado devedor do presente concentrado do capital.

Não apenas o passado e o futuro do trabalhador se estilhaçam: o passado e o futuro de todos se dissolvem. Citando Paul Valéry, que, no início do século XX, admitia que "perdemos nossos meios tradicionais de pensar e prever", o filósofo brasileiro Adauto Novaes escreve que "o futuro é como todo o resto: não é mais o que era".[207] E não é mesmo. Só o que há é o presente instantâneo, ao vivo na virtualidade, um presente tirânico: o presente do capital.

Esse presente vai deglutindo temporalidades diversas, como um denominador comum totalitário que amarra presentes distintos ainda coexistentes. A manufatura das trabalhadoras da China trava relações remotas com a labuta das crianças escravizadas nas carvoarias brasileiras; as bolsas de valores interconectadas pelos cabos submarinos ou por sinais de satélite contabilizam dividendos a partir das culturas agrárias baseadas nos ciclos temporais das estações do ano; uma comunidade de pescadores isolada enxerga na noite sem nuvens um satélite artificial cruzando as constelações. Essas temporalidades (presentes múltiplos) não estão mais ilhadas. O capital dá conta de amarrá-las e de abraçar o globo em menos de um segundo para cumprir o destino mais ofuscante da ciência iluminista, iluminista ao pé da letra: as relações de produção entraram na velocidade da luz. A *instância da imagem ao vivo* é a instância da velocidade da luz, é o capital na velocidade da luz.

Presente inchado

O *telespaço público* e a *instância da imagem ao vivo* não existiriam em outro marco temporal. A Superindústria do Imaginário não existiria sem que a velocidade da luz, uma constante na Física,

---

[207] NOVAES, Adauto. Mundos possíveis. In: NOVAES, Adauto (Org.). *Mutações: o futuro não é mais o que era*. São Paulo: Edições Sesc São Paulo, 2013.

tivesse se tornado a constante das relações sociais, da economia e da comunicação. O físico britânico Julian Barbour afirma que, no cosmos, "todas as histórias estão no presente".[208] A suposição de um relógio único, que existisse desde sempre e para sempre durasse, que valesse para todo o universo – uma suposição natural para Newton ou Kant – perdeu adeptos. Entre os astrofísicos e os pesquisadores de partículas subatômicas, muitos tendem a concordar que o que se sucede em todas as partes são eventos, processos em campos próprios, que não são intercambiáveis.

Isso quer dizer que o conceito de tempo agora é outro. Ele, que antes podia ser espelhado pelo espaço, que podia ser medido por sombras no chão projetadas pelo relógio de sol, agora não é mais passível de ser refletido ou representado em escalas no espaço, seja no pátio ou no mostrador do relógio de pulso. O tempo agora é pensado como uma dimensão que se fundiu à dimensão do espaço, tanto que a ciência começou a dizer que tempo e espaço são mais ou menos uma coisa só, um composto inseparável: o espaço-tempo. No cosmos há tantos espaços quanto há tempos, isto é, há diversos espaços-tempos, com sistemas gravitacionais próprios. O tempo não se separa mais do espaço.[209]

Poderíamos dizer quase a mesma coisa sobre as temporalidades que coexistem no *telespaço público*. Existe a temporalidade própria de um povo indígena que teve pouco ou nenhum contato com a sociedade dita "desenvolvida" e que mede a passagem do dia pelas "luas" que se sucedem, ou pelas temporadas de chuvas que vão e vêm. Existe a

---

[208] BARBOUR, Julian. *The End of Time*, p. 274.

[209] "O espaço-tempo é o campo gravitacional (e vice-versa). É algo que existe por si só, como intuiu Newton, mesmo sem matéria. Mas não é uma entidade diferente do restante das coisas do mundo – como pensava ele –, é um campo como os outros. Mais que um desenho numa tela, o mundo é uma sobreposição de telas, de camadas, dentre as quais o campo gravitacional é apenas uma. Como as outras, não é nem absoluto, nem uniforme, nem fixo, mas se dobra, se estende, é puxado e atraído com os outros" (ROVELLI, Carlo. *A ordem do tempo*, p. 64).

temporalidade dos centros financeiros do mundo, que estão on-line ininterruptamente. São muitas as temporalidades nas muitas comunidades humanas. Acima de todas, existe uma espécie de "espaço-tempo" comum, forjado pelas telecomunicações, unificando globalmente as diferentes temporalidades, que antes estavam apartadas entre si.

Nas comunicações da nossa era, "todas as histórias estão no presente", mais ou menos como no cosmos, com a diferença de que, aqui, os presentes de cada história vão se conectar a um presente único. As temporalidades não são idênticas, mas, pela *instância da imagem ao vivo*, convergem para um presente comum.

O resto virou velharia. As teses do fluxo contínuo, uniforme e universal dos minutos e segundos imperturbáveis desmoronaram. Descobriu-se que os relógios – dos melhores que há – correm mais lentamente quando postos no chão da sala, e mais aceleradamente quando ficam em cima da mesa.[210] A gravidade interfere no tempo (ou vice-versa). A velocidade também interfere: para quem se desloca num avião, os minutos demoram mais a passar. Quanto mais rápido vai o piloto, mais forte o freio no relógio que ele leva no braço esquerdo.[211] As chances de existência de um tempo universal e matematicamente inabalável diminuíram consideravelmente.

Mas dizer que, no cosmos, todas as histórias estão no presente de seu respectivo tempo-espaço não significa dizer que o passado e o futuro tenham sido abolidos. No cosmos, ao menos no cosmos, não é assim. Passado e futuro mudaram de "lugar", mas seguem existindo. O passado são os eventos passados, já transcorridos. O futuro é o que ainda não sucedeu e, principalmente, a incerteza acerca do que virá – o que há de cristalinamente previsível no futuro é algo que se administra a partir do presente, passando a existir, ao menos em parte, dentro do presente. Futuro, portanto, tem a ver com incerteza. Uma coisa, porém, é certa: o presente parece ter ampliado seus domínios, como se inchasse para cima do futuro e, em retrospectiva, para cima do passado.

---

[210] ROVELLI, Carlo. *A ordem do tempo*, p. 18.
[211] *Idem*, p. 38.

Albert Einstein nos ajudou a entender por quê. Como nos conta o físico italiano Carlo Rovelli, outro especialista em gravidade quântica, Einstein registrou, na Teoria da Relatividade Restrita, de 1905 (a da Relatividade Geral viria poucos anos depois), que "entre o passado e o futuro de cada evento existe uma 'zona intermediária', um 'presente estendido', uma zona que não é nem passada nem futura".[212] Essa estranha figura, o "presente estendido", nos mostra um pouco da ampliação dos domínios do presente. O presente não é mais um instante fugidio em que a vida migra do futuro para o passado sem que a gente possa desfrutar, mas um, por assim dizer, aglomerado de tempo.

A "zona intermediária" será tão mais extensa quanto mais o observador se afastar (no espaço) do acontecido. O tamanho de sua extensão é determinado pela constante da velocidade da luz. Para alguém que olha a Lua da Terra, o "presente estendido" (da Lua) dura alguns segundos. Se o ponto observado estiver um pouco mais longe, o intervalo será maior, com alguns minutos. Esse intervalo vai depender do tempo que um sinal, qualquer um, viajando na velocidade da luz, demora para chegar ao ponto em que se encontra o observador – que tem costumado, ao menos por enquanto, estar na Terra. Dentro desse intervalo que precisamos esperar para que um sinal – saído do ponto observado, viajando na velocidade da luz – chegue até nós, na Terra, está o "presente estendido". Durante esse intervalo, que porventura esteja acontecendo por lá, em relação a nós, não é nem passado nem futuro: é apenas o "presente estendido". Sobre isso, Carlo Rovelli explica melhor:

> Se estou em Marte e você está aqui [na Terra], eu lhe pergunto alguma coisa, você me responde assim que ouve o que eu disse e sua resposta chega a mim quinze minutos depois da pergunta. Esses meus quinze minutos são um tempo que não é nem passado

---

[212] ROVELLI, Carlo. *A realidade não é o que parece*. Tradução de Silvana Cobucci Leite. Rio de Janeiro: Objetiva, 2017. p. 73.

nem futuro em relação ao momento em que você me respondeu. O ponto crucial, compreendido por Einstein, é que esses quinze minutos são inevitáveis: não há nenhuma maneira de suprimi-los. Eles estão entremeados nos eventos do espaço e do tempo: não podem ser eliminados, assim como não podemos enviar uma carta para o passado.[213]

O "presente estendido", portanto, é aquele concentrado de tempo no qual o observador não tem como entrar, nem que seja só para saber o que nele se passa. Pode durar um milésimo de segundo, assim como pode durar alguns bilhões de anos. O que está lá é presente, do qual ainda não sabemos nada.

Dentro da atmosfera terrestre, nas comunicações que a cada dia mais acontecem na velocidade da luz – na internet, na televisão, nas bolsas de valores interconectadas, nos sistemas bancários, nos hospitais que realizam cirurgias a distância, no gerenciamento dos aeroportos e de tantas outras coisas –, também existe um "presente estendido", mas ele é virtualmente imperceptível. Na verdade, estamos dentro de uma bolha de "presente estendido". Se fôssemos medir o nosso presente terráqueo pelo paradigma da velocidade da luz, ele teria um intervalo de, no máximo, algo na casa do milésimo de segundo, o que corresponde à fração de tempo que uma notícia, transmitida na velocidade da luz, levaria para percorrer metade da superfície terrestre. O intervalo é curto, muito breve, porque nós, que o observamos, estamos próximos demais – tão próximos que podemos considerar que estamos dentro desse mesmo intervalo, e tão dentro que não o percebemos, já que os nossos sensores humanos (nos olhos ou no cérebro) não conseguem registrá-lo. Portanto, é como se não houvesse intervalo algum.

Mesmo assim, em alguns relances das comunicações cotidianas temos contato com situações que ilustram muito bem como é que podemos lidar com o presente estendido quando encontramos algum pela frente. Olhemos para a televisão. Todos os dias, diante de qualquer

---
[213] *Idem*, p. 74.

telejornal, nos defrontamos com os famigerados *delays* da transmissão ao vivo. Podemos percebê-lo nitidamente quando o apresentador do noticiário chama o repórter que está em Brasília ou em Pequim e faz uma pergunta para ele. Mesmo depois de o apresentador ter concluído a pergunta, o repórter fica lá, diante da câmera, balançando a cabeça em sinal afirmativo, durante longos e insuportáveis segundos. Esse intervalo chato é uma espécie de caricatura, uma versão ilustrada da "zona intermediária" ou do "presente estendido" descrito por Einstein. O *delay* não resulta diretamente da constante da velocidade da luz, e sim das imperfeições dos equipamentos; e não há técnico nesse mundo que consiga resolvê-las. Aquele atraso aborrecido acontece porque a sincronização entre os diversos equipamentos que precisam se entender para que o repórter e o apresentador conversem ainda não funciona a contento. O problema são os gargalos tecnológicos; a velocidade da luz não tem nada a ver com isso.

Contudo, esse *delay* é o melhor retrato que podemos ter do que significa lidar com o "presente estendido". O que acontece durante aquele intervalo em que o apresentador termina a pergunta e o repórter ainda não acabou de ouvi-la é algo que não está ao nosso alcance. Aquele intervalo passa, e terá de passar, sem que a gente possa encurtá-lo, modificá-lo ou suprimi-lo. Naquele vácuo de poucos segundos, nem o telespectador, nem o repórter, nem o anunciante, nem as fontes, nem o engenheiro de telecomunicações, nem o apresentador têm como interferir. Nesse ponto, a analogia com o conceito gerado pela Teoria da Relatividade Restrita ganha mais pertinência: o "presente estendido" no telejornal, como o "presente estendido" do cosmos, é o que transcorre, fisicamente, em um intervalo do qual podemos receber notícias *a posteriori*, apenas *a posteriori*, mas sobre o qual não podemos interferir. Isso porque, quando recebemos os primeiros sinais daquele "presente", ele, do nosso ponto de vista, já terá se tornado passado – e já será passado embora seja visto, por nós, ao vivo. Somente depois de transcorrido o intervalo teremos notícia do que se passou ali. Durante o tempo que o sinal demora para chegar até nós, aquilo é um pacote de presente inalcançável: não sabemos o que se passa lá e não temos como agir sobre o que por lá transcorre. Quando o sinal finalmente chega até nós, aquilo tudo já é passado.

O que fazer com isso? Nada. Não há nada a fazer. A única saída é fingir que aquele atraso não existiu. Altivamente. Só nos resta esperar e fazer de conta que não foi nada, mais ou menos como os passageiros do metrô aprendem a tolerar a parada na estação em que não vão descer para que outros entrem ou saiam do vagão. O *delay* no telejornal é o tempo que esperamos para que o repórter de Brasília ou de Pequim consiga subir no trem da TV.

Resignados, aprendemos a desprezar esses atrasos decorrentes de imperfeições da tecnologia. A gente passa por cima. Nós nos consideramos – e gostamos de nos considerar – um planeta totalmente conectado pela *instância da imagem ao vivo*. Observadores mais desatentos talvez se sintam tentados a comparar os *delays* de alguns segundos da televisão atual, na *instância da imagem ao vivo*, com os demoradíssimos ciclos de 24 horas da era da *instância da palavra impressa*. Só o que terá mudado, argumentarão, é o tamanho do intervalo, que se reduziu drasticamente. De fato, naquela época, uma notícia publicada em um diário de grande circulação tinha validade aproximada de 24 horas. O leitor que quisesse atualizações teria de esperar, forçosamente, pela próxima edição. Logo, se raciocinarmos por aí, poderemos ter a impressão de que o "presente estendido" daquele período, de cerca de 24 horas, se abreviou agora para poucos segundos.

Mas, se formos um pouco menos apressados na análise, veremos que essa impressão não tem fundamento. É um erro acreditar que possamos fazer uma analogia entre as esperas nesses dois períodos históricos tão distintos. Na era da *instância da palavra impressa*, o público em seu conjunto e cada indivíduo em particular tinham meios de se mover nos interstícios dos ciclos de 24 horas. Podiam agir sobre o curso dos acontecimentos. Aquele presente pontuado pela pulsação de 24 horas não correspondia, nem de forma longínqua, ao conceito de "realidade estendida", pois era um presente acessível à ação das pessoas. Apenas a comunicação era mais lenta, ainda que alguns jornais costumassem lançar edições extraordinárias (mais de uma) no mesmo dia, quebrando o ciclo de 24 horas. O presente estava lá, era intenso, vivo e, mais do que tudo, aberto para as ações dos sujeitos. Os processos sociais seguiam seu curso, os eventos históricos ocorriam pela ação e pela reação dos homens e das mulheres. Os meios de comunicação eram lentos, mas o tempo histórico não era aprisionado por essa lentidão.

Agora é diferente. O *delay*, que decorre de limitações técnicas do meio de comunicação, acarreta um efeito direto no próprio tempo histórico. Escancara um limite para o nosso acesso a esse tempo. Dentro de um *delay* de dois ou três segundos, não há ação política possível. Não há possibilidade de, virtualmente, nenhuma ação, de nenhuma natureza. Sobre aquela pequena partícula de tempo concentrado, não temos como agir. Ou será tarde demais, ou terá sido muito cedo. Portanto, o *delay*, sendo causado por limites da tecnologia que tenta operar na velocidade da luz, mas falha, impõe uma barreira que nos impede de agir no presente. É por isso que não há paralelo possível entre os intervalos de 24 horas na era da *instância da palavra impressa* e os *delays* na era da *instância da imagem ao vivo*. Os tempos e os presentes em cada uma dessas eras são outros.

Disso decorre que o presente estendido na Terra, com ou sem *delays* (que tendem a diminuir com o avanço da técnica) é uma barreira intransponível. Operaremos na velocidade da luz, cada vez mais, e o presente que aí está é o presente que teremos. No cosmos, onde as distâncias são imensas, os presentes se alongam e não há o que possa tocá-los desde longe. Apontados para as galáxias distantes, os telescópios gravam cenas que são passadas há milhares, milhões ou bilhões de anos. São fatos consumados. Aqui na Terra, onde as distâncias são desprezíveis, o presente estendido é mínimo.

Sob certo aspecto, ainda cabe a analogia entre o presente estendido aqui na Terra e a noção de presente estendido no cosmos. Tanto aqui na Terra, dentro do *telespaço público*, como no cosmos, o "presente estendido" se define como aquele intervalo que está fora do alcance da nossa ação. O presente estendido é o tempo do qual só poderemos ter notícias depois de ele ter transcorrido. Sobre ele, não teremos como intervir. Nisso se instaura o limite do tempo irrecorrível.

As temporalidades de cada comunidade neste planeta, como já vimos, podem variar. Um vilarejo de pescadores sem luz elétrica pode ter a própria temporalidade, isto é, pode viver o seu agora de um modo muito particular. Do mesmo modo, o centro de controle da Nasa tem uma sofisticada parafernália para medir com precisão a passagem de um milionésimo de segundo. Um movimento social que luta contra uma ditadura num país periférico terá outra temporalidade, outra relação com seu agora. Todos esses agoras – os muitos agoras de pessoas distintas, de povos distintos, de movimentos sociais distintos, de experiências coletivas distintas – se compatibilizam, por fim, num denominador comum temporal na velocidade da luz, regido pelas tecnologias da *instância da imagem ao vivo*. Esse é o nosso presente.

Num ensaio de 1940, Walter Benjamin falou algo mais ou menos parecido com isso. É como se ele antevisse o que vivemos agora enquanto olhava para trás: "A História é objeto de uma construção cujo lugar não é o tempo homogêneo e vazio, mas um tempo saturado de 'agoras'".[214]

Era – e é – isso.

Gerúndio, a forma verbal dos "agoras"

O capital imprime sua força extensora sobre o presente (o capital "não dorme" e não pode morrer, pois define a si mesmo como eterno). Enquanto o futuro é cada vez mais um tempo histórico sempre postergado, o presente se acelera, é mais escasso e não entrega descanso a ninguém. A força extensora sobre o presente não devolve tempo aos que aqui estão, mas retira do humano "o tecido" de que é feito sua vida, como diria Antonio Candido. O que vivemos é parecido com o "dia da marmota" da lenda da América do Norte, na qual a primavera

---

[214] BENJAMIN, Walter. *Obras escolhidas, v. 1. Magia e técnica, arte e política. Ensaios sobre literatura e história da cultura*, p. 222-232, tese 14.

é adiada e o inverno não acaba: um dia é a repetição do outro, e o futuro não chega. É mais ou menos como um "fim da história" que não vem acompanhado de descanso, mas de mais sofrimento: mais trabalho e mais desemprego, mais exploração e mais inutilidade, mais ansiedade e mais privação, mais desigualdade e mais desesperança.

Na *instância da imagem ao vivo*, que é ditada pelo tempo do capital, a expansão do presente do capital cobra seu preço em supressão do tempo humano. Essa supressão do tempo humano acarreta necessariamente o recalque da razão. Na instantaneidade e na ubiquidade, os apelos incessantes por sensações e emoções atropelam a mediação pela palavra e, por isso, atropelam a razão. Como regra, no modo regular das comunicações na velocidade da luz, o sujeito é convocado a reagir impulsivamente. Não lhe é dado tempo para refletir. O tempo de pensar não pode existir. O novo padrão temporal altera ou mesmo suprime a racionalidade das esferas públicas à medida que altera ou suprime a mediação pela palavra (pelo pensamento). O recolhimento meditativo, a contemplação e a abstração se amofinam. Os dispositivos massificados de "likes" nas redes sociais advêm de reações instantâneas, irrefletidas, e são elas que conformam os humores no *telespaço público*. Sobre o fracasso da razão, triunfam as identificações e os laços libidinais que são a marca do tempo, acelerado e em aceleração.

Ora, a natureza do tempo da comunicação define a comunicação. O tempo da comunicação não é um dado contingente. Assim como o relógio foi a máquina essencial para a extração de mais-valia na Revolução Industrial, a velocidade da luz, agora, é o padrão essencial para as operações de significação realizadas nas mídias. O capitalismo inventou o relógio para mensurar não o tempo genericamente, mas a força de trabalho; agora, o mesmo capitalismo demanda a população global integrada na velocidade da luz para melhor extrair e explorar olhar e dados pessoais, bem como para concentrar capital, poder e tecnologia (com inteligência artificial, *machine learning*, robótica, engenharia genética e implantes de chips).

Contudo, as Ciências da Comunicação ainda não despertaram para esse fato. Comportam-se como se tivessem por objeto a transmissão de dados e informação, ou a difusão de propaganda, não as relações de produção da maior superindústria de todos os tempos, que aposentou tudo o que julgávamos saber sobre o tempo.

Num de seus anúncios autopromocionais, ainda no final do século XX, a CNN interpelava o telespectador: "Onde é que você vai estar na próxima vez que a História acontecer?". Tratava-se de uma admoestação: ou o telespectador estaria ligado na CNN ou perderia a própria História – perderia não a História dos outros, mas a dele mesmo, perderia seu lugar na História. Já naquela época, o palco da História era uma tela eletrônica; a *instância da imagem ao vivo* tinha revogado as temporalidades e as espacialidades anteriores.

Foi naquela época que a História se rendeu ao *telespaço público*: tornou-se a História que vira História tão logo vire notícia, o que nos traz de volta a frase de Marc Augé: "a História nos segue como a nossa sombra".[215] O "presente perpétuo", outra expressão de Augé, é isso: o passado imediato ou remoto transformado em História que não cessa de estar acontecendo e engole quem olha para ele. A História como "presente estendido". Octavio Ianni sabia:

> Aos poucos, a opinião pública forma-se e conforma-se com os signos, os símbolos, os emblemas, as figuras, as metáforas, as parábolas e as alegorias produzidos e divulgados como a realidade do acontecido acontecendo no momento momentoso em qualquer parte do mundo. O mesmo processo de descrever e interpretar, ou representar e imaginar, produz uma imagem da realidade, uma visão do mundo. Em geral, dá a impressão de que tudo é presente perpétuo, lugar sem raiz, fato sem história nem memória.[216]

O *telespaço público* se insinua, então, como o espaço-tempo da nova ordem mundial, compondo um sistema que Paul Virilio chamou de

---

[215] AUGÉ, Marc. *Não lugares: introdução a uma antropologia da supermodernidade*, p. 30.

[216] IANNI, Octavio. *Teorias da globalização*, p. 103.

"globalitário".[217] Esse presente é autossuficiente, o senhorio da História – que, por sua vez, se contenta em ser uma inquilina oprimida do presente. Esse presente é total. Nesse sentido, trazido da física para o campo da comunicação social, o "presente estendido" adquire um sentido autoritário e aprisionante. Seu inchaço se converte numa construção social opressiva. Whitrow, mais uma vez, com a palavra:

> Hoje, para muitas pessoas, o tempo se tornou tão fragmentado que apenas o presente parece ter significado: o passado é visto como "obsoleto", e portanto inútil. Além disso, como o presente difere tanto do passado, vai se tornando cada vez mais difícil compreender como era este. Como Hans Meyerhoff observou, "o passado está sendo triturado pelo moinho da mudança inexorável, incompreensível".[218]

Triturar o passado é transformá-lo em História instantânea, subjugando-o ao presente, de tal modo que se dissolvem as distinções cronológicas entre o velho de uma década, o velho de um século e o velho de cinco dias. O passado não pode ser compreendido porque ele apenas se serve para ser devorado. Como diz Augé: "Presença do passado no presente que o ultrapassa e o reivindica: é nessa conciliação que Jean Starobinski vê a essência da modernidade".[219]

Eis a História que nos segue "como a morte", que nos espreita como quem desfaz o nosso entorno. Um certo rumor do presente eletrifica (eletrocuta) com sua estridência o nosso existir com sua força "presentificante": o mundo sem jornadas, sem pausas e sem folgas, aberto 24 horas por dia, aqui-e-agora – espaço-e-tempo, ou seja, espaço-tempo. Não é o presente que escorre imediatamente para dentro da História, mas a História que, ao se apresentar como um show pelas telas eletrônicas e pelas mídias digitais, vibra como

---

[217] VIRILIO, Paul. Entrevista ao Caderno Mais!. *Folha de S.Paulo*, 9 fev. 1997.

[218] WHITROW, Gerald James. *O tempo na história*, p. 203.

[219] AUGÉ, Marc. *Não lugares: introdução a uma antropologia da supermodernidade*, p. 71.

novidade atraente por toda a extensão do presente. Os eventos se sucedem não propriamente em sequência, em fila, mas num acontecendo prolongado, numa permanência de ação frenética que não se deixa esgotar.

A forma verbal que melhor representa o espírito presente é o *gerúndio*. Enganam-se aqueles que acreditam ter sido as atendentes de telemarketing no Brasil as responsáveis por levar a língua portuguesa a incorporar, no seu repertório ativo, o presente contínuo importado ao inglês. É verdade que essas atendentes dizem ao telefone frases que discrepam do patrimônio da língua. "Vamos estar inicializando, senhor", confidenciam. "Agora vou estar enviando o número do protocolo", prometem. "O senhor poderia estar retirando o fio do tomada?", ordenam. A mutação linguística, porém, não veio delas, mas *com* elas. A mudança verbal que entrou em disseminação pandêmica entre os falantes foi uma demanda do "presente estendido" e reproduz fielmente a ligação sensorial desses falantes com o tempo que os espreita. O jovem proletariado do telemarketing, talvez adestrado por manuais mal traduzidos, entrou aí como sintoma, como instrumento. Falamos assim porque flutuamos numa imensa bolha de gerúndio. A velocidade – marca do capitalismo e da expansão dos mercados, da agitação das cidades, do vapor, da eletricidade, das fábricas e das usinas, dos mercados fervilhantes, do jornalismo e das telecomunicações – foi conduzida por si mesma a um paroxismo, a uma aceleração da aceleração, sempre em gerúndio.

A temporalidade do capital financeiro, que se *estetiza* no entretenimento, sobrepõe-se às demais, inclusive à do Estado, cujas decisões ficam sujeitas ao desiderato das bolsas e aos humores das redes sociais. A opinião pública se reduz a uma "sensação pública", a uma "emoção pública". O Leviatã é refém. O próprio poder político só pode se exercer dentro dessa temporalidade – e já se encontra, em parte, determinado por ela. As ações começam e não terminam. Entretenimento e capital se congraçam na mesma temporalidade. Até hoje, um célebre cantor de baladas da indústria fonográfica estadunidense, Elvis Presley, mesmo depois de ter morrido, em 1977, segue dando shows eventuais, em encarnação holográfica, na cidade de Las Vegas. Gerúndios, drogas e *rock'n roll* romântico.

No *telespaço público*, vale reiterar, a *instância da imagem ao vivo* pisoteia as instâncias intermediárias, numa voragem para pôr tudo no presente tirânico, agora mesmo. Não são fortuitas as emulações recíprocas entre o conceito de "presente estendido" e o de *telespaço público*. As duas categorias se decalcam. Não que o entretenimento tenha "entendido" e "aplicado" a Teoria da Relatividade aos seus negócios particulares. O processo é mais subterrâneo, não é consciente. Clepsidras e ampulhetas bastavam para a exploração de escravizados no antigo Egito. O relógio mecânico mediou a compra da força de trabalho humana na Revolução Industrial. Hoje, o patamar da velocidade da luz – a instantaneidade – não pode faltar à Superindústria que fabrica imagem eletrônica e digital para interpelar o desejo no sujeito, sem ter que recorrer à instância da palavra.

Em todas as épocas, a ciência – ou, antes dela, o conhecimento sistematizado de uma dada ordem social – sintetiza as categorias que ilustram ou acendem os modos pelos quais uma civilização domina o seu espaço. Por trás da ciência e do modo de produção, uma entidade automática "calcula" sem que os sujeitos saibam. Se o mistério mais escuro do cosmos corresponde aos mais obscenos clarões do entretenimento sobre a Terra, isso se deve a ocultamentos mais misteriosos, o que nos levará, no próximo capítulo, a uma palavra que saiu de moda porque era conveniente que saísse de cena: *ideologia*.

TERCEIRA PARTE
Da ideologia à *videologia*

7
Do ideário ao inconsciente

Sobre homens e bichos

O inglês Charles Darwin fez ciência. Distanciou-se de crenças religiosas e, naturalista empedernido, foi observar animais no arquipélago de Galápagos, no Oceano Pacífico, a quase mil quilômetros da costa do Equador. Seus estudos demonstraram que o homem não descende diretamente do dedo de Deus, mas foi se formando pouco a pouco no curso evolutivo. Publicado em 1859, seu livro *A origem das espécies*[220] resiste até hoje como um dos maiores e mais influentes feitos científicos da História. Não se pode – sob nenhum aspecto – acusar Charles Darwin de ter falseado os fatos ou manobrado o método para fazer propaganda de uma causa, promover uma igreja ou ajudar um partido político. Se houve um gênio cuja honestidade intelectual se mantém incólume, esse gênio é o descobridor do evolucionismo. Seu nome é reverenciado por cientistas de todos os países e assim seguirá por mais alguns séculos. Charles Darwin fez ciência, não proselitismo. Fez ciência, não doutrinação. Fez ciência, não política.

---

[220] DARWIN, Charles. *A origem das espécies: A origem das espécies por meio da seleção natural ou a preservação das raças favorecidas na luta pela vida.* Tradução de Carlos Duarte e ilustrações de Getulio Delphim. São Paulo: Martin Claret, 2014.

Mas fez ideologia. Não porque quisesse moldar opiniões alheias com mensagens subliminares ou porque pretendesse teleguiar seus leitores com táticas subreptícias. Ele não teve premeditação alguma, não tentou tapear ou iludir ninguém. Simplesmente fez ideologia porque toda expressão linguística, toda, sem exceção, por mais criteriosa e desapaixonada que seja, carrega ideologia. Falar é um ato ideológico. Palavras transpiram ideologia. Nunca de propósito ou de caso pensado, mas de forma inconsciente. E quem pensa que pilota a ideologia é ainda mais pilotado por ela. A ideologia conta com vitrines vistosas, lança mão de discursos afirmativos e peremptórios, mas opera de verdade no plano do inconsciente.

Falando sobre Darwin, o psicanalista francês Jacques Lacan redigiu um parágrafo que, cem anos depois da publicação de *A origem das espécies*, identifica de passagem os meandros pelos quais a ideologia – inconsciente – escapa e age:

> O sucesso de Darwin parece dever-se a ele haver projetado as predações da sociedade vitoriana e a euforia econômica que sancionou a devastação social que ela inaugurou em escala planetária, e havê-las justificado pela imagem de um *laissez-faire* dos devoradores mais fortes em sua competição por sua presa natural.[221]

Sim, o trecho precisa ser lido duas vezes. É do estilo de Lacan. Ele estudou o inconsciente e não a ideologia, mas, ao falar de um, disse muito sobre a outra. Mostrou que essa outra tem uma capacidade quase mágica de fazer as coisas mais arbitrárias parecerem candidamente naturais e dar aos atos cruentos o aspecto de um gesto tão inocente quanto um acontecimento da natureza, como a queda das folhas das árvores no outono, como o pássaro que aprende a voar sozinho, como a luta de vida ou morte para ver quem fica no final com a presa ou com as batatas.

---

[221] LACAN, Jacques. A agressividade em psicanálise. In: LACAN, Jacques. *Escritos*, p. 123.

Darwin, munido de seu mais disciplinado rigor científico, interpretou o que viu na fauna, na flora, nas pedras e na água salgada de Galápagos e, sem se dar conta, produziu um extenso tratado moral que autoriza e consagra a sanha predatória da sociedade vitoriana, marcada por apetite colonialista e pela ausência de escrúpulos em dizimar os mais fracos. Ele não arquitetou nada disso, provavelmente nem imaginava isso, mas deu o argumento pelo qual a era vitoriana legitimou a tese da naturalidade da luta de vida ou morte entre os indivíduos (sejam eles aves, corsários, industriais ou traficantes de escravos). O enredo evolutivo exasperante que Darwin percebeu na natureza reflete nos detalhes o sistema de valores da sociedade na qual ele aprendeu um modo particular de olhar as coisas – um modo de olhar que ele pensou ser universal. A escola que o ensinou lhe deu de presente as lentes de seus óculos de cientista.

Quando partiu da Inglaterra, a bordo do *Beagle*, em 1831, Darwin seguiu para um encontro marcado entre a natureza remota e as regras do mercado afeito a "predações", alegadamente "naturais". Sua teoria proclamou o que o liberalismo tanto quis ouvir. Nela, a glória das espécies serve de metáfora para a glória de uma classe: ao narrar a saga dos indivíduos mais fortes (ou mais aptos) que vencem os mais fracos (ou menos aptos) e, assim, conduzem a própria espécie ao triunfo, sua obra serve de elogio para os empreendedores, os soldados, os governantes que derrotam seus semelhantes para expandir o poder de seus senhores.

O geneticista norte-americano Richard Lewontin, que não estudou o inconsciente, chegou às mesmas conclusões de Lacan. Ele observa que Darwin leu os estudos de Thomas Malthus, um clérigo e economista inglês do século XVIII, e pode ter se deixado influenciar pelo argumento de que, se os pobres proliferassem além da conta, poderiam criar agitação social. "O que Darwin fez foi tomar a economia política do início do século XIX e expandi-la para incluir tudo na economia natural".[222]

---

[222] LEWONTIN, Richard Charles. *Biologia como ideologia*. Ribeirão Preto: FUNPEC, 2000. p. 14.

Lewontin anota, ainda, que o evolucionista, ao criar a sua "teoria da seleção sexual na evolução", imprimiu regras de etiqueta de sua cultura sobre a formação dos casais na natureza. Os machos que, no dizer de Lewontin, "exibem cores brilhantes ou complexas danças de acasalamento" parecem executar um plano premeditado de sedução, e as fêmeas que os escolhem parecem ligar a performance dos pretendentes a efeitos reprodutivos vantajosos. Não que *A origem das espécies* suponha uma "consciência" nos bichos, de modo algum, mas a lógica que os moveria na natureza se parece demais com a lógica dos flertes civilizados na corte vitoriana. "Ao ler a Teoria de Darwin, pode-se ver a jovem e distinta dama sentada em seu sofá enquanto o pretendente ajoelhado aos seus pés suplica por sua mão, já tendo dito ao pai dela quantas centenas de rendimento anual ele possui".[223]

Darwin tinha consciência de tudo isso? Certamente, não. Ou, nas palavras cautelosas de Lewontin, isso "não está claro".[224] O fato é que o bicho darwinista ficou famoso como a caricatura neutra, não declarada, do ser capitalista. A imagem ficou. Mais tarde, o economista norte-americano John Maynard Keynes[225] falaria em "espírito animal" para caracterizar o comportamento econômico de seres humanos. O animal de *A origem das espécies* é o análogo exato do empresário ideal de Adam Smith que, buscando instintivamente a sobrevivência, sem nenhuma boa intenção que não o lucro, conduz a sociedade (a natureza) rumo à riqueza geral (a evolução). Os pássaros não precisam ter consciência de seus atos para brigar pela vida. Os negociantes não precisam ter consciência do negócio para enriquecer. O cientista não

---

[223] *Ibidem.*

[224] *Ibidem.*

[225] Para Keynes, o "espírito animal" no agente econômico encerraria "um impulso espontâneo para a ação, em vez da inação" ("*a spontaneous urge to action rather than inaction*"), e este se sobrepujaria a cálculos e pensamentos matemáticos na tomada de decisão. Ver: KEYNES, John Maynard. *The General Theory of Employment, Interest and Money*. London: Macmillan, 1936. p. 161 e 162.

precisa – e não pode – ter consciência para fazer ideologia. Darwin levou o *laissez-faire* burguês a bordo do *Beagle* para entender as bicadas que viu em Galápagos, e isso não desqualifica em nada o brilho magnífico de suas descobertas.

Seja como for, debater a ideologia de sua ideologia é uma pauta incômoda. Aliás, a simples palavra "ideologia" desconforta os colóquios do *establishment*. Não surpreende que tenha adquirido um sentido pejorativo, um sinônimo de inverdade, de viés. Vivemos em um ambiente que chama de "ideológico" todo enunciado ao qual se acusa de sacrificar a objetividade em proveito do *parti pris*. À nossa volta, muita gente acredita que existem dois, somente dois tipos de discurso: o verdadeiro (desprovido de ideologia) e o ideológico (desprovido de verdade).

Por óbvio, quando alguém levanta a mão para dizer que Charles Darwin fez ideologia é recebido como um tipo mal-educado, um desordeiro acadêmico. Sendo cientista, Darwin só pode ser tratado como a encarnação da verdade sacrossanta, nada tendo de ideológico. Mas que ele fez ideologia, fez. E quem não faz?

Ideários

Em 2019, o economista francês Thomas Piketty lançou o best-seller *Capital e ideologia*. Em boa hora. O livro presta um serviço à razão, seja porque tira a palavra do exílio moral em que se encontrava, seja porque apresenta uma denúncia consistente contra o trabalho dos discursos dominantes que favorecem a desigualdade no mundo. Ao mascarar a desigualdade, esses discursos agem para perenizá-la. Piketty mostra isso muito bem.

O autor acerta quando diz que "as ideologias tendem com frequência a 'naturalizar' as desigualdades".[226] Vai direto ao ponto quando

---

[226] PIKETTY, Thomas. *Capital e ideologia*. Tradução de Maria de Fatima Oliva do Coutto e Dorothee de Bruchard. São Paulo: Intrínseca, 2020. (Edição digital [ePub], posição 261-25168).

adverte que os mais ideológicos de todos são aqueles que batem o pé, em sua objetividade suprema, acusando os demais de ideológicos.

> Com frequência é qualificada como ideológica uma visão que se caracteriza pelo dogmatismo e pela pouca preocupação com os fatos. O problema é que, muitas vezes, esses que professam o pragmatismo absoluto são, de todos, os mais "ideológicos" (no sentido pejorativo do termo): sua postura pretensamente pós-ideológica mal disfarça seu parco interesse pelos fatos, a extensão de sua ignorância histórica, o primarismo de seus pressupostos e de seu egoísmo de classe.[227]

Ao destacar o emprego pejorativo do termo justamente pelos que se pretendem superiores a qualquer fraqueza ideológica, o economista chama a atenção para a irracionalidade dessa conduta. O sujeito que sai por aí xingando seus adversários de "ideológicos" realmente se imagina portador da verdade. Há mesmo os que invocam o evangelho de São João – "Eu sou A verdade" – para, brandindo o catecismo, insultar os oponentes. Quase nunca esse falante nota que, também no caso dele, como no de Darwin e de São João, a linguagem transpira ideologia.

Contudo, à parte o bom alerta, o autor se ancora em um entendimento bastante reduzido da palavra que está no título do seu livro. Adota uma acepção básica, sumária mesmo, de um conceito que ainda espera por ser compreendido em sua dimensão maior. Isso é um problema: "Neste livro, vou tentar empregar a noção de ideologia de modo positivo e construtivo, isto é, enquanto um conjunto de ideias e discursos *a priori* plausíveis, que visam descrever o modo como a sociedade deve se estruturar".[228]

Nesse corte metodológico, Piketty promove um reducionismo arbitrário. Seu reducionismo tem sentido, não está incorreto, mas poderia lidar com complexidades maiores, que precisam ser estudadas. Em defesa da escolha que ele fez, admitamos que a ideologia pode, sim, ser entendida como "conjunto de ideias e discursos".

---

[227] *Idem*, posição 306-25168.

[228] *Idem*, posição 179-25168.

De fato, um "conjunto de ideias e discursos" constitui um acervo inequivocamente ideológico, e o economista tinha motivos para optar pelo corte reducionista. Para ele, o que interessava não era o exame integral do conceito, mas seu emprego específico para a manutenção da desigualdade. Por isso, enfoca a ideologia apenas em sua aparência imediata, em sua dimensão contratual e propositiva. Ele investiga, por aí, as diversas posições "sociais, econômicas e políticas"[229] (em textos de economistas, políticos e capitalistas) que disputam a preferência da opinião pública. Piketty mergulhou nas intenções manifestas, publicadas. Esmiuçou as "narrativas"[230] (termo que usa quase como sinônimo de "ideologias"). O economista está interessado nas ideologias como "construções históricas" que "dependem" do "sistema jurídico, educacional e político".[231]

Em tudo isso, Piketty convence seu leitor. No entanto, o que ele chama de ideologia é apenas uma parte da ideologia. Ele trata o tempo todo dos ideários, aqueles conjuntos de ideias expressamente formuladas, manifestas, declaratórias, publicadas propositalmente com o fim de expressarem o que expressam. Existe ideologia nisso, indiscutivelmente, mas a ideologia é muito mais do que isso. Se, no livro de Piketty, nós substituirmos o substantivo "ideologia" pelo substantivo "ideário", não teremos nenhum prejuízo de método ou de lógica.

Um ideário cabe em folhas de papel, a ideologia não (só uma parte dela se entrega nos textos). Um ideário é o que encontramos num programa partidário, na exposição de motivos que antecede um projeto de lei, num editorial de jornal, no *abstract* de uma tese econômica. A ideologia, quando vista por inteiro, não cabe dentro de nada disso. Todas essas formas discursivas (o editorial, a plataforma partidária, o

---

[229] *Idem*, posição 179-25168.

[230] *Idem*, posições 125 e 131-25168.

[231] "[*Ideologias*] são construções sociais e históricas que dependem inteiramente do sistema jurídico, tributário, educacional e político que se escolhe instituir e das categorias que se opta por criar" (*idem*, posição 254-25168).

texto jurídico, a tese econômica) são manifestações declaratórias, de valor mais ou menos contratual: são peças que se apresentam como um compromisso que o autor celebra com a sociedade (ou com o público leitor). Existe ideologia em cada palavra dessas peças, mas existe ideologia ainda mais carregada nas adjacências dessas formas discursivas, nas omissões e principalmente em outros conteúdos que não fazem parte desse conjunto. Uma sociedade pode revelar mais de sua ideologia em suas formas ficcionais do que nos discursos dos seus líderes políticos. Justamente lá, onde não é explícita, ela é mais atuante. A ideologia não prima por ser explícita.

É claro que, examinando os ideários e somente eles – expressos, denotados –, poderemos equacionar os impasses políticos de uma sociedade (podemos entender, por exemplo, por que ela faz escolhas conservadoras ou progressistas). Mas há mais coisas a equacionar, e, com esse conceito deliberadamente enxuto, não poderemos equacioná-las. Jamais compreenderemos, por exemplo, por que o discurso científico, por mais esmerado que seja o seu método, exala tanta ideologia quanto o sermão de um padre.

O hábito de encolher toda a ideologia numa contração concisa de ideário não é de agora. Vem de tempos atrás. Não foi inventado por Piketty. Em 1980, o livro *O que é ideologia*, da filósofa Marilena Chaui, já acusava o cacoete metodológico como um vício epidêmico na academia e no senso comum: logo na sua primeira página, ela dizia que as tendências a reduzir o conceito a um "conjunto sistemático e encadeado de ideias" são comuns e "confundem ideologia com ideário".[232] O breve livro de Marilena Chaui, de apenas 120 páginas, em formato de bolso, se tornou um dos maiores sucessos do mercado

---

[232] CHAUI, Marilena. *O que é ideologia*. São Paulo: Brasiliense, 1980. p. 7. Nessa mesma obra, de rara clareza, Marilena destaca que "uma teoria" pode correr "o risco de estar, simplesmente, produzindo ideologia". Ela não cita Darwin e a *Origem das espécies*, mas, de longe, dialoga com as considerações de Lacan, citadas no início deste capítulo, sobre o sucesso da obra do evolucionista inglês no século XIX (p. 13).

editorial brasileiro, mas o cacoete metodológico não arrefeceu. Nossa visão do seu significado segue estreita, quase burocrática.

Em raríssimas passagens, como quando fala da "naturalização da desigualdade", Piketty tangencia a dimensão inconsciente. Também quando fala da ideologia como "tentativas coerentes de dar respostas",[233] o autor flagra aspectos essenciais, que vão além dos ideários. De fato, por meio dessa função de dar suas respostas, martelando "verdades" afirmativas (suas respostas), a ideologia inibe o impulso de perguntar e obtura a dúvida. Mas no geral, infelizmente, o inconsciente é uma dimensão irrelevante para Piketty. Essa palavra, a propósito, não comparece a nenhuma das centenas de páginas de seu livro. É pena, porque, se precisamos, como precisamos, olhar o que se passa num horizonte mais largo, o horizonte da Superindústria do Imaginário, não deveríamos desprezar a ideologia que vive além dos ideários.

Uma chave e as representações que ela pode abrir

Isto posto, dizer que a ideologia é inconsciente é uma platitude. É mais ou menos como dizer que o desejo é inconsciente, que o poder interpela o inconsciente, que a religião traz confortos inconscientes. Tendo em vista que o inconsciente habita o sujeito mais ou menos como as moléculas de água se espalham pelo corpo humano, tudo o que se refira à condição humana terá parte com o inconsciente. Portanto, dizer que a ideologia tem parte com o inconsciente não nos tira do lugar. Para complicar um pouco mais, não é simples ir além disso. Se queremos avançar, precisamos de bases de método para investigar as relações entre as duas ordens. Precisamos de uma chave.

Para nossa sorte, a chave existe. Vamos encontrá-la num pequeno livro, *Aparelhos ideológicos de Estado*, de 1970, escrito pelo filósofo francês

---

[233] "Uma ideologia é uma tentativa mais ou menos coerente de trazer respostas a um conjunto de questões extremamente amplas envolvendo a organização desejável ou ideal da sociedade" (PIKETTY, Thomas. *Capital e ideologia*, posição 179-25168).

Louis Althusser. Muitos dirão que o texto de Althusser já está ultrapassado, e não estarão errados. O que nos interessa nessa breve obra, no entanto, o conceito de "ideologia em geral", nunca foi tão atual. Por esse conceito singular, e apenas por ele, a breve obra de Althusser ainda vale a pena.

Quanto ao resto, não. Os trechos sobre a "ideologia dominante" ou a "ideologia da classe dominante" ficaram datados. Ao lê-los, temos a impressão de que a ideologia é apenas o nome que se dá aos pacotes de tapeações que os de cima inventam para enganar os de baixo e continuar mandando. Ah, se fosse só isso. Também quando apresenta seus "aparelhos ideológicos de Estado" – a igreja, a escola, a imprensa, entre outras instituições – e sugere esquemas estruturais que se assemelham a maquetes de arquitetura de edifícios, o livro perde interesse para o leitor atual. Haja "estruturas". Althusser vislumbra a sociedade como o esqueleto de um arranha-céu: no alicerce, aloja as relações sociais propriamente ditas (a "infraestrutura") e, na cobertura, ambienta um restaurante giratório com sábados dançantes e luz estroboscópica (a "superestrutura", onde faísca a ideologia).

Há nisso tudo um certo anticlímax da filosofia. Com tamanho esquematismo, os tais "aparelhos ideológicos de Estado" não resistem a uma arguição, mesmo que superficial: não são nem "aparelhos" (posto que não se prestam a uma obediência cega a uma "ideologia dominante"), nem "ideológicos" (pois sua função "ideológica" não é aparelhável) e muito menos são "de Estado" (muitas vezes são apenas do capital), sobretudo numa sociedade globalizante.

Quanto à ideia de "ideologia em geral", esta, sim, resiste como uma chave insubstituível. Ao tratar dela, o filósofo se afasta de uma abordagem da ideologia como expediente instrumental da "classe dominante" e começa a pensar em termos de uma "representação de relações imaginárias". Aí, o livro respira, saudável. Diz Althusser: "A ideologia é uma 'representação' da relação imaginária dos indivíduos com suas condições reais de existência".[234]

---

[234] ALTHUSSER, Louis. *Aparelhos ideológicos de Estado: nota sobre os aparelhos ideológicos de Estado (AIE)*. 2. ed. Rio de Janeiro: Edições Graal, 1985. p. 85.

O que é "representação"? Um fator significante que assume o lugar de outro. A ideologia "representa" (exerce o papel de fator significante) outra coisa que não ela mesma – e, para Althusser, essa outra coisa é uma "relação imaginária". Ora, a "relação imaginária" também nada mais é do que uma representação – a representação de uma terceira coisa que não se mostra de modo algum. O que temos são dois níveis de representação, recobrindo um terceiro nível onde se esconde a coisa propriamente dita: o primeiro, o externo, visível, é a "representação da relação imaginária"; o segundo, submerso, é o da "relação imaginária" representada; no terceiro nível, absolutamente oculto, estão "as condições reais de existência" dos indivíduos.

O filósofo propõe, então, uma abstração em três níveis, inteiramente apoiada em processos inconscientes, não racionais. O "indivíduo" da fórmula althusseriana consegue ver alguns reflexos luminosos da "representação", mas apenas superficialmente, transitoriamente. A "representação", por sua vez, vai dar notícias para o "indivíduo" sobre as tais "relações imaginárias", e estas, por fim, cuidam de encobrir as "condições *reais* de existência".

Esse adjetivo no plural, "reais", não indica uma realidade palpável, visível. Nesse vocabulário, o termo "real", seja substantivo, seja adjetivo, significa uma existência concreta mais profunda – na verdade tão profunda que não é assim tão explícita, tão fácil de ver ou de dizer. As "condições reais de existência" são invisíveis e indizíveis – além de serem cobertas, encapadas, pela "relação imaginária" e pela "representação".

Na psicanálise que Althusser estudou – da qual traremos alguns elementos mais adiante, na quarta parte deste livro –, a palavra "real", como substantivo ou como adjetivo, faz referência ao que não pode ser banhado pela linguagem. Logo, as "condições *reais* de existência" se põem na fórmula como condições inapreensíveis: não estando na linguagem, ou estando apenas marginalmente na linguagem, as "condições *reais* de existência" não têm como ser "representadas", não têm como ser faladas.

Agora, sim, a discussão começa a ficar interessante. Já não estamos mais chamando de "ideologia" a defesa que um deputado faz da meritocracia. Já não estamos lendo a proposta de privatização que um senador defendeu na tribuna. Agora, o que está em pauta não são mais os ideários expressos, os discursos conscientes, e o conceito de "ideologia" ultrapassa as paredes de gesso do "ideário" para designar também o que escorre para longe, o que acaricia os desvãos da linguagem, o que projeta as miragens que ludibriam os de baixo, os de cima e a própria razão. Por essa chave, finalmente, começamos a detectar sinais tênues do trabalho imperceptível da ideologia nas franjas do inconsciente.

É verdade que, ao falar do "indivíduo" e de sua "relação imaginária com suas condições reais de existência", Althusser dá a impressão de que a ideologia existe no plano individual. Mas não é assim, como ele mesmo trata de esclarecer. A ideologia acontece *entre sujeitos*: "A estrutura especular duplicada da ideologia garante ao mesmo tempo o reconhecimento mútuo entre os sujeitos e o Sujeito, e entre os próprios sujeitos, e finalmente o reconhecimento de cada sujeito por si mesmo".[235]

Então, feitos os prolegômenos, o autor parte para o conceito de "ideologia em geral": "Eu posso apresentar o projeto de uma teoria da ideologia em geral, e se esta teoria é um dos elementos do qual dependem as teorias das ideologias, isto implica uma proposição aparentemente paradoxal que enunciarei nos seguintes termos: a ideologia não tem história".[236]

As pequenas ideologias (os ideários) têm história, assim como têm limitações históricas. A "ideologia em geral", não.[237] Ela parece brincar

---

[235] *Idem*, p. 103. Esse "Sujeito", grafado com letra "S" maiúscula, não interfere no raciocínio, mas um esclarecimento mínimo viria a calhar. Para Althusser (não necessariamente para os psicanalistas), o Sujeito com "S" maiúsculo é aquele diante do qual os sujeitos (com "s" minúsculo) se sujeitam. Um "aparelho ideológico", um líder supremo, o Estado ou o capital podem estar nesse lugar de Sujeito com "S" maiúsculo.

[236] *Idem*, p. 82-83.

[237] "Por um lado, acredito poder sustentar que as ideologias têm uma história sua (embora seja ela, em última instância, determinada pela luta de classes); e por outro lado acredito poder sustentar ao mesmo tempo que a ideologia em geral

com as noções de passado e futuro, parece embaralhar os tempos. Por quê? Justamente porque a "ideologia em geral" se comporta como o inconsciente. A menção é literal:

> Eu diria, fornecendo uma referência teórica retomando o exemplo do sonho, desta vez na concepção freudiana, que nossa proposição "a ideologia não tem história" pode e deve (e de uma forma que nada tem de arbitrária, mas que é pelo contrário teoricamente necessária, pois há um vínculo orgânico entre as duas proposições) ser diretamente relacionada à proposição de Freud de que o inconsciente é eterno, isto é, não tem história.[238]

A alusão de Althusser ao "sonho na concepção freudiana" muda o paradigma. Nos sonhos, não existe cronologia: eventos passados e futuros se reúnem em um "presente em acontecendo", em que os atos são simultâneos, como se tudo estivesse acontecendo ao mesmo tempo. Só existe um estado de eternidade (freudiano), ainda que a ansiedade venha infernizar quem sonha. Os pesadelos são sonhos ansiosos, em que, sobre a eternidade do inconsciente, o corpo do sujeito, em lentidão orgânica, não consegue dar respostas para uma velocidade em aceleração opressiva. Ao acordar, aquele que sonhou procura narrar suas aventuras e desventuras oníricas, organizando-as precariamente em sua fala de vigília, mas, nos sonhos propriamente ditos, não há linearidade cronológica – linearidade que também não há na ideologia em geral.

Com isso, o conceito de "ideologia em geral" diz adeus aos resmungos de "falsa consciência", tão cultivado entre marxistas.[239] A presunção da "falsa consciência", invariavelmente imputada ao operário

---

não tem história, não em um sentido negativo (o de que sua história está fora dela), mas num sentido totalmente positivo" (*idem*, p. 84).

[238] *Idem*, p. 84.

[239] Na síntese erudita, elegante e íntegra de Jacob Gorender, "a ideologia é, assim, como uma consciência equivocada, falsa, da realidade". Ver: GORENDER, Jacob. Apresentação. In: MARX, Karl. *O capital: crítica da economia política*.

explorado, é sempre a contraparte da consciência esperta e sagaz do burguês que o explora. Althusser sai desse padrão melodramático. Em vez de "falsa consciência", prefere falar em "relação imaginária". São termos distintos, com significados distintos. Ademais, a postulação de uma "falsa consciência" traz um complicador adicional: aquele que diz ser "falsa" a consciência do outro se põe na posição de quem conhece a consciência que seria "verdadeira". E será que conhece?

Nota fúnebre sobre uma escola panfletária

Sem a chave de Althusser, estaríamos ainda hoje enfurnados na ortodoxia encerrada em si mesma, na qual a ideologia se resume a uma fraude da classe dominante. Já vimos que o próprio filósofo resvalou um pouco por aí, como quando discorre sobre ideologia dominante, mas vimos também que ele deu um passo a mais. Outros, muitos outros, nunca se libertaram da comodidade intelectual que encontraram nessa escola, por assim dizer, panfletária.

Nessa escola, a ideologia não passa de um ardil mal-intencionado para levar o explorado a se sentir parte de uma ordem que, por baixo das aparências, simplesmente o exclui: um teatro de congraçamentos no qual o burguês não embarca, a não ser por simulação, e o operário não cabe, a não ser por sujeição. Sendo uma operação prestidigitadora perpetrada de propósito, uma aparência de comunhão para camuflar a exploração mais selvagem, a ideologia é descrita como um jogo de cena sob controle meticuloso da tal "classe dominante". A palavra passa a designar uma espécie de doença moral da burguesia. A sociedade, por sua vez, não se divide propriamente em classes, mas em dois tipos de pessoas: o tipo tolo, formado pelas pessoas que caem nas engabelações, e o tipo esperto, formado por gente tão sagaz que aprendeu a fabricar uma ideologia a seu favor. A miséria do pensamento reduz a História a uma paródia de blefes, e o capitalismo, à consequência do egoísmo burguês.

Livro I: o processo de produção do capital. Tradução de Rubens Enderle. São Paulo: Boitempo, 2013. (Edição digital [ePub], posição 30-1493).

Por uma caprichosa ironia dos sectarismos, o maniqueísmo panfletário de esquerda não fica muito longe do modelo mental dos tiranetes ultraliberais de direita. À esquerda, os voluntaristas convocam os oprimidos a declararem guerra à ideologia (a "falsa consciência" engendrada pela "classe dominante"); à direita, os oportunistas citam o Evangelho de São João para se declarar portadores da verdade, e também declaram guerra à ideologia (o império da mentira). Ambos deliram: não sabem que existe, nas reentrâncias do que chamam de manipulação, o tecido do inconsciente; não desconfiam que, em seu frêmito exorcista para banir toda a ideologia da face da Terra, são os mais ideológicos que existem.

Não que os dois, opostos, sejam comparáveis do ponto de vista ético ou político. Mesmo quando vulgar, a esquerda crítica dos nossos dias guarda compromissos com a democracia, enquanto os tiranetes da direita a querem destruir, apostam tudo na desinformação generalizada, preferem o caos, insuflam o fanatismo. Os dois polos, portanto, não se equivalem. A esquerda, em seus arroubos mais panfletários, empobreceu o léxico e a dialética, mas não rompeu com a tradição dos Direitos Humanos e cumpriu uma função de popularizar algum conhecimento sobre o assunto. Por exemplo, ensinou que a dominação de classe envolve ocultamentos e dissimulações, criando uma atmosfera acolhedora para encobrir um regime de violenta espoliação dos mais fracos e transformando o ideal burguês em sinônimo de humano, de universal e de natural. Nisso, essa escola cumpriu um bom papel.

O problema é que não vão além disso, e infernizam a paciência dos que tentam ir.

Tramas de ideias em esconde-esconde

O filósofo Claude Lefort, que jamais se rendeu ao panfletarismo, correu o risco de ser original. Devemos muito a ele. Propôs um modelo intelectual menos raso e, por isso, indispensável. Para Lefort, a ideologia é "um sistema de representações que se mantém por si e converte em condições universais da experiência as condições de fato da prática social e do discurso social".[240]

Além de universalizar o particular e naturalizar o desumano (o antinatural), o "sistema de representações" aciona uma terceira inversão, da qual Lefort não fala diretamente, mas que é tão determinante quanto as outras duas. Essa terceira inversão acontece sobre o tempo, no inchaço do presente, na hipertrofia temporal do gerúndio histórico. O sujeito, afetado pela ideologia, vivencia esse efeito na forma de um rumor intenso, um zumbido presentificante, uma bolha sem passado nem futuro que lhe impõe sempre mais tarefas e mais prazeres do que ele é capaz de entregar. No "sistema das representações", o que gera essa inversão é a profusão de respostas cheias de certeza, reverberativas, redundantes. Ao desautorizar toda dúvida e todo questionamento (toda reivindicação de direitos), as certezas tonitruantes empurram o futuro um pouquinho mais para a frente, no exato sentido de que oculta as incertezas, varrendo-as para debaixo do tapete do presente. Se só há futuro por detrás do véu das incertezas, ou seja, se a incerteza é uma escala obrigatória entre o presente e o futuro, a ideologia opera para bloqueá-lo. Só o que ela autoriza é o que reafirma a ordem presente, a continuação do mesmo. Também por esse ângulo, a ideologia não tem História: expulsa a História.

Claude Lefort escreveu, em 1974, que "a ideologia se ordena em razão de um princípio de ocultamento".[241] Mas não é só isso. Mais do

---

[240] LEFORT, Claude. *Les formes de L'Histoire: essais d'anthropologie et politique*. Paris: Gallimard, 1978. p. 234 – conforme cita Milton Meira do Nascimento em *Opinião pública e revolução*, p. 26.

[241] LEFORT, Claude. Esboço de uma gênese da ideologia nas sociedades modernas. In: LEFORT, Claude. *As formas da história: ensaios de antropologia política*. Tradução de Marilena Chaui. São Paulo: Brasiliense, 1979. p. 26. Nesse trabalho, Lefort trata em diversas passagens sobre o ocultamento. No início do texto, constata também que a palavra ideologia incomoda, e critica um certo barulho em torno do que seria "o fim das ideologias" (p. 7). Lefort adverte que a ideologia é muito mais que os conteúdos manifestos (p. 7 e 8) e chama a atenção para o inconsciente de Freud (p. 8). O ensaio está publicado também em: LEFORT, Claude. *As formas*

que produzir ocultamentos para os explorados, a ideologia se oculta para os exploradores. Ela se esconde daquele a quem subjuga e também se esconde daquele que pensa subjugá-la, ou subjugar os demais por meio dela. Ela subjuga a este também. Ninguém governa o "sistema de representações". Ele é inadministrável, ingovernável, incontrolável. Nisso reside o ponto mais contraintuitivo e mais perturbador dessa história toda.

O linguista e filósofo francês Michel Pêcheux aprofundou o nexo estabelecido por Althusser, explicando melhor o espelhamento inconsciente e a ideologia: "[...] o traço comum a essas duas estruturas, respectivamente chamadas de ideologia e inconsciente, é o fato de elas operarem ocultando sua própria existência".[242]

O ocultamento vale para todos, notadamente para o falante que se pretende portador da verdade. A professora brasileira Jeanne Marie Machado de Freitas, pioneira nas Ciências da Linguagem, ensinava que a ideologia, mais do que ocultar-se do sujeito, convida-o a se ocultar de si mesmo. Ela oculta, nele e para ele, sua própria condição de sujeito barrado, de sujeito que não sabe de si. Nessa perspectiva, o "sistema de representações" funciona por mascaramentos que sonegam ao sujeito as informações sobre seus desejos mais aterrorizantes e suas faltas mais devastadoras. As "representações" ideológicas são indispensáveis para que o sujeito minta para si mesmo. E seguem sendo incontroláveis.

Para visualizar essa mecânica um pouco mais de perto, pensemos num exemplo prático: o fanatismo homofóbico. Esse conhecido tipo de tara social, um sintoma ideológico escarrado, em estado bruto, canaliza as energias do sujeito na forma de ódio pulsional justamente para que o sujeito não saiba de si. O fanático que sai às ruas para agredir gays não enxerga seu próprio desejo homoafetivo, que lhe

---

da história: ensaios de antropologia política. Tradução de Marilena Chaui. São Paulo: Brasiliense, 1979.

[242] PÊCHEUX, Michel. O mecanismo do (des)conhecimento ideológico. In: ŽIŽEK, Slavoj (Org.). *Um mapa da ideologia*. Tradução de Vera Ribeiro. Rio de Janeiro: Contraponto, 1996. p. 148.

serve de combustível em sua fúria. Em retorno, na imagem que faz de si (sua autoimagem), esse sujeito simula sua identidade como se ela fosse um revestimento imaculado, sem reentrâncias, sem fissuras, como o acabamento de um iPhone. O fanático se olha no espelho e vê uma fisionomia sem contradições, sem vazios. Mas ele só se reconhece à medida que desconhece o próprio desejo. Desconhecedor de si, alista-se como combatente de uma guerra justa ou, quem sabe, santa. Como lemos no texto de Jeanne Marie:

> A ideologia projeta sobre os sujeitos sua própria unidade e estes podem, consequentemente, ser pensados como indivíduos e ser classificados como bons e maus, trabalhadores e ociosos, dignos e indignos etc. Desta maneira, o reconhecimento é um desconhecimento.[243]

Ideologia e inconsciente desaparecem aos olhos do sujeito, que se reconhece coeso porque se desconhece. A primeira sonega seu caráter de classe porque o segundo, na outra ponta, sonega sua natureza de incompletude. Uma não age sem o outro. É nesse sentido que os textos declaratórios, as plataformas partidárias e os pronunciamentos manifestos são apenas a camada visível, óbvia e menos enigmática da ideologia, cuja força maior se pronuncia muito longe dessa camada.

"Tudo quanto se deve deparar por meio das palavras"

Voltemos uma vez mais àquela noção de "conjunto das ideias". Ela vem de longe. No século XIX, o filósofo francês Antoine Destutt de Tracy, o inventor da palavra ideologia, deixou pistas fundadoras a respeito. No seu livro *Eléments d'idéologie*, uma obra em três volumes publicada entre 1817 e 1818, Destutt de Tracy criou a definição que faria escola. No primeiro volume, no capítulo 11, depois de consumir dezenas e dezenas de páginas recapitulando algumas das principais

---

[243] FREITAS, Jeanne Marie Machado de. *Comunicação e psicanálise*. São Paulo: Escuta, 1992. p. 109.

ideias elaboradas ao longo da História, ideias tidas por ele como verdadeiras, ele afirma que a matéria se ocupa justamente disso: do conjunto das ideias. Não um conjunto localizado, pequeno, episódico, mas extenso, tão extenso que cobre toda a História do pensamento.

A partir de seu amplíssimo conjunto de ideias, o autor admite somente aquelas sobre cuja formação e filiação podemos estar seguros, a ponto de tomá-las como as "nossas" ideias. Em seu grande tratado em três volumes, o filósofo aristocrata (mas anticlerical e materialista) ainda se dedicou à gramática e à lógica, que regerão as formas de expressar essas ideias (e de "regular nossos sentimentos e nossas ações e direcionar os dos outros"), mas a ideologia propriamente dita tem por objeto os fundamentos e as raízes das ideias "verdadeiras".[244] Destutt de Tracy

---

[244] DESTUTT DE TRACY, Antoine. *Eléments d'idéologie*, v. 1. France: Norp-Nop Editions, 2011 (Edição digital [ePub], cap. 11, posição 1821-10530): "Sem dúvida, estamos longe de ter feito uma história completa da inteligência humana; seriam necessários milhares de volumes para exaurir um assunto tão vasto, mas pelo menos fizemos uma análise exata dela; e as poucas verdades que reunimos estão, se não me engano, livres de toda obscuridade, de toda incerteza e de todas as suposições imprecisas, de modo que podemos ter plena certeza sobre essas verdades: resulta disso que, estando certos sobre a formação e filiação de nossas ideias, tudo o que diremos depois sobre como expressá-las, combiná-las, ensiná-las, sobre regular nossos sentimentos e nossas ações, e direcionar os dos outros, serão apenas consequências dessas preliminares, e irão repousar em uma base constante e invariável, decorrente da própria natureza de nosso ser. Ora, essas preliminares constituem o que é especialmente chamado de ideologia; e todas as consequências que dela derivam são objeto da gramática, da lógica, do ensino, da moralidade privada, da moralidade pública (ou arte social), da educação e da legislação, que nada mais é do que a educação de homens adultos. Só vamos nos perder em todas essas ciências se perdermos de vista as observações fundamentais em que se baseiam" (Tradução livre do autor. No original: "*Sans doute nous sommes loin d'avoir fait une histoire complète de l'intelligence humaine; il faudrait des milliers de volumes pour épuiser un sujet si vaste, mais du moins nous en avons fait une analyse exacte; et le peu de vérités que nous avons recueillies est, si je ne me trompe, dégagé de toute obscurité, de toute incertitude, et de toute supposition hasardée, en sorte que nous pouvons y prendre une entière assurance: d'où il arrive qu'étant certains de la formation et de la filiation de nos idées, tout ce que nous dirons par la suite de la manière d'exprimer ces idées, de les combiner,*

não queria nada com ideias mentirosas. No seu conjunto de ideias, só entravam as boas. Piketty, duzentos anos depois, também entende a ideologia como conjunto de ideias, mas, no caso dele, são as ideias que corroboram a desigualdade. Não são, portanto, tão boas assim.

Diferenças à parte, são muitos os que associam ideologias a ideias, e ponto final. É mais simples, mais positivo e mais direto. Mas, também por aqui, vamos perceber, aos poucos, que essas ideias não estão inteiramente sob o controle dos que as formulam e dos que as estudam. As evidências disso não são imediatas, mas são bastante convincentes.

Pensemos no seguinte: como pegar uma ideia, ou seja, como ter acesso a ela, como compreendê-la, criticá-la e empregá-la? Qual a substância de que é tecida uma ideia? Aristóteles escreveu uma resposta a essa pergunta, e sua resposta, embora antiga, segue atual. Para o grego, "é matéria das ideias tudo quanto se deve deparar por meio da palavra".[245] Logo, só podemos chegar às ideias por meio das palavras. Platão diria que as primeiras precedem as segundas, o que não importa – importa, sim, é que a associação lógica, necessária e, de resto, bastante conhecida entre ideia e palavra continua na ordem do dia. Se não for por meio das palavras, não haverá como apreender ou formular uma ideia.

---

de les enseigner, de régler nos sentiments et nos actions, et de diriger celles des autres, ne sera que des conséquences de ces préliminaires, et reposera sur une base constante et invariable, étant prise dans la nature même de notre être. Or ces préliminaires constituent ce que l'on appelle spécialement l'idéologie; et toutes les conséquences qui en dérivent sont l'objet de la grammaire, de la logique, de l'enseignement, de la morale privée, de la morale publique (ou l'art social), de l'éducation, et de la législation qui n'est autre chose que l'éducation des hommes faits. Nous ne pourrons donc nous égarer dans toutes ces sciences qu'autant que nous perdrions de vue les observations fondamentales sur lesquelles elles reposent").

[245] ARISTÓTELES. Poética. In: ARISTÓTELES. *Aristóteles*. São Paulo: Nova Cultural, 1996. p. 49, grifo meu (Coleção Os Pensadores). Aristóteles opera uma transformação no modelo de Platão, que preconizava um plano superior constituído das ideias e das formas, ambos "arquétipos eternos dos quais a realidade seria a cópia imperfeita e perecível" (Introdução, p. 13).

É claro que um professor infeliz, sozinho, trancado em sua biblioteca, pode ficar pensando coisas que não vá dizer jamais. Isso não significa, entretanto, que ele possa pensar sem usar palavras. Para pensar, para acessar as ideias, ele precisará de signos (palavras aí incluídas). Todos os pensantes precisam. Pensar é combinar e recombinar signos dentro da cabeça. Alguns indiscretos, quando falam o que não devem, gostam de se desculpar alegando que apenas "pensaram em voz alta". A desculpa é espirituosa, mas a frase, além de feita, não tem sentido. Falar não é "pensar em voz alta". Em nenhuma perspectiva. Pensar, sim, é que é "falar em voz baixa". Por um motivo banal: só se articula o pensamento por meio de mobilização de signos, mesmo em silêncio sepulcral ou obsequioso. É *falando*, mesmo que apenas mentalmente, mesmo que "em voz baixa", que o sujeito pensa. Mesmo quando pensa, espacialmente ou matematicamente, o sujeito só o faz quando se vale de signos. E signos ninguém tem os seus próprios, exclusivos. Todos eles são apanhados na linguagem, e lá, na linguagem, já contam com seus sentidos, seus significados, seus formatos e suas implicações gnosiológicas. O nosso hipotético professor confinado na biblioteca pode rearranjar os signos, mas jamais poderá controlar o sentido que eles têm ou terão quando forem devolvidos à linguagem e começarem a circular.

Com a ideologia é a mesma coisa: ela *já vem embarcada nos signos*, não é um ou outro falante que tem o poder de, sozinho, enfiá-la dentro deles. As palavras, que são signos por excelência, trazem inscritos preconceitos sortidos. Tomemos a expressão "ideais nobres" ou o verbo "judiar". Quem quer que as pronuncie vai passar preconceitos adiante, mesmo sem ter a intenção. Acreditar que se possa lançar mão soberanamente de signos para depois, por meio deles, conformar uma "ideologia" conveniente não passa de uma crença ideológica. Os signos não são como ingredientes de uma receita de cozinha, que o aprendiz de mestre-cuca acrescenta ou retira de seus pratos conforme seu discernimento e seu gosto. Já falam antes de serem falados. O sujeito pode brincar, fazer chistes, trocadilhos, mas jamais controlará os significados que terão as palavras para toda a comunidade de falantes.

O mesmo vale para a ideologia. Esta é maior do que as enunciações expressas, manifestas, por maior e mais abrangente que seja o "conjunto das ideias". Mesmo quando de dimensões milenares e transcontinentais, o ideário está para a ideologia como a gotícula de orvalho sobre o chão de tijolo está para toda a água do planeta, nas nuvens, nos oceanos, nos rios, no fundo da terra, nas geleiras, no ar, nos tecidos orgânicos dos corpos viventes. O orvalho evapora pela manhã, a água permanece na vida e além da vida. Os enunciados manifestos mudam, a ideologia demora. Os valores envelhecem, a ideologia perdura.

Sem essas distinções, não compreenderemos quase nada, nem mesmo como se formam as malhas digitais que enredam a humanidade pelas redes sociais. A internet parece uma estonteante novidade, na qual se propagam repertórios inéditos, mas qualquer observação menos distraída revelará que a ideologia que as redes sociais sintetizam deita raízes no cesarismo. Numa única e mísera manifestação de ódio político postada numa rede social, pulsam séculos de arbítrio. A tecnologia é nova, mas sua ideologia não é. Munidos do Twitter, do Facebook e dos serviços de mensageria privada, como o WhatsApp, os donos do poder mais autoritários tentam governar os humores dos seus liderados por meio de ideários intolerantes. No fundo, apenas reproduzem uma ideologia cujas origens remontam ao tempo do fascismo na Itália dos anos 1930, do bonapartismo francês do século XIX, ou dos césares na Roma antiga. Os ideários que eles acham que controlam (e que podem chamar de "verdade") mobilizam a ideologia que os amarra sem que eles percebam e faz deles os fantoches que são.

E o que vai dito aqui não é nenhuma novidade. Já tínhamos sido avisados disso. Nem mesmo os controladores da maior máquina de propaganda controlam a ideologia. Adorno e Horkheimer, no século passado, mostraram que os "capitães da indústria" não podem tudo em matéria de "manipulações". Às vezes podem muito, é verdade, mas não podem tudo. Os dois filósofos de Frankfurt, que nunca foram deterministas e mecanicistas como muitos de seus divulgadores, afirmaram que "o consumidor torna-se a ideologia da indústria da diversão".[246] Deveriam ter sido ouvidos. Clarividência maior, impossível. Os dois mostraram que a indústria cultural não é via de mão única do dominador para o dominado, mas um complexo sinuoso que capitaliza as demandas do dominado endereçadas ao dominador.[247] A dominação não consiste em impor ao dominado as ideias (ou o "conjunto das ideias") que o dominador julgue adequadas. A ordem não é linear. Ao transformar o "consumidor" em nada menos que sua própria ideologia, a "indústria da diversão" abre mão de qualquer outra "causa" que não seja ele, o "consumidor". A indústria não dita a ideologia do tempo, apenas procura sintetizá-la segundo tensões e rearranjos que os "capitães da indústria" não dominam por inteiro.

Já vimos que a ideologia subjuga os sujeitos independentemente de sua condição de classe. Faltou dizer que ela não subjuga o homem porque é explorado, mas subjuga o sujeito por ser sujeito, qualquer sujeito, seja o espectador anônimo ou o dono da maior *big tech* dos Estados Unidos ou da China. Que uns ganhem mais e outros menos no rateio final não significa que uns controlem a ideologia e outros sejam controlados por ela. A ideologia faz parecer civilização uma relação social selvagem, é verdade, mas, sendo ideologia, imprime

---

[246] ADORNO, Theodor W.; HORKHEIMER, Max. A indústria cultural: o esclarecimento como mistificação das massas. In: ADORNO, Theodor W.; HORKHEIMER, Max. *Dialética do esclarecimento: fragmentos filosóficos*, p. 148.

[247] Pierre Bourdieu, em *O poder simbólico*, refere-se a esse fenômeno ao tratar do poder simbólico: "A função propriamente ideológica do campo de produção ideológica realiza-se de maneira quase automática na base da homologia de estrutura entre o campo de produção ideológica e o campo da luta das classes" (BOURDIEU, Pierre. *O poder simbólico*. Tradução de Fernando Tomaz. São Paulo: Difel, 1989, p. 13). "O poder simbólico é, com efeito, esse poder invisível o qual só pode ser exercido com a cumplicidade daqueles que não querem saber que lhe estão sujeitos ou mesmo que o exerçam" (*idem*, p. 7 e 8.). Note-se: o dominador também age ideologicamente segundo esse "poder invisível", de forma inconsciente. O dominador não dita o poder invisível: é ditado por ele.

seus vetores tanto ao explorado como ao explorador.[248] A um ideário, o sujeito pode escolher aderir; à ideologia, não.

Resulta disso, também, que não há "ideologias alternativas". Podemos ter ideários que contestem outros ideários, mas não exatamente uma "ideologia" minoritária que postule o trono da "ideologia" principal ou "dominante". Nunca houve – hoje é mais simples averiguar e comprovar – uma "ideologia proletária" que pudesse ser posta no lugar da "ideologia burguesa". Mesmo na União Soviética, não havia exatamente uma "ideologia bolchevique". O *agitprop* distribuía cartazes baseados na estética do realismo socialista e nos bordões de certo "marxismo-leninismo" para incensar o culto à personalidade de Josef Stalin, mas não governava ideologia alguma. O regime construía os ideários, que certamente tinham seus efeitos ideológicos, mas a ideologia, ela mesma, escapava, transpirava em outras dimensões: por exemplo, na maneira pela qual os métodos burocráticos do czarismo sobreviveram no interior do Estado comunista. E, mesmo hoje, quando a burocracia stalinista, carcomida pela ferrugem, se reciclou em nova forma de autoritarismo, algo do czarismo ainda continua lá.

Na China contemporânea, pelas mesmas razões, há traços fortíssimos e assumidos de confucionismo na ditadura controlada pelo Partido Comunista, enquanto o monstrengo que teria sido batizado de "marxismo-leninismo-maoísmo" vira fumaça. A ideologia chumba um bloco histórico em outro, do mesmo modo que ordena a intuição espacial dos falantes: quando alguém olha para cima como a buscar esperança, sabedoria ou iluminação, reafirma um adestramento de

---

[248] Ver BAKHTIN, Mikhail. *Marxismo e filosofia da linguagem*. 8. ed. Tradução de Michel Lahud e Yara Frateschi. São Paulo: Hucitec, 1997. p. 36: "A realidade ideológica é uma superestrutura situada imediatamente acima da base econômica. A consciência individual não é o arquiteto dessa superestrutura ideológica, mas apenas um inquilino do edifício social dos signos ideológicos". Excetuada a renitente insistência em reduzir a sociedade à "maquete" de "infraestrutura" (relações de produção) e "superestrutura" (manifestações ideológicas das relações de produção), o diagnóstico de Bakhtin mata a charada: a consciência individual não é proprietária, mas inquilina no "edifício" dos signos.

ancestralidade remota, segundo o qual o divino e o poder pairam acima das nossas cabeças. Os filamentos de uma ideologia podem se estender por milênios ("não têm história", afinal); os alicerces dos ideários, que dependem de decretos, exércitos, leis e prisões, duram menos.

Uns ainda falam em "ideologia de esquerda" contra "ideologia de direita". Falam à toa. E, assim como não há uma "ideologia socialista", também não há uma "ideologia de gênero", apesar do alarmismo com que a extrema direita antidemocrática o amaldiçoa. Há, sim, grupos que defendem direitos não contemplados pelo ordenamento misógino e heteronormativo, mas eles não têm uma "ideologia" só para eles. Também não há uma "ideologia revolucionária" que dará conta de "conscientizar" os oprimidos. Não há sequer "conscientização". Não são as massas adestradas por ideólogos de melodrama que fazem revoluções. Nunca foi assim. Não havia uma "ideologia" na Lei Áurea, que, em 1888, aboliu oficialmente a escravidão no Brasil. Havia um ideário. Há, sim, uma ideologia ancestral e horrenda no racismo escravocrata que até hoje grassa em cada pedaço de chão do Brasil – mas também ela se capilariza, fora de controle.

Fora de controle e fora de qualquer "coerência". Olhemos a indústria cultural. Só o que veremos aí é a inconstância. Quando estudamos em retrospectiva o comportamento dos meios de comunicação, não encontramos um único indício de comportamentos que possam ser classificados como "tentativas coerentes de dar respostas" (para usar a expressão de Piketty). Suas programações celebram a apoteose da mais absoluta incoerência. Talvez os órgãos jornalísticos de alguma tradição guardem compromissos tênues com ideários expressos, mas a imprensa não passa de um quintalzinho ínfimo no meio do latifúndio rumorejante da mídia, das plataformas sociais e da indústria cultural. Para essas, a coerência, mais do que dispensável, é um embaraço. Uma rede de TV que vive de adular a ditadura militar pode muito bem no ano seguinte promover a idolatria do líder operário que fora encarcerado por aquela mesma ditadura. As peças de ficção que ratificam o racismo no inverno chegam todas galantes à primavera, embandeiradas de furor antirracista. Não está na "coerência" o amálgama das condutas ideológicas da mídia. Sua lei provém de outra parte: da máxima cunhada na filosofia da Escola de Frankfurt, segundo a qual "o consumidor torna-se a ideologia". Não é a "ideologia" que define o negócio, mas o inverso: para os "capitães da indústria", outra vez no dizer de Adorno e Horkheimer, "sua ideologia é o negócio".[249]

Continuemos ainda com eles: "A indústria cultural realizou maldosamente o homem como ser genérico. Cada um é tão-somente aquilo mediante o que pode substituir todos os outros: ele é fungível, um mero exemplar".[250]

Do espectador mais anônimo ao astro mais celebrado, todos dentro da indústria cultural são permutáveis, descartáveis. "Quanto menos promessas a indústria cultural tem a fazer, quanto menos ela consegue dar uma explicação da vida como algo dotado de sentido, mais vazia torna-se necessariamente sua ideologia."[251]

Outra vez: não há "respostas coerentes". E, vale repetir, já tínhamos sido avisados disso.

> A ideologia assim reduzida a um discurso vago e descompromissado nem por isso se torna mais transparente e, tampouco, mais fraca. Justamente por sua vagueza, a aversão quase científica a fixar-se em qualquer coisa que não se deixe verificar funciona como instrumento da dominação.[252]

Onde está a materialidade?

A tese de que a ideologia domina por ser vazia de conteúdos pode soar extravagante, mas é a receita justa para o funcionamento de um sistema que aninha sujeitos vazios de sentido. O fato de a ideologia vir

---

[249] ADORNO, Theodor W.; HORKHEIMER, Max. A indústria cultural: o esclarecimento como mistificação das massas. In: ADORNO, Theodor W.; HORKHEIMER, Max. *Dialética do esclarecimento: fragmentos filosóficos*, p. 128.

[250] *Idem*, p. 136.

[251] *Idem*, p. 137.

[252] *Idem*, p. 137-138.

sobrecarregada de certezas não implica que suas certezas venham sobrecarregadas de conteúdo. O tom assertivo – e vazio – é seu conteúdo. A ideologia diz alguma coisa sobre um tópico hoje e outro amanhã. É como o *flâneur*. A nenhum dos tópicos pertence. Nenhum deles a contém. Para ela, não importa *o que* se diz, mas *como* se diz. O *como* é a certeza.

Aos seres vazios de sentido, a ideologia entrega um lugar vazio ao qual pertencer. Mais do que poder ser vaga, ela *precisa* ser vaga, precisa desprezar os conteúdos *manifestos*, só lhe interessa ser o corpo invisível que abraça os conteúdos para depois jogá-los fora.

A ideologia é vazia porque pode ser preenchida por isso ou por aquilo, a depender das circunstâncias. Mas, atenção: com o mesmo vigor que ela precisa ser vazia de conteúdos, ela não pode ser vazia de signos. Sem signos (palavras, imagens), não se formam ideias e linguagem. Não se forma, portanto, ideologia. Esta joga com signos, é um jogo de signos. É verdade que o ato de pensar, do mesmo modo, é jogar com signos, mas na contramão da ideologia. Só existe pensar na contramão. E como só temos acesso às ideias por meio das palavras ou dos signos, como Aristóteles já sabia, também somente pelos signos teremos acesso aos fios que amarram uma ideia à outra, e às lâminas que os cortam.

Podemos dizer, assim, que a materialidade tanto da ideologia quanto do pensamento não está nos conteúdos vagos, mas nos signos imperantes. A materialidade não está nas intenções, nas declarações, nas teses manifestas, nem mesmo nos interesses de classe: está nos signos. É por aí que a televisão e as redes sociais, que são usinas de signos fervilhantes (não de conteúdos dotados de coerência), dão suporte material à ideologia.

A fórmula foi exposta pela primeira vez pelo filósofo e linguista russo Mikhail Bakhtin. Para sistematizar o estudo do tema, ele lançou três princípios, ou "regras metodológicas":

> 1. Não separar a ideologia da realidade material do signo. [...]
> 2. Não dissociar o signo das formas concretas de comunicação social. [...]

3. Não dissociar a comunicação e suas formas de sua base material (infraestrutura).[253]

No seu terceiro princípio, Bakhtin se refere à base, às relações sociais duras, e a isso denomina "infraestrutura", como fez Althusser nas páginas menos iluminadas de *Aparelhos ideológicos de Estado*. Sobre a materialidade dos signos, ele a escora na materialidade das relações sociais. Sabemos que os signos expressam, na linguagem, as contradições das hierarquias sociais, como quando os jornalistas chamam o entrevistado de "senhor" e este, ao responder, os trata por "você". Bakhtin percebeu que as relações de produção vêm impressas nos signos. Desse modo, a materialidade da ideologia, estando nos signos, se sustenta como dupla materialidade: aquela que se detecta na linguagem e se remete às relações sociais.[254]

Para Bakhtin, a consciência é parte essencial do sujeito. Mas, ao mesmo tempo, não tem materialidade: ela só é consciência quando lida de forma autônoma com os signos.[255] A consciência não é a origem das ideias. Só o que ela pode fazer é articular os signos que lhe são oferecidos pela interação social para, com eles, tecer a reflexão individual que será então devolvida à interação social, para o que há de verdadeiramente ideológico.

---

[253] BAKHTIN, Mikhail. *Marxismo e filosofia da linguagem*, p. 44.

[254] A linguista brasileira Eni Orlandi encontrou outra forma para destacar a materialidade da ideologia. Em lugar de signos e relações sociais, localiza no discurso (que já combina o signo e as práticas sociais) essa materialidade: "[...] a ideologia tem, pois, uma materialidade e o discurso é o lugar em que se pode ter acesso a essa materialidade" (ORLANDI, Eni. *Terra à vista*. São Paulo: Cortez, 1990. p. 16). Ela também escreve que "se a linguagem aparece nesse quadro teórico como a materialidade específica do discurso, este, por sua vez, se define como materialidade específica da ideologia" (*idem*, p. 28-29).

[255] "Os signos só emergem, decididamente, do processo de interação entre uma consciência individual e uma outra. E a própria consciência individual está repleta de signos. A consciência só se torna consciência quando se impregna de conteúdo ideológico (semiótico) e, consequentemente, somente no processo de interação social" (BAKHTIN, Mikhail. *Marxismo e filosofia da linguagem*, p. 34).

> O ideológico enquanto tal não pode ser explicado em termos de raízes supra ou infra-humanas. Seu verdadeiro lugar é o material social particular de signos criados pelo homem. Sua especificidade reside, precisamente, no fato de que ele se situa entre indivíduos organizados, sendo o meio de sua comunicação.[256]

O linguista conclui: "A consciência individual não só nada pode explicar, mas, ao contrário, deve ela própria ser explicada a partir do meio ideológico e social".[257]

A teoria fica ainda mais penetrante quando estende a condição de signos para os objetos que povoam a paisagem social: "Todo corpo físico pode ser percebido como símbolo".[258] Portanto, todo objeto é costurado pelas mesmas linhas que costuram os signos. Uma pá esquecida num terreiro de café, uma lanchonete da rede global McDonald's, um tanque de guerra no meio da rua, a sirene da fábrica: signos.

> Todo fenômeno que funciona como signo ideológico tem uma encarnação material, seja como som, como massa física, como cor, como movimento do corpo ou como outra coisa qualquer. Nesse sentido, a realidade do signo é totalmente objetiva e, portanto, passível de um estudo metodologicamente unitário e objetivo.[259]

As três "regras metodológicas" indicam que a realidade é sígnica (discursiva) e, consequentemente, ideológica. Acima de tudo, a

---

[256] *Idem*, p. 35.

[257] BAKHTIN, Mikhail. *Marxismo e filosofia da linguagem*, p. 35. Ele também diz: "É preciso eliminar de saída o princípio de uma distinção qualitativa entre o conteúdo interior e a expressão exterior. Além disso, o centro organizador e formador não se situa no interior, mas no exterior. Não é a atividade mental que organiza a expressão, mas, ao contrário, é a expressão que organiza a atividade mental, que modela e determina sua orientação" (p. 112). E, ainda: "O domínio ideológico coincide com o domínio dos signos: são mutuamente correspondentes" (p. 32).

[258] *Idem*, p. 31.

[259] *Ibidem*.

realidade dos espaços sociais gerados pela comunicação é ideológica. Não há como contestar.

Um ataque descentrado contra o inconsciente

Mas Bakhtin, sem razoabilidade alguma, torpedeia com rudeza a noção de inconsciente (ao qual, sorrateiro, não dá esse nome). Afirma que qualquer expressão que não passe pelo crivo da consciência é lixo linguístico. "O que se chama habitualmente 'individualidade criadora' constitui a expressão do núcleo central sólido e durável da orientação social do indivíduo", começa ele.[260] Como somente a "consciência" pode conduzir o indivíduo a ter uma "individualidade criadora", com uma "orientação social" nítida, nada fora da mediação da consciência poderá ser aproveitável.

Assim, depois de rejeitar qualquer materialidade na consciência, no que tem toda a razão, Bakhtin repudia com agressividade o inconsciente. Fora da consciência, a atividade mental não terá relevância. "O pequeno mundo da atividade mental [*as ideias fortuitas, sem elaboração, sem consciência*] pode ser limitado e confuso, sua orientação social pode ser acidental, pouco durável e pertinente apenas no quadro da reunião fortuita e por tempo limitado de algumas pessoas."[261]

Bakhtin sustenta que essa "atividade mental" não controlada pela consciência está "na fronteira do patológico" e "isolada da vida espiritual dos indivíduos", já que "não é capaz de consolidar-se e de encontrar uma expressão completa e diferenciada". Tudo isso não passa de "abortos" mentais. Nas palavras dele:

> Esse tipo de atividade mental constitui o nível inferior, aquele que desliza e muda mais rapidamente na ideologia do cotidiano [o pano de fundo das interações sociais, perpassado de informalidades, pouco

---

[260] BAKHTIN, Mikhail. *Marxismo e filosofia da linguagem*, p. 121.
[261] *Ibidem.*

institucionalizado[262]]. Consequentemente, colocaremos nesse nível todas as atividades mentais e pensamentos confusos e informes que se acendem e apagam na nossa alma, assim como as palavras fortuitas ou inúteis. Estamos diante de abortos da orientação social, incapazes de viver, comparáveis a romances sem heróis ou a representações sem espectadores. São privados de toda lógica ou unicidade.[263]

Se pudéssemos inverter o sinal dessas frases, elas poderiam figurar num manual de psicanálise. Elas nos oferecem uma descrição fiel e acurada daquilo que, nos textos psicanalíticos, aparece como sendo o inconsciente. "Aquilo que desliza" é exatamente o que os analistas mais procuram na fala dos pacientes. Para eles, o que foge ao controle da consciência é o que tem mais valor. A linguagem dos sonhos (segundo a "concepção freudiana" de que falou Althusser), os lapsos verbais, os atos falhos são o material mais precioso para freudianos e lacanianos. Mas isso tudo, para Bakhtin, são "abortos". Assim como os "pensamentos confusos e informes", os lampejos "que se acendem e apagam na nossa alma" ou as "palavras inúteis".

"É extremamente difícil perceber nesses farrapos ideológicos leis sociológicas",[264] afirma Bakhtin. É de estarrecer. Por que um filósofo tão inteligente insulta com tal virulência as expressões menos conscientes? Por que tanta fúria? Por que o criador do conceito de

---

[262] "Os sistemas ideológicos constituídos da moral social, da ciência, da arte e da religião cristalizam-se a partir da ideologia do cotidiano, exercem por sua vez sobre esta, em retorno, uma forte influência e dão assim normalmente o tom a essa ideologia. Mas, ao mesmo tempo, esses produtos ideológicos constituídos conservam constantemente um elo orgânico vivo com a ideologia do cotidiano; alimentam-se de sua seiva, pois, fora dela, morrem, assim como morrem, por exemplo, a obra literária acabada ou a ideia cognitiva se não submetidas a uma avaliação crítica viva. Ora, essa avaliação crítica, que é a única razão de ser de toda produção ideológica, opera-se na língua da ideologia do cotidiano" (BAKHTIN, Mikhail. *Marxismo e filosofia da linguagem*, p. 119).

[263] *Idem*, p. 120.

[264] *Ibidem*.

"polifonia" na crítica do romance fez questão de ostentar tanto asco pela ideia de inconsciente?

Talvez a resposta tenha relação com o ambiente claustrofóbico da ortodoxia stalinista, com seu materialismo inculto, obscuro e fanatizado. É uma hipótese. Bakhtin amargou períodos de exílio e de ostracismo. Seu reconhecimento só veio nos anos 1960, depois da morte de Stalin. Só viu seu trabalho alcançar o sucesso, merecido, pouco antes de morrer, em 1975. É possível que, no ambiente que o cercava, nem todos considerassem a psicanálise suficientemente "materialista". Mas pouco importa. O asco militante contra tudo que não fosse "consciência" em estado de prontidão prevalece.

Bakhtin reiterou muitas vezes: a "elaboração ideológica" requer a "tomada de consciência", e com isso retumbou o chavão predileto dos stalinistas.[265] Vai ver, na opinião dele, um cidadão embriagado não estava à altura de ser "ideológico". Um bêbado não controla nada, ele diria. Talvez ele tenha imaginado controlar o inconsciente. Talvez não tenha controlado a ideologia em que viveu e que viveu nele. Talvez não seja nada disso. Ainda bem que nos resta a chave de Althusser. Com ela, poderemos ir adiante. Teremos que ir. Até aqui, vimos que a ideologia salta os muros dos conteúdos manifestos e conscientes, mas nos falta saber até onde ela se estende para além desses muros.

---

[265] "Na relação do ouvinte potencial (e algumas vezes distintamente percebido), podem-se distinguir dois pólos, dois limites, dentro dos quais se realiza a tomada de consciência e a elaboração ideológica." Ver: BAKHTIN, Mikhail. *Marxismo e filosofia da linguagem*, p. 115.

8
A *videologia*, ou a imagem como língua[266]

Um neologismo fácil, mas necessário

Aconteceu rápido. Em duas ou três gerações, a civilização que antes guardava em palavras impressas os seus acervos culturais passou a cultivá-los em imagens eletrônicas. Os jovens enamorados que recitavam poesias deram lugar a outros que, quando queriam falar de amor, imitavam falas de atores de cinema. As memórias afetivas literárias viraram memórias cinematográficas. A atmosfera do texto migrou para a plasticidade do visual. As emoções das massas, atualmente, ganham visibilidade quando traduzidas em "emojis", esses hieróglifos de uma desalfabetização consentida, ou mesmo desejada.

Aconteceu muito rápido. O suporte da cultura, que conhecera o apogeu na *instância da palavra impressa*, despregou-se dela e se acoplou ao visível, ao performático, ao momentoso. A comunicação social ingressou na *instância da imagem ao vivo*. A ideologia se reconfigurou em *videologia*.[267]

---

[266] Parte deste capítulo foi publicada previamente em: BUCCI, Eugênio. Um preâmbulo: o raio visual ou as memórias de infância. In: NOVAES, Adauto (Org.). *A experiência do pensamento*. São Paulo: Edições Sesc São Paulo, 2010. p. 289-321.

[267] A respeito desse termo, *videologia*, um neologismo que aparece na tese de doutorado do autor, *Televisão objeto: a crítica e suas questões de método*, defendida em 2002

Isso mesmo: *videologia*. Se é verdade que a ideologia tem sua materialidade no signo falado ou escrito, há de ser válida a hipótese de que a *videologia* tem materialidade nas coloridas fulgurações das telas eletrônicas. Os ocultamentos ideológicos já não se tecem por obra de textos rebuscados, mas por encanto de figuras sintéticas. A *instância da imagem ao vivo*, na velocidade da luz, funciona em bases *videológicas*. Signos visuais vestem a realidade, cobrindo o tempo histórico que se estende da "videosfera" até a "ciberesfera".[268] O domínio da imagem se expande, subjugando a palavra. O "sistema de representações" (conforme Claude Lefort) se aloja na tessitura do visível.[269]

A mudança da natureza dos signos (da letra para a imagem) corresponde à mudança de forma das relações sociais, no embalo de um capitalismo que se especializou na fabricação da mercadoria como imagem. Se fôssemos nos expressar à moda do sociólogo francês Pierre Bourdieu, diríamos que a *videologia* expressa e representa o capitalismo por meio de uma "homologia de estrutura": o "campo de produção" *videológica* (na *instância da imagem ao vivo*) é o homólogo do "campo da luta das classes" (instância bruta do capital).[270]

---

na Escola de Comunicações e Artes da Universidade de São Paulo (ECA-USP); ver também: BUCCI, Eugênio; KEHL, Maria Rita. *Videologias*. São Paulo: Boitempo, 2003.

[268] Sobre "videosfera", ver: DEBRAY, Régis. *Vida e morte da imagem*. Sobre "ciberesfera", é especialmente lúcido o emprego que o politólogo brasileiro Sérgio Abranches faz do conceito, que combina internet, comunicação móvel, internet das coisas e realidade virtual. Abranches vê uma tensão entre "ciberesfera" e "socioesfera" (ABRANCHES, Sérgio. *O tempo dos governantes incidentais*. São Paulo: Companhia das Letras, 2020). Cumpre lembrar que a palavra "ciberespaço", ente da ficção científica, não adotada aqui como um conceito, surgiu na obra ficcional *Neuromancer*, de William Gibson, em 1984. O livro de Gibson, hoje considerado um clássico, anteviu tendências tecnológicas.

[269] Vale voltar, uma vez mais, a Eni Orlandi: "A heterogeneidade coloca em pauta o visível (mostrado), que, na perspectiva do discurso, corresponde ao 'dizível'" (ORLANDI, Eni. *Terra à vista*, p. 39).

[270] "A função propriamente ideológica do campo de produção ideológica realiza-se de maneira quase automática na base da homologia de estrutura entre o campo

Nos clipes e nos comerciais dos *devices* digitais, nas viralizações de *memes* nas redes sociais, nas cenas de mau gosto das telenovelas, nos ícones no *touchpad*, a *videologia* "não tem história": sua entropia replica o magma turbulento do inconsciente, com ofertas de diversão entrelaçadas e cambiantes, como no mundo onírico. A linguagem do inconsciente, sem nexo ou coerência, assume o poder no entretenimento, em que, como nos sonhos e no cosmos, "todas as histórias estão no presente".[271] As narrativas se dissolvem numa pasta libidinal, em que a coerência lógica explode em fruição erótica.

Por baixo de suas celebrações performáticas e aparentemente descentradas, a *videologia*, certeira, guia olhares e destinos. O que a ideologia realizava com o modo de pensar, a *videologia* faz agora com o modo de olhar, pelo qual ordena o ser. Na luminosidade portátil de um smartphone, num outdoor digital ou numa vitrine mal iluminada, perdida numa cidadezinha do interior do Brasil, o cortejo faiscante "interpela os indivíduos enquanto sujeitos".[272]

Mas isso será linguagem?

Mas dizer que a *videologia* está para as imagens como a ideologia está para as palavras é uma afirmação, no mínimo, controversa. As imagens não têm – nem podem ter – o mesmo estatuto das palavras. São outra matéria. Quem já se postou como se deve na frente de uma tela de Chagal ou de uma escultura de Bernini, sabe: as formas em fuga, as cores crispadas e as evocações entrecruzadas sequestram o olhar para esferas nunca vistas, onde não há alfabetos. A obra de arte lê o espectador por dentro, e depois lhe conta sobre o que leu. Imagens não são texto. Quando violentas ou pornográficas, em suas extrações mais baixas, barateadas na mídia, incitam ao ato irrefletido,

---

de produção ideológica e o campo da luta das classes" (BOURDIEU, Pierre. *O poder simbólico*, p. 13).

[271] Na expressão de Julian Barbour em *The End of Time*.

[272] ALTHUSSER, Louis. *Aparelhos ideológicos de Estado*, p. 93.

como se rasgassem a urbanidade, essa membrana frágil onde o convívio social se faz viável. A fotografia hiper-realista de um corpo nu ou ensanguentado não cabe dentro da caixa do que podemos chamar de linguagem, não é linguagem ou, pelo menos, não é *apenas* linguagem. Mais do que não ser linguagem, obstrui o papel mediador que só a linguagem das palavras consegue exercer. Certas imagens banem as formas civilizadas de convivência; acionam forças primitivas, instintivas, pulsionais e selvagens.[273]

É nesse sentido que muitos afirmam, não sem razão, que uma cena de horror tem potência para desordenar o fluxo da palavra, numa explosão extralinguística ou mesmo contralinguística. Todas as tiranias do século XX, não à toa, invocaram alegorias imagéticas para incendiar o ódio, a intolerância e o preconceito. E não apenas as tiranias. O historiador norte-americano Daniel Boorstin acusou os Estados Unidos de fazerem uso maligno de imagens para exercer uma supremacia cultural sobre o planeta: "Imagens são os pseudoeventos do mundo ético. Na melhor das hipóteses, são pseudoideais. São criadas e difundidas para serem reportadas, para produzir uma 'impressão favorável'. Não porque sejam boas, mas porque são atraentes".[274]

Nesse sentido, as imagens são o oposto da argumentação racional. Existiria nelas um potencial de inviabilizar as mediações que possibilitam o entendimento dialogado entre as pessoas.[275] Se nos fiarmos

---

[273] É interessante, aqui, levarmos em conta as observações de Régis Debray. "A imagem não é linguagem", diz ele, em *Manifestos midiológicos* (Petrópolis: Vozes, 1995. p. 181). Para Debray, uma figura está mais próxima de ser "passagem ao ato do que um discurso" (p. 190). "Pretender estender as lógicas discursivas ao império das imagens é deixar escapar, simultaneamente, suas duas dimensões fundamentais, estratégica e libidinal; ou negligenciar seus dois desafios, político e amoroso, um em razão do outro" (p. 192).

[274] BOORSTIN, Daniel J. *The Image: A Guide to pseudo-events in America*. New York: First Vintage Books (Random House), 1992, p. 244. (Tradução livre).

[275] Há ainda os que alegam que as imagens inviabilizam o diálogo, como Gilles Achache. "Uma imagem não é dialógica", ele escreve em: ACHACHE, Gilles.

nesse enfoque, seria inglório tentar ver nas imagens alguma dimensão, ainda que tênue, de linguagem.

Não obstante, essa dimensão existe. Neste ponto, é preciso temperança para não misturarmos um julgamento moral, um tanto apaixonado, com uma análise racional sobre o estatuto da imagem. Quanto à moralidade, não se pode tomar como verdadeira a acusação de que toda imagem conduza à selva – vide Chagal, vide Bernini. Nem toda imagem, por ser "atraente", incendeia irracionalmente o humor do espectador, assim como nem toda palavra, por ser argumentativa, expressa a beleza, a sensatez e a virtude.

Pobres palavras. Também elas foram e são instrumentalizadas por máquinas de propaganda fascista que promovem o ódio, a xenofobia, a repressão sexual, a censura e o obscurantismo. Se olharmos bem, veremos que muitos desses ataques vêm de matrizes mentais maniqueístas, sectárias e moralistas que, ao menor pretexto, declaram guerras sacrossantas contra os "falsos ídolos" e os "bezerros de ouro", como se estivéssemos no tempo bíblico do Êxodo. Por isso, jogar nas imagens a culpa exclusiva por toda comunicação violenta ou incivilizada seria uma atrocidade inculta. Insustentável.

O fato é que, em boa medida, sem prejuízo de sua potência extrassemântica, as imagens se comportam, também e cada vez mais, como um conjunto de signos. Elas se articulam entre si segundo um regime que observa certas regras de significação, seja quando operam a favor do mal (ou do mal absoluto), seja quando lidam com a beleza, com a elevação do espírito, ou quando educam para os direitos humanos e nos ajudam a tornar a vida melhor, menos desigual, mais acolhedora. Na Superindústria do Imaginário, elas seguem padrões de diferenciação de signos, compondo "vocabulários" visuais e encadeamentos lógicos, em "sintaxes" visuais. No nosso tempo, mais do que em qualquer outro, elas comunicam seus conteúdos com eficiência e criam repertórios coletivos que congregam pessoas.

El marketing político. In: FERRY, Jean-Marc *et al*. *El nuevo espacio público*, p. 116, 112 e 123.

E então? A imagem é ou não é linguagem? Bem, por tudo que já vimos até aqui, a resposta é "não". Mas, pelo que já começamos a verificar, a resposta também será "sim". Para entender melhor por que "sim", devemos começar constatando que, do mesmo modo que existem comunidades falantes de uma determinada língua, existem cada vez mais comunidades "olhantes", que são integradas por signos visuais, mais proeminentes a cada dia. A humanidade inteira, hoje, é uma comunidade global integrada por signos visuais, que incluem desenhos como o da Cruz Vermelha, os logotipos das marcas famosas, bandeiras como a do Movimento LGBT, que fez do arco-íris um símbolo supranacional reconhecido em todas as culturas, além de inumeráveis sinais gráficos para orientar o trânsito, para codificar o padrão de interatividade de *softwares* e para guiar os passageiros nos aeroportos. Isso sem falar no rosto de astros dos esportes ou do *show business*, que são algumas das personalidades mais influentes da atualidade. Esse enorme acervo de signos, amplamente reconhecidos, consagrados e "lidos", se expressa como visualidade – e como linguagem.

Diante dessa linguagem, o olhar não serve apenas de janela para que as mensagens entrem na cabeça dos consumidores e os convençam a comprar isso ou aquilo. O olhar é mais. Tem função ativa na fabricação das significações imagéticas.[276] Os olhos dos "olhantes" exercem uma força constitutiva para a fixação do significado de cada figura. Assim como os falantes de uma língua constroem sentidos verbais à medida que falam, os "olhantes" de uma comunidade integrada por signos visuais constroem os sentidos das imagens à medida que olham para elas. Tal como a língua exige falantes ativos para se estabelecer e viver, as imagens requerem "olhantes" para existir como signos válidos, em que todos se reconheçam. Por essa razão, a indústria das imagens implementa um maquinário complexo, de alta tecnologia, dedicado

---

[276] Neste trecho, este capítulo incorpora um raciocínio do autor que foi originalmente desenvolvido em: BUCCI, Eugênio. A mutação do capitalismo (ou simplesmente E = ki). In: NOVAES, Adauto (Org.). *Mutações entre dois mundos*. São Paulo: Edições Sesc São Paulo, 2017, p. 257-278.

exclusivamente a extrair o olhar e aplicá-lo na confecção dos signos visuais. Sendo olhadas ativamente, as imagens se colam ao seu sentido e somente aí, depois disso, poderão cumprir o fator integrador do planeta, um fator que é, por paradoxal que pareça, linguístico.

Ainda nos anos 1950, na contramão do senso comum vigente, Jacques Lacan percebeu que o olhar, mais que um dispositivo sensorial de captação de sinais luminosos, realizava uma ação de linguagem. Numa época em que muita gente dizia que o fotógrafo trazia a "realidade" para dentro da câmera, o psicanalista francês se saiu com uma proposição, no mínimo, inusual: viu o fotógrafo como um operário da linguagem e viu a câmera como um dispositivo pertencente à sua subjetividade, quer dizer, à "subjetividade" do discurso para o qual o fotógrafo trabalha. A câmera assiste o fotógrafo como o lápis assiste o repórter que toma notas. A câmara não registra simplesmente o que se passa na paisagem, mas o que vai na subjetividade do fotógrafo que olha para o mundo. Ela é, portanto, um dispositivo de linguagem. Disse Lacan: "Talvez a câmera fotográfica não seja mais que um aparato subjetivo que habita o mesmo território do sujeito, quer dizer, o da linguagem".[277]

Em que consiste, então, o ato de olhar? Em ato de linguagem. No caso do fotógrafo, o ato de olhar projeta sentidos subjetivos para cenas que transitam à frente de sua objetiva. No caso do espectador, ou do público, o ato de olhar ratifica ou modifica os sentidos propostos pela fotografia que pisca na tela eletrônica. Quem tira a foto joga uma subjetividade sobre o flagrante do real. Quem olha a foto não assimila passivamente o sentido que ela tem, mas necessariamente completa esse sentido, podendo até modificá-lo.

Em sua linguagem industrializada, as imagens representam um objeto (outra função linguística que encontramos nos signos visuais) e ocultam uma subjetividade (ou mais de uma). É assim que funciona. Passam a significar aquilo que mostram, mais ou menos como uma

---

[277] LACAN, Jacques. *O seminário, livro 1: os escritos técnicos de Freud*. Rio de Janeiro: Jorge Zahar, 1996. p. 125.

palavra representa o que nomeia. Para tanto, a imagem precisa se apresentar como se fosse "transparente", quer dizer, é preciso que, por meio dela, o espectador enxergue a coisa representada, não a figura que a representa. Para ter efetividade significante, a linguagem industrializada das imagens precisa contar com esse tipo de "transparência".

Essa peculiar "transparência", pela qual o sujeito que olha não vê a fotografia, mas o que está representado na fotografia, está em todas as telas eletrônicas, estas, também "transparentes": quem olha para a televisão não vê propriamente a televisão, mas aquilo que está "passando" na televisão. A mídia, em sua totalidade, é "transparente". E, nisso, nesse modo de ser "transparente", ou, mais exatamente, nesse modo *videológico* de ser "transparente", ela nos transporta de volta à Idade Média. Parece um transe da civilização, mas é assim. As razões são simples, elementares, quase banais.

Na tradição europeia, até mais ou menos o século XIV, as imagens (as pinturas, desenhos, gravuras, esculturas) se caracterizavam exatamente por ser "transparentes". Os olhos do espectador enxergavam não a pintura, não a escultura, mas, passando através da obra, viam o ser ou o objeto representado na peça criada pelo artista. Adorando uma imagem, o fiel adorava o santo. Tratava-se de uma "transparência" a serviço da transcendência mística. As imagens tinham o dom de ficar invisíveis em favor daquilo que retratavam; sendo invisíveis, sendo apenas um canal inerte para o olhar, eram "transparentes".

Depois desse período, com a vinda do Renascimento, as imagens começaram a "se mostrar elas mesmas", como resume o filósofo francês Francis Wolff. As obras e os artistas chamaram atenção para si. As imagens deixaram o domínio da Igreja Católica e passaram a pertencer a outro, mais livre: o domínio da arte. Então, as imagens se tornaram, no dizer de Wolff, "artísticas", isto é, "a arte se apoderou das imagens".[278]

---

[278] WOLFF, Francis. Por trás do espetáculo: o poder das imagens. In: NOVAES, Adauto (Org.). *Muito além do espetáculo*. São Paulo: Editora Senac, 2005. p. 39. A conferência também está disponível em: https://bit.ly/3tYqV27. Acesso em 27 abr. 2021.

A partir do Renascimento, o espectador olhava para a pintura e via, na tela, não um santo, não uma dama da nobreza, mas a pintura.

Foi então que, já no século XX, veio essa espécie de regressão. As imagens se tornaram mercadorias dentro de uma indústria que dispunha de "técnicas automáticas de reprodução mecanizada".[279] Por obra dessa indústria, a "transparência" medieval, que estava a serviço da transcendência mística, voltou a vigorar, mas, agora, a serviço do consumo.

> As imagens estão uma vez mais abandonadas a si mesmas, a seu próprio poder de representar, e criam a ilusão fundamental de não representar, de não ser imagens fabricadas, de ser o simples reflexo, transparente, daquilo que elas mostram, de emanar diretamente, imediatamente daquilo que elas representam, de ser puro produto direto da realidade, como outrora acreditávamos que emanavam diretamente os deuses que representavam.[280]

Sim, essa transparência é uma "ilusão" fabricada. Confeccionados industrialmente, os signos visuais têm agora uma "transparência" de perfil "objetivo", ou seja, exercem autoridade de portadores da verdade factual, investidos de uma suposta objetividade mecânica por meio da qual ocultam a subjetividade do fotógrafo e a subjetivação do público. Os retratos das coisas do mundo não parecem ter nada de subjetivo. Aos olhos adestrados das massas, a objetividade só é confiável porque se impõe como conquista da máquina, é pré-requisito de uma credibilidade que, ela também, nada teria de subjetiva. Entra em cena a *videologia*.

Para cumprir os desígnios *videológicos* de sua "transparência" industrial, as imagens precisam obedecer a códigos significantes rigorosos, precisos. A "transparência" da imagem industrial, tão própria da *instância da imagem ao vivo*, não admite perturbações que a

---

[279] *Idem*, p. 43.
[280] *Ibidem*.

desativem, não acolhe ousadias autorais demasiadamente "artísticas". Trata-se de uma lei fundamental da indústria, que pode até manejar com exceções tênues, mas não admite ser quebrada. Os museus e outros ambientes culturais em que alguma arte pode ter algum lugar constituem um ramo dessas exceções, mas as exceções são sempre discretas e sempre, sem pleonasmo, excepcionais. A indústria zela com ardor por sua "transparência".

Mais do que meramente procedimentais, esses códigos são padronizações de linguagem, tendo incumbido as imagens de funções significantes que antes cabiam apenas às palavras. Ainda que passem por um sistema de canais neutros entre os olhos humanos e a cena representada (um acontecimento ao vivo, inclusive), os signos imagéticos no *telespaço público* se articulam segundo regras que têm fortes características linguísticas. São "transparentes" para ter força de significação.

Sem isso, não teríamos a comunicação ancorada em visualidades, com as marcas das mercadorias transitando com a mesma visibilidade de um continente a outro. Sem isso, não teríamos a decupagem clássica dos filmes de Hollywood, compreendida por espectadores de todos os idiomas, mesmo quando não entendem as falas e não leem as legendas. Sem isso, não teríamos o coração vermelho no lugar do verbo "amar" (conjugado no presente, na primeira pessoa do singular), que se popularizou na frase "I Love New York", ou "I ♥ NY", no *slogan* criado em 1977 pelo designer nova-iorquino Milton Glaser.[281]

Desse modo, embora não se deva atribuir aos signos visuais o mesmo estatuto linguístico que damos aos signos de uma língua feita de palavras, podemos explorar as semelhanças entre o regime das

---

[281] "A pregnância de representações clássicas, como as imagens fotográficas, cinematográficas ou televisuais, pode tornar-nos cegos à essência das imagens infográficas e das representações virtuais. Essas imagens, ao contrário, entretanto, das imagens fotográficas ou videográficas – que nasceram da interação da luz real com as superfícies fotossensíveis – não são inicialmente imagens e sim linguagem" (QUÉAU, Philippe. O tempo do virtual. In: PARENTE, André (Org.). *Imagem-máquina: a era das tecnologias do virtual*, p. 91).

imagens industrializadas no *telespaço público* e o regime dos signos em um sistema propriamente linguístico. Nessa incursão teórica, que será breve, teremos de requisitar o auxílio não de estudos da imagem, mas de estudos da linguagem.

Na língua, premeditar não vinga

Escrever é premeditar. Os dadaístas, cultores de uma certa "escrita automática", assim como os poetas da geração beat, com seus jorros textuais sem rascunhos, diziam que não pensavam nada, nada mesmo, antes de começar a despejar versos no papel, mas há controvérsias. No mais das vezes, todo escritor premedita. Todo escritor escolhe os vocábulos, aproxima-os, recombina-os, repete-os ou não, por charme, estilo ou indigência. Todo autor prepara suspenses para resolvê-los adiante, cria tensões para depois dissolvê-las, gera expectativas para entregar respostas. Um texto qualquer, inclusive os que não são literários, como este aqui, não sai sem planos e exercícios preparatórios. É preciso considerar um leitor, mesmo que improvável, e estabelecer com ele um diálogo à distância. É preciso despertar-lhe embevecimentos e estranhamentos – alternadamente, de preferência. Mesmo um ensaio longo, aparentemente monologado, só segura o leitor quando conversa com ele, numa espécie de maiêutica subjacente. À medida que assenta seus parágrafos, o escritor viaja no tempo e imagina que faz perguntas e ouve respostas do leitor que só aparecerá no futuro, se é que vai aparecer.

Ler também exige trabalho, além de uma boa dose de otimismo. O trabalho começa com um investimento de boa vontade, com um voto de cumplicidade que deve se prolongar por todo o livro. Ao começar a leitura da primeira página, o leitor começa a trabalhar e firma um pacto de conversar em silêncio com o criador das ideias pelas quais caminha. Ler pode nos reservar prazer, seguramente, mas só mediante o trabalho da leitura atenta. Não sai de graça.

E haverá desencontros. Quem escreve, como quem lê, vai jogando com as palavras, seus sentidos instáveis, sua sonoridade excêntrica – e cai do cavalo. O plano inicial se perde. Entramos na leitura de um livro motivados por uma curiosidade e, quando damos sorte, chegamos ao final transformados, imaginando perguntas que antes nem nos passavam pela cabeça. No curso do texto, os sentidos se renovam e as frases passam a dizer o que ninguém esperava que elas dissessem. As palavras são mutantes. Muitas vezes, acertam maravilhosamente. Muitas vezes, erram feio.

Nas conversas cotidianas, olho no olho, acontece algo parecido. Combinam-se palavras ditas com palavras não ditas, textos com subtextos, intenções explícitas com aspirações dissimuladas. A linguagem humana forja sentidos novos, inesperados, e, ao mesmo tempo, abre desfiladeiros incompreensíveis em que os falantes se perdem. Falar também é impreciso. Agarrado à fala, o sujeito premedita, tem que premeditar, mas a linguagem, arredia, jamais cumpre o plano à risca. Os interlocutores, por mais que sejam sinceros nos seus propósitos e combatam o autoengano, não controlam o alcance do que sofrivelmente balbuciam. Só nos encontramos na linguagem, é verdade, mas, na linguagem, nos desentendemos. Mesmo assim, mesmo com tanto erro, teimamos em insistir: sem a linguagem, sabemos, no fundo da alma, não existiríamos.

"A linguagem é um fato social", ensinou o linguista suíço Ferdinand de Saussure. "Na vida dos indivíduos e das sociedades, a linguagem constitui fator mais importante que qualquer outro."[282]

Ninguém haverá de discordar, nem mesmo aqueles que afirmam que o trabalho vem primeiro, antes da linguagem. Nem os seguidores de Mikhail Bakhtin, que colecionam rivalidades teóricas e existenciais com os seguidores do linguista suíço, dirão que Saussure estivesse errado nesse ponto. Mesmo porque, com outras palavras, o russo sustenta mais ou menos a mesma coisa: "As palavras são tecidas a partir de uma multidão de fios ideológicos e servem de trama a todas as relações sociais em todos os domínios".[283] [...] O signo se cria entre indivíduos, no meio social".[284]

---

[282] SAUSSURE, Ferdinand de. *Curso de linguística geral*, p. 14.
[283] BAKHTIN, Mikhail. *Marxismo e filosofia da linguagem*, p. 41.
[284] *Idem*, p. 45.

Além de realçar o laço social que só a linguagem é capaz de proporcionar, ambos entendem que nenhum poder central consegue manietá-la. Nem aquele que fala nem aquele que escuta são soberanos sobre o sentido que uma palavra terá. Cada signo parece ser um território em permanente disputa. No dizer de Bakhtin, "Na realidade, toda palavra comporta duas faces. Ela é determinada tanto pelo fato de que procede de alguém, como pelo fato de que se dirige para alguém".[285]

Autores, leitores e falantes premeditam o tempo todo. E, o tempo todo, isso não dá muito certo. Sobre esse ponto, Ferdinand de Saussure soube ser taxativo: "Quem cria uma língua a tem sob domínio enquanto ela não entra em circulação; mas desde o momento em que ela cumpre sua missão e se torna posse de todos, foge-lhe ao controle".[286] Confiante sobre essa lei geral de sua linguística, ele assegurou: "A língua não premedita nada".[287]

Cores, língua e linguagem

A ideologia prefere agir onde o signo erra. Por espelhamento, a *videologia* se acende quando a imagem se atrita com o meio e se move. Quem cria uma campanha publicitária de televisão pode pensar que empacotou direitinho a sua "ideologia" em cada filmete, mas pensa errado. O publicitário exerce seu controle até o momento em que os anúncios comecem a ser veiculados. Depois disso, as mutações terão início e não seguirão roteiro algum. Basta um deslizamento não planejado para o sentido se alterar ou se inverter. Todos os dias temos as

---

[285] *Idem*, p. 113. O que é reforçado pela linguista brasileira Maria Aparecida Baccega, inspirada em Bakhtin: "A linguagem não é meramente um exercício de significações circunscritas individualmente, delimitadas 'no' indivíduo. Há que se perceber o 'deslocamento' dessas significações: a produção do sentido está na sociedade, está na história" (BACCEGA, Maria Aparecida. *Palavra e discurso: História e literatura*. São Paulo: Ática, 1995. p. 27).

[286] SAUSSURE, Ferdinand de. *Curso de linguística geral*, p. 91.

[287] *Idem*, p. 105.

mais diversas provas de que signos escritos, verbais, visuais ou mesmo cromáticos, singelamente cromáticos, mudam de significado.

Em 1984, no Brasil, quando a ditadura militar ainda estava no poder, uma campanha popular pelo restabelecimento das eleições diretas para presidente da República tomou as ruas das principais cidades, com comícios que reuniam centenas de milhares de manifestantes. A cor símbolo era o amarelo. Quem se vestia de amarelo se situava cromaticamente para se posicionar politicamente: era a favor de eleições diretas e contra a permanência da ditadura.

O tempo passou, rolou pelas estribeiras e o amarelo mudou de lado. Em 2018, na campanha presidencial (as eleições diretas já restabelecidas no país), os apoiadores de um candidato que não economizava elogios aos torturadores da ditadura militar (que deixara de existir em 1985) se fantasiavam com a camiseta da seleção brasileira de futebol, amarela, e fizeram dessa cor o seu símbolo. Os eleitores do candidato de extrema direita paramentavam-se cromaticamente para se posicionar politicamente: agora, para o lado oposto.

As cores podem funcionar como signos e, sendo signos, estão em disputa. Na paleta de cores da política, o mesmo vermelho que sinaliza uma agremiação de esquerda no Brasil (Partido dos Trabalhadores) indica uma posição à direita nos Estados Unidos (Partido Republicano). Como as cores, objetos de alta carga simbólica também migram de um polo a outro: o cigarro, que era um selo de independência para a mulher nos anos 1950, tornou-se estigma de doença, de câncer e de desinformação ao final do século.

Todos os signos mudam o tempo todo, e eles mudam porque o modo como eles se sedimentam é instável e imprevisível. Saussure dizia que os signos são a junção entre significante (aquela "imagem acústica", isto é, o som de uma palavra que tem potência de significar outra coisa que não ela mesma) e significado (aquilo que a "imagem acústica" vai significar, afinal).[288] Essa aderência entre o significante

---

[288] Saussure denomina "imagem acústica" aquele som específico produzido pela fala, um som particular (igual a si mesmo a cada nova repetição, e diferente dos

e o significado, formando o signo, resulta de fatores arbitrários, de convenções sociais e, finalmente, de motivos acidentais, casuais, que não são controláveis.

As palavras prolongam sentimentos religiosos extintos, como nas cidades que têm nomes de santos, ou na interjeição "credo", que denota nojo. Elas semeiam hierarquias eclesiásticas onde elas não têm abrigo, como na expressão "proteção de Deus" bem no preâmbulo da Constituição Federal de 1988, que fornece princípios jurídicos para a manutenção do Estado laico brasileiro.

Outras vezes, as palavras mudam de sentido no espaço. O substantivo feminino "ximbica", que, no estado de São Paulo, quer dizer "calhambeque", no Rio de Janeiro é um palavrão, um nome chulo do órgão genital feminino. No Rio Grande do Norte, se alguém no almoço com a família da noiva falar que viu uma "ximbica" na rua pode escutar reprimendas hostis. O substantivo masculino "cacetinho", em Porto Alegre, é sinônimo de pão francês. Em Minas Gerais tem sentido diverso. Note-se ainda a dualidade de sentido do verbo "fechar": quando o jornalista diz "fechei o jornal", a notícia é boa, significa que a edição está pronta; quando o patrão diz "fechei o jornal", a notícia é péssima, significa que a empresa jornalística foi extinta, junto com todos os empregos ligados a ela. O verbo "fechar" pode ter sentidos antípodas, dependendo da classe social daquele que o conjuga, ou do lugar do falante.[289] Outras vezes, a

---

outros sons que fazem parte da mesma língua), reconhecível e passível de ser reproduzido pela comunidade de falantes por ser diferente de todos os outros sons. Significante, esse som diferenciado dos outros irá vincular-se a um sentido (significado) (SAUSSURE, Ferdinand de. *Curso de linguística geral*, p. 23 e 80).

[289] O linguista francês Antoine Meillet, com sensível inteligência, percebeu o efeito da "repartição dos homens de uma mesma língua em grupos distintos" e constatou que dessa "heterogeneidade [...] provém o maior número de mudanças de sentido" das palavras (MEILLET, Antoine. *Como as palavras mudam de sentido*. Edição bilíngue e crítica. Organização de Rafael Faraco Benthien e Miguel Soares Palmeira. São Paulo: Edusp, 2016. p. 53). No mesmo volume, há um dossiê crítico de alto interesse. Num dos textos, "Antoine Meillet e a construção da

mudança não tem nada a ver com isso. O substantivo "tesão", que antes era feminino, mudou de lado e passou a ser masculino. Que esse vocábulo, sobretudo ele, seja transgênero, bem, isso deveria nos fazer pensar um pouco mais.

O que faz mudarem os sentidos? O que faz com que uns peguem e outros não? Respondamos sem rodeios: um atrator. E como não seria um atrator? Existe – tem que existir – uma força adesiva que precipita a colagem de um (o significante) no outro (o significado). Trata-se de uma substância intangível, uma cola imaterial. Embora Bakhtin e Saussure não falem de atratores nesse contexto, podemos tranquilamente, sem contradizer nenhum dos dois, considerar a existência desse elemento impalpável a unir significante e significado. A força que leva um a "grudar" no outro se compõe de dois vetores que se chocam e se aliam (mas sempre de modo instável): o primeiro vem das heranças linguísticas (a etimologia das palavras) ou imagéticas (presente na tradição simbólica e estética de cada forma ou figura); o segundo vetor procede das tensões e contradições materiais dos sujeitos que ativam os significantes na linguagem e vivenciam os significados no cotidiano. A memória do patrimônio linguístico ou imagético da cultura (primeiro vetor) se encontra e se choca com as hierarquias e os enfrentamentos sociais, com as formas de propriedade e com o modo de produção (segundo vetor). Todo signo herda uma história linguística ou imagética e incorpora, enquanto existir, o instante da relação social, que propaga na direção do futuro.

Essa força adesiva (esse atrator) é a morada mais longínqua e mais extrema da ideologia e da *videologia*. Tudo o que há nessa força é ideologia ou *videologia*. As duas aparecem e transparecem nos conteúdos

---

linguística moderna", Carlos Alberto Faraco observa que Meillet "foi o pensador que, na virada do século XIX para o XX, mais claramente estabeleceu as bases gerais de uma linguística que integrasse fatos estruturais (puramente linguísticos) e fatos sociais" (p. 129). A mesma integração entre estrutura linguística e fatos sociais convida a ver sintonias insuspeitadas entre os dois linguistas que são tema deste capítulo e que costumeiramente são considerados antípodas um do outro: Ferdinand de Saussure e Mikhail Bakhtin.

manifestos e dos discursos expressos, podem se deixar perceber no *casting* do novo ganhador do Oscar, podem se trair nos agudos da soprano que fez mais sucesso na temporada, mas moram de verdade na "cola" que faz o significante grudar em seu significado, no cerne da linguagem.

Semânticas da imagem

Ocorre que, como já está evidente, a *videologia* rouba a cena no *telespaço público*, onde os significantes visuais fazem o papel de protagonistas e as palavras não passam de coadjuvantes. Não podem faltar no enredo, mas são coadjuvantes. Uma cor, um rosto feminino, um coraçãozinho vermelho, um atentado terrorista em cadeia global como foi o do World Trade Center no dia 11 de setembro de 2001, amarram o olhar da humanidade com laços mais fortes do que um discurso do presidente da República. O mundo já não é mais uma superfície retalhada por centenas de idiomas, mas um todo unificado no altar único das imagens.

Os códigos do visível, estruturados como se fossem uma "língua", transpassam as barreiras idiomáticas e congregam a humanidade inteira num "alfabeto" visual cuja extensão e cujo volume a tudo recobre e silencia. Lembremos que, em 2015, um "emoji", aquele em que uma caretinha chora de rir, vertendo lágrimas de tanta alegria, foi eleito a "palavra do ano" pelo Dicionário Oxford.[290] As sintaxes e as semânticas visuais do melodrama (com suas narrativas adaptadas da saga do herói), o maniqueísmo estético da publicidade e a cenografia adestrada das telerreligiões e do consumo se estendem como vigas estruturantes (*videológicas*) dessa "língua" emergente. Uma adolescente não precisa falar o idioma do seu ídolo para dedicar a ele seu melhor e mais sincero amor. Um grupo de metaleiros não precisa entender a letra para dançar no show, para se identificar e, por mimese, ingressar como integrantes ativos do mesmo Imaginário.

---

[290] OXFORD ENGLISH DICTIONARY. *Word of the Year* 2015.

Podemos admitir que os signos visuais se comportam como signos "linguísticos" porque seu método de integrar pessoas a uma comunidade de "olhantes" é tipicamente linguístico. É o "fato social" a tecer um vínculo entre aqueles que, sem os signos visuais, não se reconheceriam como semelhantes.

Em se tratando disso, Saussure e Bakhtin precisam seguir conosco por mais algumas páginas. Não só porque existem coincidências bastante densas entre ambos (por mais que os seguidores de um e de outro as refutem), mas principalmente porque, em suas diferenças cheias de arestas, um completa o outro, e vice-versa. Chega a ser incrível. Ficar só com Saussure é não ver as relações de produção impressas na língua. Ficar só com Bakhtin é não ver o inconsciente dentro dela.

Até aqui falamos de língua e linguagem de um modo vago. A partir de agora, no entanto, quando começamos a pressentir estruturas de uma "língua" nas regras que ordenam o modo pelo qual se combinam os signos visuais, precisamos distinguir língua de linguagem segundo critérios mais seguros. Para proceder a essa distinção, Saussure tem a primeira pista. "A língua é uma forma e não uma substância", diz ele.[291]

É bem verdade que Bakhtin, aplaudido como um aguerrido materialista, resolveu abrir fogo contra esse conceito formalista: "A língua vive e evolui historicamente na comunicação verbal concreta, não no sistema linguístico abstrato das formas da língua nem do psiquismo individual dos falantes".[292]

O filósofo russo gostava de ser peremptório. Sua ira, porém, não empalideceu o brilho da obra de Saussure. Mostrou um outro lado (essencial), mas não quebrou a consistência interna da teoria daquele a quem os seguidores de Bakhtin se comprazem em chamar de formalista e idealista. O pensamento de Saussure, de seu lado, sem se abalar em nada, cintila intacto. Num de seus momentos mais inspirados, mostra que a linguagem condiciona o que se pode enunciar, numa proposição desconcertante, contraintuitiva e vital.

---

[291] SAUSSURE, Ferdinand de. *Curso de linguística geral*, p. 141.
[292] BAKHTIN, Mikhail. *Marxismo e filosofia da linguagem*, p 124.

Para a irritação ainda mais áspera dos bakhtinianos, sustenta que um falante só consegue lidar com os objetos que consiga nomear, isto é, se não tiver palavras para dar um nome ao que tem diante de si, nada verá. Logo, quem não nomeia, não vê. "Bem longe de dizer que o objeto precede o ponto de vista, diríamos que é o ponto de vista que cria o objeto."[293]

Sobre isso, aliás, o antropólogo francês Claude Lévi-Strauss, admirador declarado de Saussure, foi ainda mais radical: "Os símbolos são mais reais do que aquilo que simbolizam, o significante precede e determina o significado".[294]

Pierre Bourdieu também pensou na mesma linha, embora trilhando outras tradições intelectuais. "Nomear, como se sabe, é fazer ver, é criar, levar à existência"[295], escreveu ele. E até mesmo o jornalista Walter Lippmann, que não tinha nada a ver com linguística, reforçou a tese: "Na maior parte das vezes, não vemos primeiro para depois definir, mas primeiro definimos e depois vemos".[296]

Bakhtin não foi por aí. Jamais iria. Trilhando a direção oposta, ele se bateu o quanto pode contra essa visão, alegando que o enunciado é quem depende do objeto, não o contrário: "A situação social mais imediata e o meio social mais amplo determinam completamente e, por assim dizer, a partir do seu próprio interior, a estrutura da enunciação".[297]

Como vai ficando patente, Bakhtin e Saussure não poderiam ter tido discordâncias mais escancaradas, mais antípodas. Mesmo assim, ou talvez justamente por isso, a complementaridade entre ambos vai ficando mais escancarada ainda. Onde um silencia, o outro fala,

---

[293] SAUSSURE, Ferdinand de. *Curso de linguística geral*, p. 15.

[294] LÉVI-STRAUSS, Claude. Introdução – A obra de Marcel Mauss. In: MAUSS, Marcel. *Sociologia e antropologia*. São Paulo: EPU/EDUSP, 1974. p. 20.

[295] BOURDIEU, Pierre. *Sobre a televisão*. 1. ed. Tradução de Maria Lúcia Machado. Rio de Janeiro: Jorge Zahar Editor, 1997. p. 26.

[296] LIPPMANN, Walter. Estereótipos. In: STEINBERG, Charles S. (Org.). *Meios de comunicação de massa*, p. 151.

[297] BAKHTIN, Mikhail. *Marxismo e filosofia da linguagem*, p. 113.

o que vai destilando uma arquitetura lógica maior, luminosamente coerente. Os sistemas de signos não são apenas a matéria, como pretende Bakhtin, e não são apenas forma, como sugere Saussure.[298] As duas teorias crescem ainda mais quando completam as lacunas uma da outra, como se fossem duas metades de uma laranja pedindo para se reencontrar, como se fossem "almas gêmeas" que se conflagraram antes de se reconhecer. É assim que, ao arrepio da tradição acadêmica, é preciso fazer com que Saussure e Bakhtin conversem entre si.

E a tarefa nem é tão árdua. Bakhtin é materialista ruidoso, mas não compra, em nenhum momento, o esquematismo dos comissários stalinistas. Não entra na retórica de descrever batalhas entre ideologias opostas, consubstanciadas em ideários. Classes sociais diferentes, diz ele, partilham *do mesmo* "código ideológico" (expressão que, em seu glossário, quer dizer "língua"). Bakhtin não embarca na crença de que as "ideologias" se organizam como partidos políticos para depois lutar pelo poder. Os enfrentamentos ideológicos estão não nos discursos manifestos, aparentes, mas nos subterrâneos da formação do signo. Em vez de "ideologias" organizadas em conflito, o que existem são "índices de valor" em conflito – dentro do mesmo "código ideológico" e dentro do mesmo signo, da mesma palavra.

> Classe social e comunidade semiótica não se confundem. Pelo segundo termo entendemos a comunidade que utiliza um único e mesmo código ideológico de comunicação. Assim, classes sociais diferentes servem-se de uma só e mesma língua. Consequentemente, em todo signo ideológico confrontam-se índices de valor contraditórios.[299]

---

[298] O suíço rejeita com veemência a "suposição involuntária de que haveria uma substância no fenômeno linguístico" (SAUSSURE, Ferdinand de. *Curso de linguística geral*, p. 141). Por vezes, parece ver a língua mais ou menos como Newton via o tempo, algo que flui uniformemente sem relação com nada que lhe seja externo. Vejamos essa frase do linguista formalista: "A língua constitui um sistema de valores puros que nada determina fora do estado momentâneo de seus termos" (p. 95).

[299] BAKHTIN, Mikhail. *Marxismo e filosofia da linguagem*, p. 46.

A carga que os índices de valor vão assumir no interior dos signos escapa ao controle dos sujeitos e das classes. Não se trata de um processo consciente. Não surpreende que diversos bons leitores de Bakhtin, como Pêcheux, tenham desenvolvido teorias que lidam com o inconsciente – o mesmo inconsciente que o próprio Bakhtin abominou.

A ideologia, para Bakhtin, acontece ali mesmo onde se produz a significação. Se fôssemos adaptar essa tese para o jargão de Saussure, diríamos que a ideologia se manifesta quando o significante se fixa sobre o significado para formar o signo, que é dotado de uma significação. O tema da ideologia não figura entre as obsessões de Saussure, mas o deslizamento entre significante e significado (deslizamento que às vezes se interrompe, quando um gruda no outro para formar o signo), este sim, é um assunto central em sua obra. E, se localizarmos aí a ideologia, localizaremos um bom nexo entre ideologia e a linguística que ele criou, baseada no movimento, no deslizamento, na transformação, na mudança de sentido.

E, ao falar do que se move, Saussure abre mais um ponto de sintonia com Bakhtin, para quem a língua nunca se congela. Na definição de Saussure: "Sejam quais forem os fatores de alteração, quer funcionem isoladamente ou combinados, levam sempre a um deslocamento da relação entre o significado e o significante".[300]

Bakhtin diz quase a mesma coisa, mas com outro tom. Afirma que os signos precisam estar vivos, entregues ao uso dos falantes, para que não se reduzam a "signos ideológicos defuntos", "incapazes de constituir uma arena para o confronto dos valores sociais vivos".[301] Para ele, a ideologia é processo, é dinamismo. Para Saussure, também. A língua, afinal, não premedita.

Ambos se aproximam em achados grandiosos. Há passagens em que Saussure, o formalista, concede à matéria. Diz, por exemplo, que

---

[300] SAUSSURE, Ferdinand de. *Curso de linguística geral*, p. 89.
[301] BAKHTIN, Mikhail. *Marxismo e filosofia da linguagem*, p. 46.

"a língua, não menos que a fala, é um objeto de natureza concreta".[302] Diz também que "os signos linguísticos, embora sendo essencialmente psíquicos, não são abstrações". E diz mais: "Os signos de que a língua se compõe não são abstrações, mas objetos reais".[303] Nesses trechos, destaca o caráter social da língua. Esta é, sim, uma forma apreendida e dominada pela totalidade dos falantes, mas sua realidade é histórica, como ele bem sabe: "O que fixa a pronúncia de uma palavra não é sua ortografia, mas sua história".[304]

Há ainda outras confluências. Se Bakhtin assegura que "não é a atividade mental que organiza a expressão", mas que "é a expressão que organiza a atividade mental",[305] Saussure não é menos impiedoso com a ilusão de que um pensamento consciente teria precedência sobre a linguagem e seus signos. Diz ele: "Sem o recurso dos signos, seríamos incapazes de distinguir duas ideias de modo claro e constante".[306] Sua base material, embora ele não o diga com essas palavras, também são os signos, aqueles mesmos cuja pronúncia é fixada não pelas regras abstratas e formais, mas pela história.

Diante dessas afirmações, tão assertivas, tão claras, não há fundamento na acusação de que Saussure proponha um enfoque idealista, em termos estreitos e estritos, da linguagem. Do mesmo modo, perde sustentação a pecha de que Bakhtin teria torcido a linguística para favorecer uma posição militante.

E por que isso nos interessa? Porque é com os dois, e somente com os dois, que podemos entender em que termos a imagem funciona como língua, arregimentando a comunidade "linguística" planetária. Os processos ideológicos e os *videológicos* se revelam homólogos uns dos outros, tendo como âncora material os signos visuais, que se

---

[302] SAUSSURE, Ferdinand de. *Curso de linguística geral*, p. 23.

[303] *Idem*, p. 119.

[304] *Idem*, p. 40.

[305] BAKHTIN, Mikhail. *Marxismo e filosofia da linguagem*, p. 112.

[306] SAUSSURE, Ferdinand de. *Curso de linguística geral*, p. 130.

articulam segundo a "sintaxe" incipiente da visualidade e amarram laços sociais. Mesmo quando bruta, mesmo quando atenta contra toda mediação a imagem sedia a disputa permanente entre "índices de valor" contraditórios, como qualquer outro signo, e integra uma língua nascente.

Nota sobre manipulação e uma certa "ideologice"

Com as revoluções liberais, as técnicas de comunicação social nunca interromperam seu crescimento, ora aos saltos, ora em gradações mais ou menos contínuas. O que no século XVIII era um amontoado de jornaizinhos, sem periodicidade definida e sem expressão econômica, eclodiu em indústria gráfica no século XIX, transubstanciou-se em meios de massa no século XX e, agora, no século XXI, assumiu o centro do capitalismo com as *big techs* e o mercado global das imagens que entretêm. Durante esse percurso, a comunicação social atuou para manipular a opinião pública. Desde o tempo dos folhetos de opinião no século das luzes, tem sido assim.

Por volta de 1900, quando a circulação dos maiores diários, como o *New York World*, de Joseph Pulitzer, encostava na casa de um milhão de exemplares, parte das redações se dedicava a modalidades investigativas pouco edificantes. São desse período o "*yellow journalism*" (imprensa marrom) e o "*muckraking*", que consistia em "revolver o lixo" alheio para encontrar as mais picantes obscenidades, públicas e privadas, sobre personagens famosos e depois vendê-las em jornais sensacionalistas. Em 1919, o economista e jurista alemão Max Weber, considerado um dos fundadores da sociologia, disse numa conferência que os "poderosos da Terra" se referiam aos jornalistas como "esses lixeiros da imprensa".[307] Segundo Weber, os "poderosos"

---

[307] "É de mencionar, por exemplo, a circunstância de frequentar os salões dos poderosos da Terra, aparentemente em pé de igualdade, vendo-se, em geral e mesmo com frequência, adulado, porque temido, tendo, ao mesmo tempo, consciência perfeita de que, abandonada a sala, o anfitrião sentir-se-á, talvez, obrigado a se

só se expressavam nesses termos entre si, especialmente ao final das festas, em seus suntuosos salões, quando os profissionais da imprensa já tinham ido embora do recinto. Nessa época, magnatas da mídia e seus leões-de-chácara editoriais (seus "*gatekeepers*") se esmeravam em truques baixos para encabrestar a opinião pública e dela tirar proveito.[308] Fizeram escola. Até hoje, a publicação de distorções deliberadas ou de mentiras deslavadas para a obtenção de vantagens políticas, religiosas ou econômicas particulares é uma chaga do jornalismo.

Na primeira metade do século XX, com o surgimento da indústria cinematográfica, a imagem entrou de cabeça nesse ramo promissor: o da manipulação. Muitas vezes, a chamada sétima arte se voluntariou para hipnotizar as audiências em favor de modelos políticos abjetos. No nazismo, nos anos 1930, o ministro da propaganda de Adolf Hitler, Joseph Goebbels, construiu um arsenal de doutrinação que tinha no cinema o seu carro-chefe. Nunca se viu um aparelhamento tão infame da imagem para servir a causas tão vis. Nunca uma estética tão bem elaborada e tão bem planejada incensou com tanta eficiência um império totalitário tão nefasto, nefasto a ponto e fazer do genocídio uma linha de montagem burocratizada com produtividade maximizada.[309] Para o êxito do Terceiro Reich, a imagem e a propaganda aportaram os impulsos mais determinantes. A manipulação foi decisiva.

A televisão seguiu a mesma trilha viciosa e, com ela, o mau uso da imagem chegou à estratosfera. Na *instância da imagem ao vivo*, a

---

justificar diante dos demais convidados por haver feito comparecer esses 'lixeiros da imprensa'" (WEBER, Max. A política como vocação. In: WEBER, Max. *Ciência e política, duas vocações*, p. 83).

[308] É com esse enfoque que o filme *Cidadão Kane*, de Orson Welles, uma obra prima lançada em 1941, retrata o barão da imprensa Charles Foster Kane, personagem fictício inspirado em William Randolph Hearst, um titã dos jornais norte-americanos do início do século.

[309] Ver, a respeito, o documentário: *Eléments d'idéologie*. Alemanha/ Reino Unido, 2005. Direção de Lutz Hachmeister. Roteiro de Lutz Hachmeister e Michael Kloft. Narração de Kenneth Branagh (inglês) e Udo Samel (alemão). Todo o texto do filme foi retirado dos diários do próprio Goebbels.

publicidade sem escrúpulos enalteceu tiranos e promoveu mentiras, além de impingir aos consumidores mercadorias cancerígenas, como o cigarro. Em 1977, o norte-americano Jerry Mander, um ex-publicitário que, depois de quinze anos de trabalho, se voltou contra a comunicação comercial, lançou um livro para conclamar a sociedade a simplesmente acabar com a televisão.[310] A obra entrou para a história como um dos libelos mais contundentes (e mais icônicos) contra a comunicação de massa. Merece ser lida.

No Brasil, o poderio acumulado pela Rede Globo de Televisão durante a ditadura militar despertou e ainda desperta resistências, muitas delas justificadas. A TV no Brasil deflagrou manobras políticas para edulcorar a popularidade dos ditadores do regime militar, para influenciar subliminarmente o comportamento do eleitor ou simplesmente para enganar a cidadania. São histórias conhecidas, estudadas e documentadas. Mais recentemente, temos visto o recrudescimento de doutrinações de fundo religioso, com a associação entre redes de televisão e igrejas que mantêm laços orgânicos com partidos políticos, nutrem projetos de poder e, claro, manipulam.

Na segunda década do século XXI, a TV saiu da berlinda, dando lugar às plataformas sociais e às *big techs*. O tema central, porém, continuou o mesmo: a manipulação, mas agora em outra escala. O ambiente digital criado pelos conglomerados monopolistas das redes sociais, do comércio virtual e dos sites de busca se revelou o *habitat* ideal para os grupos clandestinos que semeiam a desinformação. Para conter esse tipo de distorção deletéria, vários países democráticos tomam iniciativas para regular os mercados. O esforço legislativo é legítimo e compreensível, mas, na opinião de muita gente, os textos legais trazem ameaças contra a liberdade de expressão. Estamos, ainda, longe de consensos. Na Alemanha, uma nova lei entrou em vigor, com foco nos discursos de ódio, e encontrou razoável aceitação na

---

[310] MANDER, Jerry. *Four Arguments for the Elimination of Television*. New York: Quill, 1977.

sociedade.[311] No Brasil, em 2020, o Senado Federal aprovou um Projeto de Lei para inibir as *fake news*, mas os parlamentares da Câmara dos Deputados, onde o texto passou a tramitar, conforme prevê o rito legislativo regular, estão longe de chegar a um acordo.[312] Uma lei francesa com objetivos semelhantes, aprovada em 2018, segue suscitando polêmica.[313]

Outros países, como Hungria, Egito, Filipinas e Irã, onde se notam propensões autoritárias instaladas no governo, implementaram medidas cerceadoras que, a pretexto de "proteger" a população contra a disseminação de informações falsas sobre a pandemia de Covid-19 em 2020, têm servido para que autoridades intimidem a imprensa.[314] Nesses casos, a manipulação do mercado não passa de desculpa para fortalecer a manipulação do Estado, que talvez seja ainda pior.

O itinerário das ações contra a manipulação é sinuoso, labiríntico, mas avança. Aos poucos, surge uma bandeira unificada internacional: o combate ao monopólio. É uma boa causa. Boa e lúcida. Monopólios e oligopólios são indesejáveis por muitos motivos, mas são especialmente nocivos porque propiciam condições favoráveis para que o poder econômico, por meio da mídia, tenha ascendência manipulatória sobre a opinião pública. Na União Europeia, a tensão cresceu bastante em 2020. As instituições falam abertamente em conter o poderio dos conglomerados.[315] Nos Estados Unidos, o Congresso

---

[311] Trata-se, na tradução para o português, da lei alemã para a melhoria da aplicação da lei nas redes sociais (a NetzDG, na sigla alemã). Ver: ABBOUD, Georges; NERY JR., Nelson; CAMPOS, Ricardo (Orgs.). *Fake news e regulação*. 2. ed. São Paulo: Thompson Reuters Brasil/ Revista dos Tribunais, 2020. p. 337-344.

[312] Quando este livro foi fechado, o PL 2630/2020 ainda tramitava na Câmara dos Deputados.

[313] LE PARLEMENT ADOPTE les propositions de loi sur les infox. *Le Monde*, 20 nov. 2020.

[314] Ver: CORONAVIRUS is being used to suppress press freedoms globally. *Axios*, 31 mar. 2020.

[315] ESPINOZA, Javier. EU targets Big Tech with "hit list" facing tougher rules. *Financial Times*, 11 out. 2020.

realizou, no dia 29 de julho, uma audiência pública para interrogar os CEOs das quatro maiores *big techs* (Amazon, Facebook, Apple e Google) sobre suas práticas monopolistas.[316] Nos dois continentes, ganham força as teses que defendem o uso de legislação antitruste, com princípios de defesa da livre concorrência, consagrados na primeira metade do século XX.

Outro aspecto que vem sendo estudado e criticado é o fator viciante das redes sociais, que se valem de imagens como estímulos neuronais para provocar dependência nos "usuários".[317] As ferramentas e os aplicativos que viciam aprisionam os "usuários" para melhor manipulá-los.

Em todas essas frentes, o enfrentamento das táticas manipulatórias é indispensável para a preservação e o desenvolvimento do Estado Democrático de Direito. Se não houver resistência e se não houver formulação de políticas que revertam a deterioração continuada do debate público provocada pela manipulação industrializada, os pilares da civilização estarão em xeque. A manipulação promovida ou abrigada pelo poder econômico e político inverte a lógica dos processos decisórios nas sociedades livres, dirigindo-os para fins opostos àqueles pelos quais foram criados historicamente. Nesse contexto, proliferam os líderes políticos que, eleitos democraticamente, passam a orientar a ação do Estado para comer por dentro a democracia. Essa inversão usa a democracia contra a própria democracia e, ao mesmo tempo, escancara a contradição estrutural entre mercado e democracia, em que esta segunda fica em desvantagem. É preciso reagir, rapidamente. Definitivamente, a manipulação e os conglomerados monopolistas não podem ser tolerados sob nenhum aspecto.

Fora isso, há um senão. É constrangedor, embaraçoso, mas há um senão, que pode ser resumido numa afetação da ausência

---

[316] ROMM, Tony. Amazon, Apple, Facebook and Google grilled on Capitol Hill over their market power. *Washington Post*, 29 jul. 2020.

[317] ZANATTA, Rafael A. F.; ABRAMOVAY, Ricardo. Dados, vícios e concorrência: repensando o jogo das economias digitais. *Estudos Avançados*, v. 33, n. 96, p. 446, 2019.

de espírito: a *videologice*. Trata-se de um restolho da velha escola panfletária de esquerda, um discurso mais ou menos difuso, esfacelado e barulhento, que que consiste em hipertrofiar o poderio da famigerada "ideologia burguesa", também chamada de "ideologia dominante". Aliás, os adeptos desse discurso acreditam piamente nos poderes da "ideologia burguesa", mais ou menos como aqueles pregadores supostamente cristãos que acreditam no capeta, mais ou menos como os próceres da extrema direita antidemocrática têm fé inabalável no comunismo que dizem combater. Com efeito, só dois tipos de pessoas acreditam que a manipulação da indústria não falha nunca: os agentes pagos para implementá-la, que ganham dinheiro com seus feitiços de comunicólogos do mal, e seus inimigos mais salientes, arautos da ideologice.

Estes, em seu diapasão prototeórico, reduzem *integralmente* a função dos meios de comunicação à finalidade teleológica (planejada) de tapear, não vendo que, antes de traficar mentiras, os meios precisam se legitimar como meios, ou seja, precisam entregar signos vivos para as comunidades que integram, signos que tenham sentido para elas. Não entenderam por que Bakhtin disse que classes sociais diferentes compartilham do mesmo "código ideológico". Acham que Saussure é idealista quando diz que "a língua não está completa em nenhum [dos seus falantes], e só na massa ela existe de modo completo".[318]

No dicionário dos arautos, manipulação é um nome rebuscado para o estelionato político mais tosco, o contrabando mal disfarçado e *intencional* de valores e interesses da "classe dominante" para a lista de desejos dos explorados e oprimidos. Adoram repetir frases de Adorno e Horkheimer sobre a indústria cultural, mas não as entenderam. É verdade que a Escola de Frankfurt menciona o conceito de manipulação, mas o faz num plano totalmente distinto. Para os filósofos de Frankfurt, a manipulação na indústria cultural não é um estratagema deliberado, não resulta de espertezas conscientes e discricionárias dos "capitães", mas ocorre na estrutura. Quando escreveram que "o consumidor torna-se a

---

[318] SAUSSURE, Ferdinand de. *Curso de linguística geral*, p. 21.

ideologia da indústria da diversão",[319] os filósofos chamavam a atenção para um aspecto elementar: a imagem não representa o que o dono da televisão quer ver representado nela, pois precisa, antes, ser instaurada como signo vivo no repertório visual ativo da audiência, precisa saber *representar* o consumidor. Ou o signo carrega sentido para o que o consumidor sente, ou não significará coisa alguma.

Adorno e Horkheimer viram que o manipulador não manda soberanamente no signo. Nada mais óbvio. Na linguística, nenhum falante sozinho manda na língua; na ação comunicativa política, a burguesia, embora tenha sido a primeira classe social a formular os esboços iniciais dos direitos da cidadania e das liberdades democráticas, não é mais a proprietária da democracia, que se tornou um paradigma (forma social) de caráter amplo, além das fronteiras de uma classe só. A manipulação que os dois filósofos apontam não se destila, portanto, das intenções dos de cima, mas de identificações menos controláveis.

Os arautos da ideologice não entendem esses meandros. Não sabem sequer que o manipulador é ele mesmo alienado, ainda acreditam que o capitalismo é fruto da engenhosidade da manipulação intencional, fruto de um grande conto do vigário acrescido de um pouco de violência. Se fossem analisar o regime de escravidão, diriam que ele decorre do chicote do capataz. Só entendem a manipulação como um tipo de malandragem, de burla moral, de desonestidade semiológica premeditada, um expediente que só existe porque a "classe dominante", por ser pecadora e viciosa, engambela o restante da humanidade, onde só existem bobos.

Seu erro mais grave é considerar que o estelionato político é a regra dos meios de comunicação. Desse erro se desdobram os demais. Os arautos não perceberam que a propagação da tapeação mais deslavada só pode ocorrer como conduta excepcional, e não como regra. A indústria cultural só segue uma regra: mobilizar seus meios para

---

[319] ADORNO, Theodor W.; HORKHEIMER, Max. A indústria cultural: o esclarecimento como mistificação das massas. In: ADORNO, Theodor W.; HORKHEIMER, Max. *Dialética do esclarecimento*, p. 148.

integrar seus consumidores numa comunidade de falantes e "olhantes". Para isso, precisa de um sistema de signos que entreguem sentido. É claro que várias formas de contrabando de valores e interesses podem ocorrer aí, mas apenas como exceção. Do contrário, sabotariam sua regra estruturante. É por isso que, embora haja muita propaganda na indústria, nem toda a indústria se reduz à propaganda arquitetada da "ideologia dominante" – que, para os adeptos da ideologice, nada mais é que o conjunto de ideários bem explícitos e simplórios que interessam aos de cima. Não enxergam o que sejam diálogos conflitivos e, por extensão, não dispõem de recursos conceituais para visualizar a forma social da democracia. Gostam de se imaginar "guerrilheiros", experimentam frêmitos de gozos transcendentais quando se sentem no *script* melodramático do ser frágil em luta virtual contra o dragão da maldade. Ignoram, para sua própria conveniência, que esse seu modelo de melodrama imaginário tem nítida extração burguesa e mergulham com a alma rija em seu martírio cenográfico, atribuindo à manipulação o poder sobrenatural de inocular no cérebro dos incautos, com agulhas insidiosas e invisíveis, os venenos alienantes da "ideologia burguesa".

A ideologice pende, por inércia, às narrativas conspiratórias, alimentando sempre que um inimigo oculto premedita a História e depois vai teleguiando com fios invisíveis os agentes sociais. É arrogante, pois julga que só ela sabe do que se passa na cabeça do povo e que o povo não faz a mais pálida ideia do que se passa na dela; é preconceituosa, pois não reconhece o direito de ser inteligente a ninguém que não sejam os seus adeptos; é sectária, pois acredita na sua verdade pronta da qual é a única exegeta autorizada; é intolerante, pois move patrulhas implacáveis contra um simples rumor de defecção; e é mentirosa, pois falsifica os fatos para proteger as convicções de seu proselitismo particular.

Em relação ao que sabe, a ideologice é desonesta: diz que a televisão define o voto da maioria dos brasileiros, mesmo sabendo que já está mais do que provado que isso não é verdade.[320] Em relação ao que

---

[320] Pesquisas empíricas metodologicamente bem conduzidas, com base nos estudos da recepção, desmontaram diversas vezes esse tipo de crendice. Uma delas,

não sabe, não demonstra uma gota de curiosidade. Para ela, os signos visuais são envelopes fechados, em vias de mão única, que saem da "classe dominante" para se alojar diretamente, sem escalas, nas ranhuras do psiquismo dos desavisados da "classe trabalhadora". Ela se recusa a admitir o óbvio: que, antes de serem ferramentas disponíveis para os de cima tapearem os de baixo, os signos visuais precisam, como já foi enfatizado aqui, ter sentido para as pessoas comuns das comunidades que integram, ou não seriam signos.

Vale insistir: se o signo visual não entregar sentido para a comunidade a que se dirige, será repelido por ela. Mikhail Bakhtin ensina que a palavra não tem um dono só, que ela se define por proceder de alguém e por se dirigir a outro alguém. Saussure diz que a língua só é língua porque, sendo "fato social", relaciona os indivíduos uns aos outros.

O poder deforma a língua, consegue mesmo usurpá-la, mas não tem como impedir que o povo fale e que, falando, ative a mutação do signo. Como diz Antígona para Creonte: "Por mais que os tiranos apreciem um povo mudo, o povo fala. Aos sussurros, a medo, na semiescuridão, mas fala".[321]

Para que os signos (visuais ou não) carreguem algum sentido, precisam ter sido incorporados ao repertório ativo do público a que se dirigem. Por essa razão, não podem estar apenas sob controle estrito do manipulador. Eis o que significa dizer que, na "indústria cultural", o consumidor é a ideologia.

Outra nota, esta mais curta

O poder consegue impor o mando aos falantes, mas, nem no totalitarismo, consegue mandar na língua que eles falam. Imaginemos

---

pioneira, do professor e jornalista brasileiro Carlos Eduardo Lins da Silva, provou que os telespectadores tinham clara autonomia crítica em relação ao que viam e ouviam no noticiário: SILVA, Carlos Eduardo Lins da. *Muito além do Jardim Botânico: um estudo sobre a audiência do* Jornal Nacional *da Globo entre trabalhadores*. São Paulo: Summus, 1985.

[321] SÓFOCLES. *Antígona*. Rio de Janeiro: Paz e Terra, 1996.

um ditador que comande todos os meios de comunicação de seu país. Ele poderá estipular as pautas da TV, os aplicativos que vão rodar nos celulares e os temas das obras de ficção. Ele terá meios de censurar as redes sociais e de filtrar previamente todas as informações que circulem em seu território. Se for caprichosamente perverso, inventará laboratórios linguísticos para burilar expressões e criar modismos vernaculares. Mas, por mais poderoso que seja, não terá meios de moldar o modo de falar de cada um. Por definição, algo escapará, algo vazará (esse verbo essencial). A língua, que não "premedita nada", é sempre uma língua que erra e que, ao errar, se transforma pelo erro, mais ou menos como as mutações genéticas alteram os cromossomos dos seres vivos. Nenhum tirano antevê com segurança a mutação linguística, que ele não controla e da qual se erguem fronteiras humanas para o seu poder desumano.

Um programador de software, manuseando linguagens computacionais, lida com graus prodigiosos de previsibilidade e consegue governar por antecipação as ocorrências futuras. Um falante da linguagem humana vive outra condição: não prevê, mas desliza no erro. As mutações instantâneas dos signos passam pelos vãos dos dedos de qualquer poder institucional. O poder pode até querer editar os ideários – isso se chegar a um patamar de precisão e de mando nunca visto na História –, mas não tem como governar a ideologia ou a *videologia*, pois não tem como predeterminar, com eficácia, como vai se comportar a força adesiva do atrator que une o significante ao significado.

É bem verdade que, em nosso tempo, o capital vem alargando seus domínios de silício e titânio. Embora poderes políticos, econômicos, midiáticos ou religiosos não controlem integralmente a fixação do significante no significado, a manipulação interfere cada vez mais. Quanto mais os maquinários se apossam da função de produzir significações, mais a "representação da relação imaginária" (na expressão de Althusser) fica permeável à indústria.

Há um embate acontecendo. Num polo, o vetor do capital industrializa a confecção da "representação da relação imaginária" e se expande. No outro, embora enfrente uma contração inédita, a autonomia dos sujeitos falantes ("olhantes"), que são os detentores inamovíveis dos sistemas de significação (linguísticos ou imagéticos), ainda pulsa. Não dá para prever os desdobramentos desse duelo que desgrenha o Imaginário. Podemos ter só uma certeza: não será com a ideologice – que faz de conta que a História é uma fábula infantil em que a princesinha proletária é acossada pela bruxa capitalista – que as democracias acumularão pensamento crítico para compreender e enquadrar a selvageria do capital. A ideologice, ao contrário, nega o pensamento. Com seu rosário fanatizante, que estreita a imaginação, cerra fileiras a pretexto de guardar a luz, mas só faz aprofundar o que há de mais regressivo e obscurantista na cultura.

A comunicação entre as pessoas, exatamente como a língua, ainda não se encontra inteiramente à mercê do poder. Ainda. A manipulação pode muito, mas não tudo. Por enquanto. Algo escapa, como sempre escapou. Até aqui. O nazismo não triunfou. O imperialismo encontra barreiras. O autoritarismo chinês, de tons totalitários, enfrenta resistências inesperadas em seus próprios domínios. Tudo porque, no tecido dos signos, o erro e o imprevisto ainda persistem, ainda escapam ao poder e ainda são um alento, o único, para o humano.

Se toda brecha de surpresa e de inesperado se esgotar na linguagem, não terá havido uma vitória final da "ideologia burguesa", mas algo um pouco pior: a humanidade ou aquilo que em nós chamamos de humanidade terá sido extinta. Teremos sido reprogramados *em* chips biológicos dentro de um sistema artificial cujas bordas não divisaremos mais. Seremos ex-sujeitos.

QUARTA PARTE
A implosão do sujeito

9
Uma agonia exponencial[322]

Tamagotchi

No final de 1994, a estatal Embratel, que seria privatizada quatro anos depois, começou a oferecer ao público acesso à internet, ainda em caráter experimental. Antes disso, apenas universidades e instituições acadêmicas, como a Fundação de Amparo à Pesquisa do Estado de São Paulo (Fapesp), participavam da rede mundial de computadores. Em 1995, quando nasceu o Comitê Gestor da Internet no Brasil (CGI.br), o serviço de internet da Embratel se estabeleceu em definitivo.[323] Em 1996, entrou no ar o UOL, que viria a ser o principal provedor do país. Apenas 0,5% dos brasileiros acessava a rede, enquanto 16,4% dos norte-americanos já estavam conectados, mas o otimismo era generalizado.[324] Capitalistas e hippies partilhavam do mesmo otimismo e do mesmo endereço: o Silicon Valley, na Califórnia.

---

[322] Trechos deste capítulo foram desenvolvidos em uma conferência: BUCCI, Eugênio. Aquilo de que o humano é instrumento descartável: sensações teóricas. In: NOVAES, Adauto (Org.). *A condição humana: as aventuras do homem em tempos de mutações*. v. 1. Rio de Janeiro; São Paulo: Agir Editora; Edições Sesc São Paulo, 2009. p. 375-394.

[323] MULLER, Nicolas. O começo da internet no Brasil. *Oficina da Net*, 23 abr. 2008.

[324] Os dados são de: BANCO MUNDIAL. Individuals using the Internet (% of population) – Brazil. Disponível em: https://bit.ly/3gIVMMf. Acesso em 27 abr. 2021.

Para o pessoal que não era careta, a tecnologia era a nova viagem. O ídolo hippie do Silicon Valley era Timothy Leary, o profeta do LSD que encantara a contracultura nos anos 1960 e, mais tarde, aderiu à internet e repetia com um mantra transcendental: "Turn on, tune in and drop out" ("Se ligue, sintonize e caia na vida"). Leary morreu de câncer na próstata em 31 de maio de 1996, e fez de seus instantes finais uma celebração on-line, um ritual de sagração da rede mundial.[325] Por ordens dele, tudo foi transmitido ao vivo, num clima de otimismo viajante, em imagens que depois fariam parte de um filme psicodélico (*Timothy Leary's Dead*, de Paul Davids, lançado oficialmente em 1997). Naquele tempo, era assim: muita gente achava que os bits e os bytes abririam os portais para uma fraternidade amorosa, anticapitalista, *antiestablishment* e, com um pouco de sorte, até socialista. O silício era lisérgico, e o sujeito humano, fosse capitalista ou hippie, tinha confiança no futuro.

Naqueles primórdios de cibereuforia, um brinquedinho digital japonês, ainda off-line, conquistou o mundo, despertando desejos na criançada e em muita gente grande: o Tamagotchi. O amuleto, do tamanho aproximado de uma caixa de fósforos, tinha uma tela em preto e branco, bem primitiva, em que um ser imaginário sorria ou se entristecia, dependendo do comportamento do dono. Quem tinha o minirrobô virtual simulava com ele uma relação afetiva, parecida com o vínculo entre a mãe e um bebê.

O ser em seu casulo de plástico era um ser inexistente, mas emitia sinais como se existisse de fato: de fome, sono, carência afetiva. O dono (o precursor do "usuário" das redes) ficava no papel de "mãe": precisava apertar botõezinhos para saciar-lhe as demandas, para deixá-lo dormir, para vê-lo contente, e assim experimentava o gozo de se imaginar o provedor onipotente de carinhos e proteções. Posava para si mesmo como alguém que controlava o humor do bichinho, sem desconfiar que, na verdade, era controlado por um bicho muito maior, instalado por trás do Tamagotchi.

---

[325] TIMOTHY LEARY MORRE on-line. *Folha de S.Paulo*, 1 jun. 1996.

Aquele brinquedo inocente, que venderia 78 milhões de unidades no mundo,[326] fez sua fama em tempos de sonhos tecnológicos, mas, nas suas feições infantiloides mal desenhadas, já dava para antever sombras distópicas, com a humanidade enredada pelas telas eletrônicas. Além do minirrobô virtual de estimação, que só existia na microtela, já imperavam as telas da TV, do computador, dos painéis luminosos nos automóveis, dos monitores hospitalares de batimento cardíaco, dos primeiros caixas automáticos, do celular (o smartphone viria depois). Do outro lado de todas essas telas, seres virtualizados esperavam pagamentos monetários ou afetivos e tiranizavam a existência de cada um. Um imenso Tamagotchi planetário já estava em franca atividade.

As telas que tomavam o poder sobre as fantasias de tanta gente naqueles anos inaugurais pareciam ferramentas neutras, mas não eram. Lembravam, de longe, a ordem invertida do espelho que a Alice, de Lewis Carroll, atravessou no século XIX. A "brilhante névoa prateada", quando cruzada, dava acesso a um mundo estranho, de lógicas estranhas. As telinhas do Tamagotchi eram como o espelho de Alice: por trás delas, parecia imperar uma ordem invertida, monstruosa, que brincava de cuidar dos seres humanos – estes, sim, os verdadeiros bichos virtuais. Ali por volta de 1996 já dava para saber.[327]

---

[326] TAMAGOTCHI COMPLETA 15 anos após conquistar 78 milhões de pessoas. *Veja*, 23 nov. 2011.

[327] Ver coluna da revista *Veja* publicada em 1997, intitulada "O bicho virtual é você", de Eugênio Bucci: "Todo mundo tem (ou conhece alguém que tem) um Tamagotchi. O animal de estimação eletrônico virou mania. Habitante de um miniaparelho, misto de chaveiro e computador, o bicho é na verdade um ser inexistente. Só o que se tem dele são sinais: de fome, sono, carência afetiva. Apertando botõezinhos, é possível saciar-lhe as necessidades e os desejos. Na tela minúscula, surge então um sorriso, indicando que o mascote está feliz. O dono, sempre uma criança (de qualquer idade), sente-se grandioso, provedor de carinhos e cuidados. Pensa que cuida do bicho – mas é o bicho quem cuida dele (e de suas ansiedades). O novo brinquedo é a síntese da nossa era, que é mediada e ordenada pelas telas luminosas. Não apenas a microtela do bichinho, mas as telas do computador, do painel eletrônico do automóvel, das linhas verdes de monitoramento cardíaco. Tudo se organiza

Em 1999, quando estreou o filme norte-americano *Matrix*, dirigido pelas irmãs Lilly e Lana Wachowski, o cenário distópico que estava camuflado no Tamagotchi se escancarou num *blockbuster*. A trama de ficção científica – a história se passa em 2200 – sustenta que aquilo a que chamamos realidade nada mais é que um jogo de cena criado por um poder central a partir de softwares que conectam o cérebro de cada cidadão à rede de computadores, totalmente regida por inteligências artificiais.

A perspectiva pessimista trabalhada no filme não primava pela originalidade. Aliás, segundo as diretoras, o roteiro se inspirava diretamente em textos do filósofo francês Jean Baudrillard, o que mostra que o tema já fazia parte da agenda de, pelo menos, alguns intelectuais. O próprio Baudrillard não se reconheceu no roteiro, e até esnobou

---

como um complexo indivisível, um Tamagotchi planetário. O caixa eletrônico avisa que a conta está no vermelho; é preciso um depósito para que ela fique contente. A televisão não para de insistir: é Dia dos Pais, ai de quem se esquecer do presente. A tela do telefone celular dá conta de que a pilha está fraca. No monitor do micro, pisca a mensagem não lida. Do outro lado das telas que comandam o dia a dia de qualquer um, outros milhões de uns quaisquer. Um parente, um burocrata, um chefe, um amigo, um cliente, um desconhecido... a(s) namorada(s). Todos virtualizados. Além das contas a pagar e dos recados inúteis, também as demandas emocionais navegam pela teia eletrônica. E a isso se reduz o relacionamento humano: a uma troca de estímulos digitalizados e respostas idem. Então, a tela é somente isso, um suporte vazio para a comunicação digitalizada? A resposta é não: a tela não é tão neutra assim. Há uma lógica à parte dentro dela. Mais ou menos como havia uma ordem invertida no espelho que foi atravessado pela Alice de Lewis Carroll no século XIX. O espelho não era neutro: virava uma 'brilhante névoa prateada' e mostrava muito mais do que reflexos. Um século depois, em filmes como *Tron* (de 1982), *A Rosa Púrpura do Cairo* (1985) ou *O Último Grande Herói* (1993), os personagens cruzam a tela para viver realidades simultâneas – e mais perigosas que o sonho de Alice. *Hoje, quem ousasse transpor uma das telas do Tamagotchi globalitário, talvez caísse numa paisagem ainda mais assustadora: um sistema frio, em expansão vertiginosa, para o qual as multidões 'reais' são uma contingência periférica e não muito relevante. Como insetos em volta da lâmpada. Para esse sistema, virtual é o homem*" (BUCCI, Eugênio. O bicho virtual é você. *Veja*, São Paulo, p. 16, 13 ago. 1997).

um pouco o filme, mas isso é o de menos.[328] Importa, sim, é que, para muitos pensadores, a possibilidade de um mundo governado por tecnologias obscurantistas era iminente, e *Matrix* refletiu essa iminência.

Na trama ficcional, uma rede de nome Matrix (termo que apareceu pela primeira vez no livro *Neuromancer*, de William Gibson) detém o poder sobre o cenário administrado. A humanidade é mantida viva porque se revelou a melhor fonte de energia para as máquinas vampirescas. Isso mesmo: os computadores da rede se abastecem da força vital que extraem dos corpos.

Mas, apesar do seu pessimismo, *Matrix* ainda deposita esperanças no indivíduo. A ação só vai se desencadear porque, como em quase toda ficção científica distópica, uns poucos seres humanos escaparam da dominação total exercida pelas máquinas e se juntam para derrubar a tecnotirania por meio de uma tecnorrebelião. Em seu levante revolucionário, os protagonistas renunciam à condição de bichos virtuais do sistema, transpõem as telas do Tamagotchi globalitário e caem do outro lado, onde os aguarda uma paisagem assustadora, muito pior do que aquela que Alice encontrou.

Os heróis de *Matrix* descobrem, assim, que o verdadeiro poder se esconde no avesso do mundo. O ser humano não sabe de nada, vive

---

[328] Baudrillard declarou que não assinava embaixo da adaptação que o filme fez de suas teses. Em uma entrevista a Luís Antônio Giron, da revista *Época*, em 6 de março de 2003, ele comentou o filme. Vejamos um trecho da entrevista: "ÉPOCA: O senhor gostou do filme? BAUDRILLARD: É uma produção divertida, repleta de efeitos especiais, só que muito metafórica. As irmãs Wachowski são boas no que fazem. Keanu Reeves também tem me citado em muitas ocasiões, só que eu não tenho certeza de que ele captou meu pensamento. O fato, porém, é que *Matrix* faz uma leitura ingênua da relação entre ilusão e realidade. As diretoras se basearam em meu livro *Simulacros e simulação*, mas não o entenderam. Prefiro filmes como *O show de Truman* e *Cidade dos Sonhos*, cujos realizadores perceberam que a diferença entre uma coisa e outra é menos evidente. Nos dois filmes, minhas ideias estão mais bem aplicadas. As Wachowski me chamaram para prestar uma assessoria filosófica para *Matrix Reloaded* e *Matrix Revolutions*, mas não aceitei o convite. Como poderia? Não tenho nada a ver com kung fu. Meu trabalho é discutir ideias em ambientes apropriados para essa atividade".

bestamente como peça fungível, anônima, condenada a mover peças menores de um processo que evoluiu a partir da humanidade e que agora a domina e lhe suga as energias.

Cenário de ficção? Em alguns termos, sim; mas, em outros, não. Um pouco disso já podia ser visto, como um trailer, três anos antes do lançamento de *Matrix*. Bastava olhar a cena melancólica de um sujeito brincando com a telinha de seu Tamagotchi no ano longínquo de 1996, o mesmo ano em que Timothy Leary morreu on-line. Na tela daquele ridículo apetrecho japonês se prenunciava um maquinário frio, invisível, pronto para passar a perna no sujeito humano.

Sob o jugo dos genes

Em *Matrix*, o mocinho e a mocinha bem-apessoados conduzem a narrativa. O casal se nutre de força moral, indignação, senso de justiça e destreza no kung fu para atacar o sistema, o império, o poder, a máquina, o mal. Na empreitada, conta com o apoio de um velho sábio (anjo, mestre), bem de acordo com a fórmula conhecida da saga do herói, temperada com notas de melodrama.

Como costuma acontecer nesse tipo de enredo, só o heroísmo individual reverterá o curso da História, o que exala uma certa mística darwinista – menos por elogiar o evolucionismo social ou biológico, e mais por atribuir à livre iniciativa beligerante de um único espécime o papel profético de salvar a espécie toda. O espectador sai da sessão confiante no sujeito humano e em sua coragem pessoal. Com inteligência prática, bons instintos e consciência virtuosa, o herói dará um jeito nos descaminhos do mundo. Mesmo que o final do filme não seja tão feliz assim, o sujeito humano não morreu, ainda terá vez.

Mas o darwinismo de *Matrix*, ao apostar todas as fichas no sujeito heroico, é um tanto *démodé*. Essa crença de Darwin no protagonismo do indivíduo perdeu a atualidade. Hoje, os evolucionistas se interessam mais pelas estratégias dos genes, acreditam que os protagonistas são os genes, não os corpos dos animais. A carga genética que cada um carrega no corpo é a personagem central da saga evolutiva. Quanto aos espécimes – humanos, inclusive –, são meras conjunções acidentais, passageiras, irrelevantes.

Em 1995, um dos mais respeitados representantes da teoria evolucionista, o britânico Richard Dawkins, lançou *River out of Eden: A Darwinian View of Life* (O rio que saía do Éden: uma visão darwinista da vida). Nesse livro, Dawkins retira dos indivíduos qualquer destaque na luta pela sobrevivência: uma pessoa, um tentilhão, um tatu ou uma minhoca não são mais que um engenho dos genes para se transportarem na linha do tempo; o corpo cumpre a função de um pacote postal endereçado a algum lugar no futuro. Quem está no comando são os genes. Os corpos apenas obedecem. Na perspectiva teórica do evolucionismo contemporâneo, acreditar em heróis individuais é tão bizarro quanto acreditar em Papai Noel.

Diante disso, os que achavam que Charles Darwin trouxera uma notícia ruim para a humanidade quando mostrou que Adão e Eva não foram projetados e moldados por Deus têm agora motivos mais sérios para se ensimesmar. Sobretudo para aqueles que ganham a vida dando combate à Teoria da Evolução baseados em argumentos, digamos, bíblicos, a notícia publicada por Richard Dawkins é mais cáustica, muito mais desestruturante. Não são apenas os espécimes de animais e plantas que são vistos como manobras dos genes. Espécies inteiras, as vastas e duradouras espécies, que se compõem de sucessivas gerações de seres semelhantes entre si, constituem artimanhas dos desígnios genéticos. A espécie do cachorro doméstico, por exemplo, os cães de estimação: um instrumento, um artifício, um "cavalo de Troia" para carregar os genes em sua luta contra os outros genes dos outros corpos vivos. O *homo sapiens*, a mesma coisa. Do ponto de vista da autoestima de uns e outros, a situação é catastrófica.

Segundo Richard Dawkins, são os genes, e não as espécies, que alcançarão a parada final, ao cabo de uma guerra sangrenta. Nem todos os genes chegarão lá, só alguns, os vencedores. Quanto a nós, que aqui estamos, rendamo-nos. As formas que nos caracterizam, as cores dos olhos com que nos miramos no espelho, o ar sexy que, em devaneios, supomos irradiar-se de nossas pupilas, tudo é maquinação dos cromossomos em sua viagem rumo a um destino que desconhecemos. Não há mérito na força física de um, no garbo do outro, no brilhantismo retórico da outra. Como diriam os funcionalistas da comunicação, os genes são a mensagem. Como diriam os militantes da ideologice, os genes são os manipuladores de sua própria mensagem. Os organismos, animais ou vegetais, são o meio. O passado é o emissor; o futuro, o receptor.

São os genes, os manipuladores, que fluem no "rio que saiu do Éden". Provocador, o ateu notório Richard Dawkins escolheu um título do Velho Testamento (ou da Torá) para batizar sua obra darwinista – Gênesis, capítulo 2, versículo 10: "Um rio saía de Éden para regar o jardim, e de lá se dividia em quatro braços".

O autor explica: "O rio do meu título é um rio de DNA, e ele corre pelo tempo, não pelo espaço. É um *rio de informação*, não um rio de ossos e tecidos: um rio de *instruções abstratas* para a construção de corpos, e não dos corpos construídos".[329]

Em resumo, os indivíduos e as espécies de Charles Darwin sofreram um rebaixamento técnico e agora têm o status de transportadores de DNA. A competição não se dá mais entre as espécies ou indivíduos, e sim entre os quatro braços que se bifurcaram no rio que saiu do Éden. Esses braços são os códigos genéticos, códigos abstratos, compostos de informação pura.

Se a teoria de Darwin, no século XIX, serviu de metáfora para o liberalismo da era vitoriana, a teoria darwinista de Dawkins se voluntaria como uma nova metáfora para um capitalismo diferente, um capitalismo generalizante e totalizante que não se deixa apreender por indivíduo nenhum e a todos submete. É verdade que as pessoas ainda acreditam nos heróis de *Matrix*, do mesmo modo que se acreditavam provedoras maternais de Tamagotchis; as pessoas se sentem protagonistas, e vão de um lado para o outro sentindo que levam a melhor aqui e tiram vantagem ali, mas a cada dia que passa têm menos ideia do que rege

---

[329] DAWKINS, Richard. *River out of Eden: A Darwinian View of Life*. New York: Basic Books, 1995. p. 4. (Grifos e tradução livre meus).

o capitalismo cibernético em que navegam, sem rumo, sem espírito, sem tônus existencial. Os indivíduos, na metáfora de Dawkins, transportam em seus corpos uma matriz capitalista cuja origem, cujo fim e cujo sentido desconhecem. Dawkins, no fundo, guarda apenas duas semelhanças com seu inspirador Charles Darwin. A primeira é que, como ele, julga razoável a existência de algum princípio evolutivo. A segunda é que, também como Darwin, ao fazer ciência, faz ideologia.

Sua ideologia vem menos para legitimar um capitalismo predatório, como fez a ideologia de Darwin, e mais para atestar um sentimento de impotência do sujeito que mal se sabe (mas se pressente) um joguete do capital – ou dos cromossomos. O humano-joguete se empresta ares de importância quando pronuncia a palavra "gestor", mas em vão. O modo de produção que ele imagina "gerenciar" o sujeita.

A essa altura, alguém que venha com as velhas três perguntas "Quem sou?", "De onde vim?", "Para onde vou?" descobrirá que elas perderam o sentido. A primeira teria que ser reformulada em: "O que é essa sequência de replicações e mutações genéticas na qual eu entro como um estágio provisório?". Ou, metaforicamente, em: "Que capitalismo é esse que eu, sujeito, julguei ter inventado e que agora me subjuga e me soterra?". A segunda pergunta também teria de ser reescrita: "De onde vem esse rio de DNA?". A terceira ficaria assim: "Para onde segue o rio do qual eu sou o leito temporário?".

O corpo físico do sujeito se movimenta, é fato, mas à mercê das informações que o atravessam. Ele então se pergunta: "Quem é isso que não sou eu, mas conforma o que sou?". O sujeito desconfia, incomodado, que a coisa toda não é mais com ele, mero *objeto* da genética e do capital. Olha para o relógio de pulso. Pensa que teria tido algo a dizer, mas se faz tarde.

Metafísica de cromossomos

Platão se convenceu de que, por trás de cada corpo e de cada coisa que vemos, haveria uma essência, num plano acessível apenas à razão, não aos sentidos, constituído pelas formas ou pelas ideias. A realidade que nos toca os sentidos seria um revestimento, ou um arremedo de expressão instável e insatisfatória. A verdade de todas as coisas estaria além do que podemos tocar, ver, ouvir, sentir, estaria além da doxa, campo das sensações e das opiniões, e seria acessível apenas pela razão, na episteme.

O livro de Richard Dawkins nos lembra Platão: os cromossomos, agora investidos de tanto poder no discurso da ciência, imperam como os portadores da forma ou da ideia pura, são aquilo que haveria por trás dos corpos, embora não reinem igualmente sobre as coisas ditas inanimadas. Dawkins não invoca Platão para isso, ele não diz isso, mas a ideologia que de sua prosa escorre nos afirma isso.

No lugar da divina providência, tão cara aos criacionistas, e da infraestrutura, tão determinante para os materialistas da ideologice, o que agora tem precedência para explicar a desventura humana é o DNA. Não é mais o meio que determina a consciência, não é mais Deus quem cria os corpos a partir do barro ou da costela, não é mais o espírito (um sopro) que insufla a vida, não é mais a luta de classes que move a História, não são as ideias que precipitam os acontecimentos: agora, quem manda em tudo é a genética.[330] A nova encarnação do discurso da ciência traz a ameaça de mais racismo e mais preconceito social,[331] pode impulsionar a produção de desigualdades,[332] mas entra inapelavelmente em vigor.

---

[330] Até mesmo a infidelidade conjugal alguns tentaram explicar por sentenças cromossômicas. WRIGHT, Robert. Science and original sin. *Time*, 28 out. 1996: "Quantos cônjuges são levados à infidelidade, até mesmo ao abandono, pela convicção de que se casaram com a pessoa "errada" na primeira vez ou de que essa pessoa "mudou"? Tais lógicas, muitas vezes ilusórias, são (para dizer um pouco metaforicamente) nossos genes "tentando" nos levar a fazer as coisas – infidelidade, traição – que, durante a evolução, ajudaram a impeli-los à próxima geração" (tradução nossa).

[331] Ver, por exemplo: MURRAY, Charles; HERRNSTEIN, Richard. *The Bell Curve*. New York: The Free Press, 1994. Os autores associam inteligência, que seria geneticamente hereditária, e nível socioeconômico. Fica, nisso, a sugestão de que os mais ricos vão constituindo uma elite cognitiva. Desse modo, a lógica dos genes poderia estar associada à lógica da divisão da sociedade em classes.

[332] O historiador israelense Yuval Harari tem apontado perigo de aumento da desigualdade: "Existe o perigo de a humanidade se dividir em castas biológicas. À

Para Dawkins, a vida no planeta Terra aconteceu numa "explosão de informação", uma incessante e crescente multiplicação de códigos genéticos.[333] Os estudos da genética são estudos de códigos, em linhas de pesquisa que, depois de decifrar, procuram reprogramar os cromossomos, dando origem a terapias genéticas, engenharias genéticas, fetichismos da genética. O sujeito do cientista se rebela contra as fatalidades cromossômicas e se põe a reescrevê-las, quando uma dúvida "metafísica" vem assaltá-lo no laboratório: essa nova mania científica de manipular os genes não seria também ela uma deliberação dos próprios genes, em seu plano superior? A dúvida não cessa. A ciência genética, não será isso um advento já programado pela evolução? Não será o projeto Genoma, por exemplo, uma artimanha da genética para conseguir mais velocidade e mais purificação na sua própria técnica de reprodução? O cientista genético é o novo pai da evolução ou apenas um instrumento que já estava determinado pelo DNA?

O mais interessante é que a resposta não interessa. Tanto faz. Na genética ou nas relações sociais, o humano vai ao sabor de uma ordem tecnológica, um híbrido de capital e poder, que se montou por seu intermédio e dá sinais de que vai sucedê-lo, como em *Matrix*. Não que a ficção científica tenha parte com a verdade dos fatos. Tem apenas parte com o sintoma, o sintoma do sujeito que viu sua impostura ruir, numa implosão silenciosa e veloz.

---

medida que a biotecnologia se for desenvolvendo será possível prolongar o tempo da vida humana e melhorar as capacidades humanas, mas os novos tratamentos maravilha podem ser caros e podem não estar disponíveis gratuitamente para todos os milhares de milhões de seres humanos. Assim, a sociedade humana no séc. XXI pode ser a mais desigual da História. Pela primeira vez na História, a desigualdade econômica será traduzida em desigualdade biológica. Pela primeira vez na História, as classes superiores não serão apenas mais ricas do que o resto da humanidade, mas também viverão muito mais tempo e terão muito mais talento" (CÉU E SILVA, João. Yuval Harari: "Não sabemos o que ensinar aos jovens pela primeira vez na História". *Diário de Notícias*, Portugal, 21 maio 2017).

[333] DAWKINS, Richard. *River out of Eden: A darwinian view of life*, p. 144 e seguintes.

Inovações disruptivas se sucedem, afrontando o sujeito atônito. O meio ambiente se deteriora em consequência de ações humanas que os humanos não controlam. Algo avança célere diante de olhos estupefatos e impotentes. A próxima grande revolução tecnológica, que se avizinha, será uma combinação de tecnologia com genética para fabricar novos bichos e aprofundar as diferenças entre as novas gerações de ricos e de pobres. Inteligências do futuro, com traços mais ou menos artificiais, já se preparam para nos suceder e assumir a gerência técnica de sistemas complexos que nasceram conosco e que, tornados mais e mais insondáveis, haverão de nos suceder também. A nova revolução tecnológica terá a ver com o disciplinamento da mutação: o câncer adestrado.

O capital já deu provas suficientes de que não é ferramenta a serviço do homem, mas uma finalidade em si e para si, capaz de requisitar sujeitos (tornados objetos) para se reproduzir. Os genes ideológicos de Dawkins nos dão uma leve metáfora do que vem chegando, uma tênue metáfora do capital. E se os genes são a informação da vida, o que dizer da informação contida no capital? Teríamos – ou teremos – aí outra forma de inteligência dotada de consciência, que se viabiliza por intermédio do humano, mas além do humano? Será pensável o capital como "forma de vida" puramente informacional, ou como parte constitutiva de outra possível "forma de vida" que nos seria superior? O sujeito que surfava enlevado em sonhos libertários na aurora da internet vive seu pesadelo sem saída.

Para piorar, dividido

As pretensões de protagonismo do ser humano chegaram ao século XXI sucateadas, exauridas, estropiadas. A ideia de um sujeito causador, que pratica a ação, que faz e acontece, não vale mais quase nada. O anúncio de que a pessoa física, esbelta ou esperta, é um estratagema cromossômico veio se somar a uma longa lista de traumas. Da astronomia, veio a desalentadora notícia, primeiro por Nicolau Copérnico e depois por Galileu Galilei, de que o planeta Terra não ocupava o centro do universo. Karl Marx e Friedrich Engels, no século XIX, mostraram que não são os ideais que movem a História, mas a encarniçada luta de classes, como a dizer que as boas intenções de que tantos se jactam não contam. E, por falar em intenções, o médico Sigmund Freud, no raiar do século XX, revelou que o sujeito, além de não mandar na História, não manda sequer em si mesmo: nele, só conta o que vai no inconsciente.

Freud, que entendida de traumas, comparou o abalo da descoberta do inconsciente ao estrago que o anúncio de Charles Darwin de que homens e mulheres descendem do mundo animal provocou no orgulho próprio ou na megalomania dos bem-nascidos.[334] Freud foi implacável em reiterar que o "eu" ("ego"), ou a consciência, não tem peso nas tomadas de decisão de uma pessoa: "O ego, ele não é senhor nem mesmo em sua própria casa". Para ele, o "ego" não tem outra coisa a fazer que não seja "contentar-se com escassas informações acerca do que acontece inconscientemente em sua mente".[335]

Ele diagnosticou: "Os pensamentos emergem de súbito, sem que se saiba de onde vêm, nem se possa fazer algo para afastá-los. Esses estranhos hóspedes [na casa do ego] parecem até ser mais poderosos do que os pensamentos que estão sob o comando do ego".[336]

Segundo a descoberta de Freud, o inconsciente, alojado em seu esconderijo, conduz os atos do sujeito, que não tem ideia do que se passa consigo mesmo. Os mecanismos da ideologia, como já vimos, são repletos de conexões inconscientes, mas há muito mais inconsciente escondido por aí do que sonha a nossa vã psicanálise. E, mais ainda, a má notícia para o sujeito, com Freud, estava

---

[334] FREUD, Sigmund. Conferência XVIII: Fixação em Traumas – o inconsciente. In: *Obras psicológicas completas de Sigmund Freud*. Edição standard brasileira, v. 16. Rio de Janeiro: Imago, 1996.

[335] *Idem*, p. 292.

[336] FREUD, Sigmund. Uma dificuldade no caminho da psicanálise. In: *Obras psicológicas completas de Sigmund Freud*. Edição standard brasileira, v. 17. Rio de Janeiro: Imago, 1996. p. 151.

apenas começando. Mais tarde, com Jacques Lacan, os psicanalistas começaram a lançar diagnósticos mais apavorantes, como aquele de dizer que o sujeito, partido entre o "eu" e o inconsciente, deve ser chamado de "sujeito dividido".

Desse modo, além de não ser o centro do universo, além de não ter sido criado por Deus, além de não saber de si, além de ser um joguete dos seus próprios genes, além de não conseguir mais governar ou conter os desastres causados pelo capitalismo que pensa ter inventado, além de não ser o herói de filme nenhum, o sujeito, ainda por cima, é dividido. Mas dividido como? Dividido na linguagem. Se não fala (se não se comunica), o sujeito não existe. Mas quanto mais fala, mais se mostra como é: dividido.

O rio de genes proposto por Richard Dawkins, que representa metaforicamente o capital, também representa a evolução da linguagem. Se imaginarmos como as línguas evoluem no tempo (em diacronia), veremos que as palavras vão passando por pequeninas mutações, cumulativas, de tal modo que as falas vão se diferenciando em comunidades linguísticas separadas. É mais ou menos o que acontece com a vida na Terra: a partir de um tronco comum, as espécies vão se diferenciando umas das outras em formas próprias. As línguas não descendem de um único tronco, mas, a seu modo, evoluem e se bifurcam, desmembrando-se umas das outras. Os dois rios atravessam o sujeito, que não pode opor nenhuma resistência a nenhum dos dois. Difícil saber qual dos dois é o mais cruel, mas o da linguagem se distingue por uma torpeza requintada: ao atravessar o sujeito, tem o condão de dividi-lo ao meio.

Para as Ciências da Comunicação, a força que parte ao meio o sujeito que fala é uma noção indispensável para que se compreenda a comunicação contemporânea. A massa dos discursos enfeixados pela Superindústria do Imaginário interpela o desejo inconsciente no sujeito, apoiando-se, justamente, naquilo que o divide. Há exceções nesses discursos – o do jornalismo, por exemplo, convoca o sujeito como cidadão, como titular consciente de direitos, como pessoa que busca relevância pública –, mas a parte majoritária da massa de discursos da Superindústria do Imaginário, sejam aqueles típicos do entretenimento, sejam aqueles das relações públicas de organizações privadas, que procuram forjar laços íntimos com as pessoas, se vale dos recursos da linguagem para interpelar não o sujeito como cidadão consciente, mas o sujeito dividido ou, mais localizadamente, o desejo inconsciente no sujeito dividido.

Para compreender um pouco melhor a força que, na linguagem, parte o sujeito ao meio, devemos continuar aqui, um pouco mais, na companhia dos psicanalistas. Eles nos oferecem uma explicação bastante lógica e acessível desse intrigante fenômeno. Lembram que, antes de ser o fator que marca a divisão do sujeito, a linguagem é o lugar em que o sujeito se constitui, ou seja, a força que o divide é a mesma que o constitui, num ato único. A razão disso não é tão complicada assim.

O sujeito só se constitui quando fala – ou, na perspectiva das Ciências da Comunicação, o sujeito só existe como interlocutor quando se apresenta como falante, como aquele que enuncia, que se apresenta para se comunicar no plano da linguagem. Logo, para o sujeito, o ato ou a condição de se apresentar como interlocutor implica que ele possa se constituir *na* linguagem, pois é só na linguagem que ele pode ser nomeado e reconhecido pelos demais sujeitos como sendo também um sujeito, como os outros.

Nesse ponto exato, porém, vem se interpor uma questão: ao falar, o sujeito falará um código que ele recebe pronto e que é inegociável. Pensemos na criança que começa a falar. Para balbuciar suas primeiras palavras, ainda com monossílabos, para se fazer ouvir na língua que lhe foi entregue por uma cultura, por uma tradição linguística e civilizacional, essa a criança precisa se subordinar às regras gramaticais que ela não escolhe, apenas aceita e obedece. Na perspectiva dela e da comunidade de falantes à qual ela pertence, falar é falar conforme a língua exige ser falada, conforme o ordenamento linguístico que se impõe. Desse modo, o arcabouço normativo da língua vai *sujeitar* o sujeito, isto é, vai submetê-lo a uma sintaxe, a uma semântica, a uma prosódia e assim por diante. É somente ao ser *sujeitado* (ou *assujeitado*) pela autoridade que se ergue por detrás da língua que o sujeito se constitui na linguagem e se torna falante. Mas, no instante em que se constitui, ele se divide.

A professora de comunicações e psicanalista brasileira Jeanne Marie Machado de Freitas, que foi uma grande pesquisadora das Ciências da Linguagem e das Comunicações, cuidou de sintetizar uma explicação, metodologicamente crucial, para isso. Vinda da Teoria Psicanalítica, essa explicação se instaura no campo dos estudos da comunicação. Não estamos, portanto, invadindo um campo teórico distinto, ao qual não temos ingresso autorizado. Estamos, sim, a partir de um conhecimento originado na Teoria Psicanalítica, manejando conceitos que já pertencem ao campo dos estudos da comunicação, a partir do trabalho único de Jeanne Marie Machado de Freitas. Escreve a professora:

> O sujeito é marcado por um paradoxo: para ser é preciso que ele fale, mas esta fala é produzida no Outro, o que equivale dizer que há uma disjunção fundamental entre o gozo da fala (o corpo que fala) e o lugar de sua produção; é a isso que nos referimos quando dizemos sujeito dividido.[337]

Algumas contextualizações, antes de prosseguirmos. Esse "Outro", grafado com "O" maiúsculo, corresponde a um conceito da Teoria Psicanalítica, de origem francesa: "*Autre*", com "A" maiúsculo. O termo designa não um "outro" qualquer, um "outro" sujeito mais ou menos equiparável àquele sujeito que fala, mas um "Outro" que exerce ascendência estrutural (inconsciente, virtualmente imperceptível) sobre todos os sujeitos, os "outros" com "o" minúsculo. Na estrutura da língua, ou nos subterrâneos da linguagem, mora o "Outro" com "O" maiúsculo, cuja força *sujeita* o sujeito: subjuga-o, subordina-o e, assim, faz dele um sujeito, mas um sujeito "sujeitado".[338] Ao se

---

[337] FREITAS, Jeanne Marie Machado de. *Comunicação e psicanálise*, p. 56.

[338] A psicanalista brasileira Maria Rita Kehl, no texto "Dois conceitos de fetiche", fala desse "Outro, o 'grande outro' da teoria lacaniana cuja primeira encarnação

constituir na linguagem, o sujeito se rende à linguagem, e só assim se apresenta como sujeito perante os outros sujeitos.

Voltemos ao exemplo da criança. Ela fala. Não sabe bem como fala, mas fala. Assimila a estrutura da língua e fala. Mas, desde o instante em que fala, esse sujeito em formação está cindido. A divisão entre o "eu" (em formação) e o inconsciente vai se traduzir no plano das relações tecidas pela linguagem: o lugar em que o sujeito experimenta o gozo da fala (esse lugar é seu corpo) não coincide com o lugar em que a sua fala se expressa (esse lugar é a linguagem). Seria como dizer que o sujeito existe num lugar e fala em outro lugar. Seria como dizer, ao mesmo tempo, que é só a partir da fala que ele pode emitir, para si e para os outros, notícias do sujeito que ele é. É só a partir da fala que ele poderá ter notícias do sujeito que é. Essa bifurcação do sujeito em dois lugares (de tal modo que um lugar fala ao outro e um lugar fala em nome do outro) estabelece a marca da divisão do sujeito – e, aqui, essa divisão já aparece não como uma categoria da Teoria Psicanalítica, mas como categoria que, vinda da Teoria Psicanalítica, é incorporada pelo arcabouço teórico das Ciências da Comunicação.

Mesmo assim, seguiremos ainda um pouco mais em diálogo com os psicanalistas. Quando tratam do tal sujeito dividido, eles se referenciam, quase que religiosamente, no *Discurso do método*, do filósofo francês René Descartes. Isso porque, ao formular seu princípio fundamental, o "penso, logo existo" (*cogito ergo sum*, ou, ainda, "penso, logo sou"), no século XVII, Descartes teria explicitado a cisão essencial e, repitamos, traumática, pela qual o lugar em que o sujeito pensa (ele só pode pensar com signos e, portanto, pensa na linguagem) não é o mesmo lugar em que ele existe (em que seu corpo existe). Se o lugar fosse o mesmo, o "logo" cartesiano não teria o menor sentido. Se "existir" e "pensar" fossem instâncias simultâneas e perfeitamente coincidentes, seriam sinônimas e, se fossem sinônimas, Descartes não

---

imaginária é a mãe", e que será, depois, "representado pela mídia eletrônica" (BUCCI, Eugênio; KEHL, Maria Rita. *Videologias*, p. 67 e seguintes).

teria chegado a nada além do que já estava posto; teria dito apenas "penso, logo penso", ou "existo, logo existo", o que seria o mesmo que dizer "isso é isso" ou "isso, logo isso mesmo". Em "penso, logo penso" ou em "existo, logo existo", o "logo" não pensa, donde a frase "penso, logo penso" ficar melhor quando sintetizada num monolítico "penso". Fica mais econômica e mais clara.

Ocorre que o "logo" de Descartes claramente não é nulo. Ao contrário, tece um elo entre dois lugares distintos. O pensador só consegue ter notícia de sua própria existência *porque* pensa: o existir do sujeito só pode ser sabido pelo próprio sujeito porque ele pensa. Mas, atenção, ele pensa num lugar (Descartes diz que pensa na "alma", mas isso por enquanto não vem ao caso) e, desse lugar, que não é o lugar em que seu corpo existe, recebe a boa nova de que existe. Para Descartes, nenhuma verdade terá antecedência a essa. É nesse ponto – no "*cogito ergo sum*" – que ele baseia toda a filosofia que virá depois. Ele escreve: "Notando que esta verdade: *eu penso, logo existo*, era tão firme e tão certa que todas as mais extravagantes suposições dos céticos não seriam capazes de a abalar, julguei que podia aceitá-la, sem escrúpulo, como o primeiro princípio da Filosofia que procurava".[339] Descartes assinala a divisão: "De sorte que esse eu, isto é, a alma, pela qual sou o que sou, é inteiramente distinta do corpo e, mesmo, que é mais fácil de conhecer do que ele, e, ainda que este nada fosse, ela não deixaria de ser tudo o que é".[340]

Em sequência, ele estabelece a mão dupla entre o pensar e o existir, mas dá a primazia ao pensar:

> Tendo notado que nada há no *eu penso, logo existo* que me assegure de que digo a verdade, *exceto que vejo muito claramente que, para pensar, é preciso existir*, julguei poder tomar por regra geral que as coisas que concebemos mui clara e mui distintamente são todas verdadeiras.[341]

---

[339] DESCARTES, René. *Discurso do método*. Tradução de Maria Ermantina de Almeida Galvão. São Paulo: Nova Cultural, 1996. p. 92 e 93.

[340] *Ibidem*.

[341] *Ibidem*.

O que temos até aqui, então, é cristalino. Para pensar, é preciso existir, mas somente ao pensar o sujeito saberá que existe de fato. Nesse ponto, devemos nos lembrar do filósofo brasileiro José Américo Motta Pessanha, que, sem tirar o crédito de Descartes, dizia que Santo Agostinho dissera algo muito parecido, e com a enorme antecedência de doze séculos. Agostinho afirmou: "[...] se eu me engano, eu sou, pois aquele que não é não pode ser enganado".[342] Por isso, segundo José Américo, a máxima de Descartes contém ecos, nem tão remotos, da máxima de Agostinho.

Agostinho também acreditava na separação entre corpo e alma. De resto, essa divisão, tal como foi nomeada por Descartes, já fora concebida, antes de Agostinho, por Sócrates, conforme se pode ler em Platão.[343] A bem da verdade, se a divisão fosse essa, e só essa, não teria tanto sentido tratar dela em nosso campo teórico. A divisão entre corpo e alma jamais representou um trauma para o sujeito – ao contrário, até lhe deu algum alento, inclusive a esperança de imortalidade – e, de resto, não muda grande coisa no que sabemos e não sabemos sobre a comunicação. A alma não interessa aos estudos da comunicação. Mas a divisão descrita por Descartes, apesar da aparição miraculosa do termo "alma", um tanto cômoda para a época, interessa de muito perto.

A cisão que ele descreve sinaliza menos a alma separada do corpo e mais o abismo que se abre entre linguagem e a existência do corpo – ou, ainda, entre aquilo que o sujeito pensa ser, com o seu "eu", e aquilo que, atravessado pela correnteza da linguagem, aparece de seu "eu" nas representações linguísticas, longe do que ele é (longe do lugar em que ele existe). Isso, sim, demole a autoestima dos que se

---

[342] PESSANHA, José Américo Motta. Vida e Obra – ensaio introdutório para o volume *Santo Agostinho* da coleção Os Pensadores. São Paulo: Editora Nova Cultural, 1996, p. 15.

[343] No livro *Primeiro Alcibíades* (128c-135b), de Platão, Sócrates demonstra que a alma pensa e, de seu pensar, abriga a vontade, com a qual controla os movimentos da mão.

proclamavam o centro do universo, dos que se sentiam unha e carne com o divino, dos que se orgulhavam de saber tudo.

Jacques Lacan, em sua espirituosa prosa pedregosa, mais que cifrada, comentou a divisão do sujeito em Descartes. "Penso onde não sou, logo sou onde não penso", disse ele numa passagem que se tornou célebre.[344] "Não se trata de saber se eu falo de mim conformemente ao que eu sou, mas se, quando eu falo de mim, sou o mesmo que aquele de quem eu falo."[345]

A divisão do sujeito, posta nesses termos, jamais se resolve e jamais se redime: "Eu não sou, lá onde sou o joguete de meu pensamento; eu penso no que sou, lá onde eu não penso pensar".[346] Ocorre que o pensamento, como a fala, acontece na intersubjetividade, "ali onde o sujeito nada pode captar senão a própria subjetividade que constitui um Outro como absoluto".

Vale dizer: a fala não reside "dentro" do "eu", ou dentro da "consciência", mas parte de um sujeito (a quem pertence em origem ou, se quisermos, o "emissor") em direção a outro sujeito (a quem se destina a pertencer, ou o "receptor"); o seu devido lugar é a própria "fundação da intersubjetividade".[347] E, claro, o lugar da "fundação da intersubjetividade" é a linguagem.

O sujeito fala como quem mobiliza o corpo para recobrir com palavras a cisão (a barra) que o apavora, mas o cobertor é curto. Vê que existe onde não pensa e, quando pensa, o lugar em que pensa não tem como ser o lugar em que existe. O resto é inconsciente. Descartes, com seu *cogito ergo sum*, fala de si, como outro, para si mesmo, ou dá notícias de si para o outro de si, mas o faz como o "Outro absoluto", tendo sido sujeitado.

---

[344] LACAN, Jacques. A instância da letra no inconsciente. In: LACAN, Jaches. *Escritos*, p. 521.

[345] *Idem*, p. 520.

[346] *Idem*, p. 521.

[347] LACAN, Jacques. O seminário sobre "A Carta Roubada". In: LACAN, Jacques. *Escritos*, p. 22.

O "logo" indica a vinculação – lógica – entre dois lugares distintos (um em que se *pensa* e o outro em que se *existe*) e entre dois interlocutores: a parte do sujeito que fala e sua outra parte, a que existe. As duas se põem reciprocamente como outras de si mesmas. O *penso* se dá conta do *existo* como quem se dá conta de outro. Nesses termos, a linguagem, ao dar o lugar e o nome do sujeito, obriga-o a ver a si mesmo como um outro, de tal modo que, então, ele verá os outros como sujeitos. Fora da linguagem, ele nem sequer terá notícias da própria existência. É muita insignificância para quem se julgava o centro do universo.

O filósofo sem cabeça

Não se sabe se há vida depois da morte, mas, ao menos no caso de René Descartes, existe a divisão do sujeito além do túmulo. Em 1650, quando morreu, acometido de pneumonia, ele era professor particular de Filosofia da rainha Cristina da Suécia, que tinha reputação de temperamental. Foi enterrado quase em segredo num cemitério católico. Em 1666, os restos mortais seguiram para a abadia de Sainte-Geneviève, em Paris. Em 1792, em meio às convulsões da Revolução Francesa, consta que os ossos ficaram escondidos num sarcófago no Museu dos Monumentos Franceses, no Trocadero, até que, em 1819, decidiram levá-los para a Igreja de Saint-Germain-des-Prés. Foi quando se deu falta da cabeça. Assim mesmo, descabeçado, Descartes teve o seu terceiro sepultamento.

Em 1821, o cientista sueco Jacob Berzelius, que esteve no terceiro enterro do filósofo e sabia da intrigante decapitação *post mortem*, leu num jornal, que o "crânio do famoso Cartesius" tinha sido vendido em um leilão. Berzelius foi atrás do comprador e arrematou a peça. Então, como a caveira tinha a assinatura dos proprietários anteriores, descobriu-se que ela tinha sido separada do esqueleto bem antes, provavelmente em 1666. Pela hipótese mais aceita, um soldado sueco chamado Isaak Plantsom, contratado para escoltar o féretro na viagem de Estocolmo a Paris, tratou de surrupiá-la.

Há registros de que entre 1666 e 1819,

> Descartes teve seus ossos desenterrados por mais de três vezes e inúmeros personagens se apoderando de seus pedaços como relíquias, vendidas em leilões ou expostos nos famosos Gabinetes de Curiosidades – um modismo típico da mania colecionista do Iluminismo.[348]

Atualmente, o crânio integra a coleção do Musée de l'Homme, em Paris, e tem sua autenticidade questionada. Entre tantas outras metáforas, fiquemos com mais esta: a modernidade é uma filosofia seccionada e degolada, uma razão sem corpo. Sem saber de si, o sujeito dividido segue à mercê dos três avessos de seu mundo: do outro lado das telas, a técnica o programa; do outro lado da vida, a genética o determina; do outro lado da matéria, o capital o consome. Fora o quê, é espreitado pela iminência incômoda de que máquinas venham a dominar, melhor do que ele, a estrutura de premissas e conclusões do Órganon aristotélico ou os cumes estratosféricos da razão pura kantiana.

Não que Aristóteles escrevesse códigos de computadores, embora, não nos esqueçamos, considerasse a lógica um "instrumento", uma "ferramenta" (quase um "software") dos filósofos; não que Kant fosse um programador *avant la lettre* – embora buscasse uma razão além da empiria, que gerasse conhecimentos "independentemente de toda experiência", como escreveu no prefácio da primeira edição de *Crítica da razão pura*, em 1781 – , mas, hoje, com sua carne desmoralizada, o sujeito tristemente caído olha para a linguagem dos algoritmos de *machine learning* e dá de cara com o prolongamento maquínico dos modelos indutivos ou dedutivos do filósofo grego e com o decalque cibernético da arquitetura de apriorismos do alemão. Tempos inglórios. O suprassumo do homem racional do Iluminismo sorri menos para o cidadão mortal do que para os seres desalmados da inteligência artificial.

---

[348] SALIBA, Elias Thomé. A fascinante história de uma cabeça. *O Estado de S. Paulo*, 15 jun. 2013. Ver também: LEAL, Miguel. Perder a cabeça (e não saber onde está o corpo). In: *Objectos Prescritos*. Porto: Ordem dos Médicos, 2012. p. 8-15; LOVEJOY, Bess. *Rest in Pieces: The Curious Fates of Famous Corpses*. New York: Simon & Schuster, 2016; SHORTO, Russell. *Os ossos de Descartes: a história do esqueleto por trás do conflito entre fé e razão*. Tradução de Daniel Estill. Rio de Janeiro: Objetiva, 2013.

10
O fantasma (do capitalismo) ronda a comunicação

"Baião de três"

Naturalmente – ou inercialmente –, o sujeito se imagina uno, íntegro e transparente para si mesmo. Pensa que pode até ter segredos para uns e outros, mas nunca para si mesmo. Quando precisa falar de si, cria descrições redondas, de coerência ímpar, como se tivesse domínio sobre o que lhe vai e o que não vai na cabeça. Pensa sinceramente assim. Ninguém se apresenta a ninguém como "sujeito dividido", ninguém olha no espelho e enxerga no reflexo um reles sujeito dividido. Jamais.

A Teoria Psicanalítica terá uma resposta para isso: a completude integrada e pacificada que cada um e cada uma atribuem a si resulta de uma operação qualificada como "imaginária". Essa operação é – já que estamos diante do espelho – um tipo de maquiagem psíquica. Só o que fica de fora, negando renitentemente essa unidade, essa completude beatífica, é o inconsciente. No entanto, o sujeito, sincero como um anjo e dividido como um matrimônio, ignora o próprio inconsciente com ares de autossuficiência.

E se não fosse negado, desconhecido, o inconsciente não seria inconsciente. Como diz a professora Jeanne Marie Machado de Freitas, ao trazer para as Ciências da Comunicação certas categorias da Teoria Psicanalítica, o inconsciente é sempre, por definição, "a negação desse sujeito completo, imaginário".[349] Para a Teoria Psicanalítica, o sujeito, aferrado à sua imagem de personalidade coesa, inquebrantável, nem toma conhecimento do inconsciente. Em parte, porque não tem como. Em outra parte, porque não suportaria.

Antes de prosseguirmos com essa exploração conceitual, convém explicitar, uma vez mais, que este livro, inscrito no campo das Ciências da Comunicação, olha para a Teoria Psicanalítica pelo lado de fora. Não nos é autorizado falar da Teoria Psicanalítica como se fôssemos parte dela, como se pudéssemos participar de seu desenvolvimento. Esse cuidado metodológico e epistemológico é fundamental. Em suas aulas, a professora Jeanne Marie sempre lembrava que, para o psicanalista, o objetivo é escutar o inconsciente, que, por estatuto e por definição, não se oferece aos que têm por objeto de estudo a comunicação. O psicanalista tem acesso aos sinais do inconsciente do sujeito, seu paciente. O estudioso da comunicação, jamais. Quando nos esquecemos dessa condição, intransponível, enveredamos por equívocos um tanto constrangedores.

Os estudos da comunicação podem e precisam aprender com certas categorias da Teoria Psicanalítica, mas os debates internos dessa teoria não lhe dizem respeito, assim como não lhe é autorizada nenhuma aventura amadorística de "interpretação" do inconsciente alheio. Adotada essa precaução, o diálogo com a literatura psicanalítica pode ajudar os comunicólogos a entender o funcionamento da comunicação na qual se encontra o sujeito dividido, cujo inconsciente fica exposto. Na verdade, esse diálogo se apresenta como imperioso, pois a Superindústria do Imaginário esbanja expertise sobre a divisão do sujeito e aprendeu a tirar vantagem dela. Logo, se quer saber sobre a Superindústria, o estudioso da comunicação não tem como se eximir de conhecer o essencial do que a psicanálise tem a ensinar.

Dizer que a Superindústria do Imaginário "aprendeu" a lidar lucrativamente com a divisão do sujeito não quer dizer que ela disponha de um conhecimento teórico estabelecido, consolidado e racional.

---

[349] FREITAS, Jeanne Marie Machado de. *Comunicação e psicanálise*, p. 84.

Longe disso, o "aprendizado" da Superindústria se desenvolve como um domínio técnico automático (*videológico*), não como sabedoria ou como razão. Trata-se de uma sintonia fina da máquina, não do pensamento, por meio da qual os dispositivos da comunicação social conseguem acoplar, nos terminais vazios (carentes) do psiquismo do sujeito, os signos que o pacificam – e só o pacificam porque ajudam o "eu" (ou o "ego") a não ter que bulir com a incompletude, com a feiura da chaga aberta, com a dor da falta que aparece quando estalam as rachaduras nos porões da consciência.

Uma das manifestações mais características da Superindústria do Imaginário, em sua função precípua de pacificar o "eu", pode ser percebida nas vertentes mercadológicas da autoajuda (um ramo de negócio tão palpitante que precisou ser inventado) e em diversos dispositivos pelos quais o tipo que está na frente do espelho consegue manter sua veleidade de completude. A Superindústria se oferece na forma de uma intacta, reluzente e acolhedora redoma do "eu", lustrosa e segura, que o sujeito contempla pelo lado de dentro.

Aí, entra em ação uma fórmula poderosa que parece um passe de mágica. A Superindústria atua em duas frentes simultaneamente: ela consegue prestar serviços tanto para o inconsciente do sujeito como para o "eu". Ao mesmo tempo que entrega ao inconsciente o que o inconsciente deseja secretamente, mantém para o "eu" a ilusão de que presta contas somente a ele, que se sente o chefe de tudo, um só senhor, uno, indiviso e hiperconsciente. A Superindústria produz seu valor a partir do sujeito dividido, mas recebe seu pagamento do sujeito que se imagina sempre no comando, livre de qualquer vazio. A Superindústria interpela o inconsciente, mas seu freguês é o "eu".

Resumido assim, o mecanismo até parece fácil, mas o jogo se escamoteia por labirintos insondáveis. Nem mesmo os que o subscrevem o compreendem, ou seja, nem mesmo os "capitães da indústria", que ocupam os postos mais altos das mais altas corporações, têm ideia do que se passa. As cumplicidades e as simulações implicadas nos circuitos videológicos, que se trançam pelo *telespaço público*, na *instância da imagem ao vivo* e na velocidade da luz, geram imagens que são representações de outras imagens, e depois de mais outras, numa espiral interminável, de modo a embaralhar as referências que se perdem em meio aos reflexos dos reflexos dos reflexos.

Em 1947, o filme *A dama de Shanghai*, em preto e branco (*noir*), dirigido, escrito, produzido e estrelado por Orson Welles, antecipou o soterramento dos referentes pelas imagens – que viria a ser o contexto generalizado da Superindústria do Imaginário. É o que vemos na cena clássica da sala dos espelhos. Confinados entre as imagens de si mesmos, os três personagens não sabem distinguir o corpo do reflexo do corpo, não distinguem o rosto do reflexo do rosto. Estão perdidos, sem saber se localizar aos outros e a si mesmos.

Assim, como num trailer do futuro, *A dama de Shanghai* retratou um pouco do que vivemos no presente: um jogo de espelhos, em que telas digitais mostram e velam as rotas de fuga e de ataque do desejo. É nesse jogo que a Superindústria fabrica armaduras de sujeitos unos (fantasias imaginárias) que serão envergadas por sujeitos divididos (sujeitos do inconsciente). Toda essa operação se faz com signos, fabricados industrialmente. O "chão de fábrica" dessa indústria é a linguagem, com tudo que ela tem de incerto e ingovernável.

Antes de falarmos desse "chão de fábrica" e de entrarmos no modo de produção dessa indústria feita de linguagem, convém pelo menos inventariar os componentes centrais do jogo de cumplicidades e simulações da Superindústria do Imaginário. Para isso, se faz necessário entrarmos um pouco mais no conceito de Imaginário.

Ocorre que o Imaginário nunca se apresenta sozinho. O conceito de Imaginário sempre vem entrelaçado a outros dois: o de Real e o de Simbólico. Logo, para conhecermos o Imaginário, teremos de passar por uma triangulação que foi descrita por Jacques Lacan: a triangulação entre as ordens do Real, do Simbólico e do Imaginário. As três ordens não se separam jamais. Segundo essa triangulação, tudo o que existe só pode existir em tríade. Em todas as coisas, todos os seres, todos os signos, há uma face de Real, outra de Simbólico e outra de Imaginário. É evidente que existem objetos em que predomina uma das três ordens (há fatores que são mais da ordem do Real, e outros que são mais da ordem do Imaginário, ou do Simbólico), mas, nem que seja em doses residuais, as outras duas estarão sempre lá.

Jacques Lacan definiu essa triangulação como uma "cadeia de três e tal que, se destacando um dos seus anéis, os dois outros já não podem se manter ligados".[350] De nossa parte, que olhamos a Teoria Psicanalítica do lado de fora, podemos preferir dizer que vemos lá um "baião de três". Para entender o "baião" mais de perto, a melhor porta de entrada é o Simbólico. Comecemos por ele, então.

O Simbólico

Em vez de entrarmos logo de cara nas páginas cifradas da Teoria Psicanalítica, que decalcam as páginas da linguística e da etnologia, vamos, introdutoriamente, pensar na linguagem e na comunicação de todo dia. Tentemos entrar no assunto de um modo menos teórico. Tentemos um caminho mais intuitivo, sem pagar, ao menos por enquanto, pedágios acadêmicos a saberes institucionalizados em campos epistêmicos demarcados. Vamos começar pensando sobre a nossa linguagem cotidiana, por meio da qual conversamos uns com os outros. Como ponto de partida, imaginemos que essa linguagem comporta duas faces e não mais que duas. Olhando por uma delas, temos as palavras, suas sílabas, suas expressões sonoras, suas letras. Olhando pelo outro lado, na outra face, temos os significados dessas palavras.

Trata-se de um artifício de abordagem, é claro; a linguagem certamente não é assim, como se fosse as duas faces da mesma moeda. Por meio dessa abordagem, podemos visualizar uma ideia essencial: a linguagem, como os signos, comporta sempre duas faces. Se visualizarmos as duas faces mais ou menos justapostas, teremos um caminho para os primeiros passos de compreensão do tema deste capítulo.

---

[350] LACAN, Jacques. Seminário "Ou pire", 1972. Citado em: *Dicionário enciclopédico de psicanálise: o legado de Freud e Lacan*. Editado por Pierre Kaufmann. São Paulo: Jorge Zahar Editor, 1996. p. 68.

Pela face em que se encontram as palavras, suas sílabas, suas sonoridades e suas letras, não importa em nada os sentidos que elas possam ter. Logo veremos que essas partículas da linguagem, sejam elas sonoras, escritas ou visuais, têm força para representar ou significar outras coisas que não elas mesmas. Exatamente por isso, dizemos que elas são *significantes*. Uma palavra, uma frase, uma letra ou uma sílaba funcionam como *significantes*. Uma palavra (ou letra, ou sílaba ou frase) pode ser falada (será uma "imagem acústica", na definição de Saussure, ou uma partícula sonora) ou pode vir escrita num pedaço de papel. Não importa, será um *significante*, na exata e óbvia medida em que pode representar uma ideia. Uma cor pode ser um significante, um elemento gráfico pode ser um significante, um sinal de trânsito é um significante, o contorno de um rosto, também. A essa face da linguagem, onde se assentam os significantes, podemos dar o nome de Simbólico.

Na outra face da linguagem, encontraremos o seu lado mais acessível, menos abstrato, que tem contato mais direto com as vivências das pessoas. Nessa segunda face, estão depositados os *significados*. A ideia que temos de um tijolo, de um cigarro, de um saco de estopa ou de uma bala de fuzil é o significado. A noção que temos do que seja a bondade também é um significado. Para os efeitos dessa nossa primeira abordagem, os significados não são corpos das coisas propriamente ditas, não são elementos físicos externos à linguagem: os significados são as ideias que fazemos desses objetos, que passam a ser identificáveis e nomeáveis graças à linguagem. Dizendo de outra forma: os significados são a lembrança que temos do objeto representado na linguagem, a ideia que fazemos desse objeto. Isto posto, podemos dizer que a essa face da linguagem, onde se assentam os significados, designamos como a Ordem do Imaginário.

Agora, imaginemos que as duas faces – a do significante e a do significado – deslizam uma sobre a outra. A face do significante desliza sobre a face do significado: a relação entre o significante e seu significado não é fixa, ela é deslizante. Alguns significantes deslizam sobre seus significados, enquanto outros se assentam e lá se demoram mais um pouco. Os significantes também mudam com o tempo: palavras nascem e morrem, caem em desuso ou se modificam em sua pronúncia e em sua grafia. Também os significados mudam: o conceito de bondade que temos hoje difere do que tínhamos há vinte anos. Da mesma forma, os laços entre significante e significado se transformam, mudam de lado, em ligações que se fazem e desfazem incessantemente.

Na Ordem do Simbólico, a face da linguagem onde se precipitam os significantes, independentemente dos seus significados, as palavras de uma língua estabelecem relações entre si, numa sequência lógica de ajustes, mediante as regras da gramática. O que funcionam aí são normas em teias relacionais de grande complexidade. Essas regras regulam as aproximações e as conexões de uns vocábulos com os outros, e disciplinam como eles podem variar em suas flexões, como se formam as frases. Definem o que pode ter sentido e o que simplesmente não tem sentido nenhum. Nessa face da linguagem, portanto, encontraremos aquilo que ordena a língua: o que é gramaticalmente inviável (e, portanto, vetado, pois não seria uma formulação capaz de produzir sentido), o que é autorizado, o que é dizível (pensável), o que não é.

Nesse sentido, o Simbólico se tece por meio de uma força ordenadora abstrata – e, logicamente, invisível. Essa força se mostra nas relações entre os significantes, mas seus efeitos vão além dos significantes e até mesmo além da linguagem: ao ordenar as falas das pessoas, ordena as representações de que elas se valem para se expressar, para se comunicar e para se relacionar. Com isso, podemos dizer que os ordenamentos próprios do Simbólico ordenam as relações entre as pessoas, além da linguagem. Indo adiante, podemos dizer que, no Simbólico, é ordenada a existência social dos indivíduos, a começar pelo nome que a língua dá a cada um e a cada uma.

Isso não quer dizer que o nosso cotidiano seja tiranizado pelas regras gramaticais, não é isso. O que acontece é que, por meio da linguagem, por meio dos seus significantes e das tensões entre eles, prenuncia-se o cipoal de interdições e autorizações que, muito além do modo de falar, se vincula aos regramentos sem os quais ninguém conseguiria viver perto de ninguém. Isso significa que as regras gramaticais têm, por trás de si, algo que impõe regras para todos os aspectos da vida humana. Essa função de ordenamento, que é também uma função de fixar as relações entre os significantes, consiste na função expandida do Simbólico.

Quando um antropólogo fala em Simbólico, ele quer se referir às regras estruturais, inconscientes, que moldam as relações de convivência (que se refletem diretamente na linguagem) dentro de uma comunidade, uma tribo, uma sociedade ou uma civilização. Por que os casamentos acontecem entre pessoas de certos clãs e não de outros? Por que os funerais seguem certos ritos? Por que são sacrificados ou poupados os bebês que nascem com uma limitação física especial? Por que os cumprimentos interpessoais seguem um protocolo e não outro? Para o antropólogo, as respostas se vinculam, de algum modo, à Ordem do Simbólico.

A forma preferencial do ordenamento simbólico é o interdito, o veto, a proibição, o tabu. Sigmund Freud, bem a propósito, sustentou que o sistema das interdições sintetiza a pedra fundamental da civilização. Não haveria civilização sem o interdito. O tema é tão central que Freud se sentiu estimulado (ou convocado) a sintetizar a forma essencial do mito fundador da civilização, e atendeu a esse chamado em uma obra de 1913, *Totem e tabu*. A síntese que ele criou, com funções didáticas, seria mais ou menos uma compilação concentrada daquilo que se verifica nas mais diferentes civilizações. Todas elas teriam, em comum, a interdição (o tabu) do incesto e o respeito devocional ao mito do pai morto, divinizado ou sacralizado (simbolizado em um totem). Esses dois princípios estruturantes não poderiam jamais ser profanados.[351] Segundo Freud, nenhuma convivência social seria viável sem essas duas interdições – que, pertencendo

---

[351] FREUD, Sigmund. *Obras completas, volume 11*. 1. ed. São Paulo: Companhia das Letras, 2012. Todo o texto de *Totem e tabu* reflete em torno dessas duas balizas, o veto ao incesto e à profanação do mito do pai morto. Uma versão concentrada desse modelo, porém, pode ser lido, no próprio livro, no ponto 5 da terceira parte, "O retorno do totemismo na infância".

à Ordem do Simbólico, podem não estar sempre explícitas, mas estarão lá, de algum modo, no que os psicanalistas chamam de "estrutura", assimilada pelo inconsciente.

"O mito é isso", comentou Lacan, "a tentativa de dar forma épica ao que se opera da estrutura".[352] Em outras palavras, o mito dá forma visível, cerimonial, a um impedimento grave que se "opera" na camada invisível, ou no avesso das relações visíveis. A "estrutura", portanto, fica escondida, mas é percebida e assimilada em "operações" do inconsciente. Ou seja, o sujeito se sujeita à Ordem do Simbólico pelo inconsciente.

Leiamos Claude Lévi-Strauss: "O inconsciente seria, assim, o termo mediador entre o eu e o outro".[353] O Simbólico, ou essa "estrutura", tem vigência coletiva (ou não existiria), embora seja assimilada individualmente pelo sujeito. "As condutas individuais normais jamais são simbólicas por elas mesmas: são os elementos a partir dos quais um sistema simbólico, que só pode ser coletivo, se constrói."[354]

De acordo com Jeanne Marie, "a interdição e o sacrifício [a adesão inevitável à tirania do tabu] são condições de acesso à Lei, à ordem simbólica".[355] Ela também aponta, a seu modo, que a linguagem e o Simbólico se mostram inseparáveis: "As duas ordens são de tal modo imbricadas que a condição de ser social e ser falante se indistinguem enquanto ordem simbólica".[356]

---

[352] LACAN, Jacques. *Televisão*. Rio de Janeiro: Jorge Zahar Editor, 1993, p. 55.

[353] LÉVI-STRAUSS, Claude. Introdução – A obra de Marcel Mauss. In: MAUSS, Marcel. *Sociologia e antropologia*, v. 2, p. 19.

[354] *Idem*, p. 7. Sobre a relação entre a linguagem, a estrutura e o interdito, ver, também, um dos estudos do professor e psicanalista brasileiro Christian Dunker (DUNKER, Christian. *O cálculo neurótico do gozo*. 2. ed. rev. ampl. São Paulo: Zagodoni, 2020. p. 71), em que ele diz que "A lei que proíbe o incesto é uma lei que se estrutura ao modo de uma linguagem".

[355] FREITAS, Jeanne Marie Machado de. *Comunicação e psicanálise*, p. 47.

[356] *Idem*, p. 47 e 48.

O sujeito como significante

Para entendermos como o Simbólico atua é preciso ter em conta que o próprio sujeito, ao se constituir na linguagem, assume um lugar no Simbólico, no plano em que se depositam os significantes, sempre interligados uns aos outros. Isso mesmo: o sujeito entra no Simbólico na condição de um significante. O sujeito *é* um significante, adquire expressão de significante. Nessa condição, tomará contato com, nas palavras de Jeanne Marie (a partir de Lacan), "a Lei" (ou a Ordem Simbólica).

A "Lei", com maiúscula, não é uma ou outra lei em particular, assim como não é uma lei genérica. Essa "Lei" é o princípio germinal por detrás de todos os ordenamentos e interdições. Sob essa Lei, com "L" maiúsculo, estarão pautadas as relações entre sujeitos – pela linguagem. O Simbólico e a linguagem, como diz Jeanne Marie, se "indistinguem". Nessa perspectiva, a constituição do sujeito na linguagem e sua sujeição, como significante, à Lei, tal como sua relação com os outros sujeitos (significantes), se põe, desde logo, como atos de comunicação ou atos de linguagem. Também por aqui percebemos a essencialidade do tema para os estudos da comunicação.

Disso resulta que o sujeito se relaciona com os outros sujeitos não como aquele sujeito que porventura ele pense ser, não como aquele que declara ser, nem mesmo como o sujeito que os outros sujeitos dizem que ele é ou pensam que ele é, mas como *significante*. A relação entre os sujeitos, no plano da linguagem e do Simbólico, não pode ser definida como a relação entre coisas sabidas, entendidas, pensadas, não pode ser definida como a relação entre os *significados*, mas só pode se estruturar como relação entre *significantes*. Como significantes, e apenas como significantes, todos encontram seu lugar na linguagem. Na linguagem e no Simbólico, transitam como significantes em relação a outros significantes. Na face da linguagem em que se movem os significantes, não os significados, no Simbólico, oscilam os sujeitos divididos, barrados, incompletos.

Para retomarmos Descartes e sua fórmula que descreve a divisão do sujeito, poderíamos dizer que lá onde o sujeito "pensa" (ou fala) ele é um vetor que *significa* (sua fala nomeia, toma lugar na cadeia de significantes), e lá onde ele "existe" ou "é" ele se deixa ver como *significado*, passível de ser nomeado pelos significantes que falam dele como outro. Mas, na Ordem do Simbólico, os significados ficam em segundo plano ou mesmo de fora (do outro lado da linguagem). O sujeito é significante porque só assim pode ser sujeito na linguagem e transitar em relação a outros significantes.

Citando Lacan, Jeanne Marie propõe fórmula sintética: "Ser, na linguagem, significa ser um significante para outro significante".[357] Outro modo de dizer isso seria o seguinte: o sujeito é aquilo que, na linguagem, *significa* um outro para outros sujeitos. Mas esse outro é, no limite, arisco a qualquer significação fixa, e desliza, sempre, porque assim é o significante: o que desliza e se descola do significado.

E por que desliza? Ora, porque lhe falta. Sujeito é aquele que vai atrás, mesmo sem saber direito do quê. Vai atrás mesmo quando se deixa estacionar, pois, quando estaciona, para em cima de um ponto de interrogação. Linguagem. Mas, indo adiante com a pergunta: se algo lhe falta, o que é isso que lhe falta? Como estamos na linguagem, a resposta agora cintila em sua obviedade: ora, o que lhe falta é significado.

Significante à deriva, o sujeito anda atrás de uma significação, de algo de onde retire o significado que lhe falta. Em sua comunicação (linguagem), é o que busca todo o tempo. Os significados virão pelo caminho, uns grudarão mais, outros menos, e logo o deslizamento recomeça.

"As coisas estão no mundo, só que eu preciso aprender", diz o samba de Paulinho da Viola. Na pequena obra-prima do cancioneiro, o poeta sai pela noite, encontra gente de todo tipo, vai de um lugar a outro, conhecendo as histórias, as alegrias e os dissabores de cada um, deslizando como significante. Ele passa pelas "coisas" que "estão

---

[357] FREITAS, Jeanne Marie Machado de. *Comunicação e psicanálise*, p. 54.

no mundo", os significados. Ele se demora um pouco em cada uma, e vai embora outra vez.[358]

Mas dizer que ao significante do sujeito falta um significado é dizer pouco, ou quase nada. No campo dos estudos da comunicação, essa formulação pode iluminar muitas questões, mas a Teoria Psicanalítica tem outra maneira de dizer: há uma espécie de motor que impulsiona o deslizamento – o desejo (inconsciente), que é o desejo de suprir o gozo primordial de que o sujeito é arrancado no instante em que se constitui na linguagem. O resíduo do gozo perdido – um gozo de completude real (proporcionado pela função materna), no qual nada faltaria – carimba o desejo e o coloca em movimento. Lacan, por sinal, afirma que o inconsciente é o "resíduo" que permanece daquele gozo, servindo assim de suporte para que se estabeleça o desejo.[359]

O inconsciente, quando age (e ele sempre age), concorre para desmontar a pacificação forjada no Imaginário – que mesmo em desmoronamento prossegue altiva, simulando-se o reino da consciência. Para os estudiosos da comunicação, esse tipo de perspectiva teórica, se bem compreendida e tratada com o distanciamento metodologicamente devido, traz lentes de enorme valia.

Por meio desse gozo perdido, podemos vislumbrar, a distância, uma passagem do registro do *ser* para o do *ter*. O sujeito dividido, que transita como significante porque deseja, precisa então "ter um desejo formulável em demanda".[360] Nisso consistiria o que a psicanálise entende como Lei da Castração: ao sujeito, privado do gozo, só cabe formular seu desejo em demanda, nada mais, e essa formulação só pode ter lugar na linguagem, se expressa como efeito de linguagem, pois o desejo "só existe enquanto

---

[358] "Coisas do mundo, minha nega", canção de Paulinho da Viola.

[359] KAUFMANN, Pierre (Ed.). *Dicionário enciclopédico de psicanálise: o legado de Freud e Lacan*, p. 199.

[360] FREITAS, Jeanne Marie Machado de. *Comunicação e psicanálise*, p. 48. A esse respeito, vale consultar O cálculo neurótico do gozo, de Christian Dunker, que, a propósito do conceito de gozo, alude à relação discursiva entre desejo e demanda (DUNKER, Christian. *O cálculo neurótico do gozo*, p. 67).

passa pelos desfiladeiros dos significantes da linguagem".[361] Para a Comunicação, a "demanda" (na linguagem) explicita uma vez mais que o movimento do desejo (e do sujeito como significante) é ato comunicante.

Condenado a percorrer "os desfiladeiros" da linguagem para buscar suprir sua falta, o sujeito interpela o outro como um sujeito reconhecível, diferente dos outros, o que define o significante: um significante que só pode ser significante por ser diferente de todos os outros significantes e igual a si mesmo: diferente de todos os outros em sincronia (no presente) e igual a si mesmo em diacronia (na história).

Compõe-se, assim, pelos sujeitos, a "rede do significante", que, como ensina Lacan, "é a estrutura sincrônica do material da linguagem, na medida em que cada elemento adquire nela seu emprego exato por ser diferente dos outros".[362]

Ora, onde sujeitos barrados se dirigem uns aos outros como significantes, a falta jamais é suprida: ela se move, como fenda entre as costelas, sem que o gozo contínuo original seja reposto. Em vão, os sujeitos buscarão, uns nos outros, "o objeto capaz de preencher sua falta original".[363] A busca por significados será uma procura insaciável. Nesse ponto, precisamente nele, entra em cena a Ordem do Imaginário, já que a operação pela qual o sujeito se sente completo com um objeto que lhe entrega um significado só pode se consumar na outra face da linguagem, como operação imaginária.

No Imaginário

Na Ordem do Simbólico, o sujeito é um significante que, sem ter significado, não cessa de procurá-lo. Quando mudamos de lado

---

[361] FREITAS, Jeanne Marie Machado de. *Comunicação e psicanálise*, p. 49.

[362] LACAN, Jacques. A coisa freudiana. In: LACAN, Jacques. *Escritos*. Rio de Janeiro: Jorge Zahar Editor, 1998. p. 415. Já a rede do significado, em oposição à primeira rede, "é o conjunto diacrônico dos discursos concretamente proferidos"; nela, "o que domina é a unidade de significação" (p. 415).

[363] FREITAS, Jeanne Marie Machado de. *Comunicação e psicanálise*, p. 56.

e vamos para a outra face da linguagem, aquela que tem o nome de Imaginário, veremos que a história se inverte e que, aí sim, o sujeito encontra o significado. No Imaginário, bem entendido. O significado encontrado é imaginário, mas está lá, bonito, inteiro, lustroso. É na Ordem do Imaginário que se processa a *mediação* entre o sujeito como significante e o seu significado. É também nela que o objeto encontrado lhe confere um sentido (imaginário), a partir de uma *relação simbólica* que se completa pela mediação (função imaginária ou numa *operação imaginária*).

Por essa mediação, vai se estabelecer o *cogito* cartesiano, tapando com o seu véu de sentido a falta de sentido: o sujeito que "pensa" no Simbólico vai encontrar seu sentido no Imaginário. Esse sentido deve ser entendido aqui não como um sentido de existir, o sentido da vida, mas também como o sentido de um enunciado, de um discurso no qual o sujeito se inscreva, ou de uma xícara de café. Esse sentido, tenha ele o alcance que tiver, vai preencher o sujeito com uma completude imaginária. O ego (o "eu") se cerca de discursos concretos plenos de significação e, por meio desses discursos, *ele se representa como um significado*. Esses discursos perfazem a rede do significado, que tende a aderir à rede do significante, sem jamais consumar a aderência. As duas redes se requisitam reciprocamente e se desencontram reciprocamente.

O discurso que o sujeito faz sobre si revela cristalinamente as idas e vindas dessa aderência que se ensaia e não se consuma entre significante e significado: "Eu odeio aspargo", "Eu sou de esquerda", "Eu prefiro jazz", "Eu sou rico", "Eu não suporto incompetência", "Eu sou cínico", "Eu sou hipster", "Eu sou iconoclasta". Sem alguma aderência dessa ordem, não há localização possível. Mesmo um *flâneur* da vida precisa de alguma aderência ao significado, mesmo que em trânsito, mesmo que num não lugar (como no conceito de Marc Augé). Ocorre, no entanto, que, ao se localizar, o sujeito necessariamente se equivoca – ele não "é" nem tem como "ser" o significado que diz "ter". Desse modo, passa a dizer de si (para si, inclusive) em construções imaginárias de sentido, o que o inconsciente conspira para negar.

Avisemos desde logo que o equivocar-se do sujeito não tem nada a ver com a ideia de "autoengano". Isso porque o tão comentado autoengano nasce de uma formulação da consciência que prega uma espécie de "mentira" de si para si, para mascarar uma condição, também mais ou menos consciente, que se quer afastar. Incorre no autoengano quem finge para si mesmo ser o que não é, ter o que não tem, saber o que não sabe e assim por diante, num fingimento da consciência para si mesma. É claro que existem elementos inconscientes em toda forma de autoengano, como existem elementos inconscientes na escolha do sabor do sorvete e na forma de se espreguiçar pela manhã, mas o autoengano é antes um autoembuste do que a operação essencial (imaginária) de significação que encobre o inconsciente e forja uma completude (imaginária) no sujeito.

A operação imaginária de completude do sujeito está presente em todos os sujeitos. O autoengano, ao menos como o entendemos (e como Habermas o define quando fala da ação comunicativa), vai se verificar apenas em alguns. Mesmo os que nunca incorreram em nada sequer parecido com o autoengano constroem imaginariamente uma completude a partir de significações que lhe emprestam um sentido discursivo para o viver. Precisam dessa construção para que o "eu" se constitua. Enfim, existem pessoas que frequentemente caem no autoengano, assim como existem pessoas que raramente se autoenganam, mas todas as pessoas, absolutamente todas, e o tempo todo, constroem completudes imaginárias discursivas sobre si, sobre seus enunciados e sobre suas circunstâncias, em tramas de sentido que se refugiam no inconsciente e reivindicam, e só se operam na Ordem do Imaginário.

O equívoco da relação imaginária, portanto, não tem nada a ver com o autoengano: é aquele equívoco essencial que empresta significado (ou significados) ao sujeito e é, por assim dizer, constitutivo do "eu". Sem essa operação imaginária, a constituição do "eu" seria impensável. Nesse sentido, um equívoco dá significado ao sujeito. É o que diz Jacques-Alain Miller, citado por Jeanne Marie: "A sobredeterminação nos leva ao ponto de reconhecer como espontânea a orientação do sujeito para a armadilha. Primordialmente, o sujeito é enganado, o equívoco é constituinte".[364]

A sobredeterminação se refere à mediação pela qual o Imaginário recobre a falta, a falha: assim como a falta determina o sujeito, também a mediação imaginária (que recobre a falta) o sobredetermina e faz dele uma unidade (imaginária). Quando o sujeito diz um enunciado – ou diz quem é – vincula imaginariamente significante e significado e, obrigatoriamente, se equivoca.

A Superindústria do Imaginário fabrica industrialmente os significados e as mediações que o sujeito consome para colar algum sentido a si e ao que diz. O capitalismo aprendeu a fabricar, em vez de bens de consumo corpóreos, imagens (signos visuais) e objetos (sígnicos) para o sujeito dividido forjar sua unidade e sua completude imaginárias. Nunca se viu algo assim. Antes, a cultura (por meio das religiões, das associações laborais, do Estado, de uma infinidade de instituições) fornecia esses sentidos sortidos (em discursos, em signos, em marcas), que *não eram mercadoria*. Agora, tudo isso é fabricado industrialmente, só pode ser fabricado industrialmente, e tudo, absolutamente tudo isso, é mercadoria.

Temos aqui mais um vislumbre da razão pela qual a Superindústria do Imaginário é maior do que a indústria do entretenimento. Todos os significados (ou objetos) aos quais o sujeito hoje pode se justapor de algum modo, por mediações imaginárias, são fabricados industrialmente e circulam como mercadorias, mas nem todos provêm do entretenimento. As religiões funcionam como Superindústria do Imaginário. A ciência e seus discursos, também. A política e as relações públicas se valem de operações imaginárias para conferir sentidos aos sujeitos que as falam. Por certo, existe um quê de entretenimento em certas facetas da religião, da política, das relações públicas e dos discursos da ciência, mas nem tudo nessas esferas se reduz ao entretenimento, pela simples razão de que nem toda fabricação de signos (ou objetos) imaginários se reduz ao entretenimento.

---

[364] *Idem*, p. 63.

O capitalismo fantasmático

A mediação que recobre a falha, de forma transitória e precária, produz o que a Teoria Psicanalítica denomina como "fantasma". Como essas mediações envolvem mercadorias (signos e objetos fabricados, formatados, empacotados, editados ou veiculados industrialmente, que carregam valor de troca), temos que, não para a Psicanálise, mas para as Ciências da Comunicação, o fantasma se mostra historicamente adaptado ao capitalismo, alinhavado pelos fios das relações de produção capitalistas. Em suma, é o fantasma do capitalismo.

Na perspectiva da comunicação (não da clínica psicanalítica, que não nos compete estudar), o conceito de fantasma pode ser incorporado por nós como aquele que procede da junção – cimentada de fora para dentro pelo desejo e mediada no Imaginário – entre o sujeito faltante e o objeto sígnico que lhe aporta significados provisórios (posto que os significados definitivos, já sabemos, não existem na linguagem e estão perdidos para sempre). O sujeito dividido (barrado, batizado no Simbólico, aquele que fala e aquele a quem falta) se vincula ao objeto que o completa imaginariamente (ou preenche de significados o que ele fala), de tal modo que a criação do fantasma entrega, a esse sujeito dividido, uma completude imaginária (una e indivisível) que o faz esquecer (e não ver) a falta essencial, original e insanável.

Na psicanálise, o objeto que falta ao sujeito recebe o nome de "objeto *a*" ("a" de "*autre*", em francês, um "outro", ou, simplesmente, no jargão dos lacanianos, "a").[365] O analista não concebe esse objeto

---

[365] A conceituação detalhada, na Teoria Psicanalítica, foi desenvolvida ao longo do Seminário 14 de Jacques Lacan, "A lógica do fantasma", que se inicia em 1966 e se estende pelo ano de 1967. Logo na primeira aula, em 16 de novembro de 1966, Lacan propôs uma fórmula matemática (os "matemas" eram comuns em seu linguajar) para representar seu conceito: "$\$ \lozenge a$", onde $\$$ significa o S barrado ("barré"), "concernente à divisão do sujeito", e "a" é o símbolo do "objeto a". A figura matemática do fantasma se disseminou largamente, sendo hoje um lugar-comum da bibliografia psicanalítica. Os textos dos seminários lacanianos, que circularam informalmente por décadas, agora se encontram

(do desejo) como uma coisinha banal, que possa estar numa marca de cigarro ou no ser supostamente amado, embora saiba que o cigarro ou o namorado podem entrar "no lugar" do "objeto *a*", faltante, entregando algum significado aos fios desencapados do sujeito dividido. Para que isso aconteça, tudo dependerá do significado semântico que, no dicionário do sujeito, terão o cigarro ou o namorado. Se o significado for aquele, exato, esses objetos mais ou menos fabricados podem funcionar como substitutos do "objeto *a*". (Sim, até mesmo o significado do namorado se fabrica na Superindústria: ele aparece nos discursos sobre o ser amado, que o sujeito vai buscar em algum lugar na linguagem.)

Esse é o ponto: fora do consultório do psicanalista, a Superindústria do Imaginário se distingue por ter desenvolvido linhas de montagem para *fabricar* e, em seguida, linhas de distribuição para *comercializar* dispositivos que serão reconhecidos no olhar do sujeito como "objetos *a*", digamos, substitutos. A Superindústria do Imaginário é, em síntese, o nome que damos ao monopólio do capital sobre o Imaginário, nada menos que isso.

Daí a necessidade de nos dedicarmos a essa fronteira entre a Teoria Psicanalítica e as Ciências da Comunicação. Para entender a comunicação, ou seja, para saber como ela desenvolveu fórmulas para entregar o signo que ocupará o lugar de "objeto *a*", é preciso conhecer, no psiquismo do sujeito, o terminal aberto em que vai ser "plugado" o objeto fabricado pelo capitalismo. Notemos bem: o capitalismo já

---

oficialmente publicados, na íntegra, na internet, no site: http://staferla.free.fr. O PDF do Seminário 14 pode ser encontrado em: http://staferla.free.fr/S14/S14%20LOGIQUE.pdf. Christian Dunker apresenta o conceito lacaniano: "O matema "$\$ \Diamond a$" pode ser lido como a conjunção do sujeito ao objeto acrescido da disjunção do sujeito ao objeto" (DUNKER, Christian. *O cálculo neurótico do gozo*, p. 88). Em outra passagem, Dunker aponta que o fantasma é "definido como o conjunto de todas as relações lógicas entre o sujeito e o objeto (ou a falta de objeto), com exceção da identidade" (p. 26). Com efeito, no Seminário 14, Lacan estabelece outra fórmula para lidar com o que chama de "identidade".

não trabalha para satisfazer *necessidades* humanas, mas para entregar um objeto dotado de significado que intercepte, acalente e pacifique o *desejo* no sujeito. O corpo físico da mercadoria é um vetor, um *device*, cuja função é entregar sentido ao desejo do sujeito, e não um uso prático, objetivo, mensurável. O corpo físico da mercadoria é o pretexto pelo qual o desejo se esconde por trás de uma suposta necessidade racional. O modo de produção relegou a segundo plano a fabricação de coisas corpóreas que atenderiam de alguma forma prática a uma *necessidade* humana para, em primeiro plano, fabricar objetos sígnicos (objetos dotados de função de linguagem, dotados de significado e capazes de circular como significantes) que completam o que o *desejo* reclama. Por isso, os estudos da comunicação precisam levar em conta a lógica do fantasma.

Para a comunicação, o fantasma interessa por aquilo que imprime de sentido ao Imaginário, embora a lógica do fantasma não se reduza a um evento imaginário. O próprio Lacan tratou disso algumas vezes, como na sessão de 16 de novembro de 1966, a primeira do Seminário 14, que é o seminário em que ele tratou do fantasma. Para Lacan, o "objeto *a*" não cabe dentro do Imaginário, pois é de um outro estatuto. Mas – e é isso que nos importa sobremaneira – Lacan reconhece que, diante do mesmo objeto, "o Imaginário se apega a ele, envolve-o, acumula-se nele".[366] É esse Imaginário "acumulado" sobre o "objeto *a*" que o sujeito dividido reconhecerá e procurará tomar para si. A comunicação é o meio – tanto no sentido de instrumento, de "médium", como no sentido de "ambiente" – pelo qual e no qual o sujeito obtém o signo (fungível, descartável, perecível) que suprirá a função (substituta) de "objeto *a*". Esse signo – que poderá se configurar como um índice de prazer atribuído a um vinho, uma roupa, um automóvel, um boné, um par de tênis, um jeito de vestir a bermuda, um discurso sobre o ser

---

[366] "*L'imaginaire bien plutôt s'y accroche, l'entoure, s'y accumule. L'objet(a) est d'un autre statut*" (LACAN, Jacques. Seminário 14, "A lógica do fantasma". In: LACAN, Jacques. *Escritos*).

amado – será tomado pelo sujeito dividido como o objeto que lhe falta e que supre o que lhe falta.

Somente da comunicação, abastecida pela Superindústria do Imaginário, procederão esses signos que fazem as vezes de "objeto *a*". No plano em que abordamos o tema a partir dos estudos da comunicação, a operação de acoplamento entre o sujeito dividido e aquilo que provisoriamente o completa só se consuma como operação da ordem do Imaginário. A totalidade do "objeto *a*" segue inapreensível ao Imaginário, mas os signos do Imaginário que sobre ele se precipitam são ardentemente reconhecidos pelo sujeito.

O filósofo esloveno Slavoj Žižek dá uma boa síntese do modo pelo qual o "objeto *a*", não cabendo no Imaginário, pode se dar a ver por meio de um "elemento imaginário" que preencha o "vazio em torno do qual o desejo gira" e faça as vezes de algo que responda ao desejo, ou que entregue aquilo que o desejo procura. Diz Žižek:

> O objeto *a* é a pura falta, o vazio em torno do qual o desejo gira e que, enquanto tal, causa o desejo, *e*, ao mesmo tempo, *delineia o elemento imaginário que esconde este vazio e o torna invisível através do seu preenchimento*. [...] O preenchimento sustenta aquilo que dissimula.[367]

Ou seja, o "objeto *a*" remete à falta insuportável (falta que não pertence ao repertório dos signos que integram o Imaginário), mas há algo que, ao preencher o "vazio", faz desaparecer a falta insuportável. Pois essa operação, essa mesma que oculta o vazio e, mais ainda, que encobre a falta, é cristalinamente da Ordem do Imaginário e, mais ainda, ela, no tempo da Superindústria do Imaginário, só pode ser suprida pelos signos fabricados na Superindústria. No mais, lembremos, ainda uma vez, que quem promove o acoplamento entre o sujeito barrado e o seu objeto substituto não é a consciência ou o "eu", que simula

---

[367] ŽIŽEK, Slavoj. *As metástases do gozo: seis ensaios sobre a mulher e a causalidade.* Tradução de Miguel Serras Pereira. Lisboa: Relógio D'Água, 2006. p. 236.

governar o processo, mas o desejo no inconsciente (e o inconsciente, além de não ser objeto dos que estudam a comunicação, não cabe no Imaginário, mas conspira contra ele). Isso quer dizer que, entre o sujeito dividido e o objeto ao qual ele se agarra, travam-se relações arestosas, enganosas, esquivas, elípticas e fantasmáticas. Na Teoria Psicanalítica, o sujeito será chamado também de "sujeito do inconsciente", de modo a explicitar que ele está ao sabor do inconsciente, sujeitado *no* inconsciente e *pelo* inconsciente.

Aos estudiosos da comunicação, que não têm o inconsciente como objeto, cumpre saber que ele se manifesta *como linguagem* e que essa linguagem comparece massivamente à comunicação, em muitas de suas dimensões. Saber disso nos será indispensável porque muito do que se atribui às intencionalidades dos "capitães" da indústria ou à seletividade racional de que seria capaz o consumidor não passa de atravessamentos inconscientes. Em toda parte, o inconsciente está exposto, como esgoto a céu aberto, nas metrópoles feitas de signos sobre signos da Superindústria do Imaginário. Tudo isso é linguagem e, embora o inconsciente não seja o objeto dos estudos da comunicação, essa linguagem é, sim, de seu supremo interesse.

O inconsciente é fonte – autor – de linguagens em curso na Superindústria, e disso, dessa linguagem, de seu desordenamento caótico que, no entanto, guarda lógica, há de se ocupar aquele que estuda a comunicação. Cumpre saber, portanto, que há, sim, uma linguagem do inconsciente. Há quem julgue que no inconsciente moram os instintos irracionais, selvagens, ou os furores animais, mas não é nessa perspectiva que o pensamos na comunicação. Convém lembrar aqui uma nota breve, mas crucial, registrada por Žižek: "Para Lacan, o inconsciente não é um espaço pré-lógico [irracional] de instintos, mas um conhecimento simbolicamente articulado ignorado pelo sujeito".[368]

---

[368] ŽIŽEK, Slavoj. *Acontecimento: uma viagem filosófica através de um conceito*. Rio de Janeiro: Zahar, 2017. (Edição digital [ePub], posição 11-170).

Lacan, de fato, repete algumas vezes que "o inconsciente é linguagem".[369] E não será sem razão que, em várias passagens, Freud fala do sonho como código inconsciente que se presta a decifrações pela consciência. Durante um período, Freud se apegou prioritariamente ao relato que seus pacientes lhe traziam dos sonhos, pois encontrava neles brechas para "escutar" o inconsciente, apesar das deformações que o relato consciente (em vigília) imprime no evento do sonho. Ele se perguntava: "Como devemos chegar a um conhecimento do inconsciente?". Ao que ele mesmo respondia: "Certamente, só o conhecemos como algo consciente, depois que ele sofreu transformação ou tradução para algo consciente".[370]

Lacan voltaria ao tema: "O inconsciente é parte do discurso concreto, como transindividual, que falta à disposição do sujeito para restabelecer a continuidade do seu discurso consciente".[371]

De que outro modo, senão pela linguagem, pode o inconsciente – que não conhece "nem a contradição, nem a exclusão [...], nem a dúvida, nem a incerteza"[372] – "falar" àquele que o investiga? Pela linguagem. E, aos ouvidos do analista, essa linguagem aparece quando, no Simbólico, o significante desliza e abre, bem ali onde se havia armado a completude imaginária, num lapso inesperado, um novo vazio, que a consciência logo vai querer esconder. Diz Lacan:

> O inconsciente implica que se o escute? A meu ver, sim. Mas seguramente não implica que o discurso a partir do qual ele ex-siste, o avaliemos como saber que não pensa, nem calcula, nem julga, o que não o impede de trabalhar (no sonho, por exemplo).[373]

---

[369] LACAN, Jacques. A ciência e a verdade. In: LACAN, Jacques. *Escritos*, p. 881.

[370] FREUD, Sigmund. O Inconsciente. In: *Obras Psicológicas Completas de Sigmund Freud*. Edição standard brasileira, v. 14. Rio de Janeiro: Imago, 1996. p. 171.

[371] LACAN, Jacques. Função e campo da fala e da linguagem. In: LACAN, Jacques. *Escritos*, p. 260.

[372] KAUFMANN, Pierre (Ed.). *Dicionário enciclopédico de psicanálise: O legado de Freud e Lacan*, p. 265.

[373] LACAN, Jacques. *Televisão*, p. 30 e 31.

Para o psicanalista, o inconsciente "trabalha", no sentido de que articula (ou desarticula) a linguagem. "Eu não fundamento essa ideia de discurso na ex-sistência do inconsciente. É o inconsciente que situo a partir dela – por só existir devido a um discurso."[374]

A psicanalista brasileira Maria Rita Kehl detectou desde muito cedo em seus textos teóricos a colagem entre as produções sígnicas da televisão e a "linguagem dos sonhos". Com Maria Rita, aprendemos que, pelo menos aos ouvidos e ao olhar de um analista, as imagens eletrônicas se articulam em padrões significantes que remontam ao inconsciente. Ela escreve:

> O que me interessa é estabelecer uma analogia entre a linguagem dos sonhos, reveladora dos processos inconscientes e do modo que chamamos imaginário de representar nossa relação com o real, e a linguagem da televisão. [...] Também para o discurso televisivo não existe contradição, negação, impossibilidade.[375]

Para os psicanalistas, não há controvérsia acerca da natureza de linguagem do inconsciente. O que a nós, no entanto, interessa fortemente é que a sintaxe um tanto convulsionada da linguagem à moda do inconsciente aflora em faces da televisão – como em toda a indústria cultural e, de modo amplo, na Superindústria do Imaginário – a todo instante. A televisão, como bem a compreendeu Maria Rita, não diz como o fantasma se completa no seu objeto ou naquilo que marca a ausência do objeto, mas organiza industrialmente o estabelecimento do fantasma.

No mais, pode haver a incisão de elementos exteriores à linguagem nos movimentos do inconsciente? Na literatura lacaniana, a resposta é sim (tocaremos nisso no tópico seguinte), mas, de toda maneira, é como linguagem que o inconsciente se manifesta, quando algo escapa,

---

[374] *Idem*, p. 30.
[375] KEHL, Maria Rita. Imaginar e pensar. In: NOVAES, Adauto (Org.). *Rede imaginária*. São Paulo: Companhia das Letras/ Secretaria Municipal da Cultura, 1991. p. 60-72; 65.

deixando traços no discurso – e é essa linguagem que precisa integrar os conceitos empregados pela pesquisa em comunicação.

Lembremos que a ideologia e a *videologia* se vertebram de signos, como já vimos, e não de letras e imagens descoladas de significado (estas pertencem ao Simbólico). A ideologia e a *videologia* mobilizam, mais do que significantes, a mediação imaginária entre significantes e significados, dando às coisas corriqueiras a função de signo, como um sapato de uma certa cor, ou uma fita na cabeça, ou um pin na lapela, um obelisco, uma espada, um jeito de piscar os olhos, uma poça de urina no meio da calçada.

Já vimos que a ideologia não se reduz a um conjunto de "ideias", ainda que as "ideias" estejam na ideologia, mas, manifestando-se nos discursos concretos, comparece também às práticas (pois são práticas significantes e dotadas de significados). Vimos também que a ideologia e a *videologia* têm existência material. O que faltava dizer, e que agora resulta evidente, é que a ideologia e a *videologia* têm sua sede na Ordem do Imaginário – exatamente em oposição à Ordem do Simbólico. A ideologia e a *videologia* trajam como verdade a mediação imaginária que recobre a falta no sujeito. O que há de inconsciente na ideologia e na *videologia* está justamente naquilo que elas trabalham para esconder – ou, por outro ângulo, naquilo que nelas tem a autoridade de ser expressão da verdade. É também por isso que Althusser acertou quando falou da ideologia como "relação imaginária".

Do ponto de vista dos que estudam a comunicação (não o inconsciente), o conceito do Imaginário só se sustenta como categoria quando envolve não apenas o *cogito* cartesiano, mas a totalidade das representações e significações. Pertencem ao Imaginário os projetos arquitetônicos, as casas, a ordenação das cidades, o itinerário das estradas e mesmo as florestas que se devem preservar contra as madeireiras ilegais.[376] Ideologia, *videologia* e Imaginário, para finalizar

---

[376] Elas, as florestas e sua fauna, "são reservas do nosso imaginário", diz Maria Rita Kehl em "Reservas ambientais, reservas do imaginário". *Parabólicas*, ano 4, n. 27, mar. 1997.

o argumento, existem na linguagem de forma explícita: nada é tão explícito na linguagem quanto os processos de significação – processos que, por excelência, constituem o objeto geral dos estudos da comunicação.[377] Mas seu ponto de apoio final é o inconsciente – e o estudioso da comunicação, mesmo não tendo a incumbência de "escutar" o inconsciente de ninguém, não pode mais fingir que o inconsciente não esteja aí o tempo todo.

É a isso que se refere Régis Debray, quando define a era atual, tiranizada pela imagem, como "ontologia fantasmática da ordem do desejo inconsciente".[378] Debray não diz uma frugalidade com essa frase; afirma que o próprio conhecimento do "ser" (a ontologia) passa pelo fantasma (que se mistura com o próprio "ser") e, como conhecimento, é pautado pelo desejo inconsciente (por definição, a vontade pode ser consciente, o desejo nunca é). Para ele, somos "a primeira civilização que pode julgar-se autorizada por seus aparelhos a acreditar em seus olhos".[379] Videologia total. Sim, a ordem contemporânea é fantasmática, é a ordem do desejo que anda – em busca de significações, de imagens, de seus objetos.

O indizível, cujo nome é "Real"

Recapitulando, o Imaginário e o Simbólico são ordens coladas na linguagem, cada uma em sua face distinta. O que dizer então daquilo

---

[377] FREITAS, Jeanne Marie Machado de. *Comunicação e psicanálise*, p. 35 e 85.

[378] DEBRAY, Régis. *Vida e morte da imagem*, p. 358.

[379] *Ibidem*. Vale destacar que, em Debray, o conceito de "fantasma" não coincide totalmente com o que é proposto nos marcos teóricos estritos da Psicanálise de Jacques Lacan. Essa disjunção entre as duas visões da ideia de fantasma, no entanto, não prejudica o argumento que desenvolvemos aqui, procurando jogar ênfase no peso do inconsciente e do desejo na composição de uma "ontologia" da presente civilização da imagem. Para mais detalhes sobre as duas concepções, ver, especialmente da página 154 à 157: BUCCI, Eugênio; VENANCIO, Rafael. D. O. *O valor de gozo: um conceito para a crítica da indústria do imaginário*. Matrizes, São Paulo, v. 8, n. 1, p. 141-158, jan.-jun. 2014.

que não está na linguagem, que não é banhado pela linguagem, seja como significante, seja como significado? Na Teoria Psicanalítica, essa porção extralinguagem recebe o nome de Real. Com isso, a triangulação se completa: tem-se aquilo que os psicanalistas chamam de "Real-Simbólico-Imaginário" (RSI). Do ponto de vista dos estudiosos da comunicação, falta-nos conhecer minimamente os fundamentos do conceito de Real.

Comecemos por uma pergunta óbvia: pode-se nomear o que está fora da linguagem? Se o nome institui a coisa nomeada, como é que se nomeia o que a linguagem não toca? A resposta é simples: não se nomeia, não se pode nomear. Uma palavra pode dizer que o Real começa a partir de uma determinada membrana, mas não será capaz de definir até onde se estendem os domínios que se situam além dessa membrana.

Ademais, estando no exterior da linguagem, o Real interessa pouco às Ciências da Comunicação, uma vez que o Real *não se comunica*. Mesmo assim, algumas palavras sobre essa terceira categoria do "baião de três" se fazem necessárias por dois motivos: em primeiro lugar, para separar esse Real do que normalmente se tem em mente quando vem à baila a palavra "realidade". O segundo motivo é que o Real se insurge no inconsciente, abrindo buracos na linguagem, e isso traz impactos na comunicação que reproduz os padrões de linguagem descritos pelos psicanalistas como sendo linguagem do inconsciente.

Sobre o primeiro motivo, lembremos que a realidade, como a chamamos de modo corrente, é na verdade apenas uma *categoria do Imaginário*. Isso mesmo: a realidade é *imaginária*. A paisagem que vemos, tocamos e nomeamos, feita de mesas, cadeiras, pontos de táxi, aeroportos, almofadas, microscópios, ultrassonografias de abdômen, aviões, bombardeios e postes de luz elétrica, se assenta em camadas no Imaginário. Esses objetos e signos, constituídos pelos movimentos da linguagem, revestem, como capa de linguagem material, a natureza bruta. A roupa íntima sobre a pele e o asfalto sobre o chão se igualam: são pavimentações literais do Imaginário. Uma reserva florestal, como já foi lembrado aqui, nós a classificamos como recorte do Imaginário na realidade *discursiva*, como discurso materializada no ambiente concreto em que existimos. Nas conversas cotidianas e nos artigos de jornal, o senso comum lança mão do adjetivo "real" a eventos que protuberam na *realidade discursiva*, aos quais se pretende selar como verdadeiros. Nenhum problema quanto a esse uso linguístico, apenas devemos saber que o Real se tece de outra matéria.

O Real *é* outra ordem. Não está nem no Simbólico, nem no Imaginário: o Real constitui outra ordem. O exemplo mais evidente disso é o da morte. O advento da morte pode ser posto como a irrupção do Real. A morte *é* o Real. Podemos simbolizar a morte, com uma lápide, com o período do luto, mas não podemos alcançá-la onde ela está. A morte pode ser simbolizada, mas não pode ser visitada, examinada, dissecada e descrita. A morte fica além dos signos de que dispomos, fica além da linguagem. Em outras palavras, a linguagem não penetra no lugar para onde são levados, se é que são mesmo levados, aqueles que morrem. A morte, portanto, que é um evento real, indiscutível, impossível de negar, não pode ser tocada pela linguagem.

Na literatura psicanalítica, surge outro exemplo comum do que seja o Real: o gozo no corpo. Algo desse gozo pode ser bafejado por palavras e encenações, mas um princípio físico, que tangencia uma fronteira de morte (o relaxamento intenso), também não se deixa tocar pela linguagem.

Indo além do exemplo da morte e do exemplo do gozo, pode-se dizer que aquilo que o Real é também está naquilo que o Simbólico interdita, na forma de uma parede além da qual só o que existe é o indizível. A Ordem do Real fica lá onde a linguagem não chega. E – fundamental – a Ordem do Real se move, como a fugir dos lugares onde a linguagem vai fincando os pés. A Ordem do Real se afasta do que a linguagem ousa tocar.

Tudo isso reforça a noção básica, indispensável, de que o Real não se confunde com o que normalmente chamamos de realidade, como uma peça de pano vestindo o dorso de alguém, como o poste de luz elétrica, como a carcaça em putrefação de um cachorro atropelado na beira da estrada. Essas coisas compõem a tal realidade, mas o Real não é isso. O Real é algo como a não linguagem. Quando erram nessa distinção entre Real e realidade, os comunicólogos simplesmente não entendem por que a comunicação *constitui* realidades, mais do que as descreve.

O segundo motivo que nos leva a tratar disso é que esse Real pode também ser aquilo a que o inconsciente se remete em último grau. Embora o inconsciente seja linguagem, algo nele também é real. Lacan dá uma resposta que aparentemente contradiz, mas não anula a outra proposição em que ele afirma que o inconsciente é linguagem. Em sua resposta, Lacan diz apenas: "A meu ver, não há outra definição possível do inconsciente. O inconsciente é o real".[380]

Lacan comenta o "princípio da realidade" que, em Freud, sinaliza a interdição do gozo.[381] O termo "realidade", na expressão freudiana, não tem relação com o Real da escola lacaniana. Seu sentido de antagonismo ao prazer vem da noção que o sujeito adulto desenvolve de que há limites objetivos (civilizacionais, éticos, simbólicos) para a busca do prazer. É só isso. Como diz Lacan, "a realidade não é o simples correlato dialético do princípio do prazer. [...] Na verdade, constituímos a realidade com o prazer".[382]

Mas a afirmação mais perturbadora de Lacan, para quem o lê a partir do campo dos estudos da comunicação, segue sendo aquela: "O inconsciente é o real". Como pode o inconsciente ser linguagem e ao mesmo tempo ser o Real, se o Real não está na linguagem? Esse debate não se resolve no campo das Ciências da Comunicação, mas, de qualquer maneira, compete a nós saber que o inconsciente remete a algo fora da linguagem, e que essa coisa fora da linguagem pode irromper no Imaginário por ação do inconsciente. Isso nos interessa

---

[380] KAUFMANN, Pierre (Ed.). *Dicionário enciclopédico de psicanálise: O legado de Freud e Lacan*, p. 271.

[381] O "princípio da realidade" se contrapõe ao "princípio do prazer", e, assim, é entendido como "a vertente externa da frustração" (*idem*, p. 444).

[382] LACAN, Jacques. A função do bem. In: LACAN, Jacques. *O seminário, livro 7: A ética da psicanálise*. Rio de Janeiro: Jorge Zahar Editor, 1991. p. 274.

porque, além da natureza conflitiva e ingovernável do signo, a erupção do Real pelo inconsciente reforça a imprevisibilidade que há na comunicação, que por sua vez nos remete à imprevisibilidade do sujeito. O Real tem parte nisso, ainda, e, por essa via, somos apresentados a uma hipótese tentadora: o Real é a vida.

Impasses do pensamento, impasse político

Não se pode mais conceber a sociedade de consumo somente a partir da circulação física de mercadorias. A dimensão imaginária a precede. Consumir na dimensão do fantasma, mais do que usufruir (no gozo) de um bem ou de um serviço pelos quais se paga, é se pôr como sujeito (imaginário ou em completude imaginária) dentro da teia articulada pelos vínculos sociais do mundo do consumo, pelos quais fluem as significações. Consumir é estabelecer a comunicação segundo os códigos do *telespaço público*. Consumir é se deixar socializar: receber, absorver, reciclar, ressignificar e aceitar os discursos entrelaçados que desenham a paisagem. É se ver e se fazer ver como consumidor. É instituir-se como ator no teatro de "eus" mediado pela imagem ofertada ao consumo. Consumir é ser consumido.

A esse propósito, Maria Rita Kehl, retomando o tema de como o código televisivo fala ao desejo de modo a tornar desnecessário o pensamento – aqui não mais tratando da questão do telespectador infantil, mas do telespectador como sujeito –, desnuda bem esse procedimento. Diz a autora:

> A relação dos sujeitos com o real, naquilo em que ela se dá por meio da mediação do discurso televisivo – e quase que independentemente dos conteúdos desse discurso –, é uma relação imaginária, que se rege prioritariamente pela lógica da realização de desejos. Portanto, prescinde do pensamento.[383]

---

[383] KEHL, Maria Rita. Imaginário e pensamento. In: SOUSA, Mauro Wilton de (Org.). *Sujeito, o lado oculto do receptor*. São Paulo: Brasiliense, 1995. p. 171.

Para concluir este capítulo, vale um voto de confiança no pensamento de que fala a psicanalista: o pensamento crítico. Só nele podemos apostar, não para difundir um conhecimento pronto na forma de pacotes atraentes e sem fissuras, mas para descoser as ligaduras videológicas do Imaginário superindustrial. Aristóteles escreveu que "a crítica é uma espécie da Dialética, e tem em vista não o que se sabe, mas o que ignora e deseja saber".[384]

É disso que se trata. Maria Rita nos ensinou que o império do visível, o Imaginário, opõe-se ao pensamento, recusa nele justo o que é operação lógica e conhecimento do limite pela experiência. Sabemos que o pensamento negocia ininterruptamente com as camadas do Imaginário, mas, acima disso, incorpora o Simbólico e move os significantes na contracorrente da *videologia*. Diz a psicanalista:

> O pensamento é fruto de uma longa evolução psíquica, desde o domínio do princípio do prazer até a possibilidade de representar também o desprazeroso, as experiências de frustração e de dor, e assim operar sobre a realidade a partir do registro das experiências de vida.[385]

Ela vai ainda mais longe: "O pensamento requer a dupla dimensão da palavra: a simbólica e a relacional, o que equivale a dizer – a dimensão cultural, arbitrária, contratual, e a dimensão da experiência".[386]

Contudo, dentro do predomínio da Superindústria do Imaginário, ordenada pelo desejo que faz da realidade uma produção do prazer, a fórmula segundo a qual Simbólico e Imaginário se recobrem é adulterada e resulta num desequilíbrio: "Se, no ser humano, o Simbólico é feito das experiências de limites – limites fora dos quais não

---

[384] ARISTÓTELES. *Organon VI – Elencos Sofísticos*. In: ARISTÓTELES. *Aristóteles*, p. 78.

[385] KEHL, Maria Rita. Imaginar e pensar. In: NOVAES, Adauto (Org.). *Rede imaginária*, p. 68.

[386] *Idem*, p. 69.

conseguimos sobreviver –, o Imaginário são moções de transgressão a esses limites".[387]

Qual o caráter dessa transgressão? De algum modo, esse caráter passa por negar o pensamento e, nessa vertente, tangencia a experiência dos limites necessários à civilização. Já dava para constatar a vertente no final do século XX, com olhos postos nos velhos programas de TV. Hoje, ela vibra mais saliente, indicando que pulsões violentas se projetam pelos canais da Superindústria, na direção de desafiar não o marco da autoridade moral (o eterno pretexto do Imaginário burguês), o marco civilizacional. O desafio presente não deixa por menos. Como rediscutir o regime de propriedade das instituições midiáticas e criar anteparos contra o monopólio do capital sobre o Imaginário? Como refundar o regime público que regula a concentração de poder e de capital? Como abrir espaços públicos dialogais sob a manta concreta de uma indústria global que aprisiona o olhar e as subjetividades?[388] Essas perguntas seguem em aberto.

---

[387] *Idem*, p. 70. A autora se pauta, aqui, pela formulação do psicanalista Antonio Godino Cabas. Ver: CABAS, Antonio Godino. O simbólico, o imaginário, o real. In: CABAS, Antonio Godino. *Curso y discurso en la obra de J. Lacan*. Buenos Aires: Helgero Editores, 1983.

[388] Ver, a esse respeito: BUCCI, Eugênio; HADDAD, Fernando. Propriedade, esquerda e direita. *Teoria & Debate*, n. 25, p. 71-74, jun.-ago. 1994.

QUINTA PARTE
O *valor de gozo* na Superindústria

11
Espetáculo: o capital que se mostra[389]

Imagem, um novo sinônimo de "reputação"

O fato corriqueiro de que empregamos a palavra "imagem" como sinônimo de "reputação" dá bem a medida do nosso tempo. No linguajar dos escritórios de relações públicas e das agências de comunicação, de marketing ou de publicidade que atuam num ramo conhecido como "*branding*" (confecção e gestão de marcas comerciais ou institucionais), o substantivo "imagem" não quer dizer apenas "figura", "fotografia", "tela", "escultura", "aquarela", "pintura", "vídeo", "filme", "desenho", "ilustração" ou qualquer outra expressão visual: quer dizer principalmente "reputação". De uma companhia bem avaliada pelo público, fala-se que ela tem uma "imagem positiva", mais ou menos como alguém "bem-visto" na comunidade é alguém que goza de prestígio na mesma comunidade.

Notemos também que a expressão "aos olhos de" equivale à locução "no juízo de". Quem diz "aos olhos do Brasil, o Papa é honesto" diz que o Papa é honesto "no juízo do" Brasil. Os verbos

---
[389] Parte do presente capítulo toma por base texto anterior do autor: BUCCI, Eugênio. A mutação do capitalismo (ou simplesmente E = ki). In: NOVAES, Adauto (Org.). *Mutações entre dois mundos*, p. 257-278.

"ver" e "avaliar" podem confluir para um sentido comum: podemos ver com "bons olhos" ou com olhos menos condescendentes. Do mesmo modo, uma "boa imagem" e um "bom conceito" podem querer dizer exatamente a mesma coisa. Um político sofre "danos de imagem" quando aparece no noticiário implicado em escândalos de corrupção. Uma empresa tem sua imagem abalada quando faz pouco caso das questões ambientais. A palavra "imagem" abarca o sentido de "reputação", o verbo "ver" inclui o ato de "avaliar" e o substantivo "olhos" corresponde ao "juízo" (de fato e de valor). Dessa semântica, extraímos uma das marcas da nossa época.

A identidade entre "ideia" e "imagem" não é novidade. O parentesco entre os dois conceitos vem da Grécia clássica. O termo *eidos* (εἶδος), que é a raiz etimológica de "idea" ou *eidea* (ιδέα), quer dizer "imagem". Usamos esse termo até hoje, para designar imagem, quando pronunciamos a palavra "caleidoscópio": o nome deriva de três elementos gregos: *kalos* (καλός), que tem o sentido de "belo"; *eidos* (εἶδος), que quer dizer "figura"; e, finalmente, *skopeō* (σκοπέω), que significa "observar", ou, nesse caso, "observar pelo olhar".

Na teoria de Platão, a "ideia" que temos de um objeto ou de um ser deveria coincidir com sua "imagem", pois as formas e as ideias tinham um sentido comum, que era projetado na mente a partir das essências dos seres e das coisas. Essa imagem ou ideia essencial seria acessível apenas à razão, ao pensamento, no campo do conhecimento ou da *episteme* (ἐπιστήμη), e não aos sentidos – e, sendo conquista da razão, era mais perfeita que o aspecto aparente e visível da coisa real, percebido pelos sentidos. Aristóteles se opôs ao mestre idealista e adotou uma linha chamada de realista, segundo a qual a imagem era apenas aquela registrada pelo sentido da visão, não contendo em si nenhum conceito ou ideia essencial – o que agora pouco importa. Divergências aristotélicas à parte, o fato é que os conceitos de "ideia" e "imagem" já se avizinharam antes do nosso tempo.

Fora isso, não há nada em comum entre o que havia no platonismo e o que existe hoje, na nossa era, com essa fervorosa idolatria em torno das imagens eletrônicas. Nada em comum. Platão ensinou seus discípulos a duvidarem dos sentidos – da visão, principalmente. O Mito da Caverna, no Livro VII de *A República*, lança um alerta para que os homens não acreditem piamente no que veem com os olhos e que procurem, além dos olhos, "ver" com a razão, com o pensamento. Só assim alcançariam a forma ou a ideia essencial que habitava e animava tudo o que existe: só por meio da razão.

A nossa civilização da imagem, que se presta à adoração do visível, não deve ser chamada de platônica. Ao contrário, é ainda mais prisioneira do sentido da visão. Sobre isso, o escritor português José Saramago dá um depoimento em que nos propôs uma alegoria um tanto claustrofóbica:

> O que eu acho é que nós nunca vivemos tanto na Caverna do Platão como hoje. [...] Foi preciso passarem todos esses séculos para que a Caverna do Platão aparecesse finalmente num momento da história da humanidade, que é hoje. E vai ser, vai ser cada vez mais.[390]

Não, não somos platônicos. Temos fé *cega* nos olhos. Temos nos olhos o critério definitivo da verdade e, além disso, imprimimos sobre a imagem todo o moralismo de que somos capazes. Para a nossa civilização, a imagem encerra em si tanto a existência material como a dimensão ética de uma coisa, de um ser vivo, de uma empresa ou de um partido político. A imagem precede e define o mundo. Na Superindústria do Imaginário, a imagem não se tece na razão, mas no olhar, *contra* a razão, na *instância da imagem ao vivo*, de tal forma que o que era ideologia se desnatura em *videologia*.

Poderes mágicos da imagem no espetáculo

Tanta idolatria não surgiu do acaso. "As primeiras imagens são funerárias", nos lembra Francis Wolff. Em grego, *eidôlon* (εἴδωλον),

---

[390] O depoimento está no documentário *Janela da Alma*, de Walter Carvalho e João Jardim (2001).

"antes de significar imagem e retrato, designava o fantasma dos mortos, o espectro".[391] Em latim, *imago* era o molde em cera do rosto dos mortos. Outra palavra para imagem, no latim, é *simulacrum*: o espectro. Essas alusões à morte – a máscara mortuária, a alma dos mortos e o espectro – demonstram que a história da imagem tem seu início marcado pela percepção do sobrenatural, conforme registra Régis Debray, também citado por Wolff.

O historiador francês Fustel de Coulanges anotou que "a morte eleva o pensamento do homem do visível ao invisível, do passageiro ao eterno, do humano ao divino".[392] Nessa perspectiva, a imagem – produzida pelo homem com propósitos rituais – cumpriria o papel de ponte mágica entre o mundo visível e o mundo invisível, situado além da fronteira da morte.

Na *videologia*, ou no culto contemporâneo das imagens eletrônicas, parece resistir alguma atribuição de poder mágico às figuras, como se elas tivessem algo de anímico, como se fossem amuletos ou pequenas divindades. Basta ver como as marcas de vestuário, de calçados e de acessórios como óculos e bolsas decoram os corpos dos passantes: a moda desfila como num ritual religioso em que os logotipos (supostas pontes entre o visível e o invisível) têm o condão de infundir no corpo em que se inscrevem energias que geram vitalidade, saúde, atratividade sexual, carisma, sucesso e distinção. A imagem vence a doença, a infelicidade, a invisibilidade e a morte. A imagem vira espetáculo.

A palavra latina *spectaculum* significa "vista, algo para se observar visualmente". Em *spectaculum*, temos a junção do verbo *spectare*, ligado a *specere*, que quer dizer "ver" (do indo-europeu *spek*, que significa "observar"), ao sufixo *culum*, que conota uma ideia de instrumentalidade. *Spectaculum*, portanto, seria algo apropriado para ser olhado, tal

---

[391] WOLFF, Francis. Por trás do espetáculo: o poder das imagens. In: NOVAES, Adauto (Org.). *Muito além do espetáculo*, p. 32. Outro termo grego, *eikôn* (εικών), lembra Wolff, designa "reflexo" ou "retrato".

[392] Nessa passagem, Francis Wolff reproduz a frase de Coulanges a partir do livro de Régis Debray, *Vida e morte da imagem*, já citado aqui.

como *habitaculum* é algo apropriado para ser habitado e *cubiculum* é um quarto preparado para que nele alguém possa se deitar (do latim *cubare*). Podemos inferir, a partir disso, que a palavra "espetáculo" atrai o olhar, demanda o olhar, justifica olhar e o recompensa com alguma forma de prazer. O espetáculo funciona como um atrator universal de olhar. A imagem impera, dotada de poderes mais ou menos místicos, próprios à adoração. Ao espetáculo nada falta. O espetáculo contém tudo mais dentro de si.

No capítulo VI da *Poética* de Aristóteles, o termo *ópsis*, traduzido habitualmente como "espetáculo" ou "encenação", é aquilo que "contém tudo: carácter, enredo, elocução, canto e pensamento, de modo igual", sendo essas partes, "carácter, enredo, elocução, canto e pensamento", os componentes estéticos da tragédia.[393] Desde então, o espetáculo carrega uma presunção totalizante. Hoje, ainda mais. As indústrias, as atividades econômicas, toda a vida social, tudo converge para o espetáculo, a "encenação" que contém todas as demais.

O fenômeno foi identificado, em 1967, pelo pensador e cineasta francês Guy Debord, em *A sociedade do espetáculo*. Nesse manifesto em forma de 221 teses aforísticas, Debord define o espetáculo não como um conjunto de imagens, mas como um novo patamar do próprio capitalismo. Para ele, todo o capitalismo passou a funcionar como um grande espetáculo. Que não se iludam os que veem nisso um exagero. Debord não fala em Superindústria ou em Imaginário superindustrial, não busca as conexões necessárias entre a constituição do sujeito na linguagem e a expropriação do trabalho, mas a teoria que propõe ajuda a enxergar o modo como se fundiram Imaginário e relação de produção numa apoteose da imagem que a tudo abarca. Ele diz: "Toda a vida das sociedades nas quais reinam as modernas condições de produção se apresenta como uma imensa acumulação

---

[393] A esse respeito, ver o esclarecedor artigo de Greice Ferreira Drumond Kibuuka, intitulado "A ópsis na poesia dramática segundo a Poética de Aristóteles" (*Anais de Filosofia Clássica*, v. 2, n. 3, p. 60-72, 2008, pp. 60-72).

de espetáculos. Tudo o que era vivido diretamente tornou-se uma representação".[394]

Não se trata de *qualquer* representação ou de *apenas* uma representação. A partir de Debord, a "imensa acumulação de espetáculos" exige que se deixe de conceber o espetáculo isoladamente como simples encenação: a acumulação de espetáculos cria um corpo novo para o capitalismo. Além do *show* contínuo das imagens, temos outro capitalismo. "O espetáculo não é um conjunto de imagens, mas uma relação social entre pessoas, mediada por imagens."[395]

Muito além da indústria cultural

Não é verdade que o espetáculo seja um novo nome para a indústria cultural, tal como foi conceituada por Adorno e Horkheimer. A indústria cultural é uma indústria entre tantas outras, como a automobilística, a farmacêutica ou a tabagista. Ela substituiu o trabalho autoral do artista (escultor, pintor, escritor, compositor) pelas linhas de montagem (o cinema, as gravadoras, as revistas ilustradas, o rádio, a televisão). Revogou o talento do artista produzindo a obra de arte, que perde a aura, e em seu lugar instaurou o trabalho fungível dos gerentes e empregados que fabricam, com trabalho alienado, mercadorias culturais que se passam por arte (tanto que às vezes o são). Como suas homólogas fabricam sabonetes, aspirinas e pneus, ela fabrica filmes, canções, galãs de cinemas e "artistas plásticos" ou "intelectuais" que são *popstars*. Seu organograma decalca o dos bancos, das petrolíferas e das fabricantes de armamentos com as mesmas funções: gerente de marketing, diretor financeiro, departamento de recursos humanos.

O espetáculo não se confunde com nada isso. Ele não é uma indústria entre outras, mas a totalidade do capitalismo. Não é um mercado emparelhado com outros, mas um estágio em que todas as

---

[394] DEBORD, Guy. *A sociedade do espetáculo*. Tradução de Estela dos Santos Abreu. Rio de Janeiro: Contraponto, 1997. p. 13.

[395] *Idem*, p. 14.

indústrias e todos os mercados convergem para um centro único: a imagem. No espetáculo, todas as indústrias precisam fabricar imagens, todos os mercados consomem imagens e toda mercadoria circula como imagem. A indústria farmacêutica se converte em espetáculo, pois não tem sobrevida fora da propaganda. Mais do que isso: além de todas as indústrias, todos os campos da vida social confluem para o mesmo centro. A produção acadêmica busca atalhos para o espetáculo, uma vez que a notoriedade dos intelectuais se afere por expedientes como "presença na mídia", de tal modo que a notoriedade midiática se sobrepõe aos critérios científicos ou universitários. A política e a religião se rendem ao espetáculo, como a própria ciência. Por isso, o conceito de espetáculo não se confunde com o conceito de Indústria Cultural, embora não o anule nem rivalize com ele.

Debord enxergou que a relação social, em sua integralidade, foi engolida pelo espetáculo. A relação social não se confina mais no terreno específico em que se dá a fabricação de mercadorias corpóreas, não se limita às formas de compra, pelo capital, da força de trabalho, mas se amplifica por todo o perímetro do que é banhado pela circulação das imagens. "Não é possível fazer uma oposição abstrata entre o espetáculo e a atividade social efetiva", afirma Debord, pois "a realidade vivida é materialmente invadida pela contemplação do espetáculo e retoma em si a ordem espetacular à qual adere de forma positiva".[396]

Debord então emite sua frase mais cortante: "O espetáculo é o *capital* em tal grau de acumulação que se torna imagem".[397]

Poderíamos ter uma fórmula matemática para explicar a mutação do capital em espetáculo. Essa fórmula seria: $\varepsilon = k^i$ (onde "i" é imagem). Mas sigamos, como Debord: "O capital já não é o centro invisível que dirige o modo de produção: sua acumulação o estende até a periferia sob a forma de objetos sensíveis. Toda a extensão da sociedade é o seu retrato".[398]

---

[396] *Idem*, p. 15.

[397] *Idem*, p. 25.

[398] *Idem*, p. 34.

Nesse ponto, o autor inverte o axioma adotado pelo marxismo de que o capital (relação social) se caracteriza pela invisibilidade, agindo por trás das aparências e das formas jurídicas que regulam as relações entre a burguesia e o proletariado. Em Debord, o próprio capital não mais se oculta por trás das imagens ou das palavras, mas se acende, ele mesmo, como imagem, tamanho o seu grau de acumulação. O véu da *videologia* revela em frenesi o que de monstruoso se move por trás dele. O capital se mostra e fala de voz própria, como se não precisasse mais se esconder ou como se o exibicionismo fosse a tática mais eficiente para o seu mimetismo.[399]

Para Debord, "o espetáculo é o momento em que a mercadoria *ocupou totalmente* a vida social. Não apenas a relação com a mercadoria é visível, mas não se consegue ver nada além dela: o mundo que se vê é o seu mundo".[400] Em outras palavras, não há lugar para imagens que não consubstanciem, ainda que enviesadamente, mercadoria. Debord continua: "O consumidor real torna-se consumidor de ilusões. A mercadoria é essa ilusão efetivamente real, e o espetáculo é sua manifestação geral".[401]

Sobre o abraço totalizante dessa nova forma do capitalismo sobre toda a economia e toda a cultura, o filósofo lança mais um de seus aforismos: "O espetáculo é a outra face do dinheiro: o equivalente geral abstrato de todas as mercadorias. [...] é o dinheiro que *apenas se olha*, porque nele a totalidade do uso se troca contra a totalidade da representação abstrata".[402]

A imagem-moeda do espetáculo é também imagem-poder: imprime valor econômico, valor político e valor moral (além de poder

---

[399] A expressão "o capital aprendeu a falar" deve ser creditada ao professor e político brasileiro Fernando Haddad. Ver em: BUCCI, Eugênio. Alguns amigos que eu tenho (e de como o capital aprendeu a falar). *Praga*, São Paulo, n. 3, p. 109-120, 1997.

[400] DEBORD, Guy. *A sociedade do espetáculo*, p. 30.

[401] *Idem*, p. 34.

[402] *Ibidem*.

mágico) nas imagens olhadas. Assim, o capitalismo se pereniza enquanto promove sucessivas revoluções espetaculares. Como se quisesse parafrasear Heráclito (o filósofo da mudança perpétua) ou Lampedusa (autor de *O Leopardo*, onde se lê que "para que as coisas permaneçam iguais, é preciso que tudo mude"), Debord, que logo observa que o espetáculo "não deseja chegar a nada que não seja ele mesmo",[403] escreve, mais adiante:

O que o espetáculo oferece como perpétuo é fundado na mudança, e deve mudar com sua base. O espetáculo é absolutamente dogmático e, ao mesmo tempo, não pode chegar a nenhum dogma sólido. Para ele, nada para; este é seu estado natural e, no entanto, o mais contrário à sua propensão.[404]

É bem verdade que, nesse aforismo, Debord reedita uma passagem do *Manifesto comunista* de Marx e Engels, de 1848:

A burguesia só pode existir com a condição de revolucionar incessantemente os instrumentos de produção, por conseguinte, as relações de produção e, com isso, todas as relações sociais. [...] Essa subversão contínua da produção, esse abalo constante de todo o sistema social, essa agitação permanente e essa falta de segurança distinguem a época burguesa de todas as precedentes.[405]

A sociedade do espetáculo não deixa de ser uma solene homenagem de Debord ao *Manifesto*, mas vai muito além disso. Com seus méritos e seus acertos próprios, fica para nós não somente como um clássico, mas como o testamento de quem viu de frente a cara do capital e a reconheceu pelo hálito. O diagnóstico resistiu ao tempo, e permanece vívido, atual e necessário.

---

[403] DEBORD, Guy. *A sociedade do espetáculo*, p. 17.

[404] *Idem*, p. 47.

[405] MARX, Karl; ENGELS, Friedrich. Manifesto comunista. In: REIS FILHO, Daniel Aarão (Org.), *O Manifesto comunista 150 anos depois*. Rio de Janeiro; São Paulo: Contraponto; Fundação Perseu Abramo, 1998. p. 11.

É verdade que o estilo aforístico nos cobra um preço alto. O palavreado peremptório exige do leitor uma adesão de convertido, mais do que uma interlocução que venha a criticar os termos em que as ideias são expostas. Não há uma única frase que se ocupe de demonstrações empíricas do que é afirmado em tons retumbantes. Debord tem razão no diagnóstico que nos traz. Não resta mais espaço para uma gota de dúvida sobre o fato de que o capital se metamorfoseou em espetáculo.

A tirania da imagem se mostrou autoevidente. As relações sociais mediadas por imagem são, hoje, um dado incontestável. Mas, ao deixar de lado as evidências factuais, ao dispensar os argumentos verificáveis, sua grande obra recebeu ataques injustos (por vezes invejosos), como se não passasse de subliteratura incendiária. Debord foi e é caluniado pelos vigilantes das métricas acadêmicas, num processo que se confunde com o obscurantismo. É pena. *A sociedade do espetáculo* é filosofia de alto nível, muito acima da arrogância mesquinha dos que a combateram como se fosse um panfleto de segunda. Se é que temos ainda a aspiração de sair da encalacrada em que estamos enredados, precisamos estudar essa obra com olhos gratos de admiração.

Uma crítica pontual a Guy Debord

Num ponto, porém, o livro de Guy Debord perdeu atualidade. Se o seu diagnóstico prima pela genialidade, o seu receituário ficou datado, a ponto de ser difícil acreditar que os dois, diagnóstico e receituário, tenham sido escritos pela mesma pessoa.

Os problemas começam quando o autor admite como válida a definição de ideologia como "falsa consciência". Quando acusa o espetáculo de operar a suspensão do tempo histórico – no que tem razão –, Debord se rende à fórmula da "falsa consciência": "O espetáculo, como organização social da paralisia da história e da memória, do abandono da história que se erige sobre a base do tempo histórico, é *a falsa consciência* do tempo".[406]

---

[406] DEBORD, Guy. *A sociedade do espetáculo*, p. 108.

Ele detecta de forma precisa a aproximação entre capital (refeito em espetáculo) e ideologia, que se entrelaçam numa força automática unificada, mas abdica da mesma precisão quando tende a explicar o descaminho histórico por meio de supostos efeitos de uma "falsa consciência". Se fosse tudo uma questão de "falsa consciência", de um equívoco, o espetáculo não passaria de um mal-entendido e se dissolveria numa sala de aula.

Debord percebe que a ideologia é "a base do pensamento de uma sociedade de classes, no curso conflitante da história", mas insiste na fórmula de que tudo é consequência da "consciência deformada": "Os fatos ideológicos nunca foram simples quimeras, mas a consciência deformada das realidades, e, como tais, fatores reais que exercem uma real ação deformante".[407]

O problema subsequente, talvez previsível, aparece quando Debord passa a identificar o inconsciente com imobilismo político, ou "paralisia da história e da memória", levando a crer que, a seu juízo, somente aqueles que não se insurgem contra o capital têm inconsciente. "O espetáculo é a conservação da *inconsciência* na mudança prática das condições de existência."[408] Nesses trechos, fica patente que, para ele, o termo "inconsciente" é sinônimo de letargia, de adormecimento, de "falta de consciência".

Há ainda momentos de uma certa beleza filosófica, como quando ele diz:

> A consciência do desejo e o desejo da consciência são o mesmo projeto que, sob a forma negativa, quer a abolição das classes, isto é, que os trabalhadores tenham a posse direta de todos os momentos de sua atividade. Seu *contrário* é a sociedade do espetáculo, na qual a mercadoria contempla a si mesma no mundo que ela criou.[409]

---

[407] *Idem*, p. 137. Ver também, na tese 213, página 138: "A ideologia materializada não tem nome, como também não tem programa histórico enunciável. Isso equivale a dizer que a história *das ideologias* acabou". Ver, ainda: O espetáculo "é o lugar do olhar iludido e da falsa consciência" (p. 14).

[408] *Idem*, p. 21, grifo meu.

[409] *Idem*, p. 35.

As frases são efetivamente belas, mas, fora a formosura quase poética do estilo, resta pouco. É fato que é como mercadoria que o homem olha para a mercadoria (está aí o sentido profundo da afirmação de que "a mercadoria contempla a si mesma"), mas "a consciência do desejo" não se sustenta como projeto da abolição das classes. Muito menos "o desejo da consciência". A inversão inspirada, que combinava com pichações nos muros de Paris em maio de 1968, não fez e não poderia ter feito revolução nenhuma.

Sabemos que quem "deseja" a consciência é o "eu" imaginário, cuja inclinação é a de encobrir a falta, quer dizer, o "eu" deseja a consciência porque deseja uma mentira que encubra seus demônios interiores. De outro lado, "a consciência do desejo" apenas abre uma via para que o sujeito saiba de si, o que implica que, em lugar de se opor ao inconsciente, a consciência possa, quando muito, admiti-lo. Daí a fazer a revolução é outra história.

No fundo, Debord dá sinais disso tudo, mas não extrai daí a consequência devida.[410] Enquanto seu diagnóstico consegue descrever o espetáculo como um modo de produção qualitativamente mais complexo do que o capitalismo do *Manifesto comunista*, sua teoria de classe continua idêntica àquela do panfleto de Marx e Engels.[411] Por isso, embora diagnostique uma mutação do capitalismo a interpelar o desejo, Debord não rompe com a premissa de que a dominação de classe subsiste apenas por efeito da submissão,[412] do desejo de obedecer,

---

[410] Registre-se, por exemplo, o seguinte trecho da tese de número 51: "A economia autônoma se separa para sempre da necessidade profunda na medida em que ela sai do *inconsciente social* que dependia dela sem o saber. 'Tudo o que é consciente se gasta. O que é inconsciente permanece inalterado. Mas este, quando libertado, também não cai em ruínas?' (Freud)" (DEBORD, Guy. *A sociedade do espetáculo*, p. 35).

[411] Ver o papel do proletariado na tese 114 de DEBORD, Guy. *A sociedade do espetáculo*, p. 81.

[412] Ver "o uso fundamental da submissão" na tese 67 de DEBORD, Guy. *A sociedade do espetáculo*, p. 45.

da alienação e da manipulação. Esse desnivelamento lógico leva a uma irreparável quebra lógica – e não a uma contradição dialética.

Por lacunas como essas, Debord parece supor que existam capitalistas manipuladores por trás das fábricas de imagens. Para ele, a alienação e "desalienação" são processos relacionados à consciência, não à relação de produção que *aliena* o produto do trabalho. Assim, suas propostas pretensamente revolucionárias resultam simplificadoras:

> Emancipar-se das bases materiais da verdade invertida, eis no que consiste a autoemancipação de nossa época. Nem o indivíduo isolado nem a multidão atomizada e sujeita à *manipulação* podem realizar essa "missão histórica de instaurar a verdade no mundo", tarefa que cabe, ainda e sempre, à classe que é capaz de ser a dissolução de todas as classes ao resumir todo o poder na forma *desalienante* da democracia realizada, o Conselho, no qual a teoria prática controla a si mesma e vê sua ação. Somente ali os indivíduos estão "diretamente ligados à história universal"; somente ali o diálogo se armou para tornar vitoriosas suas próprias condições.[413]

Debord aponta para os "conselhos operários" internacionalmente estabelecidos para suplantar "qualquer outro poder".[414] Ele não se dedica ao trabalho teórico de constatar as contradições no interior dos espaços públicos, pois não anota a existência dos espaços públicos (expressão que não aparece no livro). Sua pena visionária anota que o espetáculo é fechado, impenetrável, "contrário ao diálogo" e "escapa à atividade do homem",[415] mas não vê saídas para isso. Para ele, o homem está esmagado, a surpresa histórica não existe mais,[416] pois o espetáculo, ao não conhecer a contradição, aniquila toda contradição.

---

[413] *Idem*, p. 141. Ver também a tese 117, p. 83; ver ainda "o sujeito proletário" e "sua consciência igual à organização prática" na tese 116, p. 83.

[414] *Idem*, p. 83.

[415] *Idem*, tese 18.

[416] Essa percepção se manifesta sobretudo nos "Comentários da sociedade do espetáculo" (DEBORD, Guy. *A sociedade do espetáculo*, p. 165 e seguintes).

Com efeito, motivos para pessimismo não faltaram a Guy Debord. Escrevendo em sua defesa, o filósofo alemão Anselm Jappe afirma que o filósofo "teve de admitir que o domínio espetacular conseguiu se aperfeiçoar e vencer todos os seus adversários".[417] A verdade é que Debord não vê saídas teóricas e, sem vê-las, requisita a ação política revolucionária para providenciá-las. Jappe continua:

> Sob a máscara da democracia, este [o espetáculo integrado] remodelou totalmente a sociedade segundo a própria imagem, pretendendo que nenhuma outra alternativa seja sequer concebível. Nunca o poder foi mais perfeito, pois consegue falsificar tudo, desde a cerveja, o pensamento e até os próprios revolucionários.[418]

Jappe tem sua razão. De fato, "nunca o poder [do capital] foi mais perfeito". No entanto, os prognósticos e as recomendações políticas de Debord, sem resolver a cilada da teoria, vão buscar um atalho em palavras de ordem panfletárias, que redundam num anacronismo. Ao apelar para a força redentora dos "conselhos operários" – os tão exaltados *sovietes* russos que tinham força em 1905 e especialmente em 1917, quando eram dominados pelos bolcheviques –, ele parece improvisar uma solução de emergência que nada tem de dialética. No tempo histórico de *A sociedade do espetáculo*, a proposta de reclamar o poder para os conselhos operários carece de consistência lógica e histórica. Esses organismos tinham protagonismo nos textos de Trotsky, de Rosa Luxemburgo ou de Lenin do início do século XX, mas, nos anos 1960, em Paris, não. É como se Lenin, em 1917, em vez de proclamar "Todo o poder aos *sovietes*", gritasse "Todo o poder às guildas" ou "Todo poder aos tecelões do burgo".

---

[417] JAPPE, Anselm. A arte de desmascarar. *Folha de S.Paulo*, Caderno Mais!, p. 4, 17 ago. 1997.

[418] *Ibidem*.

Debord incorre em anacronismo porque não contempla a política em seu horizonte democrático. Para ele, o segredo do método revolucionário consistiria em decalcar no presente as insígnias do passado e começar tudo de novo. Só por aí haveria um caminho para a abolição do capital. A leitura de *A sociedade do espetáculo* sugere que a cena democrática não passa de um simulacro a ser removido, pois a democracia e seus espaços públicos não oferecem nenhum horizonte confiável.

12
Estéticas e fruições mercantis

Duas novidades

O conceito que Guy Debord delineou do espetáculo escancarou a industrialização do Imaginário, ainda que o próprio Debord não o mencione expressamente como um tipo de indústria. O modo de produção da mercadoria se iguala ao modo de produção das imagens, e estas trabalham para dar fulgor e legitimidade artificial à mercadoria. A partir do espetáculo, o lugar em que o capital existe (as relações sociais) é o mesmo lugar em que ele "fala" e se mostra (o Imaginário, o reino das imagens).

Há duas novidades históricas implicadas aí. A primeira diz respeito à conversão do Imaginário em atividade abertamente industrial. A segunda se refere ao modo particular pelo qual o Imaginário incide materialmente sobre as relações de produção e sobre a reprodução do capital.

Comecemos pela primeira novidade: as representações imaginárias passam a ser fabricadas industrialmente e se distribuem no mercado na forma de mercadorias. Antes, a confecção das imagens e dos sentidos provinha de campos relativamente autônomos, como a religião, a cultura, as artes, a ciência ou a política. Agora, pela primeira vez na História, o capitalismo industrial domina o Imaginário e, não se limitando mais a fabricar objetos palpáveis, investe, com mais intensidade ainda, na produção de imagens ou outros signos que, além de representar as mercadorias, se apresentam eles mesmos como mercadorias. Essas representações, ao circularem, preparam, apressam e potencializam a realização do valor de troca das mercadorias corpóreas, que passam a ser secundárias em relação às imagens.

Um dado definidor dessa indústria é sua ingovernabilidade: ela dá seguimento aos desígnios do capital, muitas vezes à revelia dos agentes que supõem controlá-lo. Sabemos que qualquer representação imaginária, sendo um expediente de linguagem, não se presta a rédeas teleológicas absolutas, uma vez que não pertence a um sujeito prévio, mas só se realiza e se consuma *entre sujeitos*.[419] Quando tornada indústria, a representação imaginária tem sua ingovernabilidade amplificada e reiterada, pois, como toda a economia capitalista, será regida pela anarquia da produção, que se expressa de modo mais ruidoso na competição de mercado.

Já vimos que o conceito de "superindústria capitalista", proposto por Fernando Haddad, detecta a internalização do "processo de inovação tecnológica", que "exponencia o desenvolvimento das forças produtivas".[420] Não é difícil reconhecer, nessa frase, publicada em 1998, o retrato fiel das *big techs* de 2020. Como verdadeiros *bunkers* de inovação tecnológica, as *big techs* se alçaram ao centro do capitalismo como as empresas mais valiosas de todos os tempos, em torno das quais se estrutura e se ergue o negócio – invariavelmente mediado por imagens – da exploração do olhar, de dados e da atenção dos consumidores.

---

[419] Conforme vimos no Capítulo 8, Saussure é categórico a esse respeito: "Quem cria uma língua a tem sob domínio enquanto ela não entra em circulação; mas desde o momento em que ela cumpre sua missão e se torna posse de todos, foge-lhe ao controle" (SAUSSURE, Ferdinand. *Curso de linguística geral*, p. 91). Bakhtin, ao dizer que o signo não é controlado nem por aquele que o enuncia nem por aquele que o recebe, reforça a mesma tese.

[420] HADDAD, Fernando. *Em defesa do socialismo*, p. 28.

Em termos mais amplos, podemos inferir que a "superindústria capitalista" se irradia por todas as atividades econômicas da "supermodernidade" (conforme o termo de Marc Augé), desde o "agronegócio" ou a "agroindústria", até o chamado "setor de serviços", além da "indústria do turismo". O núcleo nervoso da superindústria fabrica discursos, marcas e valores (morais ou de estilo), preferencialmente por imagens (mas também em palavras), que cintilam em vitrines virtuais ubíquas. A expressão "indústria criativa", um tanto exótica, nasce desse ambiente para indicar que tudo o que diga respeito à cultura se organiza economicamente como indústria lucrativa. Nesse sentido, pode-se dar o nome de indústria aos processos produtivos capazes de gerar valor econômico. Por fim, a Superindústria do Imaginário demarca todo o conjunto, abrigando as diversas fórmulas de fabricações industriais de signos (visuais ou não) na forma de mercadorias (e vice-versa), num arco que se estende do entretenimento às chamadas relações públicas, especializadas em fornecer sentidos de pertencimento (imaginários) para sujeitos dispersos.

A Superindústria do Imaginário é o nome do monopólio do capital sobre a totalidade das representações imaginárias nos parâmetros da anarquia da produção, que desconhece qualquer limite, seja na guerra, seja na paz. Sempre ingovernável. Sabe-se há quase dois séculos que a vitalidade da economia capitalista depende de revolucionar permanentemente as formas, os instrumentos e os modelos de produção e distribuição, como foi registrado tanto no *Manifesto comunista*, de 1848, como em *A sociedade do espetáculo*, de 1967.[421] Na Superindústria do Imaginário, porém, a propensão anárquica assume uma versão

---

[421] No *Manifesto*, conforme registrado no capítulo anterior, lemos que "a burguesia só pode existir com a condição de revolucionar incessantemente os instrumentos de produção, por conseguinte, as relações de produção e, com isso, todas as relações sociais". (MARX, Karl; ENGELS, Friedrich. *Manifesto comunista*. In: REIS FILHO, Daniel Aarão (Org.). *O Manifesto comunista 150 anos depois*, p. 11). Em *A sociedade do espetáculo*, a mesma lei é descrita, em outro patamar: "O que o espetáculo oferece como perpétuo é fundado na mudança, e deve mudar com sua base. O espetáculo é absolutamente dogmático e, ao mesmo tempo, não pode chegar a nenhum dogma sólido. Para ele, nada para; este é seu estado

sutilmente distinta daquelas que lhe foram dadas no *Manifesto* e n'*A sociedade do espetáculo*. Agora, abre-se um feixe de contradições não prioritariamente entre competidores dispostos a guerrear, mas entre o capital, que se expande e se adensa em ciclos incessantes, e suas formas de representação no Imaginário, que tendem a promover a ilusão de estabilidade. As contradições, como numa crise ininterrupta, abreviam os prazos entre o nascimento e a decrepitude das invenções técnicas e estéticas, institucionais e políticas, morais e econômicas. O capital conspira contra o seu próprio Imaginário para destruí-lo e reconstruí-lo a seguir e destruí-lo de novo, em frêmitos de obsessão pelo novo (num erotismo em torno do inédito) e pela morte (em celebrações da violência). Na cena política se dá o mesmo. A democracia mediada por imagens espetaculares dá à luz lideranças que se armam para destruí-la, numa escalada de autodestruições performáticas.

Chegamos, com isso, à segunda novidade: o Imaginário superindustrial, sujeitado pela relação capitalista de produção e pelas leis de mercado, atua diretamente sobre a reprodução do capital. A linguagem não tem mais proteções contra a sanha industrial, e nela se alista. Trabalho e linguagem não mais se separam. A divisão esquemática que se invocou por tantas décadas entre estrutura (relações de produção) e superestrutura (suas representações) se esboroa e perde o sentido. Agora, mais do que representar a relação de produção, o Imaginário *é* a relação de produção, um novo "chão de fábrica". A Superindústria do Imaginário é a forma orgânica do espetáculo, seu prolongamento lógico, um sistema unificado de produção de imagens e signos em escalas crescentes, que se superam na velocidade da luz. A mercadoria se faz imagem.

Do estômago ou da fantasia

Para entendermos a transformação do conceito de mercadoria que desembocou na Superindústria do Imaginário, devemos retroceder ao

---

natural e, no entanto, o mais contrário à sua propensão" (DEBORD, Guy. *A sociedade do espetáculo*, p. 47).

capítulo I de *O capital*, onde Karl Marx trata da mercadoria. Vamos reler o que lá está: "A mercadoria é, antes de tudo, um objeto externo, uma coisa, a qual, pelas suas propriedades, satisfaz necessidades humanas de qualquer espécie. A natureza dessas necessidades, se elas se originam do estômago ou da fantasia, não altera nada na coisa".[422]

Com ênfase no corpóreo – a mercadoria é "uma coisa" –, Marx crava a primeira delimitação: mesmo admitindo a necessidade que se origine "da fantasia", afasta dos contornos de seu objeto qualquer pretensão idealista de definição do bem. "Objeto externo" ou nada. Então, sobre essa base concreta, ele assenta o primeiro valor da mercadoria: o valor de uso. De novo, Marx insiste na concretude:

> A utilidade de uma coisa faz dela um valor de uso. Essa utilidade, porém, não paira no ar. Determinada pelas propriedades do corpo da mercadoria, ela não existe sem o mesmo. O corpo da mercadoria mesmo, como ferro, trigo, diamante etc., é, portanto, um valor de uso ou um bem.[423]

O que importa aqui, antes de qualquer outra consideração, é compreender que, na visão de Marx, o aspecto físico da mercadoria e seu valor de uso não se dissociam, mesmo que ele, eventualmente, fale alto à "fantasia". Para que dúvidas não "pairem no ar", Marx prossegue: "Se abstraímos [da mercadoria] o seu valor de uso, abstraímos também os componentes que fazem dele valor de uso. Deixa já de ser mesa ou casa ou fio ou qualquer outra coisa útil. Todas as suas qualidades sensoriais se apagaram".[424]

Quanto ao valor de troca, ou simplesmente *o valor*, este se impregna à mercadoria – tornando-a mercadoria – à medida que o trabalho humano, alienado do trabalhador, nela se deposita para constituí-la.

---

[422] MARX, Karl. *O capital, crítica da economia política*. 2. ed. Tradução de Regis Barbosa e Flávio Kothe. São Paulo: Abril Cultural, 1985. p. 45.

[423] *Idem*, p. 46.

[424] *Idem*, p. 47.

Não se trata de um tipo específico de trabalho, mas do trabalho socialmente necessário, uma categoria abstrata. "Um valor de uso ou bem", diz Marx, "possui valor, apenas, porque nele está objetivado ou materializado trabalho humano abstrato".[425] Mais claro, impossível.

O valor de uso, portanto, não funda a relação social. É o valor de troca que exprime a via necessária e indispensável para que a mercadoria seja posta enquanto tal: um objeto marcado pelo valor abstrato capaz de regular as relações entre os homens. Para advertir os recalcitrantes, o próprio Marx cuida de observar: "Quem com seu produto satisfaz sua própria necessidade cria valor de uso, mas não mercadoria".[426]

O valor de troca é, assim, a medida segundo a qual as mercadorias se tornam permutáveis, ou, ainda, o critério que estabelece os possíveis sinais de igualdade entre o trabalho socialmente necessário cristalizado num bem e o trabalho socialmente necessário cristalizado em outro. O dinheiro assume então a condição de forma comum de valor, "a forma dinheiro", explicita Marx,[427] o que caracteriza uma forma particularíssima, excepcional de mercadoria, que servirá de régua geral (equivalente geral) a dar a medida do valor de troca das diversas mercadorias. Desde *O capital*, portanto, o valor de uso é secundário: quem diz se a mercadoria existirá ou não, e como ela existirá, é sempre o valor de troca.

Demoremo-nos, porém, no papel secundário, embora indispensável, que o valor de uso tem para Marx. A mercadoria é, sim, valor de troca (ou não seria mercadoria), mas, revestindo o valor de troca, há de haver a coisa fabricada, corpórea e, mais que isso, a coisa dotada de "utilidade", que precisa, afinal de contas, corresponder a alguma "necessidade" humana. Logo, não pode haver mercadoria sem que ela concentre em sua dimensão física, de algum modo, para alguma pessoa,

---

[425] *Ibidem*.

[426] MARX, Karl. *O capital, crítica da economia política*, p. 49.

[427] *Idem*, p. 54.

alguma possibilidade de uso, seja ela determinada por "necessidades originadas do estômago" ou por "necessidades originadas da fantasia". Disso decorre que, ainda no campo das mercadorias quaisquer, os termos estritos de *O capital* estabelecem um corte drástico: mercadorias não corpóreas, cujo valor de uso decorra não de sua dimensão física de coisa fabricada, são praticamente impensáveis e certamente excepcionalíssimas.

Temos aí um limite histórico das definições de Marx. Ele fala das mercadorias corpóreas, mas hoje proliferam as mercadorias que não têm mais corpo físico. Como lidar com isso? As imagens digitais são mercadorias materiais (pois têm sua materialidade nas relações de produção e, do mesmo modo, têm sua materialidade nos signos que incorporam), mas não têm um corpo físico. Vemos isso em todas as partes, como nas marcas patenteadas, nas grifes e nas inúmeras significações (imagéticas ou não) que se associam a elas. Vemos isso nas atrações do entretenimento e nos incontáveis marcadores de laços afetivos gerados pelas redes sociais, que sintetizam valor de mercado. Vemos isso no olhar dos consumidores. A mercadoria ainda é determinada pelo valor de troca, mas, fora isso, mudou radicalmente em pelo menos três dimensões: (1) são incorpóreas (mercadorias não corpóreas eram exceção no século XIX, mas hoje são a regra); (2) não se destinam mais a satisfazer uma necessidade humana, mas têm como alvo o desejo; e (3) não entregam uma utilidade, mas um sentido ao sujeito.

Mais do que "ferro, trigo, diamante etc.", as mercadorias são como um objeto dotado de sentido para as fantasias, vale dizer, elas se insinuam como linguagem, seu corpo físico é supérfluo – quando muito, serve apenas de condutor para o sentido. Bem sabemos que os signos podem ser materiais, como quis Bakhtin, mas não têm massa palpável: uma palavra falada ou cantada afeta os tímpanos – tendo, portanto, a materialidade das ondas sonoras –, mas não tem corpo, não se toca com os dedos. Aquele "objeto externo", aquela coisa "corpórea" de que falou Marx, se exilou para a periferia da acumulação de capital. Um bem não precisa mais ter existência física para ter valor de troca. Portanto, se não expandirmos o conceito para acompanhar a expansão da natureza da mercadoria, seguiremos sem entender o que está em curso.

O significante da mercadoria

Desencarnada de seu corpo físico e de seu valor de uso corpóreo ("ferro, trigo, diamante etc."), a mercadoria só resiste como conceito quando pensada como outra natureza: a mercadoria, agora, só pode ser pensada como signo. Mais ainda: em diálogo com as Ciências da Linguagem, podemos agora olhar para ela como o acoplamento entre um significante, que é o valor de troca (aquele que institui a mercadoria), e um significado, que corresponde ao alegado valor de uso (que cada vez mais interpela a fantasia).

Essa analogia se faz necessária e consequente. O significante da mercadoria (valor de troca) "não paira no ar", como diria um velho pensador alemão: vem diretamente do corpo do trabalhador. O significante desliza, como trabalho, do sujeito (sujeitado pelo regime de trabalho) para a mercadoria (trabalho objetivado). A partir desse deslizamento, ao sujeito faltará o que lhe foi alienado para se depositar no suporte da mercadoria. Em sentido inverso, na mercadoria ficará a marca de um significante a mais. Em suma, o que a mercadoria tem de "significante-a-mais" o sujeito tem de "significante-a-menos".

Digamos o mesmo por outras palavras. O valor do trabalho, ao deslizar do sujeito e se impregnar na mercadoria, abre nele uma falta, um valor-a-menos, ao mesmo tempo que pronuncia um excesso de significante na mercadoria, um valor-a-mais. O significante da mercadoria é o avesso do vazio que marca o significante que falta ao sujeito. O capital institui o trabalhador como sujeito no mercado quando a ele aliena o valor do trabalho: arranca ao sujeito o valor positivo da força de trabalho mediante uma remuneração inferior ao que o trabalho produziu, canaliza o valor-a-mais (alienado ao sujeito) para constituir mercadoria e, por fim, devolve o sujeito ao mercado com a marca de um valor-a-menos (aquele do qual foi retirado um pedaço do significante, aquele ao qual foi alienado o trabalho). Quanto ao sujeito, só lhe restará a condenação de transitar no mercado em busca da mercadoria da qual ele espera a restituição do que lhe falta.

Também por aí, podemos constatar que o sujeito desliza no mercado como mercadoria, e que a mercadoria desliza como sujeito (capaz de infundir sentidos aos que a desejam). Um circula para o outro, um em busca do outro. Ambos se igualam e se neutralizam em seus significantes que se espelham negativamente. Ambos são o mesmo.

Tudo isso acontece mediante impulsionamentos inconscientes, mais ou menos análogos àqueles que movem o sujeito do inconsciente na trama do Simbólico.[428] Por definição, o sujeito não tem consciência de que foi instituído por um significante negativo. Seu desejo o impele para o significante que, na mercadoria, é o valor-a-mais daquilo que nele é um valor-a-menos. Em outros termos, ainda, o sujeito dividido deseja a mercadoria como se ela encarnasse o objeto do seu desejo (um substituto para o "objeto *a*") – inconscientemente.

Se nos afastarmos agora, ao menos um pouco, da planta do inconsciente, e nos aproximarmos da Ordem do Imaginário, aquela em que o "eu" é protagonista e na qual o sujeito dividido fica mais oculto, perceberemos que essa mesma história de atração será narrada de outra maneira. Como no Imaginário não se vê o sujeito dividido, mas o "eu" (imaginário), a narrativa nos contará que o "eu" encontra completude no *significado* que supostamente existe na mercadoria, ou seja, o sujeito, com o seu "eu", vai se completar naquilo que, no signo da mercadoria, reconhece como o valor de uso. Nenhum pretexto é mais convincente do que o valor de uso. De algum modo, esse valor, que é o significado da mercadoria, vai atendê-lo no que ele sente como uma necessidade objetiva. O "eu" não vê a falta que o move como desejo, apenas imagina ir atrás do valor de uso (tanto faz se útil ao "estômago" ou à "fantasia", que é sempre imaginária) do qual

---

[428] Como foi descrito em detalhes no Capítulo 10.

necessita objetivamente: dez cavalos a mais no automóvel, o selo de orgânico no vinho, uma quarta câmera embutida no smartphone, um helicóptero do ano, um boné com logotipo de metal. Até um naco a mais de poder, seja num mandato de deputado, seja na chefia de um departamento na universidade pública, pode se insinuar para o sujeito com o encanto de uma mercadoria. Não só todas as mercadorias úteis interpelam o desejo, como todos os objetos que interpelam o desejo assumem a forma da mercadoria, com valor de troca: um beijo de amor no vizinho, um jazigo exclusivo no cemitério, a cabeça do rival numa bandeja, uma carteirinha de torcida de futebol, uma consulta marcada no posto de saúde.

Dizer que as relações sociais são mediadas por imagens (nos termos exatos de Debord) é o mesmo que dizer que elas passam por mediações imaginárias. Por meio dessas mediações, o "eu" só se declara completo depois de encontrar na mercadoria o significado do qual se ressente. Não raro, a mera contemplação da mercadoria, mesmo que de longe, apenas o exercício ritual de idolatrá-la bastará para inebriar o sujeito com a sensação de completude.

Por baixo das relações imaginárias, o desejo inconsciente age, cego: a mercadoria tem o significante (capacidade de significar) que falta ao sujeito, e é isso que o sujeito inconscientemente deseja nela. A necessidade humana e o valor de uso apenas recobrem imaginariamente (com justificativas, pretextos ou discursos aparentes) o deslizar do desejo, a chaga do significante negativo do sujeito e a protuberância arrogante do significante positivo da mercadoria.

Na planta do inconsciente, o sujeito só recobra sua condição de significante quando se cola ao significante da mercadoria (o que pode se dar, atenção, sem a posse material da coisa). No plano da consciência, o "eu" divisa apenas um valor de uso reluzente do qual pensa necessitar. A magia se realiza quando, ao tomar posse do significado da mercadoria, o sujeito se rende ao significante da mercadoria. Dizer que consumir é ser consumido é dizer pouco: mais exato seria dizer que consumir é ser consumido pelo significante da mercadoria – ou, mais exatamente, pelo seu feitiço.

No capitalismo do século XIX, campo de observação de Marx, o reino da fantasia era apenas um fragmento exíguo, virtualmente embrionário. Mesmo assim, o autor de *O capital*, em que pese ter decretado peremptoriamente o caráter corpóreo da mercadoria, registrou esse feitiço de que ela se reveste. Ao feitiço, porém, preferiu dar o nome de "fetiche". Por meio dessa palavra, cuidou de avisar que sua coisa corpórea já se prestava a idolatrias, um tanto fantasmagóricas, um tanto metafísicas:

> A impressão luminosa de uma coisa sobre o nervo ótico não se apresenta como uma excitação subjetiva do próprio nervo, mas como forma objetiva de uma coisa fora do olho. Mas, no ato de ver, a luz se projeta realmente a partir de uma coisa, o objeto externo, para outra, o olho. É uma relação física entre coisas físicas. Porém, a forma mercadoria e a relação de valor dos produtos de trabalho, na qual ele se representa, não têm que ver absolutamente nada com sua natureza física e com as relações materiais que daí se originam. Não é mais nada que determina a relação social entre os próprios homens que para eles aqui assume a forma fantasmagórica de uma relação entre coisas. Por isso, para encontrar uma analogia, temos de nos deslocar à região nebulosa do mundo da religião. Aqui, os produtos do cérebro humano parecem dotados de vida própria, figuras autônomas, que mantêm relações entre si e com os homens. Assim, no mundo das mercadorias, acontece com os produtos da mão humana. Isso eu chamo o *fetichismo* que adere aos produtos de trabalho, tão logo são produzidos como mercadorias, e que, por isso, é inseparável da produção de mercadorias.[429]

Nessas palavras, ele produziu uma descrição de rara precisão sobre como operam a ideologia (ou sua encarnação recente, a *videologia*). Marx tinha plena consciência de que, em toda relação entre o sujeito e o objeto de valor que o assedia, deveria se impor uma determinação de origem inconsciente.

---

[429] MARX, Karl. *O capital, crítica da economia política*, p. 71.

Slavoj Žižek comenta essa passagem de *O capital* trazendo o seu sentido para os nossos dias. Ele começa se perguntando: "Por que Marx escolhe justamente o termo *fetichismo* para designar a 'fantasia teológica' do universo da mercadoria?". E, então, se responde:

> O que se deve ter em mente, aqui, é que "fetichismo" é um termo *religioso* para designar a idolatria "falsa" (anterior), em contraste com a crença verdadeira (atual): para os judeus, o fetiche é o Bezerro de Ouro; para um partidário do espiritualismo puro, fetichismo designa a superstição "primitiva", o medo de fantasmas e outras aparições espectrais etc. E a questão, em Marx, é que o universo da mercadoria proporciona o elemento fetichista necessário à espiritualidade "oficial": é bem possível que a ideologia "oficial" de nossa sociedade seja o espiritualismo cristão, mas sua base real não é outra senão a idolatria do Bezerro de Ouro, o dinheiro.[430]

É o que é. Exatamente por isso, não há signo dentro do Imaginário que não seja, ele mesmo, uma mercadoria. Ou, como pressentiu Debord: no espetáculo, a mercadoria ocupou todos os espaços. O fetichismo em Marx é a visão, ainda num estágio incipiente, da representação *videológica* da mercadoria, como invólucro ou máscara (*imago*) da coisa corpórea. Na Superindústria do Imaginário, o fetiche da mercadoria deve ser entendido não apenas como "fantasmagoria", como um fenômeno que flerta com o sobrenatural, por mais que tenha um efeito assombroso, mas como a representação imaginária da mercadoria. Mais exatamente, o fetiche da mercadoria passará a ser uma imagem fabricada também industrialmente – tão ou mais fabricada que a coisa corpórea.

Quanto a isso, o filósofo brasileiro Rodrigo Duarte observou que o fetiche de Marx já vinha passando por um "reforço" à parte, desde o advento da indústria cultural, tal como ela foi definida por Adorno e Horkheimer. Diz Rodrigo Duarte:

---

[430] ŽIŽEK, Slavoj. O espectro da ideologia. In: ŽIŽEK, Slavoj. *Um mapa da ideologia*, p. 25.

Os autores da *Dialética do esclarecimento* [livro em que se encontra o ensaio "Indústria cultural"] compreenderam que, no caso da indústria cultural – coisa que, a rigor, na época de Marx não existia –, tornar-se-ia necessário acrescentar algo a essa descrição marxiana do fetichismo, já que nesse tipo de produto o caráter de aparência inerente à mercadoria em geral é como que reforçado.[431]

É preciso que se diga, além do que já foi dito, que o fetiche se impõe, sem relativizações, como uma das finalidades da *videologia*. O fetiche, ao se fazer imagem, oculta na mercadoria seu caráter de mercadoria (de valor de troca alienado ao trabalhador, o significante arrancado ao sujeito) para nela realçar uma suposta utilidade (seu valor de uso amplificado, o significado que disfarça a idolatria). É curioso, quanto a isso, que a mesma palavra, "fetiche", empregada por Marx, tenha sido depois invocada também por Freud para tratar igualmente de ocultamentos que mobilizam o desejo.[432]

Hoje, na Superindústria do Imaginário, a fabricação da imagem da mercadoria, depois de ter se desenvolvido como um ramo especializado do capitalismo, assumiu o centro das atividades produtivas, quando tudo gira em torno da imagem, para celebrar a imagem (inclusive quando a palavra "imagem" significa apenas "reputação"). O fetiche não apenas é "reforçado", ele não se põe apenas como se fosse uma transpiração fantasmagórica da mercadoria. É muito mais do que isso. A Superindústria o

---

[431] DUARTE, Rodrigo. Valores e interesses na era das imagens. In: NOVAES, Adauto (org.). *Muito além do espetáculo*, p. 108.

[432] É o que diz Maria Rita Kehl: "Se estivermos de acordo com Marx, o fetichismo como modo de ocultamento das relações de dominação/exploração entre os homens nasceu com ele, isto é: nasceu com a transformação dos produtos do trabalho humano em mercadorias. [...] De acordo com Freud, o fetichismo como modo de ocultamento da falta nasce com a recusa, por parte do sujeito moderno (que é o sujeito neurótico), em admitir a diferença sexual entre homens e mulheres" (KEHL, Maria Rita. O Fetichismo. In: SADER, Emir (Org.). *Sete pecados do capital*. Rio de Janeiro: Record, 1999. p. 86). Ainda sobre o paralelismo entre o fetichismo em Freud e em Marx, vale ler, da mesma autora, "Dois conceitos de fetiche", em: BUCCI, Eugênio; KEHL, Maria Rita. *Videologias*, 2003.

fabrica no *mainstream* de suas muitas linhas de montagem. Isso significa que a imagem da mercadoria se converteu num artefato industrializado, produzido programaticamente, metodicamente, estrategicamente como orientação geral da economia. A Superindústria forjou seus meios para promover o fetichismo a produto de linha, dando mais eficiência aos plugues imaginários pelos quais o signo tão irresistivelmente atraente de a mercadoria aderir se conecta à máquina psíquica do sujeito. No nosso tempo, a fabricação da imagem da mercadoria pesa mais (embora não tenha massa) do que a fabricação de mercadorias corpóreas.

Uma estética para a mercadoria

Em *A crítica estética da mercadoria*, o filósofo alemão Wolfgang Fritz Haug discorre detidamente sobre o tema. Ele diz que a imagem confere uma "estética" para a mercadoria, e começa explicando a razão pela qual decidiu usar o conceito de "estética" para um objeto tão mundano. De fato, à primeira vista, a ideia de uma "estética da mercadoria" tem um ar de barbarismo tosco, de desrespeito às artes ou mesmo de heresia. Pretender que haja uma "estética" num liquidificador azul, numa calota de automóvel ou na embalagem de um pé de alface num supermercado parece meio descabido. Mas Haug se justifica muito bem:

> Uso o conceito de estética de um modo que poderia confundir alguns leitores que o associam firmemente à arte. A princípio, uso-o no sentido de *cognitio sensitiva* – tal como foi introduzido na linguagem erudita –, como conceito para designar o conhecimento sensível. Além disso, utilizo o conceito com um duplo sentido, tal como o assunto exige: ora tendendo mais para o lado da sensualidade subjetiva, ora tendendo mais para o lado do objeto sensual. [...] De um lado, a "beleza", isto é, a manifestação sensível que agrada aos sentidos; de outro, aquela beleza que se desenvolve a serviço da realização do valor de troca e que foi agregada à mercadoria.[433]

---

[433] HAUG, Wolfgang Fritz. *Crítica estética da mercadoria*. Tradução de Erlon José Pachoal. São Paulo: Fundação Editora da UNESP, 1997. p. 16.

A partir disso, fica mais fácil concordar com ele. Há estética ululante no design de uma Ferrari ou no caimento de *prêt-à-porter* da Dior, mas, sem maiores embaraços, qualquer um reconhece que até mesmo no papel que embrulha um sabonete barato existe muita arte industrializada embutida. A mercadoria quer ter uma aura como tem aura a obra-prima. Ela se apresenta como aquela que sabe em segredo os desejos íntimos do seu consumidor. Agrada-lhe os sentidos e explica o mundo para ele. Ora, o que é isso se não uma estética, ainda que artificial?

Para Haug, isso tudo tem uma explicação de mercado. Ele sustenta que, além do valor de uso, toda mercadoria precisa contar com uma "manifestação do valor de uso".[434] À "estética da mercadoria" cabe, portanto, a função de destacar a promessa do valor de uso e apressar o ato de consumo. Para ser efetivo, o "aspecto estético da mercadoria" terá de ser fabricado como imagem à parte, exterior à coisa corpórea: "O aspecto estético da mercadoria no sentido mais amplo – manifestação sensível e sentido de seu valor de uso – separa-se aqui do objeto".[435]

Em suma, embora o fetiche, nos termos de Marx, seja "inseparável da produção de mercadorias", a imagem ou a estética da mercadoria, nos termos de Haug, é industrialmente produzida *fora* da mercadoria corpórea. "Essa imagem será divulgada mais tarde pela propaganda, separada da mercadoria."[436]

Por esse caminho estético, dará à "coisa" a aparência de um "ser", talvez até dotado de uma alma, um "ser" pleno de sentido para o outro ser vazio, o sujeito, que assim se sentirá autorizado a desejá-la com ardor. É nesse sentido que a mercadoria age como se tivesse o dom de revelar para o sujeito a verdade sobre ele mesmo, verdade esta que ele desconhecia e que só descobre no instante em que se apaixona pela mercadoria. Trata-se, com todas as letras, de um jogo de sedução: "As mercadorias

---

[434] *Idem*, p. 26.

[435] *Ibidem*.

[436] HAUG, Wolfgang Fritz. *Crítica estética da mercadoria*, p. 35.

retiram a sua linguagem estética do galanteio amoroso entre os seres humanos".[437] Isso, para Haug, vai a tal ponto que a sexualização dos sujeitos vem da linguagem não das pessoas, mas das mercadorias: "A sexualização generalizada das mercadorias passou a abranger também as pessoas".[438]

O *flâneur*, a figura que Benjamin toma emprestada a Baudelaire, prenuncia magistralmente a indistinção entre o sujeito moderno e a mercadoria. Voltemos a ele em poucas linhas. Benjamin escreve:

> O *flâneur* é um abandonado na multidão. Com isso, partilha a situação da mercadoria. Não está consciente dessa situação particular, mas nem por isso ela age menos sobre ele. Penetra-o como um narcótico que o indeniza por muitas humilhações. A ebriedade a que se entrega o *flâneur* é a da mercadoria em torno da qual brame a corrente dos fregueses.[439]

O filósofo ainda faz troça com a "alma" que a publicidade comercial dá de presente para a coisa fabricada:

> Se a mercadoria tivesse uma alma – com a qual Marx, ocasionalmente, faz graça –, esta seria a mais plena de empatia já encontrada no reino das almas, pois deveria procurar em cada um o comprador a cuja mão e a cuja morada se ajustar. Ora, essa empatia é a própria essência da ebriedade à qual o *flâneur* se abandona na multidão.[440]

Os traços estéticos da mercadoria, materializados em sua imagem, reluzem para todos os lados.[441] A ironia é automática e elétrica: nada

---

[437] *Idem*, p. 30.

[438] *Idem*, p. 82.

[439] BENJAMIN, Walter. *Charles Baudelaire, um lírico no auge do capitalismo*. Tradução de José Carlos Martins Barbosa e Hemerson Alves Baptista. São Paulo: Brasiliense, 1989. p. 51 e 52. (Obras Escolhidas, v. 3).

[440] *Idem*, p. 52.

[441] "Todos os traços estéticos das mercadorias confluem para a imagem, da qual, por sua vez, irradiam as características de cada mercadoria" (HAUG, Wolfgang Fritz. *Crítica estética da mercadoria*, p. 42).

mais iluminista do que uma vitrine iluminada. Ironias à parte, nada mais obscurantista. O encanto fantasmagórico da coisa fabricada escraviza o olhar humano. Haug nota que a concorrência entre as mercadorias se desloca para uma concorrência entre as imagens das mercadorias,[442] o que, num livro lançado em 1971, já antecipava o fator que viria a ser estruturante na Superindústria do Imaginário: a competição anárquica entre os mercados se dá no campo de batalha das imagens, que apelam o tempo todo para o narcisismo do consumidor, como num jogo de espelhos que elogia a vaidade como baliza de consumo.

> A aparência na qual caímos é como um espelho, onde o desejo se vê e se reconhece como um objetivo. Tal como em uma sociedade capitalista monopolista, na qual as pessoas se defrontam com uma totalidade de aparências atraentes e prazerosas do mundo das mercadorias, ocorre por meio de um engodo abominável algo estranho e pouquíssimo considerado em sua dinâmica. É que sequências intermináveis de imagens acercam-se das pessoas atuando como espelhos, com empatia, observando o seu íntimo, trazendo à tona os segredos e espalhando-os. Nessas imagens, evidenciam-se às pessoas os lados sempre insatisfeitos de seu ser. A aparência oferece-se como se anunciasse a satisfação; ela descobre alguém, lê os desejos em seus olhos e mostra-os na superfície da mercadoria. Ao interpretar as pessoas, a aparência que envolve a mercadoria mune-a com uma linguagem capaz de interpretar a si mesma e o mundo. Logo não existirá mais nenhuma outra linguagem, a não ser aquela transmitida pelas mercadorias.[443]

Nessa passagem premonitória, encontramos a descrição dos bilhões de *flâneurs* diante da oferta de fetiches: "Essa blusa tem a minha cara!". A imagem mercantil é o espelho que mostra ao sujeito, mais que o seu reflexo, a projeção do eu que se deixa capturar pelo significante que ali está, a dois metros de seus olhos.

---

[442] "A concorrência deslocou-se para o plano da imagem" (*idem*, p. 43.)
[443] *Idem*, p. 77.

Prossigamos um pouco mais com Wolfgang Haug, que compreende a servidão inconsciente que o sujeito presta à mercadoria, por meio da imagem que dela se projeta:

> À medida que a estética da mercadoria interpreta nesse sentido o ser das pessoas, a tendência progressiva de seus impulsos, de seus desejos em busca da satisfação, prazer e alegria parece desviada. [...] Os indivíduos servidos pelo capitalismo acabam sendo, ao final, seus servidores inconscientes.[444]

Num dos pontos lapidares de seu livro, o filósofo chama a atenção para a impossibilidade inerente a essa fábrica de fetiches (a fabricação da imagem da mercadoria) de teleguiar o comportamento das massas. Haug não embarca nas teses primárias que atribuem um poder total de manipulação aos operadores dos meios de comunicação e de propaganda:

> Não leva a nada descrever precipitadamente esse processo em categorias de um complô planejado para corromper as massas. O ideal da estética da mercadoria é justamente fornecer o mínimo de valor de uso ainda existente, atado, embalado e encenado com um máximo de aparência atraente que deve se impor, o mais possível, por empatia, aos desejos e ansiedades das pessoas. [...] Os agentes do capital não podem fazer o que querem com ela [a estética da mercadoria]; ao contrário, eles só podem agir assim com a condição de fazer ou fazer aparecer o que os consumidores querem.[445]

As palavras de Haug nos trazem mais uma demonstração de que a Superindústria do Imaginário segue seu moto ingovernável, transgredindo todos os interditos sem nunca transgredir o capital. Não há controle. Nem mesmo os que se posicionam como comandantes da exploração são capazes de domesticar a Superindústria. Eles também

---

[444] *Idem*, p. 79.

[445] *Idem*, p. 80.

não sabem de si ou do que se passa, e apenas se equilibram – muito mal – sobre vagas de espetáculos vertiginosos.

Enquanto isso, de dentro das entranhas do valor de uso e turbinando o valor de troca, um terceiro valor é produzido sobre o signo da mercadoria: o *valor de gozo*. Desse aí, Marx, Debord e Haug jamais falaram. Jacques Lacan, meio de esguelha, chegou a nomeá-lo, mas nunca o descreveu de modo minucioso como categoria econômica. O *valor de gozo*, forma exclusiva de valor na Superindústria do Imaginário, comprova que a fabricação da estética da mercadoria não é atividade acessória para incrementar a propaganda, como pensou Haug, mas uma inovação que projeta o valor de troca para as alturas e destampa o incremento da acumulação. Para fabricar o *valor de gozo*, o capital explora trabalho e, principalmente, olhar – que entra na fórmula não como polo receptor de imagens, mas como fator de produção de signos, numa fórmula espantosa. É hora de nos ocuparmos disso.

13
A fabricação do *valor de gozo*

Um conceito que escorrega

Depois de sentir um chamado de Deus, a jovem espanhola Teresa Sánchez de Cepeda y Ahumada, nascida em família abastada, ingressou no Convento Carmelita da Encarnação, em Ávila, no ano de 1535. Morreu em 1582, aos 67 anos, e, quatro décadas depois, foi beatificada como Santa Teresa D'Ávila, ou Santa Teresa de Jesus. Em 1970, recebeu o título de Doutora da Igreja. Nos escritos que deixou, narra uma experiência mística que lhe deixou marcas no espírito e no miocárdio. Segundo os católicos, a autópsia revelou que o coração da carmelita exibia uma cicatriz com o aspecto de um ferimento produzido por uma lança, o que comprovaria o que ela contara em vida. Eis um trecho do relato da religiosa:

> Quis o Senhor que viesse então algumas vezes esta visão. Via um anjo ao pé de mim, para o lado esquerdo, em forma corporal, o que não costumo ver senão por maravilha. [...] Não era grande, mas pequeno, formoso em extremo, o rosto tão incendido, que parecia dos anjos mais sublimes [...]. Devem ser os que chamam Querubins. [...] Via-lhe nas mãos um dardo de oiro comprido e, no fim da ponta de ferro, me parecia que tinha um pouco de fogo. Parecia-me meter-me este pelo coração algumas vezes e que me chegava às entranhas. Ao tirá-lo, dir-se-ia que as levava consigo, e me deixava toda abrasada

> em grande amor de Deus. Era tão intensa a dor, que me fazia dar aqueles queixumes, e tão excessiva a suavidade que me causava esta grandíssima dor, que não se pode desejar que se tire, nem a alma se contenta com menos de que com Deus. Não é dor corporal, mas espiritual, embora o corpo não deixe de ter a sua parte, e até muita. É um requebro tão suave que têm entre si a alma e Deus, que suplico à Sua bondade o dê a gostar a quem pensar que minto.[446]

A descrição de um êxtase assim arrebatador encantou, assombrou e enlevou leitores e leitoras. Se há nessa literatura sacra um testemunho religioso, também há uma confissão de prazer carnal. A ambivalência ficou eternizada em mármore. O artista e arquiteto italiano Gian Lorenzo Bernini (1598-1680) esculpiu a figura da freira, numa obra-prima que pode ser visitada na igreja Santa Maria Della Vittoria, no centro histórico de Roma. Em tamanho natural, Teresa aparece sentada em sua cama, com a cabeça coberta por um véu, à moda das freiras, e o corpo envolto por um tecido amarrotado, solto, que pode ser o hábito, um escapulário ou uma manta leve. Sob seus panos, ela parece estar nua: as curvas de seu colo, de suas ancas e de suas pernas moldam o tecido. De frente para a devota, de pé, um anjo, não mais alto do que ela, com parte do tórax despido, esboça um sorriso no rosto adolescente. Seu rosto tem o ar da suprema segurança de que exerce domínio absoluto sobre a cena. Com a ponta dos dedos da delicada mão esquerda, de traços quase femininos, o querubim ergue o pano que cobre a mulher, prestes a desvelar o seio esquerdo. Sua mão direita empunha uma seta dourada, comprida e pontiaguda. O braço estendido para trás se prepara para cravar a arma no coração da religiosa, cujo semblante, voltado para o alto, tem os olhos semicerrados e os lábios entreabertos, numa expressão de prazer extremo, à beira da inconsciência e da transmigração.

A arte de Bernini não exagera. A Doutora da Igreja, ela própria, deixou plasmada sua experiência mística numa poesia amorosa, febril, intitulada "Meu Amado é para mim":

---

[446] JESUS, Santa Teresa de. *O Livro da Vida*, capítulo 29, parágrafo 13.

> Entreguei-me toda e assim
> Os corações se hão trocado
> Meu Amado é para mim,
> E eu sou para o meu Amado.
> Quando o doce Caçador
> Me atingiu com sua seta,
> Nos meigos braços do Amor
> Minh'alma aninhou-se quieta.
> E a vida em outra, seleta,
> Totalmente se há trocado:
> Meu amado é para mim,
> E eu sou para meu Amado.
> Era aquela seta eleita
> Ervada em sulcos de amor,
> E minha alma ficou feita
> Uma com o seu Criador.
> Já não quero eu outro amor,
> Que a Deus me tenho entregado:
> Meu Amado é para mim,
> E eu sou para meu Amado.[447]

Tanto no poema de Santa Teresa como no mármore de Bernini, a paixão da alma vibra nos frêmitos da carne, a tal ponto clínico que, entre os admiradores de tão pulsante misticismo, proliferam os estudiosos da Psicanálise. Na prosa plissada de Jacques Lacan, a carmelita do século XVI ganhou o estatuto de retrato insuperável do gozo.

Nesse quesito, Santa Teresa é unanimidade *psi*. Para além de tal consenso, no entanto, uma difração refratária de interpretações que discrepam umas das outras torna a matéria inapreensível para os

---

[447] Uma transcrição dos versos, em português, está disponível pela Acidigital, uma agência católica de informação com sede em Lima, Peru, em: https://bit.ly/3dWUVWE. Acesso em: 27 abr. 2021.

leigos e escorregadia para os especialistas. Em que consiste o gozo? Que categoria é essa? Difícil haver um acordo a respeito.

Em grandes linhas, a bibliografia dos lacanianos lida com duas extrações distintas do conceito: uma que tem a ver com a linguagem (gozo na linguagem) e outra que teria lugar no corpo (gozo no corpo). À primeira, dá-se costumeiramente o nome de "gozo fálico"; na segunda, o gozo tem a ver com a experiência do Real, do transe intraduzível no corpo. Como, no presente estudo, o que se põe em pauta é a comunicação e a linguagem – não o corpo, não o inconsciente, mas apenas a linguagem e a comunicação –, só o que nos interessa é a versão linguístico-discursiva do conceito de gozo, da qual podemos encontrar balizas confiáveis e amplamente aceitas pelos especialistas em Teoria Psicanalítica.

Em seu livro *O cálculo neurótico do gozo*, o psicanalista brasileiro Christian Dunker abre um subcapítulo para explicar a trama entre essa categoria difícil, arisca, e a linguagem. De início, ele assinala que o gozo sexual está fora disso. Para não tergiversar, Dunker lembra que, para Lacan, "o gozo sexual é o gozo por excelência", mas "não está no sistema do sujeito", pois "não há sujeito no gozo sexual".[448] É como se Lacan dissesse que, no gozo sexual, quem goza é o corpo, *apesar* do sujeito. Não estamos falando de sexo, portanto.

Sobre o ponto que mais nos importa, Dunker diz, então, que "o gozo exige esta mediação da linguagem para se realizar".[449] Aí, sim, o sujeito está visceralmente implicado, ou seja, está implicado até as entranhas: a fala e as significações o conduzem ao conceito que buscamos, o gozo na linguagem. Dunker diz que "toda realização de significação se vê acompanhada de um traço de gozo".[450] Logo, onde algo significa algo, um traço de gozo cruza o céu do sujeito.

---

[448] DUNKER, Christian. *O cálculo neurótico do gozo*, p. 76. Nesse ponto, Dunker cita LACAN, Jacques. *O seminário, livro 16. De um outro ao outro*. Rio de Janeiro: Zahar, 2008. p. 311.

[449] DUNKER, Christian. *O cálculo neurótico do gozo*, p. 69.

[450] *Idem*, p. 77.

Isso quer dizer que alguma coisa na linguagem *faz* o sujeito gozar. O verbo que conta aqui é "fazer". Como Dunker cuida de firmar, logo no início de seu livro, gozo não tem a ver com "ser" ou "ter", mas com "fazer".[451] Um investimento de energia do sujeito vai *fazer* o gozo. Do ponto de vista da comunicação, podemos assumir que um investimento de trabalho na linguagem deságua naquilo que Dunker designa como o "*gozo fálico* ou gozo *na* e *pela* linguagem".[452] A significação – obra por excelência da comunicação, ou obra por excelência da linguagem em sua face imaginária, pela qual os sujeitos se comunicam – *faz* (fabrica) um gozo experimentado pelo sujeito, que poderá ou não ter reverberações no corpo (uma reverberação como aquela em queloides que teria sido detectada no coração da freira).

Dunker também anota que o gozo na linguagem tem a ver com repetição. Para demonstrar esse ponto, ele alude ao que se dá entre circunstantes que se divertem contando anedotas. Narrando episódios humorísticos, eles preparam o gracejo, até que a prosa culmine em risadas em coro. Todos riem juntos, inclusive aquele que acaba de contar a historieta cômica. O riso destampa uma descarga da tensão, ou seja, o riso é uma forma de gozo.

Pensemos naquele tipo de conviva que, numa roda de conversa, interpreta teatralmente a pilhéria ensaiada, que já conhece de cor, e, ao fim dela, cai na gargalhada gozosa com os que a escutam pela primeira vez. A repetição é meta precisa do piadista. Ele investe sua fala em repetir o caso, saboreando cada palavra, para finalmente, no meio da risada geral, gozar da mesma graça que experimentou da primeira vez que ouviu o chiste que adora recontar.

É assim com as anedotas, e é assim, em geral, com o gozo na linguagem. Ao repetir certo itinerário na língua – um roteiro, uma historinha –, o sujeito desfruta de um prazer singular, vai intensificando seu prazer

---

[451] Embora esse fazer se refira a algo que se faz no corpo ou em "fazer corpo" (*Idem*, p. 15).

[452] *Idem*, p. 77.

aos poucos, vai *trabalhando* o aumento de carga de seu prazer – que é o prazer de falar, ser ouvido e ouvir a si mesmo –, até que, ao final, no transbordamento do acúmulo de prazer oral, encontra o gozo. O gozo na linguagem tem "estreita ligação com a repetição",[453] ou seja, é produzido (feito) no cultivo laborioso do que se repete com prazer.

A peça de linguagem reconhecida – seja uma anedota ou um chiste, essa figura tão francesa, seja um *jeu de mots*, seja uma reza, um mantra, uma canção – convida ao gozo. Em circunstâncias especiais, a linguagem abre portas para gozos inesquecíveis para o sujeito que de tudo se esquece. Como canta Dorival Caymmi:

> O samba da minha terra deixa a gente mole
> Quando se canta, todo mundo bole
> Quando se canta, todo mundo bole.[454]

A linguagem, quando faz rir pelo encontro do conhecido, ou quando canta *aquilo* ou *isto* que o sujeito reconhece como sendo a "sua" terra (em nome da qual reconhece e reafirma sua identidade), deixa toda a gente mole demais. Para quem pesquisa a comunicação, nada poderia ser mais evidente. Para quem extrai lucros da comunicação, é mais evidente ainda. Basta ver como e a que grau o entretenimento se especializou em produzir em massa todo tipo de repetições na linguagem. Vêm dessa especialização os gêneros destinados a atender aos mais diversos grupos, subgrupos e nichos infinitesimais de consumidores de emoções, que são consumidores de repetições.

Na feira das sensações, a mercadoria se apresenta como a emoção consumível, que entrega repetição para entregar gozo. Nos programas humorísticos tradicionais da televisão brasileira, os quadros mais populares repetem situações e personagens, com diálogos minimamente renovados apenas para efeito de atender à demanda da audiência por novidade. No fundo, a graça está na repetição do mesmo contexto,

---

[453] *Idem*, p. 68.

[454] "Samba da minha terra", canção composta por Dorival Caymmi.

numa confirmação de entrega do gozo conhecido. Do mesmo modo, há filmes românticos, outros de suspense, outros cômicos e ainda outros de tantas outras modalidades, que garantem a segurança de que o consumidor poderá repetir a sensação de que tanto gosta. Há gêneros musicais inumeráveis na indústria fonográfica. Há games em que a ação transcorre num ambiente de combate hiper-realista, há aqueles em que as figuras, infantiloides, têm caras de *emoji*. Existe uma infinidade de percursos à escolha dos sujeitos em busca de percursos linguísticos excitantes que culminem num gozo insubstituível. Há tantos tipos de oferta quanto há tipos de consumidores.

O cliente se delicia em reincidir sua historinha peculiar milhões de vezes, e, para reincidir mais e mais, está disposto a pagar. Ele se apressa em trilhar as mesmas veredas sígnicas por vezes incontáveis, com uma ou duas pitadas de novidade apenas, desde que não comprometam a estrutura intimamente conhecida a ser reprisada. Gozar, na via da repetição, é se refestelar no reconhecido até que, indo e vindo, indo e voltando, se *faça* o êxtase, naquela "suavidade" que, nas palavras de Santa Teresa D'Ávila, "não se pode desejar que se tire".

As crianças são o laboratório preferido pelo entretenimento. Elas, especialmente elas, apreciam ouvir ou ver por vezes sem fim as histórias infantis, seja pela voz materna, seja diante de uma tela eletrônica – maternal, também. O desejo as conduz em sucessivas reedições da mesma sensação de completude. Mas a clientela não é feita apenas de públicos infantis. Todas as plateias, de todas as idades, se atropelam para reencontrar o gozo. Os fãs do cinema catástrofe, os metaleiros de longas madeixas, os torcedores de futebol, os devoradores de pornografia, os eleitores fanáticos de populistas estridentes, os monges de sortidas profissões de fé, os viciados em crack: todos peregrinos repetitivos de percursos de linguagem em busca do gozo – gozo, no entanto, cada vez mais fugidio. Nessa escalada de *remakes* e reprises em aceleração constante, o gozo dura cada vez menos e pede para ser reposto cada vez mais.

A comunicação que mercadeja com as imagens opera magistralmente as alternâncias entre expectativa de sentido e completude imaginária, às quais o sujeito tanto se afeiçoa ao nível da dependência química. Na velocidade sincopada das alternâncias, vai se desenhando a distinção entre o que é prazer e o que é gozo na comunicação desses tempos narcísicos e hedonistas. A comunicação superindustrial que abastece as demandas do sujeito desgarrado manipula com precisão tanto o prazer quanto o gozo.

No mercado das sensações *taylor made*, prazer é o que acaricia os sentidos à medida que o sujeito investe trabalho na linguagem; é a excitação crescente estimulando a busca do sentido que trará a sensação de completude. Já gozo é o que vem quando o sentido e a completude se instalam no vazio aberto pelo desejo que desfalece. Prazer é o que o sujeito extrai dos signos quando percorre o caminho que lhe é tão conhecido; gozo é o que ele encontra quando desfruta do sentido no ponto final. No fluxo do prazer, o desejo se atiça mais; no torpor do gozo, o desejo é desligado, dispensado, desativado, como se todo o sentido que buscava tivesse chegado. Quando o desejo, supostamente saciado, tomba, emerge o gozo na mesma linguagem: o riso como descarga, o saborear da conquista, a certeza (imaginária) de que nada falta. No gozo, a linguagem *faz* sentido – ou, no sentido, a linguagem *faz* gozo, enquanto o desejo adormece. Então, o sujeito goza na linguagem (na comunicação), com a linguagem (com a comunicação), pela linguagem (pela comunicação).

É preciso considerar, contudo, que esse mecanismo da comunicação superindustrializada flui em dois níveis, como as correntes nos oceanos: existem as que deslizam na superfície e existem outras, mais lentas, que se arrastam nas profundezas. Na superfície, onde predominam ligações imaginárias, quem desliza é o "eu" em busca de sentidos e utilidades. Nas camadas mais profundas, quem desliza é o sujeito dividido, em busca de seu "objeto *a*" (ou dos substitutos que encontra para o seu "objeto *a*"). O "eu" sai à procura de signos que lhe entreguem sentidos e de produtos que lhe sejam úteis. O sujeito dividido precisa se colar ao seu "objeto *a*" para formar o fantasma. Enquanto o "eu" encontra o sentido (imaginário) que procurava, o sujeito dividido se aferra ao objeto que a ele se oferece como sendo tudo aquilo que sempre desejou. A Superindústria do Imaginário desenvolveu estratagemas para prover, simultaneamente, o objeto que o sujeito dividido deseja e o sentido que o "eu" requisita ao mercado. Sua notável capacidade de atuar nessa duplicidade, nos dois níveis simultâneos, é seu traço distintivo histórico mais atordoante.

A Superindústria fabrica os dublês do "objeto *a*" para o desejo do sujeito dividido (inconsciente), assim como pré-fabrica as fantasias que serão depois interpretadas pelo "eu" (que fala como suas as falas pré-fabricadas industrialmente, que sonha como sendo seus os sonhos modulados disponíveis no mercado de sensações). A Superindústria aprendeu a entregar seus dublês para aplacar a falta que não cicatriza no sujeito dividido, ao tempo que entrega o sentido que pacifica a fantasia do "eu", que se sente, então, gozando em completude. A Superindústria inventou o fabuloso engenho de vender sua imagem-mercadoria para o sujeito dividido e mandar a fatura para o "eu", que vai quitá-la cheio de si, certo de que é a causa final das imagens que sobre ele descansam. A astúcia superindustrial finca bandeiras em todos os espaços numa velocidade jamais vista, com uma massa de signos que a tudo preenche. Suas significações (traços de gozo) em abundância remetem sentido a um sujeito sem sentido: gozo na comunicação.

Quando Dunker faz referência à "significação" que "se vê acompanhada de um traço de gozo",[455] é escancaradamente disso que se trata: a significação, esse núcleo supremo da comunicação, contém um "traço de gozo", um resíduo, como memória de um gozo originário, "anterior à linguagem",[456] que jamais será restituído, mas não cessa de pleitear a restituição de que se julga credor.

Assim, trabalhando e retrabalhando seu desejo na linguagem, o sujeito (como "eu" e como sujeito dividido) vai *fazer* seu gozo na comunicação (porque gozo na linguagem). Segundo a Teoria Psicanalítica, dois fatores se complementam para *fazê-lo*: numa ponta, o

---

[455] DUNKER, Christian. *O cálculo neurótico do gozo*, p. 77.

[456] *Idem*, p. 70.

"objeto *a*", aquele que interpela o desejo ou que se apresenta como o complemento necessário para o desejo, vira uma causa, ou seja, vira "a causa do desejo"; na outra ponta, o "falo", que em Freud teria um sentido mais, por assim dizer, orgânico, ou decalcado do orgânico, vira uma função, não mais um órgão, ou seja, vira uma função que leva seu nome: a "função fálica", aquela que dá forma ao gozo.[457]

Por essa fórmula, podemos decifrar mais uma diatribe da Superindústria do Imaginário. Ela franqueia imagens e signos (estepes de "objetos *a*") em profusão. Em reforço, seus anjos mediadores – dos *influencers* aos animadores de auditório, dos potentados às estrelas frígidas, das marcas e logotipos às corporações e exércitos, das comunidades mais efêmeras às nações em guerra – portam a função fálica que, feito agulha de tatuagem, inscreve o gozo nas duas faces distintas da linguagem: a do Simbólico, do qual vão cuidar os psicanalistas e os etnólogos, e a do Imaginário, que nos importa mais de perto.

Quanto ao Imaginário, lembremos que, em nenhuma perspectiva, o sujeito, que não se confunde com o seu corpo, pode prescindir da mediação imaginária. Nem mesmo Santa Teresa D'Ávila, com seu gozo místico, pôde abrir mão da mediação. Para ela, o querubim, por mais real que fosse, era um mediador imaginário. Dotado do *phallus* – esse instrumento perfurante que lhe "chegava às entranhas" para, lá dentro, acionar o "requebro tão suave" –, é ele quem intermedeia a conjunção entre Teresa e seu "Amado" (com "A" maiúsculo). Não há de haver nada de sacrílego em constatar que, sem as palavras e sem os objetos imaginários que só as palavras e a imaginação constroem, a santa, que conheceu a Deus, mas não conheceu a Superindústria do Imaginário, jamais escalaria suas delícias.

Goza!

A fruição estética da mercadoria pode ser chamada de *gozo imaginário*, uma vez que se trata de um gozo *na* e *pela* linguagem em sua

---

[457] *Idem*, p. 77.

face imaginária, aquela própria da comunicação, ou seja, aquela que produz significações. Sendo essa significação uma operação que simula a completude do "eu", temos aí uma significação de consistência imaginária. Portanto, seu gozo (ou seu traço de gozo) é necessariamente um gozo de consistência imaginária.

Por certo, o *gozo imaginário* não nasceu como invenção do capitalismo. O que o capitalismo inventou foi a linha de montagem para a fabricação superindustrial dos objetinhos pequeninos – pequeninos mesmo, inclusive quando têm a forma de um palácio no principado de Mônaco – que capturam o desejo. Foi o capitalismo, e não outro modo de produção, que transformou toda mercadoria numa substituta efetiva da obra de arte – e toda obra de arte em mercadoria.[458]

Adorno diz que "as obras de arte destacam-se do mundo empírico e suscitam um outro com uma essência própria, oposto ao primeiro como se ele fosse igualmente realidade".[459] Ora, com todo o respeito a uma tela de Matisse ou a um prelúdio de Chopin, isso se aplica também, e cristalinamente, a uma gravata de grife que custa caro porque é muito cara, a uma bandeira de cartão de crédito associada ao nome de um astro de cinema e a um detergente para lavar louças cuja propaganda, com base em argumentos supostamente científicos, promete ação hidratante mágica que faz as donas de casa ficarem mais atraentes. O gozo oferecido pela "estética da mercadoria" se consuma na completude imaginária entre o "eu" e o bem que nela se insinua –

---

[458] Para os que costumam arguir que há um gênero de mercadoria, ao qual se convencionou chamar de *commodity*, como um barril de petróleo, um lingote de aço ou uma saca de soja, que não se oferece como um objeto estético, lembremos apenas que as matérias-primas em geral não são a forma final da mercadoria, mas a mercadoria em processo de fabricação. O trabalho abstrato, igualmente, embora seja mercadoria (e fator de produção), não se apresenta como objeto do desejo. O mesmo acontece com o olhar: é mercadoria, como veremos logo mais à frente, mas não tem forma de objeto que interpela o desejo. A mercadoria reluz como se fosse arte apenas em suas formas finais e em sua forma de imagem.

[459] ADORNO, Theodor W. *Teoria estética*. Tradução de Artur Mourão. Lisboa: Edições 70, 1982. p. 12.

enquanto, no subtexto, o sujeito dividido se abraça ao objeto que o interpela, oferecido.

Quando chega ao mercado, a mercadoria o faz com uma aura sintética.[460] Graças a essa aura, coisas seriadas reluzem como únicas e objetos ordinários ostentam uma beleza extraordinária. Mas, como a velocidade cresce, o *gozo imaginário* se abrevia, ao que o sujeito reage demandando doses mais e mais fortes. Isso nos leva a uma inversão perversa de uma determinada máxima que se acreditava uma lei imutável do mercado: a demanda cresce na mesma proporção que cresce a oferta; a procura aumenta conforme aumenta a abundância de objetos. Em síntese, a Superindústria tornou obsoleta a velha "lei" da oferta e da procura e, depois de torná-la obsoleta, teve o capricho de virá-la de cabeça para baixo: quanto maior a oferta de signos que carregam promessa de *gozo imaginário*, maior a procura pelo gozo que esses signos prometem.

Não sendo mais um "objeto externo", no dizer de Marx, não sendo mais uma "coisa corpórea", a mercadoria que circula na velocidade da luz no Imaginário, que é apenas imagem que anda, não ocupa espaço e, portanto, não conhece limites espaciais. Por isso, o capital também não fura seus limites de acumulação. Agora, quanto maior a oferta, maior o consumo – e, veremos logo mais, quanto maior o consumo da imagem (ou do signo da mercadoria), mais intensamente ela reluz e mais forte é o poder de persuasão que ela tem sobre o sujeito.

A partir deste ponto, a mercadoria pode ser definida como oferta localizada de gozo. Com outras palavras, foi o que disse Lacan acerca "dessa coisa produzida", ou seja, da mercadoria: "Ora, nessa coisa, rara ou não, mas em todo caso produzida, no final das contas, nessa

---

[460] A aura da obra de arte, para Benjamin, seria "a aparição única de uma coisa distante, por mais perto que ela esteja" (BENJAMIN, Walter. A obra de arte na era de sua reprodutibilidade técnica (primeira versão). In: *Obras Escolhidas, v. 1: Magia e técnica, arte e política*, p. 170). Isso, exatamente isso, passou a ser produzido industrialmente na imagem da mercadoria, na forma de uma impostura eficaz.

riqueza, sendo ela correlativa a qualquer pobreza que seja, há no início outra coisa além de seu valor de uso – há sua utilização de gozo".[461]

Lacan avança uma casa, e avança bem, mas a expressão "utilização de gozo" não conjumina bem, como se um vocábulo raspasse no outro. O que quer mesmo dizer isso, "utilização de gozo"? O dispositivo que, na imagem da mercadoria, destrava o gozo do sujeito na linguagem poderia ser definido como uma "utilidade"? Talvez, não. É certo que é a isso que se presta a mercadoria (ou sua imagem, ou seu signo): ela oferece uma promessa de gozo ao sujeito. Nisso se concentra seu maior apelo. Mas será isso uma "utilidade"?

Talvez seja mais exato dizer que há uma alegação de utilidade objetiva na mercadoria, assim como seria mais exato dizer que essa alegação de utilidade objetiva embute e transporta o indutor do gozo, o dispositivo imagético ou sígnico que destrava o gozo do sujeito na linguagem. Sendo assim, se alargarmos o sentido da expressão "coisa produzida" – de modo a fazer com que ela passe a designar não somente as mercadorias corpóreas, mas também as incorpóreas, como as imagens –, veremos que, de fato, a alegada utilidade prática da mercadoria não passa de um véu para recobrir a função fálica de formatar e inscrever o gozo do sujeito na linguagem. O véu se situa na consistência imaginária, mas o que se passa por baixo dele se prolonga ao inconsciente assim como se projeta até o Simbólico. Em outras palavras, a alegação de utilidade é necessária para legitimar, aos olhos do "eu", o objeto que pacifica o desejo – que, no entanto, remete ao sujeito dividido. É nessa completude duplicada, a do "eu" e a do sujeito dividido, que o sujeito goza com a comunicação. Logo, a expressão "utilização de gozo" só pode ser entendida como uma tirada de ironia, como se Lacan forjasse uma cumplicidade com a ferina constatação de Marx sobre a "necessidade" que brotaria "da fantasia".

Marx foi assaz irônico ao falar da "necessidade" que brotava da "fantasia". Foi irônico porque a fantasia de cada um é apenas a fantasia

---

[461] LACAN, Jacques. *O seminário, livro 7: A ética da psicanálise*, p. 279.

de cada um: não há "necessidade" universalizável nessa categoria. A necessidade, como categoria do pensamento econômico, pode ser objetivada em termos impessoais: o pedreiro, qualquer pedreiro, que constrói casas, tem *necessidade* de tijolos para construí-las, de tal maneira que para o pedreiro, qualquer pedreiro, a necessidade de tijolos é objetiva e, pela mesma razão, o tijolo é objetivamente útil, impessoalmente útil, pois resolve a carência que advém daquela necessidade objetiva. Em outras palavras, a falta de tijolo para construir casas é falta de tijolo para qualquer sujeito, indistintamente. É, portanto, uma necessidade, não uma reles fantasia. Por isso, pode-se dizer que uma sociedade que tem déficit habitacional tem *necessidade* de construir moradias e, se tem necessidade de construí-las, tem *necessidade* social e objetiva de tijolos. Nessa acepção, a categoria da necessidade pode ser aceita como uma categoria do pensamento e das teorias econômicas, pois se pode usá-la para fazer o planejamento da produção industrial de um país, independentemente das fantasias que cada sujeito possa ou não ter.

No entanto, quando se vai para o terreno das fantasias, tudo muda de figura, uma vez que as fantasias, bem, cada um tem a sua. O sujeito que se entrega à fantasia de que tem o *sex appeal* de um caçador de ursos quando veste uma japona de couro falso pode dar à sua fantasia o estatuto de necessidade imperiosa, mas não há como alicerçar o pensamento econômico ou o planejamento industrial de um país nesse tipo de "necessidade" fantasiosa. É por isso que Marx foi irônico. Ele disse que, para o pensamento contido em *O capital*, uma mercadoria, mesmo quando sua utilidade não correspondesse mais a uma necessidade social, mas a uma mera fantasia dos consumidores fetichistas, continuaria sendo o que é: um produto que carrega valor de troca, ou seja, uma mercadoria. No entanto, a despeito da ironia de Marx, onde existe uma fantasia não existe necessariamente uma necessidade.

Por sua vez, Lacan também é irônico ao falar que ofertar gozo é uma "utilidade" da mercadoria, pois afirma com isso que a única utilidade da mercadoria, a que realmente conta, é essa de *fazer* o sujeito gozar. Acontece que, outra vez, não há nisso uma necessidade objetiva, que possa ser entendida com uma necessidade social. Toda utilidade alegada da mercadoria corresponde, obrigatoriamente, a uma necessidade social suposta, experimentada pelo consumidor como *necessidade objetiva*; toda utilidade se dirige a uma necessidade que não tem nada de fantasia, mas a oferta de gozo, esta não se dirige a uma necessidade social objetiva, *mas a um desejo do sujeito*, um desejo subjetivo, que nenhum cálculo econométrico social dará conta de aquilatar. Se quisermos, podemos dizer que a oferta de gozo na mercadoria se dirige a uma fantasia. Em outras palavras, assim como a utilidade interpela a necessidade, a oferta de gozo interpela o desejo. Lacan sabia disso. Rigorosamente, não há "utilização de gozo". O gozo é, sim, uma função da mercadoria – mas essa função não se distinguirá por ser útil, não se distinguirá como um valor de uso que resolva a carência em que se expressa a necessidade objetiva. Portanto, Lacan destilou uma pequena dose de veneno quando falou em "utilização de gozo". Se é utilização, não é de gozo. Se é gozo, não é útil.

Distinguir de que modo a mercadoria interpela a necessidade (sentida pelo "eu") e interpela o desejo (transformado em demanda do sujeito dividido) não é um detalhe desimportante. Ao contrário, é um deslocamento de estrutura capital – este adjetivo que não quer calar. Na Superindústria do Imaginário, em que o capitalismo relega a segundo plano a fabricação de utilidades que preenchem necessidades e se dedica prioritariamente a fabricar oferta de gozo que preenche o desejo, ergue-se a colossal vantagem da imagem sobre a coisa corpórea. Graças a essa vantagem, o capital destampa suas comportas para a acumulação sem limites. Agora, a mercadoria não é mais útil e não mais precisa ser útil. Seu valor não decorre mais de sua utilidade, presumida, alegada ou suposta. À mercadoria, basta ser promessa ou oferta de gozo. A invocação de utilidade objetiva ainda tem um papel, só um: esconder a função de gozo. A utilidade prática da mercadoria, como o hábito desarranjado – ou seria um cobertor amarfanhado? – de Santa Teresa cobre a função de gozo em vestes castas de utilidade legítima.

A mercadoria vem dotada daquele dispositivo (sígnico e imagético) que existe para *fazer* gozo. Tudo o mais é função acessória. O gozo, mais do que uma licença, se impõe como compulsório. No capitalismo superindustrial, a oferta do *gozo imaginário* se apresenta como imperativo moral, que manda gozar.

Também nesse campo – o dos imperativos morais – houve uma inversão grave. Desde meados do século XX, a Teoria Psicanalítica detectou que o superego mudou de lado. O conceito freudiano de superego, que existia para internalizar a autoridade externa, trazendo o papel da repressão para dentro da máquina psíquica do sujeito, atuava originalmente para limitar o gozo. Em poucas palavras, era o superego que ordenava, a toda hora: "Não goza!". Lá pelas tantas, o superego deu um cavalo de pau: o mecanismo que antes reprimia passou a desreprimir e a ordenar o oposto. Como diz Lacan: "Nada força ninguém a gozar, senão o supereu. O supereu é o imperativo do gozo – Goza!".[462]

Maria Rita Kehl explica:

> O superego (ou supereu) para Lacan não é apenas aquele que exige: "não goza!" [o superego de Freud, ou seja, o que representa a ordem baseada na repressão], mas simultaneamente o que nos impõe: "Goza!". [...] A norma que rege o código da rede imaginária não é outra que o imperativo do gozo, e neste caso o discurso televisivo, revestido da autoridade de código social, exige a mesma coisa: o gozo, a plenitude, a locupletação.[463]

Na senda de inversões, o Imaginário, em seus tempos de Superindústria, tende a subsumir a função ordenadora que, na modernidade, originalmente caberia ao Simbólico. Essa inflexão se espelha numa

---

[462] LACAN, Jacques. *O seminário, livro 20: Mais, ainda.* Tradução de M. D. Magno. Rio de Janeiro: Jorge Zahar, 1982. p. 11.

[463] KEHL, Maria Rita. Imaginar e pensar. In: NOVAES, Adauto (Org.). *Rede imaginária*, p. 66.

outra, mais conhecida, pela qual o sujeito moderno, neurótico por definição, pois comprometido com sua teia de repressões que giram em falso, é promovido pela supermodernidade a um sujeito perverso, devotado a seus fetiches em torno dos quais, ele, sujeito, gira em falso. Onde o sujeito neurótico se reprime *para* não sair do lugar, o sujeito perverso goza *por* não sair do lugar. Na modernidade neurótica, o Simbólico interditava: "Não goza!". Na supermodernidade perversa, o ordenamento vem do Simbólico para autorizar o gozo reiterado – e, no entanto, imobilizante.

Seguindo com as inversões, as relações de consumo tendem a substituir as relações de cidadania (os direitos são apresentados no discurso político na forma de bens de consumo) e as relações de mercado tendem a substituir as relações do ordenamento e da regulação (um sintoma disso é a crença de que o mercado desregulado encontrará as saídas para os impasses da gestão pública). É assim, portanto, que as relações imaginárias, nas quais o "eu" supõe encontrar sua completude, usurpam o lugar das relações simbólicas, tecidas pelo pensamento, pelo conhecimento racional e adulto da frustração e pelo reconhecimento do outro como sujeito. O imperativo do superego sujeitado pelo Imaginário é peremptório: "Goza!". Revogam-se as disposições em contrário.

É sintomático que, ainda no final do século XX, a campanha publicitária de uma marca de cigarros (Hollywood), veiculada em diversos países ao longo de anos, tenha tido como *slogan* a expressão em inglês "*No limits*". O gozo que a mercadoria em questão oferece, tanto na química do corpo como em sua justificativa imaginária, era representado, nas imagens, por aventuras em paisagens exóticas, sem cercas, sem alambrados, sem fronteiras, em que os protagonistas praticam esportes radicais (escalam um *iceberg*, velejam rumo a uma ilha paradisíaca). Depois de overdoses de diversões físicas, os personagens sorriam, fumavam e tragavam. Sem limites. Em outro nível de sentido, a campanha sugeria que o cigarro, perseguido pela vigilância do "politicamente correto", seria um bastião de rebeldia e de liberdade, contra toda censura.

Ocorre que o gozo comandado pelo Imaginário, como já vimos, é imobilizante e, mais do que isso, é impossível de ser alcançado. Ninguém dá conta de cumprir à risca tantos imperativos que ordenam tantos e tão colossais gozos ilimitados. Nos tempos áureos da televisão comercial no Brasil, entre os anos 1980 e 1990, Maria Rita Kehl observou isso, quando anotou que a oferta de gozo é opressiva: "O mais difícil de se perceber diante do discurso televisivo é que à lei do gozo, tanto quanto a sua contrapartida – a proibição do gozo –, é impossível obedecer".[464]

O *gozo imaginário*, que só se realiza como promessa, nunca se consuma, mas sempre se oferece. Disso resulta que a busca pelo objeto do desejo nunca cessa. O gozo dependerá de cargas exponencialmente maiores, e, quanto maiores as cargas, mais o Imaginário acua o pensamento: sendo uma operação que evolui a contrapelo no Imaginário, contestando suas significações, o pensamento é *persona non grata* no circo do Imaginário. Pela mesma lógica, quanto maior a oferta de gozo, e quanto mais tonitruante é o imperativo que o ordena, mais o Imaginário avança sobre o Simbólico. Este, quando governava o superego, interditava o gozo. Agora, o Imaginário, capturando o superego, interdita o pensamento. Em tempo: o Imaginário segue em viés de alta.

Em decorrência disso, a função de gozo na mercadoria se sobrepõe ao valor de uso, como a subjugá-lo: vai curvar o valor de uso até o ponto de torná-lo útil apenas à função de gozo, numa outra faceta da ironia de Lacan. Nessa arrancada, a função de gozo na mercadoria agiganta o valor de troca. Quer dizer: a elevação do valor de troca resultará da promessa de gozo cristalizada na imagem da mercadoria (ou em sua estética).

O capitalismo, então, aprendeu a fabricar esse terceiro valor da mercadoria, o *valor de gozo*. Mas como isso aconteceu? Agora, a

---

[464] *Idem*, p. 67. Ver também: DEBORD, Guy. *A sociedade do espetáculo*, p. 39: "A sobrevivência da religião e da família – a qual continua sendo a principal forma da herança do poder de classe –, e, por isso, da repressão moral que elas garantem, pode combinar-se como uma só coisa com a afirmação redundante do gozo *deste* mundo, sendo este mundo produzido justamente apenas como pseudogozo que contém em si a repressão".

resposta é fácil: a partir da exploração do olhar. O valor de troca da mercadoria não se extrai exclusivamente do trabalho socialmente necessário empregado na fabricação da coisa corpórea, mas, acima disso, e cada vez mais, brota da imagem da mercadoria carregada de valor extraído do olhar social.

A partir de agora, veremos que a imagem da mercadoria, seja aquela que ativa a "fantasia" de Marx, seja a que ativa o "fantasma" de Lacan, se dirige, pois só pode a ele se dirigir, ao olhar – esse embaixador dissimulado, esse mercador, que se supõe capaz de ver sem ser visto – a serviço do desejo inconsciente. Veremos que o fetiche da mercadoria, ou de sua "estética", ao se converter num produto fabril, só encontrou sua linha de montagem quando o capitalismo descobriu uma nova fronteira e a desbravou com obstinação: a exploração do olhar como trabalho. Veremos, enfim, que em moldes análogos àqueles que estruturara com fins de promover a exploração do trabalho, o capitalismo inventou um sistema para explorar o olhar como trabalho, ou o trabalho do olhar.

Fluxos do olhar

Os gregos acreditavam que o olhar seria uma espécie de "fogo". A visão sairia de dentro das pupilas, como um raio e, lá longe, tocaria os objetos. Não parecia razoável, na Grécia antiga, que a visão fosse uma captação de luz exterior. A visão aconteceria por meio de uma força interior do olhar, não o contrário.

Essa forma de pensar recebeu o nome de Teoria do Raio Visual.[465] De dentro para fora, os olhos projetariam uma espécie de irradiação personalíssima, tão personalíssima que duas pessoas olhando a mesma coisa não veriam cenas idênticas. O caráter e o humor do dono do olho interfeririam na imagem vista. Aristóteles, certa vez, escreveu que o "raio visual" das mulheres menstruadas deixava nos espelhos uma

---

[465] SIMAAN, Arkan; FONTAINE, Joëlle. *A imagem do mundo: dos babilônios a Newton*. Tradução de Dorothée de Bruchard. São Paulo: Companhia das Letras, 2003. p. 86 e 87.

névoa cor de sangue,[466] numa postulação bastante curiosa, que ainda sobrevive na superstição em voga do mau-olhado.[467]

A Teoria do Raio Visual vigorou por mais de mil anos. Só veio a sofrer contestação consequente quando o estudioso árabe Abu Ali al-Hasan Ibn Al-Haitham (965-1039), mais conhecido como Alhazen, escreveu seu famoso *Tesouro de ótica*. Nessa obra, Alhazen descreveu, pela primeira vez, a formação da imagem sobre o olho, de fora para dentro. Seu trabalho inspirou, mais tarde, o frade e filósofo alemão-polonês do século XIII Erazmus Ciolek Witelo, ou simplesmente Vitello, autor do mais respeitado tratado de ótica da Idade Média. As ideias de Vitello, por sua vez, foram atualizadas no século XVII pelo astrônomo alemão Johannes Kepler, autor dos célebres "Complementos a Vitello".

Não existe mais nenhuma dúvida quanto à origem das imagens que se imprimem sobre o nervo ótico. Elas vêm do exterior, carregadas pela luz, com a qual sensibilizam a retina e o cérebro dos "olhantes". No século XX, porém, o filósofo francês Maurice Merleau-Ponty sugeriu um ângulo surpreendente. Longe de pretender reabilitar a Teoria do Raio Visual, Merleau-Ponty "viu" no olhar uma "força" mais ativa do que disciplinadamente receptiva. Merleau-Ponty disse que o olhar "habitava" aquilo a que se dirigia.[468] Numa de suas frases mais expressivas, ele falou "do investimento do objeto por meu olhar que o penetra, o anima".[469]

O verbo "animar" pode significar "dar alma a", mas o filósofo da fenomenologia não quis com isso dizer que o olhar transmitiria aos objetos as propriedades físicas que eles comportam. Merleau-Ponty

---

[466] *Idem*, p. 88.

[467] SIMON, Gérard. *Sciences et savoirs au XVIe et XVIIe siècles*. Lille: Septentrion, 1996. p. 23 – citado por SIMAAN, Arkan; FONTAINE, Joëlle. *A imagem do mundo – dos babilônios a Newton*, p. 87.

[468] MERLEAU-Ponty, Maurice. *Fenomenologia da percepção*. Rio de Janeiro: Livraria Freitas Bastos S. A., 1971. No trecho em questão, o autor faz menção ao "céu percebido ou sentido [...] por meu olhar que o percorre e o habita, por meio de uma certa vibração vital que meu corpo adota" (p. 290).

[469] *Idem*, p. 356 e 357.

não acreditava que alguma tintura química e misteriosa, lançada pela íris de mulheres menstruadas, fosse tingir de vermelho os espelhos de prata, mas registrou, com acerto, que somos uma sociedade olhada e, ao mesmo tempo, olhante, num jogo de miradas entrecruzadas que, de vários modos, constitui a paisagem visível.

Com ele, aprendemos que o olhar de uma sociedade – que podemos chamar sem hesitação de *olhar social* – vai tecendo o mundo visível, mais ou menos como os falantes de uma língua vão criando, à medida que falam, a língua que falam. O modo como vemos os fenômenos, os sentidos que atribuímos a eles, se tristes ou alvissareiros, o modo com que adornamos, escondemos ou descortinamos os corpos, a forma de decorar os túmulos, a carga moral que devotamos a uma cor ou a uma figura geométrica, tudo isso se consolida, se ordena e se arranja por *ação* do olhar social. O olhar não apenas recebe uma paisagem pronta e acabada, mas, conforme olha para ela, conforme a compreende, conforme a compartilha, ajuda a desenhá-la. Há um trabalho aí. Parece um tanto contraintuitivo, quando dito assim, mas há um trabalho social no olhar de quem olha o mundo.

Aliás, biologicamente, o olhar existe para os seres humanos como um trabalho cerebral. O aparelho da visão, que contém neurônios logo na primeira camada, aquela que "percebe" a luz, é o mais bem equipado dos sentidos (a audição, por exemplo, não conta com neurônios no tímpano, sua primeira camada). A visão é a principal entre todas as atividades cerebrais. Nada menos do que um terço da massa encefálica *trabalha* na visão. A segunda atividade predominante no cérebro é a responsável pelos movimentos do corpo.[470]

Além de biologicamente, o olhar é trabalho também socialmente em muitas frentes e em muitas facetas. Não é trabalho só porque o

---

[470] KAUFMAN, Dora. *A inteligência artificial irá suplantar a inteligência humana?*. São Paulo: Estação das Letras e Cores, 2019. p. 29. Vale ouvir também uma pequena aula a respeito, de quatro minutos de duração, do professor da Faculdade de Medicina do Campus de Ribeirão Preto da Universidade de São Paulo Eduardo Rocha, veiculada originalmente em 14 de fevereiro de 2018 na Rádio USP, intitulada "Um terço da atividade cerebral vai para a visão". A fala pode ser acessada em: https://bit.ly/2QDtbgL. Acesso em 27 abr. 2021.

fotógrafo, o cinegrafista ou o anônimo que grava imagens para as redes sociais investem seu tempo, seu saber, sua técnica e sua força de trabalho na confecção de visualidades, mas principalmente porque há nisso um emprego da subjetividade. O olhar de quem fotografa, filma ou registra cenas é a extensão de uma subjetividade que *inscreve* nas telas do planeta um recorte, um fragmento e uma expressão. Do mesmo modo, a cada palavra que pronuncia ou escreve, o falante absorve fragmentos da língua e os devolve, retrabalhados, para a própria língua. Se o falante trabalha quando fala e empresta sentido ao que fala, assim também trabalha o olhante.

Mas o trabalho do olhar vai além disso. Não é somente quando registra um evento num dispositivo eletrônico que o sujeito trabalha por seu olhar. O sujeito olhante trabalha também, e talvez trabalhe mais, quando simplesmente olha: realiza um *trabalho escópico*. Ao olhar – apenas olhar, nada mais que olhar – o sujeito vai tomar parte na comunidade que opera a junção entre significados e significantes visuais. Pensemos, por exemplo, na justaposição entre uma determinada cor e uma certa casa bancária. Isso acontece a toda hora diante dos nossos operantes olhos. Nos nossos dias, por algum motivo excêntrico, os bancos insistem, por meio de reverberantes campanhas publicitárias, que suas marcas estejam associadas a uma identidade cromática: o vermelho, o amarelo ou o alaranjado. Para alcançarem tal objetivo, esses bancos dependem visceralmente da *construção de uma semântica cromática*. Não lhes basta que um diretor de criação, numa agência de propaganda, decida isso, quer dizer, não basta que esses bancos aficionados de certas cores resolvam essa vinculação entre quatro paredes. Eles precisam fixar essa vinculação no repertório ativo dos seres olhantes da comunidade à qual se dirigem. Para esses bancos, é imprescindível que todos os seres olhantes da comunidade (comunidade à qual os bancos dão o nome de "mercado"), além de perceber, de registrar e de saber que aquela casa bancária em particular quer ser reconhecida por aquela faixa cromática em especial, estejam tacitamente de acordo com isso.

Por essa razão, e não por outra, aquele banco vai pagar para que milhões e milhões de olhantes sejam convocados a *olhar* para as construções semânticas e visuais que atam aquela cor à sua marca. Os olhantes serão chamados a olhar para isso não apenas como testemunhas, mas como cúmplices desejantes dessa associação da marca a uma cor. Ao olharem para a publicidade daquele banco se ligando àquela cor, os olhantes entregam às imagens um trabalho de valor inestimável, pois é somente por meio do olhar deles que a associação entre cor e banco conquistará seu lugar no Imaginário, é somente pelo trabalho desse olhar social que, no dia seguinte, quando os olhantes dessa mesma comunidade virem aquela determinada cor, pensarão imediatamente naquele banco. E vice-versa.

Portanto, não é para divulgar produtos que a publicidade comercial paga por espaços de anúncios em órgãos de comunicação ou nas plataformas sociais. Definitivamente, não. Esse esforço de venda também acontece aí, como sempre aconteceu, mas a função prioritária de toda a atividade publicitária é *fabricar sentidos visuais* ou, o que dá no mesmo, sintetizar os significados na semântica visual. Num horizonte mais largo, para além da atividade publicitária, podemos afirmar que é como *olhante* (aquele cujo *trabalho escópico* tece o sentido dos signos visuais), e não apenas como consumidor, que a Superindústria do Imaginário convoca o sujeito. Ela o requisita como plateia para que ele trabalhe. Parece perturbador, mas, numa substância distinta daquela suposta pelos antigos gregos, o raio visual age – é a linha que costura os sentidos no Imaginário.

A mais-valia do olhar [471]

Com isso, chegamos a esse terceiro valor da mercadoria, depois do valor de troca e do valor de uso: o *valor de gozo*. A primeira vez que essa expressão apareceu foi na aula de 12 de abril de 1967 do seminário "A lógica do fantasma", ministrado por Jacques Lacan, em Paris. Nessa sessão, ele diz que "algo que toma o lugar do valor de

---

[471] Essa expressão foi sugerida, em observação a este estudo, por Maria Rita Kehl, em 2001.

troca" está na gênese do "objeto-mercadoria". A seguir, considerando uma "equiparação" entre "dois valores diferentes" – quais sejam, o valor de uso e o *valor de gozo* –, ele reitera: "Sublinho *valor de gozo*, desempenhando ali o papel de valor de troca".[472]

O seminário se estendeu por 24 aulas, ou *leçons*. A do dia 12 de abril, acima citada, foi a décima sexta. Durante essas sessões, Lacan mencionaria algumas vezes a categoria por ele inventada, o *valor de gozo*. Mas, para ele, a categoria integrava o corpo teórico da clínica analítica, não da economia política ou dos estudos da comunicação. Esse dado não pode ser desprezado: Lacan falava a partir de seu lugar próprio, o de psicanalista, aquele que, *dentro do consultório*, escuta a fala do paciente e lhe espreita o inconsciente.[473] Assim, quando fez menção ao *valor de gozo*, pensou no inconsciente e no sujeito que goza

---

[472] A seguir, o trecho original em francês: "Au principe de ce qui redouble – de ce qui dédouble en sa structure – *la valeur* au niveau de l'inconscient, il y a ce *quelque chose* qui tient la place de *la valeur d'échange, en tant que de sa fausse identification à la valeur d'usage*, résulte la fondation de *l'objet-marchandise*. Et même on peut dire plus: qu'il faut le capitalisme pour que cette chose, qui l'antécède de beaucoup, soit révélée. De même, il faut le statut du sujet, tel que le forge la science, de ce sujet réduit à sa fonction d'intervalle, pour que nous nous apercevions que ce dont il s'agit, de l'égalisation de deux valeurs différentes, se tient ici entre *valeur d'usage* – et pourquoi pas? Nous verrons ça tout à l'heure – et *valeur de jouissance*. Je souligne: *valeur de jouissance* joue là le rôle de la *valeur d'échange*" (grifos do original). Numa tradução livre: "Na origem disso que reforça – disso que desdobra em sua estrutura – o valor no nível do inconsciente, existe essa qualquer coisa que toma o lugar do valor de troca, na medida em que, de sua falsa identificação ao valor de uso, resulta a fundação do objeto-mercadoria. E podemos dizer ainda mais: é necessário o capitalismo para que essa coisa, que o antecede desde muito, seja revelada. Igualmente, é preciso o estatuto do sujeito, como o forja a ciência, desse sujeito reduzido à sua função de intervalo, para que nos apercebamos de dois valores diferentes entre valor de uso – e, por que não?, veremos logo mais – e *valor de gozo*. Eu sublinho: v*alor de gozo* faz aí o papel de valor de troca" (LACAN, Jacques. Seminário 14, "A lógica do fantasma" (La logique du fantasme, 1967)).

[473] Entre os dois se desenvolve uma relação única que implica um novelo de sentimentos projetados pelo paciente no analista em quem confia (o que encerra uma relação de "transferência", no jargão da psicanálise).

ou *não* goza. Suas aulas não se prestaram a fundamentar uma crítica da Superindústria do Imaginário, pois eram aulas de um psicanalista, não de um comunicólogo.

Não obstante, quando aproxima mercadoria e *valor de gozo*, o pensamento de Lacan ilumina a industrialização acelerada do Imaginário. Lacan enxergou no psiquismo do sujeito o fenômeno que os estudos da comunicação, do lado de fora do consultório, ainda teimam em não compreender. Escutando seus pacientes, Lacan intuiu, com uma pitada de galhofa, a "utilização de gozo" da mercadoria agindo no inconsciente do sujeito. Fora da clínica lacaniana, os estudos da comunicação precisam agora compreender – e enfrentar – a fábrica dos signos que, depois de empacotados, vão procurar se instalar exatamente lá, nos terminais sequiosos do psiquismo do sujeito.

Nesse corte, o conceito do *valor de gozo* dá pertinência epistemológica à consulta que os estudos da comunicação devem fazer à psicanálise. O que Lacan identificou sentado em sua cadeira de analista, os estudos da comunicação devem decifrar na Superindústria. Lacan, com precisão, apontou o que o sujeito deseja na mercadoria: seu *valor de gozo*. De seu lado, os estudos da comunicação precisam descrever como esse *valor de gozo* é fabricado, precisam elucidar de que maneira, inscrito na imagem da mercadoria, ele consegue a proeza de se apresentar aos olhos do sujeito como um estepe de "objeto *a*", ou mesmo como o "objeto *a*" verdadeiro, autêntico, legítimo. Trata-se, então, de desvendar de que forma é possível enxergar, no outro lado da categoria psicanalítica de *valor de gozo*, uma categoria econômica, produzida no âmbito não de uma indústria convencional, mas da Superindústria do Imaginário.

A palavra-chave, aqui, é "valor". Em que medida, para tratar do *valor de gozo* na Superindústria, podemos manejar o conceito de valor? O tema se estende por áridas vastidões teóricas, e não há como esgotá-lo no domínio dos estudos da comunicação. Um ponto de apoio, contudo, pode ser alcançado na teoria do valor em Marx. Por que Marx? Ora, porque foi nele que Lacan procurou sua referência para falar em valor de uso e valor de troca. Lacan empregou a teoria do valor de Marx quando inventou o seu *valor de gozo*. Logo, a palavra-chave "valor" deve ser buscada em Marx.

Palmilhando trilhas paralelas, em idas e vindas, como se fosse e voltasse muitas vezes por faixas múltiplas de uma mesma rodovia do pensamento, Marx sempre associou valor a trabalho, tanto em termos quantitativos (que redundam no estabelecimento do valor de troca, pelo qual se trocam mercadorias para se trocar trabalho), como em termos qualitativos (na forma social das relações de produção que qualificam o valor como um marcador historicamente posto na malha das relações sociais). Algumas décadas depois da publicação de *O capital*, o economista marxista russo Isaak Illich Rubin (Isaak Rubin), que foi executado sumariamente em 1937, aos 51 anos, no bojo dos Processos de Moscou (no "Grande Expurgo"), sintetizou uma ideia providencial:

> Se o produto do trabalho só adquire valor numa determinada forma social de organização do trabalho, então o valor não representa uma "propriedade" do produto do trabalho, mas uma determinada *"forma social"* ou *"função social"* que o produto do trabalho desempenha como elo de ligação entre produtores mercantis isolados, como um "intermediário" ou um "portador" das relações de produção entre as pessoas.[474]

Dessa síntese, podemos deduzir que o valor escorre do trabalho para a mercadoria, de tal sorte que o trabalho só produz valor quando produz mercadoria, quer dizer, quando fabrica valor de troca, que nada mais é que o valor que carrega a mais-valia (a parcela de trabalho, ou de valor, que, alienada ao trabalhador, e incorporada pela mercadoria, será apropriada pelo capitalista e pelo capital). É esse tipo de valor que Lacan evocou ao lançar mão das expressões "objeto-mercadoria", "valor de uso" e "valor de troca". A referência é explícita. Não há solução para esse enigma lacaniano que passe por fora de *O capital*.

---

[474] RUBIN, Isaak Illich. *Teoria marxista do valor*. Tradução de S. Amaral Filho. São Paulo: Editora Polis, 1987. p. 84.

Valor quer dizer trabalho alienado ao trabalhador, materializado na mercadoria, trocado no mercado e tomado pelo capital. Valor quer dizer trabalho humano expropriado e depositado na coisa. É disso que se trata.

No capítulo final de seu livro, Rubin discorre sobre "trabalho produtivo" e "trabalho improdutivo", o que elucida um pouco mais o entendimento de Marx sobre o tema do valor.[475] No capitalismo, só pode ser considerado produtivo o trabalho que produz valor; só é produtivo o trabalho realizado pela força de trabalho comprada diretamente pelo capital com a finalidade de fabricar valor de troca incorporado à mercadoria (e, por definição, a mercadoria só é mercadoria quando é o bem que se destina ao mercado, que vai ser comercializado no mercado).

Conforme explica Rubin, com um didatismo bolchevique, Marx separa o trabalho orientado para fabricar valor de troca, pago pelo capital, que será considerado "trabalho produtivo", daquele trabalho voltado para atendimento de uma necessidade de alguém, trabalho que é remunerado pela renda desse mesmo alguém, não pelo capital. Esse segundo tipo de trabalho será considerado "improdutivo", pois não fabrica valor de troca.

Recorramos a alguns exemplos práticos para esclarecer a distinção. É diferente, para Marx, o trabalho do operário na indústria do trabalho de um enfermeiro autônomo que atende particularmente um idoso dentro da casa dele. No primeiro caso, verifica-se a fabricação de mercadorias (é o capital quem compra diretamente a força de trabalho). No segundo caso, o idoso, ou sua família, que toma o trabalho do enfermeiro, toma-o apenas como valor de uso, não para produzir valor de troca. Por isso, como não produz valor de troca, esse tipo de trabalho deveria ser considerado "improdutivo".

A distinção de Marx, explicada pelo livro de Rubin, talvez peque por um excesso de formalismo contábil, mas cumpriu a função pedagógica de explicar a essência da relação de produção capitalista.

---

[475] *Idem*, p. 277 e seguintes.

O centro da questão é que, na matriz em que Lacan foi buscar uma definição de valor, o que existe é um conceito de valor atrelado à fabricação de valor de troca. Não há escapatória.

Isto posto, vem a pergunta: de que modo esse terceiro valor estranho que Lacan chamou de *valor de gozo* pode fabricar valor de troca? Lacan diz que o *valor de gozo* "desempenha o papel de valor de troca". Teria sido apenas um trocadilho – entre tantos outros – com os quais se divertia o psicanalista parisiense? Ou há, de fato, um fundamento econômico em sua perspicácia analítica?

A verdade é que, sim, existe fundamento. O *valor de gozo*, fabricado pela Superindústria do Imaginário (termo que, repito, Lacan jamais empregou), gera valor de troca extraindo mais-valia de um trabalho social de outro tipo: o olhar. O *valor de gozo* concentra em si parte do produto do trabalho de significação realizado pelo *trabalho escópico*, o trabalho realizado pelo *olhar social*, numa espécie de mais-valia do olhar. O valor de troca da mercadoria decorre dessa alienação de valor. Voltemos um pouco ao nosso exemplo das cores associadas artificialmente às marcas de bancos. Quem teceu a significação foi o *olhar social*, mas quem extrai dividendos do êxito dessa associação semântica é a marca do banco – é o capital.

Para realizar essa alienação do valor do *trabalho escópico*, o capital precisa, antes, desenvolver técnicas para atrair o olhar e, depois, precisará de técnicas para *extrair o olhar* que será empregado na linha de montagem superindustrial de confecção de sentidos para as imagens e as marcas. Dá-se, então, o que temos chamado de *extrativismo do olhar*,[476] essencial para a mais-valia do olhar.

---

[476] Alguns preferem falar em técnicas para captar a "atenção" do público para depois comercializá-la. A tão comentada "economia da atenção", que tem por objeto as estratégias empregadas na Superindústria para atrair, seduzir, manter e monetizar a atenção dos consumidores, é uma das leituras possíveis do fenômeno mais amplo do *extrativismo do olhar*, cuja sonda mais profunda alcança e depois mapeia o desejo inconsciente no sujeito. Um bom artigo sobre essa nova modalidade econômica, já citado na apresentação deste livro, pode ser lido em: ZANATTA, Rafael; ABRAMOVAY, Ricardo. Dados, vícios e concorrência:

Em síntese, o *valor de gozo* é fabricado por duas vertentes que confluem para o mesmo produto. Na primeira, o capital explora o trabalho convencional, cujo valor é alienado aos funcionários diretos da Superindústria, como as equipes da publicidade, da comunicação corporativa, do marketing, do branding, da infraestrutura das mídias digitais, do entretenimento – além dos jogadores de futebol que são garotos-propaganda, das atrizes que ganham o Oscar, dos cantores que contam vantagem de injetar heroína, dos diretores de cinema e dos *ghostwriters* de políticos. Todos estes realizam trabalho fungível, mesmo quando há talento envolvido. Na segunda vertente, o capital explora o olhar das massas, que age ativa e objetivamente para cimentar o acoplamento entre o significante visual e seu significado na grande tela multifacetada do Imaginário, ou simplesmente no *telespaço público*, que é o porto central e preferencial do Imaginário.

A explicação criada por Marx no século XIX nos ensina que a força de trabalho fabrica valor de uso num produto genérico qualquer – transforma a madeira no produto mesa, por exemplo – e, como esse produto se destina ao mercado – é construído para ser vendido, sendo, portanto, mercadoria –, essa mesma força de trabalho fabrica necessariamente valor de troca. O valor de troca, abstraídas as flutuações de mercado, corresponde ao trabalho abstrato socialmente necessário integrado à mercadoria. As quantidades de trabalho abstrato depositados nas diferentes mercadorias forneceriam os parâmetros pelos quais essas mercadorias podem ser trocadas – forneceriam o valor de troca de cada uma delas.

Hoje, no século XXI, a explicação dada por Marx é insuficiente. Pensemos numa mercadoria corpórea qualquer. Uma bolsa feminina de grife, por exemplo. O enorme hiato que se abriu entre o alegado valor de uso fabricado pelo trabalho (o valor de uso do objeto, do produto concreto) e o valor de troca não mais pode ser explicado pela diferença relativa determinada pela taxa de mais-valia. O objeto "bolsa"

---

repensando o jogo das economias digitais. *Estudos Avançados*, v. 33, n. 96, p. 421-446, 2019.

(o acessório de moda) de grife, que incorpora uma quantidade de trabalho socialmente necessário da ordem de 15 dólares, tem um valor de troca que alcança os 5 mil dólares ou mais. Essa distância não se deve apenas à taxa de mais-valia da peça. Entre o valor de uso e o valor de troca dessa mercadoria, não há apenas especulação ou elevação artificial do preço (lembrando, uma vez mais, que estamos falando do valor de troca, não do preço; o valor de troca, que corresponde à quantidade de trabalho socialmente necessário depositado na mercadoria, incide decisivamente na determinação do preço, mas este oscila, secundariamente, com as chamadas flutuações de mercado). Há algo mais aí: há uma outra mercadoria sobreposta à mercadoria "bolsa", e essa outra mercadoria é a imagem da bolsa (imagem carregada de sentidos, de significados, vinda da marca ou da grife da bolsa e de sua imagem). Não é – ou não é *mais* – a quantidade de trabalho depositado sobre o bem que determina soberanamente seu valor de troca. Entre a utilidade da coisa fabricada (ou seu alegado valor de uso) e seu valor de troca, há outro valor, como se fosse uma outra mercadoria escondida no hiato.

Essa outra mercadoria, que é a sua *imagem*, no entanto, vai se somar ao corpo da mercadoria (vai se somar à bolsa), pois requisita esse corpo, esse objeto, como seu *veículo*. Com esse veículo, a *imagem da mercadoria* entrega sentido ao sujeito. Aí está, se quisermos, o fetiche da mercadoria, agora fabricado em massa, na forma de signos (imagéticos em geral, mas não *apenas* imagéticos). O *valor de gozo* vai inscrito exclusivamente no signo da mercadoria, mas esse signo, por sua vez, infunde sua significação no corpo da mercadoria – isso no caso das mercadorias que ainda precisam de um corpo físico.

O sujeito, de seu lado, ao consumir a mercadoria, não consome prioritariamente o bem corpóreo, mas o sentido infundido pela imagem a esse bem corpóreo. O sujeito não compra uma coisa, mas o sentido da coisa, implicado no fetiche. É esse sentido – uma imagem ou um *signo a mais* que *qualifica* imaginariamente a mercadoria – que explica o hiato (a enorme diferença) entre a quantidade de trabalho abstrato socialmente necessário depositada no corpo da mercadoria e seu valor de troca.

Alguns economistas de boa vontade dirão que esse sentido da mercadoria é um "valor agregado" a ela por meio do trabalho de comunicação, ou algo por aí. Os marxistas ortodoxos alegarão que esse sentido não é bem um sentido, mas um trabalho secundário que, ao potencializar a circulação da mercadoria, eleva o seu preço, mas não o valor de troca. Ambos os argumentos podem ser contestados. O signo não apenas modifica a relação entre a mercadoria e o sujeito como, acima disso, *é* ele mesmo uma mercadoria transformada em sentido. Essa outra mercadoria (seja ela signo não imagético, seja ela uma imagem puramente visual) domina o valor de troca, da qual o corpo eventual (um par de sapatos, um automóvel, um pacote de café, um saco de arroz, uma mansão em Beverly Hills), quando existe, entra como complemento, como veículo. O corpo da mercadoria serve apenas para entregar o *sentido* da mercadoria. Seu valor de troca decorre, antes, do seu sentido – dado pelo *valor de gozo* – do que do trabalho socialmente necessário depositado nela.

Ocorre que o sentido (signo imagético ou não imagético, ou, ainda, a estética da mercadoria) é, também ele, objeto imaterial fabricado industrialmente, ou, para sermos exatos, fabricado *superindustrialmente*, e é esse processo superindustrial que explora, aliena e comercializa o olhar. Do *olhar social* e dessa forma avançada de *trabalho escópico* na *instância da imagem ao vivo*, escorre valor de troca para o signo da mercadoria. Assim, do lado de fora do consultório de Jacques Lacan, agora no campo estrito dos estudos da comunicação, podemos entender que a forma que esse valor assume ao escorrer é o *valor de gozo*, o valor que carrega a mais-valia do olhar. O *valor de gozo* é produzido *dentro*, e não "por meio" do complexo das comunicações da nossa era: ele está fora da mercadoria corpórea (que será usada como seu cavalo), mas perfeitamente integrado, de modo indissociável, à significação dela.

A título de trazer para a realidade sensível o que aqui se descreve, vejamos o que ocorre na publicidade – embora, vale reiterar, a fabricação do *valor de gozo* não se restrinja ao campo da publicidade, ocorrendo igualmente no entretenimento, nas relações públicas, na comunicação corporativa, nas telerreligiões etc. A publicidade é apenas uma representação mais à mão.

A criação de uma peça publicitária – um filmete, por exemplo, que glamouriza uma embalagem ou um logotipo qualquer – envolverá diversas espécies de trabalho humano, a começar por aquele realizado pelas equipes da agência. Só aí, porém, o sentido da imagem não se completará; a imagem da mercadoria não se resolve no interior dos escritórios das agências de publicidade e nas reuniões que seus diretores de criação fazem com os clientes, que vão aprovar o material. Para ser passível de significação, a peça publicitária deve conquistar seu lugar no Imaginário – é aí que se dá, de fato, a fabricação da imagem (do signo) da mercadoria. É um erro – comum, por sinal – supor que a imagem da mercadoria venha pronta de um gabinete onde publicitários e clientes se encontram. Essa imagem só se constrói diante do olhar social, no *telespaço público*.

Nesse exemplo da peça publicitária, também se verificam as duas vertentes de fabricação de valor. De um lado, o capital aliena trabalho abstrato socialmente necessário, o que ocorre na atividade localizada no interior do fazer publicitário e no que se chama vulgarmente de "veiculação" da mensagem publicitária. De outro lado, o capital aliena olhar social.

O processo de significação não pertence nem ao emissor nem ao receptor, mas ao encontro de um com o outro – está fora de ambos, portanto. Logo, a significação só pode ser entendida como um processo social, não está dentro dos sujeitos – eles é que, sendo sociais, estão dentro dos processos de significação. O capital sabe disso desde antes de isso ter sido descrito. Na Superindústria, o dispositivo que mede a quantidade de olhar comprada pelo capital já não é apenas o tempo linear, o tempo corrido do relógio (que serve de parâmetro para a compra de espaços publicitários em veículos convencionais, como rádio e televisão), mas também a intensidade do gerúndio em permanência, o fator presentificante que obscurece, porque invade, o passado e o futuro. A fabricação do *valor de gozo* depende ainda do tempo corrido do relógio (como nos velhos relógios de ponto que mediam a quantidade de força de trabalho nas portas das fábricas), mas depende também, e cada vez mais, da qualidade desse tempo, da carga afetiva que ele pode incorporar.

Assim como, além da *quantidade* de trabalho abstrato, o capitalismo se define pela *qualidade* do mesmo trabalho (pela *forma social* das relações de produção que extraem o valor do trabalho), a Superindústria, além da quantidade de *olhar social*, manipula a qualidade do olhar, potencializando as "experiências" (palavra tão em voga) sensoriais ou sensuais do sujeito em seu "contato" (outra palavra em voga) com a imagem. Quanto maior o tônus erótico mobilizado no olhar social, mais eficaz será o processo de significação.

Seguindo um pouco mais com o nosso exemplo publicitário, o *valor de gozo*, impresso na imagem da mercadoria, é produzido então pela soma da quantidade de trabalho abstrato socialmente necessário (materializado na confecção da imagem a ser exposta) com a quantidade e qualidade de olhar social – quantidade e qualidade do tempo de exposição eficaz da imagem ou do signo.[477] Sem o emprego do olhar social, o *valor de gozo* não existe. Por fim, uma nota adicional: assim como o custo de reprodução da força de trabalho faz parte do cálculo do valor da força de trabalho no modo de produção capitalista, o custo da reprodução do olhar social terá de estar embutido no seu valor de troca, pelo qual o capital vai comprá-lo.[478]

---

[477] Abre-se, aqui, uma via para que se pense no olhar como força produtiva, mas disso não nos ocuparemos neste livro.

[478] Uma conta realizada na pesquisa que deu origem a este livro, ainda nos anos de 2000 e 2001, traz indícios interessantes a esse respeito, mostrando que o valor de troca do olhar correspondia, grosseiramente, aos parâmetros de salário mínimo adotado no país. No ano 2000, uma inserção de um filme publicitário de 30 segundos no *Jornal Nacional*, na Rede Globo, para exibição em cadeia nacional, custava, em junho daquele ano, R$139.330,00 (tabela cheia). Naqueles tempos, a audiência do noticiário era estimada em 25 milhões de telespectadores. Ora, se dividirmos os 139.330 reais por 25 milhões, teremos que 30 segundos do olhar de um indivíduo qualquer (ele mesmo, fungível) custa R$0,0055732. Parece nada. Mas, se continuarmos um pouco mais com a

*

"Os olhos não se compram". A frase extraída de um diálogo de *O amigo americano*, livro de ficção escrito por Patricia Highsmith, dá título a uma biografia de Wenders. "Tome cuidado", diz o pintor Derwatt ao protagonista Ripley. "Os olhos não se compram." Segundo Derwatt, Ripley "quer especular com quadros como se fossem ações".[479] Quanta ingenuidade. Quadros são cédulas impressas pelo olhar e perenizam valor de troca. Quadros são dinheiro. No mais, os olhos não apenas se compram, como se alugam e trabalham para produzir valor de troca.

---

aritmética primitiva, notaremos que a hora desse mesmo olhar custava, no ano 2000, pouco mais de 60 centavos ou, precisamente, R$0,668784. Oito horas de olhar, R$5,350272. Vinte dias (de oito horas) sairiam por R$107,00544. Trinta dias, a R$160,50816. Em junho de 2000, o salário mínimo estava em R$151,00. A mesma conta foi refeita em abril de 2001. Então, 30 segundos de intervalo comercial no *Jornal Nacional* sairiam por R$159.520,00. Dividindo-se os R$ 159.520,00 pelo público de 25.919.461 pessoas (o número preciso vem da pesquisa Ibope-PNT, o Painel Nacional de Televisão, de outubro de 2000), chega-se ao preço do olhar de um único indivíduo durante 30 segundos: cerca de 0,6 centavo. Por oito horas de olhar, o valor saltaria para R$5,90. Outra vez, o preço do olhar, no Brasil, praticamente empata com o preço da força de trabalho mais básica: um salário mínimo, que é de 180 reais, e, dividido por 30 dias, dá um resultado exato de 6 reais. Para os cálculos realizados nesta nota, valho-me de estimativas do Departamento de Pesquisa da Rede Globo de Televisão. Lembre-se, ainda, que a audiência nacional de um programa não é medida, mas é somente *estimada* a partir do universo pesquisado pelo Ibope, que, na época (anos 2000 e 2001) colhia dados apenas nas grandes cidades e áreas metropolitanas, abrangendo um universo de 12,795 milhões de lares com TV. O Ibope, o mais conceituado instituto para medição de audiência no Brasil naquele tempo, não pesquisava a audiência de televisão em todas as áreas do território nacional. Por isso, o número de telespectadores de um determinado programa *em todo o território nacional* era uma estimativa. *O Jornal Nacional* aparecia no Ibope com cerca de 40 pontos de audiência domiciliar média.

[479] BUCHKA, Peter. *Os olhos não se compram: Wim Wenders e seus filmes*. Tradução de Lúcia Nagib. São Paulo: Companhia das Letras, 1997. p. 25.

Mas e o sujeito, o dono dos olhos, o que ele recebe pela venda da força significante de seu olhar? Praticamente nada. Quanto a isso, a Superindústria do Imaginário demarca seu território com volúpia. O que ela propõe aos olhantes é um escambo do *gozo imaginário*. Na televisão, o sujeito entrega os olhos para confeccionar sentido às imagens em troca de alguns pacotes de divertimento proporcionado por imagens que, acariciando o "eu" do sujeito, são os bens de capital no negócio do extrativismo do olhar. Nos sites da internet, nas redes sociais ou nas ferramentas de busca, o sujeito também embarca no escambo: com pose de quem se sente o "usuário" que usufrui de vantagens gratuitas, entrega de graça o que nele é o bem mais precioso: o olhar.

Com isso, a fronteira entre lazer e trabalho se aboliu. O lazer está extinto, subsistindo apenas como ilusão imaginária: a diversão, mais do que um "prolongamento do trabalho", como diriam Adorno e Horkheimer,[480] é o centro gravitacional do *trabalho escópico*. Na Superindústria, o consumo de uma grife resulta em exposição expandida da marca, o que por sua vez acarreta mais produção de *valor de gozo* em torno dela. Consumir para ostentar é trabalhar, na medida em que é expor a imagem da mercadoria ao *olhar social*. Olhar com desejo de consumir, olhar com olhos de fascinação, é fabricar *valor de gozo* no signo mercadoria.

O olhar, antes uma faculdade orgânica, virou trabalho alienado, uma forma de idolatrar o trabalho que não se sabe trabalho porque se entende prazer. Lacan chegou a mencionar algo a respeito: "Jamais se honrou tanto o trabalho, desde que a humanidade existe".[481] Ele acertou pelo que sabia e pelo que não teve tempo de saber.

---

[480] ADORNO, Theodor W.; HORKHEIMER, Max. A indústria cultural: o esclarecimento como mistificação das massas. In: ADORNO, Theodor W.; HORKHEIMER, Max. *Dialética do esclarecimento*, p. 128.

[481] LACAN, Jacques. *O seminário, livro 17: O avesso da psicanálise*, p. 178.

Epílogo
Por uma subjetividade sem cifrão

O vértice e o vórtice

Para onde escorre o *olhar social*? Onde vai desaguar? Ao final de seu indecifrável raio visual, onde se depositará? A resposta parece estar além do que se vê ou, como dizem, além de onde a vista alcança. Daqui de onde estamos, só o que podemos adotar como certo é que o olhar, fisgado pelas imagens, às quais contempla com reverência e desejo, atravessa cada uma delas rumo a um limiar que não tem mais como enxergar. Vai para um ponto em que tudo lhe foge.

Foi no Renascimento que um *constructo* geométrico de nome intrigante, "ponto de fuga", entrou para a História. Era um arcabouço geométrico usado pelos desenhistas para conferir às suas obras uma espacialidade que parecia tridimensional. O arquiteto florentino Filippo Brunelleschi, um dos expoentes renascentistas no século XV, sistematizou a técnica. Seus desenhos simulavam uma profundidade de campo com uma perspectiva tão marcante que o método recebeu o nome de *perspectiva artificialis*.

Para construir essa impressão convincente de uma perspectiva verdadeira, natural (a *perspectiva artificialis* imitava a *perspectiva naturalis*), o artista, antes de começar a elaborar seu desenho propriamente dito, montava uma *grid*, uma estrutura geométrica em sua folha de papel (ou em sua tela). Embora as soluções matemáticas pudessem ter desdobramentos e aplicações complexas e rebuscadas, o princípio geral era bastante simples – hoje, os estudantes aprendem isso na escola; mas, na época, foi uma revolução.

Para visualizar o que era essa estrutura geométrica, imaginemos uma das versões mais básicas que ela podia ter. Com apenas quatro linhas retas – cada uma delas saída de cada um dos cantos da folha retangular, que se encontravam num ponto situado em algum lugar dentro da folha –, os renascentistas conseguiam montar a estrutura da perspectiva. O ponto para o qual se dirigiam as quatro retas do nosso exemplo era chamado de ponto de fuga.

Vistas sobre aquele pedaço de papel, as retas dividiam o plano em quatro triângulos, com suas bases apoiadas sobre cada uma das quatro bordas da folha. Se o ponto de fuga estivesse mais para o centro, os triângulos teriam tamanhos parecidos entre si; se o ponto de fuga estivesse afastado do centro, os triângulos ficariam de tamanhos diferentes. Foi o que bastou para mudar o jeito de desenhar. Diante do seu arcabouço geométrico de apenas quatro pequenas retas unidas por um único ponto, o artista imaginava que estava olhando não para uma folha plana dividida em quatro triângulos, mas para um corredor muito comprido, que se alongava para frente até se perder de vista. O triângulo com a base voltada para baixo era o chão, o triângulo com a base voltada para cima era o teto, e os dois triângulos à esquerda e à direita eram as paredes laterais, uma de frente para a outra. Pronto. Bastava isso para que o papel de duas reles dimensões adquirisse profundidade tridimensional. Lá estava a perspectiva. Depois de montada a *grid* com sua perspectiva, era só começar a desenhar, pensando não no plano, mas nas três dimensões.

A base de tudo foi uma incrível aliança entre a geometria euclidiana (criada por Euclides de Alexandria, no século III a.C.) e a imaginação. A sensação de que uma folha com poucos riscos representava com precisão matemática um corredor infinito, que só terminaria lá longe, no horizonte inalcançável do ponto de fuga, era apenas a consequência lógica da aliança entre a geometria dos antigos gregos com a imaginação livre dos criadores do Renascimento. De posse da *perspectiva artificialis* (ou das quatro retas no nosso exemplo simplificado), Brunelleschi mudou a cultura e, depois, essa cultura mudou o mundo.

O ponto de fuga fez escola. Depois de Brunelleschi, outro renascentista italiano, o arquiteto e artista genovês Leon Battista Alberti, também no século XV, desenvolveu a receita ainda mais. A perspectiva devia ser armada na página pelo artista *antes* de começar a desenhar. As retas enfeixadas no ponto de fuga lhes serviam de orientação e como balizas para o que seria desenhado em seguida. Essas linhas-guia não teriam que aparecer na obra acabada; eram indispensáveis como diretrizes, como referências para pautar a ilustração, mas não necessariamente apareciam na obra final. Cumpriam uma função análoga à do fio de prumo para o pedreiro: essencial para que uma parede seja construída bem alinhada na vertical, mas, depois de pronta a parede, vai de volta para a caixa de ferramentas. As retas centralizadas no ponto de fuga para o desenhista, assim como o fio de prumo para o pedreiro, eram as guias para criar a obra, mas não faziam parte do resultado final.

Então, só depois de montar bem montado o seu corredor imaginário de retas convergentes, o artista começava a trabalhar. Se, por exemplo, quisesse representar colunas gregas, uma atrás da outra, cuidava de enfileirá-las nas paredes laterais de sua estrutura geométrica, obedecendo às linhas. A coluna que estivesse no começo do corredor geométrico ficaria maior, enquanto as colunas seguintes, mais distantes, ficariam menores, e menores, e menores, até sumirem lá adiante, no ponto de fuga. Em sequência, cada coluna ficaria um pouco menor do que a anterior, seguindo uma rigorosa proporção matemática, dando ao espectador da obra a sensação de profundidade arrebatadora.

A perspectiva, bem aplicada, dava ao desenho uma proporcionalidade primorosa, irretocável e carregada de sentido estético. No Renascimento, tempo de um humanismo radical, a solução geométrica do ponto de fuga valorizava o ponto de vista humano, pondo *em perspectiva* o mundo visto não mais por deuses ou santos, mas gente de carne e osso. O resto foi mera consequência. Graças à *perspectiva artificialis*, viriam outras invenções nos séculos seguintes, como as câmeras fotográficas, os projetores de cinema e os celulares que captam imagens em alta resolução.

A fotografia é filha dileta do Renascimento, e veio sendo inventada aos poucos, ao longo de alguns séculos. Ela começou a nascer quando se tornou comum, entre os pintores, o uso da chamada câmara escura. O utensílio, precursor da máquina fotográfica, consistia num caixote de dimensões variadas, normalmente no formato aproximado de um cubo, vedado contra a luz. Numa de suas faces, havia um pequeno orifício por onde passavam os raios luminosos vindos do ambiente externo. Na face oposta, do lado de dentro da caixa, esses raios projetavam a imagem do que se via no exterior, mas invertida. O equipamento, que capturava todos os ângulos da perspectiva tão valorizada pela arte renascentista, dava um auxílio valioso para quem pintava cenas urbanas, paisagens campestres, retratos de frutas, de móveis ou mesmo de gente.

Com o tempo, a câmara escura recebeu melhorias, como as lentes de qualidade, o que facilitou ainda mais o trabalho dos retratistas. Numa de suas variações, podia ter proporções maiores (mais ou menos o tamanho de um quarto pequeno), de modo que o pintor se acomodava lá dentro e, riscando em cima da imagem projetada, esboçava o quadro ao qual daria o acabamento mais tarde, em seu ateliê. A precisão de luz e formas em algumas telas daqueles tempos nos espanta até hoje, como as do pintor holandês Johannes Vermeer, do século XVII, um dos que se especializaram no emprego da câmara escura.

A *perspectiva artificialis* e a câmara escura representaram uma conquista geométrica, matemática, arquitetônica, artística e, sobretudo, científica. No campo da arte, a técnica deixou no limbo as pinturas anteriores, com suas figuras fora de proporção, com crianças que pareciam adultos em miniatura e paisagens absurdamente fora de escala, de esquadro e de alinhamento. No campo da ciência, os avanços foram ainda mais prodigiosos. O aperfeiçoamento da fabricação de lentes não beneficiou apenas as câmaras escuras, mas principalmente instrumentos como lunetas, telescópios e microscópios, aos quais devemos, ao menos em parte, a noção atual de *objetividade* científica. Munido de lentes poderosas, o cientista Galileu Galilei apontou lunetas para o céu e viu nos planetas detalhes não perceptíveis a olho nu. Foi o que lhe permitiu fazer descrições que podemos chamar de *objetivas* dos seus objetos de estudo – *objetivas* porque decorriam *do objeto*, não do sujeito que o olhava. Qualquer um, cientista ou não, olhando pelas mesmas lentes, veria o mesmíssimo planeta, com as mesmas características, de forma que a descrição do cientista podia ser aceita como válida. O critério da verdade objetiva resultou de uma forma renascentista de olhar o mundo, que, além de geométrica, estética e científica, foi também política. Essa forma política foi conduzida pela imaginação, pela curiosidade, pela pergunta e por um apetite insaciável da visão.

O resto foi fácil. Quando chegou a hora de finalmente inventarem a fotografia, no século XIX, a câmara já estava pronta e o modo de olhar estava mais do que testado e aprovado. Só faltava mesmo pôr uma máquina dentro da câmara escura para desempenhar a função que antes cabia a mãos humanas. Nesse sentido, a fotografia resultou de uma inovação até que bem modesta, que se resumiu a substituir o pintor (que entrava, com os seus olhos ou mesmo com o seu corpo inteiro, dentro da câmara escura) por um suporte químico (que, depois de vários outros experimentos, acabou encontrando seu formato mais duradouro na película de celuloide). No século XX veio mais uma inovação e, com ela, o suporte químico foi substituído por sensores digitais.[482]

Hoje, os zooms ultrapotentes que circulam por aí, embutidos nos telefones celulares que qualquer um leva no bolso, são herdeiros da câmara

---

[482] Mas o princípio óptico da câmara escura não deve ser totalmente creditado ao Renascimento. Há registros de que a câmara escura, em formas rudimentares, já teria sido usada na Antiguidade por um chinês de nome Mo Tzu (ou Mozi), no século V a.C. Pesquisadores afirmam, também, que Aristóteles teria feito menções a esse mesmo princípio, comentando a observação de eclipses solares. Ver: FAINGUELERNT, Mauro. A câmara escura e a fotografia. Ver ainda: https://en.wikipedia.org/wiki/Camera_obscura. Acesso em 27 abr. 2021. Sobre o uso da câmara escura como precursora da fotografia, ver: MACHADO, Arlindo. *A ilusão especular*. São Paulo: Brasiliense, 1984.

escura, dos renascentistas, da *perspectiva artificialis*, de Brunelleschi, de Alberti e de Vermeer. As lentes e os chips nada mais fazem do que *automatizar* a perspectiva renascentista. A tecnologia desempregou o pintor e o desenhista, mas, em termos estritamente ópticos e geométricos, manteve intacto, ou quase intacto, o projeto dos artistas do século XV, com sua matemática, sua estética, sua ciência e seu ponto de fuga.

Voltemos agora às perguntas que surgiram no primeiro parágrafo deste epílogo. Para onde escorre o *olhar social*? Onde vai desaguar? Ao final de seu indecifrável raio visual, onde vai se depositar?

Se nos contentarmos com uma resposta ligeira, diremos que o olhar vai numa reta até morrer no ponto de fuga. O destino é o ponto de fuga e o ponto de fuga é o ponto final. O olhar, tanto agora como no Renascimento, tende ao ponto de fuga, e acabou. Entretanto, se não quisermos ser assim tão ligeiros, teremos de observar que algo mudou. No tempo de Brunelleschi, de Alberti ou de Vermeer, o olhar era *convidado*, apenas convidado, a percorrer as linhas retas da geometria. O ponto de fuga estava lá no final, é verdade, mas era apenas uma referência teórica, que não existia de fato; era meramente ponto de enfeixamento das linhas mestras sobre as quais o artista apoiava seu desenho. Não havia nada para ser visto lá no fim da linha. O que havia para ver, o que se oferecia à contemplação do olhar, nas obras dos renascentistas e de seus caudatários, fossem eles arquitetos, geômetras, matemáticos, desenhistas, artistas, estetas ou cientistas, eram as figuras dispostas no meio do caminho, entre as retinas do espectador e o ponto de fuga. Lá no final não havia nada. Nem mesmo ele, o ponto de fuga, que não passava de um reles conceito geométrico abstrato. No diagrama euclidiano, o ponto de fuga era aquele que fugia de si.

Hoje, o quadro é outro. O ponto de fuga ainda existe como um tipo de projeção, mas sua função se transformou: na geometria do século XV, era um vértice; na tecnologia da Superindústria, é um vórtice. Pelo atrator desse vórtice, o olhar não é mais convidado ou guiado, mas sugado brutalmente para o fundo das lentes e das telas, para o encantamento dos espelhos narcísicos e, especialmente, para o nervo dessa divindade, desse monumento à vaidade frívola que é o autorretrato instantâneo, esse portento da boçalidade autocentrada que se chama "selfie", no qual o gozo fálico é tão falocêntrico que conta até com o famigerado "pau de selfie".

O olhar escorre para tudo isso e não para aí. Prossegue, vai para o núcleo escuro da parafernália robótica até o fim da linha, onde o que há é o que já não se pode ver, mas, ainda assim, há. É paradoxal: na *perspectiva artificialis* da Superindústria, o ponto de fuga não é mais um referencial geométrico abstrato, mas o grande ponto cego e concreto, o portal da escuridão, um buraco negro da técnica e do dinheiro. O ponto de fuga que no Renascimento sugeria o salto à frente e encorajava a pergunta e a imaginação, agora, aprisiona.

A geometria também é outra: rompeu com as linhas retas. O sujeito que vê uma mensagem na tela de um celular em Tóquio e o sujeito que assiste a um vídeo num telão na Cidade do Cabo olham em direções discrepantes, divergentes, mas têm o olhar puxado para um ponto de fuga único, no mesmo lugar. A força de atração é única. O atrator domina. Se, no século XV, a geometria, animada pela imaginação, impulsionou o humanismo, agora a máquina abduz o olhar e o próprio espírito. O modo de produção do *valor de gozo* esvazia de pergunta toda aventura. Nas excursões, os turistas não se movem para descobrir o que não sabem, mas são carregados feito gado em janelas circulantes sobre rodas: o *sightseeing* de viajantes sentados dentro de um ônibus-vitrine ilustra com crueza o aprisionamento do olhar e da imaginação. Por obra da técnica incorporada ao capitalismo, o humanismo redundou no vampiro do próprio humanismo. Na Superindústria, o olhar escorre para a sombra invisível de um sumidouro e, caindo lá dentro, vira alimento para a substância fria do capital, cuja epiderme luminescente ondula sensual, colorida, incorpórea, fatal e vã.

"Nuvens" de cádmio

Substância fria. O corpo do capital é matéria inalcançável, uma casca lá longe, lá fora, almofadada por seus campos gravitacionais. Na primeira década do século XXI, o alto volume de consumo de energia em gigantescos *datacenters*, onde já eram armazenados os dados digitais, preocupava os ambientalistas e as autoridades menos desatentas dos Estados Unidos. Em 2010, estimava-se que esses núcleos industriais de estocagem respondiam por 2% de todo o consumo de eletricidade no país.[483] Naquele mesmo ano, o Greenpeace alertou para os riscos ambientais do uso excessivo de energia para manter os *datacenters*.[484] Em 2016, a preocupação aumentou: grande parte dos quilowatts consumidos vinha da queima de carvão.[485] Em 2019, calculava-se que só o *Bitcoin*, a moeda virtual baseada na tecnologia conhecida como *blockchain*, queimava, no mundo, a mesma quantidade de energia que toda a Suíça.[486]

Não obstante, temos o hábito de chamar de "nuvem" – isso mesmo, "nuvem" – as toneladas de maçarocas de fios, circuitos e lampadinhas intermitentes em caixotes de lata e plástico que guardam e processam as informações digitais. O volume de dados cresce aos saltos quânticos, a custos energéticos e ambientais que também saltam. Pior: demandam carregamentos faraônicos de metais pesados. Elementos químicos como cádmio, chumbo, berílio e mercúrio são comuns no maquinário cibernético.[487] Em 2018, os regimes extenuantes de trabalho de crianças empregadas na mineração do cobalto, usado em celulares e computadores, começaram a aparecer no noticiário.[488] Em 2019, a BBC informou que, em função do trabalho infantil na

---

[483] ARMAZENAMENTO DE DADOS digitais causa poluição e desperdício de energia. *Ecycle*.

[484] FELITTI, Guilherme. Computação em nuvem é o novo vilão do aquecimento global para o Greenpeace. *Época Negócios*, 31 mar. 2010.

[485] A POLUIÇÃO DA nuvem digital. *Superinteressante*, 21 jan. 2013, atualizado em 31 out. 2016.

[486] UMLAUF, Fernanda. Bitcoin consome tanta energia quanto toda a Suíça, afirma estudo. *Tecmundo*, 6 jul. 2019.

[487] CERRI, Alberto. Quais os impactos ambientais dos metais pesados presentes nos eletrônicos?. *Ecycle*.

[488] SCHLINDWEIN, Simone. Cobalto: um metal raro, precioso e disputado na República Democrática do Congo. *Deutsche Welle (DW)*, 16 set. 2018.

extração de cobalto, Apple, Google e Microsoft foram processadas nos Estados Unidos.[489]

A substância fria do corpo do capital leva silício, mas também cádmio, chumbo, berílio, além de cobalto extraído por braços frágeis que escalavram colinas e infâncias – e nós continuamos a dar a tudo isso o nome angelical, levitante e fagueiro de "nuvem". Convenhamos: "nuvem" é uma designação *videológica*. E não é a única. Outra também *videológica* é aquela: "nativos digitais". O que será isso? Elogiam-se os bebês em fraldas que aprendem a passar o dedo sobre a *touch screen*. São "nativos digitais". Qual o sentido racional de tão estranha locução? Será uma autorização prévia para que crianças sejam exploradas no seu *trabalho escópico*? Será uma legitimação para o recrutamento infantil na fabricação de *valor de gozo*? Serão eles os seres de intuição treinada pela técnica desde a primeira infância? Serão aqueles que internalizaram a indistinção entre divertimento e trabalho, a tal ponto de se alegrarem mais que as gerações anteriores em tomar parte na linha de montagem superindustrial do *valor de gozo*?

"Nativos digitais", que fantástica pirueta linguística. Houve por acaso os "nativos impressos"? Ou os "nativos motorizados"? Alguém já ouviu falar em "nativos esferográficos"? "Nativos digitais". Será uma senha para discriminar os resistentes? Para hostilizar os "analfabetos digitais"? Para demitir preventivamente os idosos? "Nuvem", "nativos digitais". Haja *videologia*. E há tanto mais da mesma espécie. Dizemos "sociedade em rede" para nomear uma sociedade em que muralhas enredadas separam os seres humanos em guetos, em bolhas de fanatismo. Sociedade *videológica*.

O que ainda existe?

A produção do *valor de gozo* retira toda a sua energia significante dos olhos das multidões e de cada um. É o *olhar social* que fixa os

---

[489] O QUE LEVA Apple, Google, Tesla e outras empresas a serem acusadas de lucrar com trabalho infantil na África. *BBC*, 17 dez. 2019.

sentidos das imagens, por meio do *trabalho escópico*. Mas, antes que tenha início o trabalho do olhar, é preciso uma fase que prepare a proposta de signo a ser exposta ao *olhar social*. Esse pré-trabalho tem lugar em ambientes fechados, não transparentes e não acessíveis ao público: nas agências de publicidade, na administração financeira das igrejas, nas cúpulas políticas, no comando das empresas e das organizações. Saem daí os pacotes de imagens e signos que, por baixo de novidades aparentes, recombinam o mesmo e velho padrão de repetições: a estrutura narrativa do melodrama, a identificação libidinal, o sadismo em trajes de humor, a sagração da violência, o ódio camuflado em patriotismo, o nojo rediagramado como piedade voluntariosa.

O pré-trabalho no *backstage* – por detrás dos balcões de atendimento da publicidade, do entretenimento, das relações públicas, das telerreligiões, da comunicação corporativa e das grandes celebrações esportivas – vai, então, urdir as tramas dos significantes, que só se associarão aos significados depois do *trabalho escópico* das massas. A trama não manda no olhar, mas presta serviços a ele. O olhar, porém, também não manda na trama. Poderia feri-la se um dia fechasse os olhos, numa greve de olhar, mas isso não está no horizonte.

Onde quer que exista criação e recriação de linguagem (visual ou não), a Superindústria do Imaginário está presente ou está iminente, mesmo quando a linguagem em questão não tenha vínculos expressos com o capital, inclusive no marketing governamental de países cujos governantes se declaram "socialistas". Os *outdoors* de regimes "anticapitalistas" dedicados a promover o culto da personalidade dos heróis oficiais produzem *valor de gozo*. Mao Tsé-Tung, depois de virar tela de Andy Warhol, se espalha em pôsteres pelos quartos de estudantes. Che Guevara estampa camisetas de butique.

"A mercadoria ocupou totalmente a vida social", disse Guy Debord em 1967.[490] A mercadoria, elevada a espetáculo, logrou se assenhorear de todos os espaços. Não são somente as religiões que

---

[490] DEBORD, Guy. *A sociedade do espetáculo*, p. 30.

se transmutam em agências de propaganda de si mesmas e de seus donos. Não são apenas os partidos de esquerda que acreditam de mãos postas em "disputar espaço" no mercado das visualidades. Campanhas eleitorais escoam pelos canais publicitários, segundo cartilhas do marketing. Até ministros de cortes supremas, antes togados pelos imperativos da discrição, da sisudez protocolar e da impessoalidade, arreganham sorrisos de celebridades ao lado de jogadores de futebol e atrizes de televisão. Tudo segundo a paleta de cores e de etiquetas da mercadoria.

Onde é possível divisar um traço humano que não tenha sido deglutido pelo mercado das imagens? Difícil saber. Tão difícil. Numa balada romântica de Roberto Carlos e Erasmo Carlos, "As canções que você fez para mim", que vaga por aí como poeira cósmica de tempos extintos, podemos encontrar a dimensão astral dessa dificuldade extrema. A letra nos fala de um mundo que perdeu o sentido depois que o ser amado foi embora, com lamúrias melódicas e melosas, como "ficaram as canções, e você não ficou". Então, de repente, surge a expressão de um bloqueio histórico da nossa era:

É tão difícil
olhar o mundo e ver
o que ainda existe.

Na interpretação original de Roberto Carlos, no disco *O inimitável*, de 1968, há uma quebra na pronúncia do verbo "existir". Ele não canta "existe", mas "exi-iste", como a lamentar a prolongada existência do que já não tem razão de ser. O cantor sente saudades, sofre, acha difícil. Para além do sentimentalismo, contudo, a dificuldade real é outra. O fato simples, mas difícil de olhar, é um só: tirando as mercadorias e suas imagens, nada mais existe de visível. Só o que os olhos veem são *valores de gozo* cintilantes, que duram menos que a chama de um palito de fósforo, sobre escombros de signos sem valor, sobre mortalhas de imagens partidas, num chão de entulhos das novidades já carcomidas, de signos sem referentes, como falas de sujeitos que não são, como versos que, sem saber da impossibilidade ontológica, registram por acidente a impossibilidade da visão, num instante em que a poesia abraça o ato falho. Não dá para ver o que ainda existe porque, na verdade, a imagem da mercadoria só se põe como miragem, não como existência. A mercadoria só existe como impostura efêmera caindo na escuridão.

Cultura inculta

Era uma vez um tempo em que a Filosofia, quando especulava sobre a civilização, gostava de explicar que o *homo sapiens* saíra da natureza para entrar na cultura. Era uma boa história. A inteligência, a consciência de si e a virtude ética do convívio social teriam vicejado, as três juntas, a partir do abismo aberto entre a humanidade e os bichos. A natureza passou a ser olhada de longe (admirada). A atitude de admirar a natureza era também a atitude de dominá-la. As palavras e as imagens produzidas pela cultura – na religião, nas artes, na ciência, na política – foram revestindo cada relevo do mundo natural, etiquetando e catalogando tudo. Por delegação de Deus, o homem deu nomes aos seres e às coisas da natureza (Gênesis, 2-20), embrulhando cada um deles com a linguagem. Foi assim, ou quase assim. No dizer de Jorge Mautner, o que ocorreu foi que o homem, "que antigamente falava com a cobra, o jabuti e o leão", um dia "fez sua careta e começou a sua civilização".[491]

Então, sobreveio a isso um evento que não fazia parte do *script*: o capital. Esse novo "ser", logo que apareceu, começou a embrulhar nacos inteiros da religião, das artes, da ciência, da moral, da política e, para não perder tempo, também da linguagem. Logo as mercadorias se tornaram signos e, entre os signos disponíveis, são escassos aqueles que não têm parte com a mercadoria. Todo o campo do visível foi ocupado pela mercadoria. O humano, aquele que no

---

[491] "Samba dos animais", de Jorge Mautner.

princípio teria se separado da natureza, só resiste à medida que não se deixe devorar pelo capital – que, de sua parte, fez da natureza sua refém mais valiosa.

Da Revolução Industrial à Revolução Digital

A obra de Karl Marx nos entrega uma descrição objetiva do caráter do século XIX e da Revolução Industrial. Nesse sentido, não em outros, realiza a seu modo um dos ideais da perspectiva renascentista. O trabalho infantil grassava nas fábricas de Londres; os capitalistas, sem um minuto de titubeio, recrutavam a criançada para jornadas que se estendiam por até 18 horas diárias; os pré-adolescentes, a força de trabalho mais barata, davam mais retorno: e Marx viu isso, descreveu tudo isso.

Quando nos recordamos das condições laborais daqueles tempos, quando sentimos o cheiro dos corpos extenuados, os suores desnutridos, ou quando, passeando na memória coletiva que nos habita, vemos os olhos baços de meninos e meninas mecanizados, sentimos o travo da indignação e da vergonha. Temos as memórias gravadas nas fibras do corpo, em algum lugar do que somos. A dor é igual quando nos lembramos – e nos lembramos de verdade – dos hebreus escravizados carregando pedras no deserto de Gizé, das mulheres queimadas vivas nas fogueiras da Inquisição, dos moços imberbes morrendo de tifo nas trincheiras da Primeira Guerra Mundial, dos cadáveres nos navios negreiros, dos torturados no Estádio Nacional de Santiago, dos cidadãos sem documento submetidos ao trabalho forçado no garimpo ilegal que invade terras indígenas da Amazônia. A desumanidade contra um nos dilacera a todos, em qualquer tempo, e nunca cessa de sangrar.

O mais incrível não são as lembranças, tão vivas, da opressão de ontem, mas a nossa cegueira para a opressão de hoje. Tão difícil olhar o mundo e ver o que existe. A exploração capitalista mudou de código, mas aí está, embora não se mostre. E nós, de nossa parte, seguimos inertes, como se só tivéssemos antenas para captar os sinais das desumanidades obsoletas. Não apenas não nos incomodamos, como até aplaudimos a exploração dos nossos dias, que é a exploração do olhar e do desejo. Consumidores fazem filas na porta de lojas para comprar um telefone celular, sem compreender que o aparelho, a despeito de suas utilidades aparentes, é um meio de produção projetado minuciosamente para explorar-lhes o *trabalho escópico* e surrupiar-lhes os dados personalíssimos. As redes sociais arregimentam bilhões de trabalhadores sem pagamento, aos quais dão o nome *videológico* de "usuários", e estes, contentes, apenas agradecem – e trabalham.

Nas *big techs*, o grau de exploração da Superindústria do Imaginário chegou a um patamar de tapeações e ocultamentos tão requintado que nem os mais sovinas, sagazes e impiedosos barões da Revolução Industrial ousariam supor. Numa rede social ou num grande site de busca, o "usuário", que imagina usufruir de um serviço que lhe é ofertado em generosa cortesia, é a mão de obra (gratuita), a matéria-prima (também gratuita) e, por fim, a mercadoria (que será vendida, no todo ou em partes, em esquartejamentos virtuais, e nem desconfia da gravidade disso). Nunca o capitalismo desenhou um modelo de negócio tão perverso, tão acumulador e tão desumano.

Detalhemos um pouco mais o rebuscado *design* da exploração. O "usuário" é a mão de obra gratuita porque é ele quem digita, fotografa, posta, filma e faz tudo. Os conglomerados digitais não precisam gastar um centavo com digitadores, editores, revisores, fotógrafos, cinegrafistas, locutores, modelos, atrizes, roteiristas, nada. Absolutamente nada. O "usuário" trabalha sem parar em frêmitos de gozo, sem cobrar um tostão. Não bastasse isso, o mesmo "usuário", além de mão de obra gratuita, é também a matéria-prima, pois as histórias narradas são as dele, os gatos e os pratos de comida fotografados são os dele, os delírios postados, aos quais a Superindústria dá o nome pernóstico de "conteúdos", são os dele.

Por fim, o "usuário" é também a mercadoria. E como não? A Superindústria o colhe de graça, como se fosse mato espalhado pelo chão, e vai comercializá-lo em seguida, no todo ou em partes, no varejo e no atacado, em sacas ou a granel, a preços trilionários. Os olhos serão vendidos aos anunciantes. Os dados pessoais serão mercadejados com organizações que manipulam eleitorados em favor dos neofascistas. O "usuário" só ganha em troca uns afagos em seu narcisismo infantil – ganha espelhinhos na base do escambo, sempre o escambo. O tal "usuário" se diverte, acha que o "entretenimento" que lhe oferecem é um presente, e trabalha até não mais poder. Alguns ficam viciados, como jogadores de cassinos. Outros se deprimem. Jovens se matam.

Do lado de lá, as empresas que enriquecem com a escravização do olhar acumulam cada vez mais capital, a uma taxa de expansão nunca registrada antes. O centro do capitalismo foi tomado pelas teias dos organismos mais avançados em extrair intimidades e que não vacilam no recrutamento de mão de obra infantil. Fortunas exorbitantes se precipitam a partir da rapina do olhar e dos dados das crianças, mantidas cativas por uma diversãozinha barata.

Do ponto de vista ético, o que se passa hoje é pior do que aquilo que se passou na Revolução Industrial. Não, não é exagero. Pensemos por um minuto. O que é o capital que se apropria de 16 ou 18 horas diárias de trabalho de uma criança comparado ao capital que, dois séculos depois, se apropria dos processos mais íntimos da formação da subjetividade de outra criança, durante as 24 horas do dia? O que é o capital que não respeita o esgotamento das forças físicas do corpo humano comparado ao capital que viola todas as fronteiras da privacidade e da integridade psíquica de uma pessoa? O que é o capital que se apossa da mais-valia do trabalhador comparado ao capital que, além da mais valia do olhar, rouba os segredos sobre os medos, suas ansiedades e as paixões daqueles a quem chama cinicamente de "usuários"? O que é o capital que extenua até a alma seus operários comparado ao capital que, além de explorar o trabalho, transforma o tempo de lazer em formas não declaradas de exploração e de ainda mais trabalho? O que é o capital que rouba a força muscular de uma criança comparado ao capital que lhe rouba, além da infância, a imaginação que ela poderia ter? O que é o capital que manda a tropa de choque reprimir greves comparado ao capital que se instila no desejo de garotos e garotas, ainda na primeira infância, para matar, lá dentro, qualquer centelha de rebeldia futura?

Os anúncios tóxicos e o modo de produção mais tóxico ainda

Embora a clareza seja pouca e a combatividade pequena, a política democrática reage. Timidamente, mas reage. Há poucas décadas, desponta a disposição para atenuar os malefícios que a publicidade comercial provoca na formação da personalidade das crianças. É pouco, mas fundamental. Vem se formando um consenso sobre as vulnerabilidades psíquicas dos públicos infantis diante de máquinas cada vez mais poderosas e pervasivas de publicidade comercial. Já há restrições e até proibições – absolutamente saudáveis e justas – nesse campo.

Ao contrário do que alguns *lobbies* argumentam, tais medidas não têm nada a ver com censura. A liberdade de expressão não sofre um arranhão sequer quando o direito de anunciar é regulado. Anúncios publicitários não realizam a liberdade de expressão, apenas cumprem uma atividade acessória ao comércio, nos termos da lei que disciplina o mesmo comércio. Se a venda de um produto não é autorizada, sua publicidade, por decorrência natural, também não será autorizada, sem nenhum embaraço à liberdade.

Quando impõem restrições à publicidade infantil, as leis democráticas não apenas não ferem a liberdade dos anunciantes como, no mais das vezes, protegem a liberdade e a integridade de crianças e adolescentes. Em idade pré-escolar, e mesmo nos primeiros anos do ensino fundamental, os seres humanos têm menos defesas intelectuais e cognitivas contra os artifícios retóricos da publicidade, que mesclam de modo malicioso fato e fantasia (ou verdade e ficção) para fomentar o consumismo mais destrambelhado. Como discurso *interessado* (interessado em vender), a publicidade distorce a relação das crianças com a mercadoria e, por decorrência, com a sociedade. Logo, há lucidez, e não autoritarismo, na vedação de personagens infantis como protagonistas de peças publicitárias e, principalmente, na orientação de evitar a veiculação de anúncios comerciais para os que ainda mal aprenderam a ler. A publicidade invasiva, para dizer o mínimo, é venenosa para crianças. Até pouco tempo atrás, a publicidade não tinha escrúpulos em fantasiar de maço de cigarro um ídolo infantil, campeão de Fórmula 1, para fabricar fumantes no futuro. A publicidade é cancerígena, mas alguma resistência começa a surgir.

Contudo, as mesmas legislações democráticas que enfrentam a publicidade infantil ainda não se deram conta do que significa a exploração do olhar e o extrativismo dos dados das crianças pelas engrenagens da Superindústria do Imaginário para a fabricação do *valor de gozo*. No seu senso comum, as democracias ainda consideram os meios de comunicação meros distribuidores de "conteúdos", e não meios de produção que empregam o olhar para a fabricação da imagem da mercadoria. Sofremos de um déficit de paradigma teórico. As autoridades reguladoras ainda não assimilaram a verdade evidente de que os meios de comunicação, mais do que um dispositivo de entrega de informação e divertimento, são meios de produção de *valor de gozo*, que exploram o trabalho do olhar sem remunerar ninguém por isso.

Há outras coisas das quais as autoridades nem desconfiam. Elas ainda não compreenderam devidamente que, quando as tecnologias rastreiam e extraem dados dos usuários – como fazem todos os serviços de *streaming* e todos os sites disponíveis na internet –, engrenagens ocultas corrosivas entram em ação. Os dados coletados gratuitamente pelos conglomerados contêm chaves do desejo inconsciente, de tal maneira que, como já se tornou comum dizer, os algoritmos dispõem de mais conhecimento sobre as predileções dos sujeitos do que os próprios sujeitos. Os dados fornecem uma espécie de mapeamento das pulsões, dos impulsos, dos instintos, dos reflexos, dos ritmos e dos circuitos neuronais de cada indivíduo. Os algoritmos do capital conhecem a fundo os códigos mais íntimos do desejo inconsciente de cada indivíduo, mas esse mesmo indivíduo não conhece nada sobre os códigos secretos dos algoritmos.

O desafio, de extrema gravidade, é maior do que uma legislação nacional sozinha. Só poderá ser enfrentado em âmbito internacional e, de modo localizado, pelas democracias centrais. Os monopólios se firmaram e sediaram seus quartéis-generais nas economias centrais, especialmente nos Estados Unidos e, em segundo plano, na Europa. Logo, as democracias nesses países têm mais condições institucionais de combater os monopólios. Não podem mais atrasar. Cada dia perdido é um dia de tragédia.

A democracia acertou quando impôs limites históricos ao capital, como quando criminalizou a contratação de mão de obra infantil. Acertou quando aboliu a escravidão. Acerta agora quando protege as crianças contra a voracidade das mensagens publicitárias. No entanto, quando se trata de impedir que o mesmo capital explore o olhar e se aproprie dos dados e dos códigos neuronais e pulsionais mapeando o desejo das crianças – e dos adultos –, a democracia ainda se omite. Não por má-fé, mas por falta de aparato conceitual que lhe permita compreender sistematicamente a violência sem paralelos do modo de produção em curso.

Essa investida monopolista sobre o olhar, o desejo e o Imaginário distorce a forma de engajamento dos sujeitos no debate público e, por isso, é incompatível com o Estado democrático de direito. O modelo de negócio das *big techs* – um dos mais agressivos da Superindústria do Imaginário – produz assimetrias gigantescas de informação, exerce um controle não transparente sobre o fluxo do olhar e, automaticamente, sobre o fluxo das ideias e das imagens, e corrompe (no sentido tecnológico do termo) os processos decisórios que envolvem a participação popular.

Não estamos falando do trânsito do sujeito do inconsciente pela comunicação social – isso sempre houve, desde que existe a linguagem, e nunca deveria ter sido visto como um problema. Estamos falando de outro fator que – este, sim – desestrutura por inteiro o debate público e os mecanismos ordenadores da sociedade democrática. Esse fator não é a tecnologia, como muitos acreditam, mas as relações de propriedade que a dominam e que, por meio dela, governam, sem mandato, os fluxos informativos no *telespaço público*. O impasse está posto: ou as democracias estabelecem limites legais para esse modo de produção, ou seguirão cada vez mais limitadas por ele.

As democracias centrais estão desafiadas a declarar, na forma da lei, que o psiquismo do sujeito não está mais disponível à apropriação do capital. A formação da subjetividade, a integridade psíquica e os circuitos personalíssimos do desejo de cada um e cada uma não podem mais ser transformados em valores de troca à revelia de seus titulares. Essa apropriação mercantilista da essência do ser humano, muito mais do que a apropriação do tempo das nossas vidas, constitui a pior das monstruosidades.

A cada minuto, a mercadoria expande seu império. E não nos iludamos: é assim no mundo todo. Mesmo na China, cujas estratégias econômicas melindram certos barões do mercado dito ocidental, o império da mercadoria avança, nos moldes de uma vertente estatal do modo capitalista de produção, ou num "capitalismo de Estado", como alguns preferem, com o fomento de acumulação privada, a geração de desigualdade e a exportação de seus padrões de exploração redobrada. Por trás da vigilância ultrainvasiva que o Estado chinês implementa contra a privacidade de seus cidadãos, não está apenas a doutrina do partido único, mas uma cumplicidade orgânica entre a autocracia autoproclamada "comunista" e o capital globalizado. Na China, e sobretudo lá, os desígnios capitalistas se aprofundam, enquanto as garantias democráticas se expressam apenas na forma de miragens utópicas.

A contradição que define as demais

Se houver alguma solução, ela passará pela política. Não há mais saída fora da política. Não adianta mais conclamar um levante dos *soviets*, não adianta convocar os jovens para a sedução hormonal das armas de fogo. Há quem ache bonito, mas não vinga. A política é a mais elaborada, complexa e eficiente forma de ação coletiva que nossa civilização foi capaz de gerar. Só ela poderá produzir respostas – e só nos marcos da paz, da não violência e dos direitos humanos –, pois só ela nos assegura a possibilidade material de fortalecer o tecido democrático, já tão precarizado; só ela garante o acesso ao Estado, a única autoridade reguladora capaz de fazer frente à Superindústria. Se nos resignarmos a descartar a política, perderemos a débil democracia que aí está, abertamente ameaçada, e a chance de produzir uma democracia melhor, mais inclusiva e mais vigorosa. Perderemos, enfim, a única via de que dispomos para a defesa da dignidade humana em um âmbito universal.

Se vastos territórios do Imaginário se renderam ao domínio da mercadoria, uma pequena ilha civilizada – feita de palavras, pensamento crítico e ação política democrática – ainda reúne potência simbólica para reverter o quadro. Nesse âmbito, a verdade factual, como disse Hannah Arendt, ainda é "a própria textura do domínio político".[492] Ainda é possível acreditar que é possível. Em algumas democracias centrais, ganham fôlego as teses que propõem a quebra dos monopólios das *big techs*. É um caminho. Devemos olhar para isso com engajamento e decisão.

A luta política do nosso tempo deve ter como bandeira a defesa da livre constituição da subjetividade humana, somada à defesa da integridade psíquica de cada pessoa. Por meio dessa chave, outras bandeiras, hoje dispersas, poderão se articular de modo mais compacto, em torno dos princípios de igualdade, respeito, dignidade, antirracismo, direitos e garantias individuais, ambientalismo e liberdade. Ao bombardear de modo tão vil a livre formação da subjetividade, o capital sabota todas, absolutamente todas as aspirações de liberdade e de justiça social. Um mundo de seres maquínicos, tornados autômatos, como vem desenhando o capital, não conhecerá jamais nenhum anseio de vida plena, de solidariedade e de amor.

A contradição definidora do nosso tempo não cabe mais na fórmula da luta de classes. Sem dúvida, a tensão entre as classes sociais é estruturante e nunca cessa, mas, hoje, essa contradição habita uma

---

[492] ARENDT, Hannah. Verdade e política. In: ARENDT, Hannah. *Entre o passado e o futuro*. Tradução de Manuel Alberto. Lisboa: Relógio D'Água Editores, 1995. Texto disponível no site da Academia Brasileira de Direito do Estado: https://bit.ly/3eCjhUE. Acesso em: 27 abr. 2021.

outra, mais definitiva. A contradição central que nos amarra é a mesma que pode nos libertar: a contradição entre a política e o capital. Do lado da política, encontramos conexões com os valores da civilização. Do lado do capital desgovernado, sem regulação, só encontramos a distopia, na qual a vida humana valerá ainda menos do que vale agora.

A mesma contradição definidora do nosso tempo, entre política e capital, pode ser percebida em duas outras da mesma raiz: entre democracia e mercado, e entre pensamento e mercadoria. A política ainda guarda as condições para ser o campo da manufatura da democracia, o canteiro da construção, da afirmação e da validação eficaz dos direitos. O capital, força oposta aos direitos, representa a vingança da selva contra a cultura política de direitos. O capital totalitário, aquele que se consuma na tecnologia sem lei, é a anticivilização.

Durante o século XX, o hálito da barbárie foi pressentido, em momentos distintos, por Rosa Luxemburgo, Leon Trotsky e, logo após a Segunda Guerra, por Claude Lefort e Cornelius Castoriadis, militantes do grupo francês denominado "Socialismo ou Barbárie". Em muitos aspectos, o século XX foi mesmo o século das barbáries. Agora, no século XXI, o cenário é pior. Menos visível, talvez, mas pior. Se dizimar em série as subjetividades, como já vem fazendo, o capital terá dizimado tudo.

Alguns dos revolucionários do século XX viram na política um meio para catapultar a revolução, que depois não precisaria mais dela. Com uma revolução que nos traria todas as respostas (ideológicas e *videológicas*), a política, produtora de perguntas, teria perdido a serventia. Em outros descaminhos, houve quem detectasse na política um atalho oportuno para acumular divisas no caixa da causa e, com sua estratégia estreita, jogou ácido em cima do tecido sensível da confiança entre os cidadãos reunidos em público. O que nos cabe, agora, é saber que a única revolução que conta está na política e na democracia. Sem as duas, a soberania popular perderá seu objeto, o Estado terá sido capturado pela treva e não haverá anteparos contra a Superindústria. As lembranças da revolução que não houve serão soterradas por imagens imundas e metais pesados.

Referências

ABBAGNANO, Nicola. *Dicionário de Filosofia*. Tradução da primeira edição brasileira coordenada e revista por Alfredo Bosi; revisão da tradução e tradução de novos textos de Ivone Castilho Benedetti. 6. ed. São Paulo: Editora WMF Martins Fontes, 2012.

ABBOUD, Georges; NERY JR., Nelson; CAMPOS, Ricardo (Orgs.). 2. ed. *Fake news e regulação*. São Paulo: Thompson Reuters Brasil/ Revista dos Tribunais, 2020.

ABRANCHES, Sérgio. *O tempo dos governantes incidentais*. São Paulo: Companhia das Letras, 2020.

ACHACHE, Gilles. El marketing político. In: FERRY, Jean-Marc *et al.* (Orgs.). *El nuevo espacio público*. 2. reimp. Barcelona: Editorial Gedisa, 1998.

ADORNO, Theodor W. *Teoria estética*. Tradução de Artur Mourão. Lisboa: Edições 70, 1982.

ADORNO, Theodor W.; HORKHEIMER, Max. A indústria cultural: o esclarecimento como mistificação das massas. In: ADORNO, Theordor; HORKHEIMER, Max. *Dialética do esclarecimento: fragmentos filosóficos*. Tradução de Guido Antonio de Almeida. Rio de Janeiro: Jorge Zahar Editor, 1985.

ADORNO, Theodor W.; HORKHEIMER, Max. *Dialética do esclarecimento: fragmentos filosóficos*. Tradução de Guido Antonio de Almeida. Rio de Janeiro: Jorge Zahar Editor, 1985.

ALTHUSSER, Louis. *Aparelhos ideológicos de Estado: nota sobre os aparelhos ideológicos de Estado (AIE)*. 2. ed. Rio de Janeiro: Edições Graal, 1985.

ARENDT, Hannah. *Ação e a busca da felicidade*. Organização e notas por Heloisa Starling. Tradução de Virginia Starling. Rio de Janeiro: Bazar do Tempo, 2018.

ARENDT, Hannah. *Entre o passado e o futuro*. Tradução de Manuel Alberto. Lisboa: Relógio D'Água Editores, 1995.

ARENDT, Hannah. Revolução e liberdade, uma palestra. In: ARENDT, Hannah. *Ação e a busca da felicidade*. Organização e notas por Heloisa Starling. Tradução de Virginia Starling. Rio de Janeiro: Bazar do Tempo, 2018.

ARENDT, Hannah. Verdade e política. In: ARENDT, Hannah. *Entre o passado e o futuro*. Tradução de Manuel Alberto. Lisboa: Relógio D'Água Editores, 1995. Disponível em: https://bit.ly/3eCjhUE. Acesso em: 26 mar. 2021.

ARISTÓTELES. *Aristóteles*. São Paulo: Nova Cultural, 1996. (Coleção Os Pensadores).

ARISTÓTELES. *Organon VI – Elencos Sofísticos*. São Paulo: Nova Cultural, 1996. (Coleção Os Pensadores).

ARISTÓTELES. *Poética*. São Paulo: Nova Cultural, 1996. (Os Pensadores).

AUGÉ, Marc. *Não lugares: introdução a uma antropologia da supermodernidade*. Tradução de Maria Lúcia Pereira. Campinas: Papirus, 1994.

BACCEGA, Maria Aparecida. *Palavra e discurso: história e literatura*. São Paulo: Ática, 1995.

BAKHTIN, Mikhail. *Marxismo e filosofia da linguagem*. 8. ed. Tradução de Michel Lahud e Yara Frateschi. São Paulo: Hucitec, 1997.

BARBOUR, Julian. *The End of Time*. London: Weidenfeld & Nicolson, 1999.

BARTHES, Roland. *Mitologias*. 4. ed. Tradução de Rita Buongermino, Pedro de Souza e Rejane Janowitzer. Rio de Janeiro: Difel, 2009.

BENJAMIN, Walter. A obra de arte na era de sua reprodutibilidade técnica (primeira versão). In: BENJAMIN, Walter. *Magia e técnica, arte e política*: *ensaios sobre literatura e história da cultura*. Tradução de Sergio Paulo Rouanet. São Paulo: Brasiliense, 1994. (Obras Escolhidas, v. 1).

BENJAMIN, Walter. *Charles Baudelaire, um lírico no auge do capitalismo*. Tradução de José Carlos Martins Barbosa e Hemerson Alves Baptista. São Paulo: Brasiliense, 1989. (Obras Escolhidas, v. 3).

BENJAMIN, Walter. *Magia e técnica, arte e política: ensaios sobre literatura e história da cultura*. Tradução de Sergio Paulo Rouanet. São Paulo: Brasiliense, 1987. (Obras Escolhidas, v. 1).

BENJAMIN, Walter. Paris, capital do século XXI. In: KOTHE, Flávio R. (Org.). *Walter Benjamin*. São Paulo: Ática, 1985. (Coleção Grandes Cientistas Sociais).

BENJAMIN, Walter. Sobre o conceito de história. In: BENJAMIN, Walter. *Magia e técnica, arte e política: ensaios sobre literatura e história da cultura*. Tradução de Sergio Paulo Rouanet. São Paulo: Brasiliense, 1987. (Obras Escolhidas, v. 1).

BENKLER, Yochai. *The Wealth of Networks*. New Heaven, Conn: Yale University Press, 2006.

BLOTTA, Vitor S. L. *O direito à comunicação: uma nova teoria crítica do direito a partir da esfera pública política*. São Paulo: Editora Fiuza, 2013. (Coleção Estudos Acadêmicos de Direito Digital e de Direito da Sociedade da Informação, v. 3).

BOLAÑO, César. A reforma das telecomunicações no governo FHC. *Universidade e Sociedade*, Associação Nacional dos Docentes do Ensino Superior (Andes), ano 8, n. 15, fev. 1998.

BOORSTIN, Daniel J. *The Image: A Guide to Pseudo-Events in America*. New York: First Vintage Books (Random House), 1992.

BOURDIEU, Pierre. *O poder simbólico*. Tradução de Fernando Tomaz. São Paulo: Difel, 1989.

BOURDIEU, Pierre. *Sobre a televisão*. 1. ed. Tradução de Maria Lúcia Machado. Rio de Janeiro: Jorge Zahar Editor, 1997.

BROWN, Wendy. *Nas ruínas do neoliberalismo: a ascensão da política antidemocrática no Ocidente*. Tradução e notas de Mario A. Marino e Eduardo A. Camargo Santos. São Paulo: Editora Filosófica Politeia, 2019.

BUCCI, Eugênio. A mutação do capitalismo (ou simplesmente E = ki). In: NOVAES, Adauto (Org.). *Mutações entre dois mundos*. São Paulo: Edições Sesc São Paulo, 2017.

BUCCI, Eugênio. Álbum de família: meu pai, meus irmãos e o tempo. In: MAMMI, Lorenzo; SCHWARCZ, Lilia Moritz (Orgs.). *Oito vezes fotografia*. São Paulo: Companhia das Letras, 2008.

BUCCI, Eugênio. Alguns amigos que eu tenho (e de como o capital aprendeu a falar). *Praga*, São Paulo, Editora Hucitec, n. 3, p. 109-120, 1997.

BUCCI, Eugênio. Aquilo de que o humano é instrumento descartável: sensações teóricas. In: NOVAES, Adauto (Org.). *A condição humana: as aventuras do homem em tempos de mutações*. v. 1. Rio de Janeiro; São Paulo: Agir Editora; Edições Sesc São Paulo, 2009.

BUCCI, Eugênio. *Brasil em tempo de TV*. São Paulo: Boitempo, 1996.

BUCCI, Eugênio. Em torno da instância da imagem ao vivo. *Matrizes*, ano 3, n. 1, p. 65-79, ago.-dez. 2009.

BUCCI, Eugênio. O bicho virtual é você. *Veja*, São Paulo, Coluna Tempo de TV, 13 ago. 1997.

BUCCI, Eugênio. *Televisão objeto: a crítica e suas questões de método*. Tese (Doutorado em Comunicação) – Escola de Comunicações e Artes, Universidade de São Paulo, São Paulo, 2002.

BUCCI, Eugênio. Ubiquidade e instantaneidade no *telespaço público*: algum pensamento sobre a televisão. *Caligrama* – Revista de Estudos e Pesquisa em Linguagem e Mídia, v. 2, n. 3, set.-dez. 2006. Disponível em: https://bit.ly/3u9JdgE. Acesso em: 26 mar. 2021.

BUCCI, Eugênio. Um preâmbulo: o raio visual ou as memórias de infância. In: NOVAES, Adauto (Org.). *A experiência do pensamento*. São Paulo: Edições Sesc São Paulo, 2010.

BUCCI, Eugênio; HADDAD, Fernando. Propriedade, esquerda e direita. *Teoria & Debate*, n. 25, p. 71-74, jun.-ago. 1994.

BUCCI, Eugênio; KEHL, Maria Rita. *Videologias*. São Paulo: Boitempo, 2003.

BUCCI, Eugênio; VENANCIO, Rafael. D. O. O *valor de gozo*: um conceito para a crítica da indústria do imaginário. *Matrizes*, São Paulo, ECA-USP, v. 8, n. 1, p. 141-158, jan.- jun. 2014.

BUCHKA, Peter. *Os olhos não se compram: Wim Wenders e seus filmes*. Tradução de Lúcia Nagib. São Paulo: Companhia das Letras, 1997.

CABAS, Antonio Godino. O simbólico, o imaginário, o real. In: CABAS, Antonio Godino. *Curso y discurso en la obra de J. Lacan*. Buenos Aires: Helgero Editores, 1983.

CALHOUN, Craig. *Habermas and the Public Sphere*. Cambridge: MIT Press, 1993.

CANCLINI, Néstor García. *Consumidores e cidadãos, conflitos multiculturais da globalização*. Rio de Janeiro: Editora UFRJ, 1995.

CELIKATES, Robin. Digital Public, Digital Contestation: A New Structural Transformation of Public Sphere?. In: CELIKATES, Robin; KREIDE, Regina; WESCHE, Tilo (Orgs.). *Transformations of Democracy*. Lanham: Rowman & Littlefield, 2015.

CELIKATES, Robin; KREIDE, Regina; WESCHE, Tilo. *Transformations of Democracy*. Lanham: Rowman & Littlefield, 2015.

CHAUI, Marilena. *Conformismo e resistência*. 3. ed. São Paulo: Brasiliense, 1989.

CHAUI, Marilena. *O que é ideologia*. São Paulo: Brasiliense, 1980.

CHAUI, Marilena. Os intelectuais e a política (prefácio). In: NASCIMENTO, Milton Meira do. *Opinião pública e revolução*. São Paulo: Edusp; Nova Stella, 1989.

DARNTON, Robert. *Boemia literária e revolução: o submundo das letras no Antigo Regime*. Tradução de Luís Carlos Borges. São Paulo: Companhia das Letras, 1987.

DARWIN, Charles. *A origem das espécies: a origem das espécies por meio da seleção natural ou a preservação das raças favorecidas na luta pela vida*. Tradução de Carlos Duarte e ilustrações de Getulio Delphim. São Paulo: Martin Claret, 2014.

DAWKINS, Richard. *River out of Eden: A Darwinian View of Life*. New York: Basic Books, 1995.

DEBORD, Guy. *A sociedade do espetáculo*. Tradução de Estela dos Santos Abreu. Rio de Janeiro: Contraponto, 1997.

DEBRAY, Régis. *Manifestos midiológicos*. Petrópolis: Vozes, 1995.

DEBRAY, Régis. *Vida e morte da imagem: uma história do olhar no Ocidente*. Petrópolis: Vozes, 1993.

DESCARTES, René. *Discurso do método*. Tradução de Maria Ermantina de Almeida Galvão. São Paulo: Nova Cultural, 1996.

DESTUTT DE TRACY, Antoine. Idéologie. In: DESTUTT DE TRACY, Antoine. *Eléments d'idéologie*, v. 1. France: Norp-Nop Editions, 2011. (Edição digital [ePub]).

DUARTE, Rodrigo. Valores e interesses na era das imagens. In: NOVAES, Adauto (Org.). *Muito além do espetáculo.* São Paulo: Editora Senac, 2005.

DUNKER, Christian. *O cálculo neurótico do gozo.* 2. ed. rev. e amp. São Paulo: Zagodoni, 2020.

ELIAS, Norbert. *Sobre el tiempo.* México, DF: Fondo de Cultura Económica, 1997.

EMPOLI, Giuliano da. *Os engenheiros do caos.* Tradução de Arnaldo Bloch. São Paulo: Vestígio, 2019.

ESPINOSA, Baruch. Pensamentos metafísicos. In: ESPINOSA, Baruch. *Espinosa.* São Paulo: Nova Cultural, 1997. (Coleção Os Pensadores).

FARACO, Rafael. Antoine Meillet e a construção da linguística moderna. In: MEILLET, Antoine. Organização de Rafael Faraco e Miguel Soares Palmeira. *Como as palavras mudam de sentido.* São Paulo: Edusp, 2016.

FERRY, Jean-Marc *et al.* 2 reimp. *El nuevo espacio público.* Barcelona: Editorial Gedisa, 1998.

FERRY, Jean-Marc. Las transformaciones de la publicidad política. In: FERRY, Jean-Marc *et al.* 2. reimp. *El nuevo espacio público.* Barcelona: Editorial Gedisa, 1998.

FREITAS, Jeanne Marie Machado de. *Comunicação e psicanálise.* São Paulo: Escuta, 1992.

FREUD, Sigmund. Conferência XVIII: Fixação em traumas – o inconsciente. In: FREUD, Sigmund. *Obras psicológicas completas de Sigmund Freud.* v. 16. Edição standard brasileira. Rio de Janeiro: Imago, 1996.

FREUD, Sigmund. O Inconsciente. In: FREUD, Sigmund. *Obras psicológicas completas de Sigmund Freud.* v. 14. Edição standard brasileira. Rio de Janeiro: Imago, 1996.

FREUD, Sigmund. *Obras completas.* v. 11. Tradução de Paulo César de Souza. 1. ed. São Paulo: Companhia das Letras, 2012.

FREUD, Sigmund. *Psicologia das massas e análise do eu e outros textos.* Tradução de Paulo César Souza. São Paulo: Companhia das Letras, 2011. (Edição digital [ePub]).

FREUD, Sigmund. Uma dificuldade no caminho da psicanálise. In: FREUD, Sigmund. *Obras psicológicas completas de Sigmund Freud.* v. 17. Edição standard brasileira. Rio de Janeiro: Imago, 1996.

FRITSCH, Wilson. Apresentação. In: SMITH, Adam. *A riqueza das nações: investigações sobre sua natureza e suas causas.* São Paulo: Nova Cultural, 1996.

GARAUDY, Roger. *Rumo a uma guerra santa?.* Rio de Janeiro: Jorge Zahar Editor, 1995.

GIBSON, William. *Neuromancer.* 5. ed. Tradução de Fábio Fernandes. São Paulo: Aleph, 2016.

GORENDER, Jacob. Apresentação. In: MARX, Karl. *O capital: crítica da economia política – Livro I: o processo de produção do capital.* Tradução de Rubens Enderle. São Paulo: Boitempo, 2013. (Edição digital [ePub]).

HABERMAS, Jürgen. *Between Facts and Norms.* Cambridge: MIT Press, 1992.

HABERMAS, Jürgen. *L'espace public: 30 ans après.* Paris: Quaderni, n. 18, 1992.

HABERMAS, Jürgen. *Mudança estrutural da esfera pública.* Tradução de Flávio R. Kothe. Rio de Janeiro: Tempo Brasileiro, 1984.

HABERMAS, Jürgen. Political Communication in Media Society: Does Democracy Still Enjoy an Epistemic Dimension? The Impact of Normative Theory on Empirical Research. *Communication Theory*, v. 16, p. 411-426, 2006.

HABERMAS, Jürgen. *Teoría de la acción comunicativa.* v. 2. Madrid: Taurus, 1987.

HADDAD, Fernando. *Em defesa do socialismo.* Petrópolis: Vozes, 1998. (Coleção Zero à Esquerda).

HAUG, Wolfgang Fritz. *Crítica estética da mercadoria.* Tradução de Erlon José Pachoal. São Paulo: Fundação Editora da Unesp, 1997.

HITLER, Adolf. *Mein Kampf.* Disponível em: https://bit.ly/3xt8On2. Acesso em: 26 mar. 2021.

HITLER, Adolf. *Minha Luta.* 8. ed. São Paulo: Editora Mestre Jou, 1962.

HOUAISS, Antonio. *Dicionário Houaiss da língua portuguesa.* Disponível em: https://bit.ly/3tWhZKz. Acesso em 27 abr. 2021.

IANNI, Octavio. *A sociedade global.* 6. ed. Rio de Janeiro: Civilização Brasileira, 1998.

IANNI, Octavio. *Teorias da globalização.* 5. ed. Rio de Janeiro: Civilização Brasileira, 1998.

KANT, Immanuel. *Crítica da razão pura*. Tradução de Manoela Pinto dos Santos e Alexandre Fradique Marujão. São Paulo: Abril Cultural, 1983.

KANT, Immanuel. *Fundamentação da metafísica dos costumes*. Tradução de Paulo Quintela. Lisboa: Edições 70, 2009. p. 47.

KAUFMAN, Dora. *A inteligência artificial irá suplantar a inteligência humana?*. São Paulo: Estação das Letras e Cores, 2019.

KAUFMANN, Pierre (Org.). *Dicionário enciclopédico de psicanálise: o legado de Freud e Lacan*. Rio de Janeiro: Jorge Zahar Editor, 1996.

KEANE, John. Transformações estruturais da esfera pública. *Comunicação&Política*, v. 2, n. 2, São Paulo, Cebela, p. 6-28, 1995.

KEHL, Maria Rita. Eu vi um Brasil na TV. In: KEHL, Maria Rita; COSTA, Alcir Henrique; SIMÕES, Inimá (Orgs.). *Um país no ar*. São Paulo: Ed. Brasiliense; Funarte, 1986.

KEHL, Maria Rita. Imaginar e pensar. In: NOVAES, Adauto (Org.). *Rede imaginária*. São Paulo: Companhia das Letras; Secretaria Municipal da Cultura, 1991.

KEHL, Maria Rita. Imaginário e pensamento. In: SOUSA, Mauro Wilton de (Org.). *Sujeito, o lado oculto do receptor*. São Paulo: Brasiliense, 1995.

KEHL, Maria Rita. O Fetichismo. In: SADER, Emir (Org.). *Sete pecados do capital*. Rio de Janeiro: Record, 1999.

KEHL, Maria Rita. Reservas ambientais, reservas do imaginário. In: *Parabólicas* (publicação periódica do Instituto Socioambiental), n. 27, ano 4, mar. 1997.

KEYNES, John Maynard. *The General Theory of Employment, Interest and Money*. London: Macmillan, 1936.

KIBUUKA, Greice Ferreira Drumond. A ópsis na poesia dramática segundo a Poética de Aristóteles. *Anais de Filosofia Clássica*, v. 2, n. 3, p. 60-72, 2008. Disponível em: https://bit.ly/3gHSdGf. Acesso em: 26 mar. 2021.

KIRCHNER, Renato. A fundamental diferença entre o conceito de tempo na ciência histórica e na física: interpretação de um texto heideggeriano. *Veritas*, v. 57, n. 1, p 128-142, jan.-abr. 2012. Disponível em: https://bit.ly/2Pse2y9. Acesso em: 26 mar. 2021.

KOTHE, Flávio R. (Org.). *Walter Benjamin*. São Paulo: Ática, 1985. (Coleção Grandes Cientistas Sociais).

LACAN, Jacques. A agressividade em psicanálise. In: LACAN, Jacques. *Escritos*. Rio de Janeiro: Jorge Zahar Editor, 1998.

LACAN, Jacques. A ciência e a verdade. In: LACAN, Jacques. *Escritos*. Rio de Janeiro: Jorge Zahar Editor, 1998.

LACAN, Jacques. A coisa freudiana. In: LACAN, Jacques. *Escritos*. Rio de Janeiro: Jorge Zahar Editor, 1998.

LACAN, Jacques. A função do bem. In: LACAN, Jacques. *O seminário, livro 7: A ética da psicanálise*. Rio de Janeiro: Jorge Zahar Editor, 1991.

LACAN, Jacques. A instância da letra no inconsciente. In: LACAN, Jacques. *Escritos*. 4. ed. São Paulo: Perspectiva, 1996.

LACAN, Jacques. *Escritos*. Rio de Janeiro: Jorge Zahar Editor, 1998.

LACAN, Jacques. Função e campo da fala e da linguagem. In: LACAN, Jacques. *Escritos*. Rio de Janeiro: Jorge Zahar Editor, 1998.

LACAN, Jacques. L'Imaginaire bien plutôt s'y accroche, l'entoure, s'y accumule. L'objet(a) est d'un autre statut. In: LACAN, Jacques. *O seminário, livro 14: A lógica do fantasma*. 16 de novembro de 1966. Disponível em: https://bit.ly/3sVUfoG. Acesso em: 26 mar. 2021.

LACAN, Jacques. O seminário sobre "A Carta Roubada". In: LACAN, Jacques. *Escritos*. Rio de Janeiro: Jorge Zahar Editor, 1998.

LACAN, Jacques. *O seminário, livro 1: Os escritos técnicos de Freud*. Rio de Janeiro: Jorge Zahar, 1996.

LACAN, Jacques. *O seminário, livro 16: De um outro ao outro*. Rio de Janeiro: Zahar, 2008.

LACAN, Jacques. *O seminário, livro 17: O avesso da psicanálise*. Rio de Janeiro: Jorge Zahar Editor, 1992.

LACAN, Jacques. *O seminário, livro 20: Mais, ainda*. Tradução de M. D. Magno. Rio de Janeiro: Jorge Zahar, 1982.

LACAN, Jacques. *O seminário, livro 7: A ética da psicanálise*. Rio de Janeiro: Jorge Zahar Editor, 1991.

LACAN, Jacques. Ou pire (1972). In: KAUFMANN, Pierre (Org.). *Dicionário enciclopédico de Psicanálise, o legado de Freud e Lacan*. São Paulo: Jorge Zahar, 1996.

LACAN, Jacques. *Televisão*. Rio de Janeiro: Jorge Zahar Editor, 1993.

LE GOFF, Jacques. *A civilização do Ocidente Medieval*. v. 1. Lisboa: Editorial Estampa, 1983.

LEAL, Miguel. Perder a cabeça (e não saber onde está o corpo). In: LEAL, Miguel. *Objectos prescritos*. Porto: Ordem dos Médicos, 2012. p. 8-15. Disponível em: https://bit.ly/2Psg5SZ. Acesso em: 26 mar. 2021.

LEFORT, Claude. *As formas da história: ensaios de antropologia política*. Tradução de Marilena Chaui. São Paulo: Brasiliense, 1979.

LEFORT, Claude. Esboço de uma gênese da ideologia nas sociedades modernas. In: LEFORT, Claude. *As formas da história: ensaios de antropologia política*. Tradução de Marilena Chaui. São Paulo: Brasiliense, 1979. Disponível em: https://bit.ly/3vfyK3E. Acesso em: 26 mar. 2021.

LÉVI-STRAUSS, Claude. Introdução – A obra de Marcel Mauss. In: MAUSS, Marcel. *Sociologia e antropologia*. São Paulo: EPU/EDUSP, 1974.

LEWONTIN, Richard Charles. *Biologia como ideologia*. Ribeirão Preto: FUNPEP, 2000.

LIPPMANN, Walter. Estereótipos. In: STEINBERG, Charles S. *Meios de comunicação de massa*. São Paulo: Cultrix, 1970.

LIPPMANN, Walter. *Public Opinion*. New York: Free Press Paperbacks (Simon and Schuster), 1997.

LOVEJOY, Bess. *Rest in Pieces: The Curious Fates of Famous Corpses*. New York: Simon & Schuster, 2016.

MACHADO, Arlindo. *A ilusão especular*. São Paulo: Brasiliense, 1984.

MAIA, Rousiley C. M. A mídia e o novo espaço público: a reabilitação da sociabilidade e a formação discursiva da opinião. *Comunicação&Política*, v. 5, n. 1, p. 131-156, 1997.

MAMMI, Lorenzo; SCHWARCZ, Lilia Moritz. *Oito vezes fotografia*. São Paulo: Companhia das Letras, 2008.

MANDER, Jerry. *Four Arguments for the Elimination of Television*. New York: Quill, 1977.

MANDEVILLE, Bernard. *A fábula das abelhas: ou vícios privados, benefícios públicos*. Tradução de Bruno Costa Simões. São Paulo: Editora Unesp Digital, 2017. (Edição digital [ePub]).

MARX, Karl. *O capital, crítica da economia política*. 2. ed. Tradução de Regis Barbosa e Flávio Kothe. São Paulo: Abril Cultural, 1985.

MARX, Karl. *O capital: crítica da economia política. Livro I: o processo de produção do capital*. Tradução de Rubens Enderle. São Paulo: Boitempo, 2013. (Edição digital [ePub]).

MARX, Karl; ENGELS, Friedrich. Manifesto comunista. In: REIS FILHO, Daniel Aarão (Org.). *O Manifesto comunista 150 anos depois*. Rio de Janeiro; São Paulo: Contraponto; Fundação Perseu Abramo, 1998.

MARX, Karl; ENGELS, Friedrich. *O manifesto comunista*. Tradução de Maria Lúcia Como. Rio de Janeiro: Paz e Terra, 1996. (Coleção Leitura).

MATTELART, Armand; MATTELART, Michèle. *História das teorias da comunicação*. São Paulo: Edições Loyola, 1999.

MAUSS, Marcel. *Sociologia e antropologia*. Tradução de Mauro W. B. de Almeida. São Paulo: EPU/Edusp, 1974.

MEILLET, Antoine. *Como as palavras mudam de sentido*. Edição bilíngue e crítica. Organização de Rafael Faraco Benthien e Miguel Soares Palmeira. São Paulo: Edusp, 2016.

MERLEAU-Ponty, Maurice. *Fenomenologia da percepção*. Rio de Janeiro: Livraria Freitas Bastos S. A., 1971.

MIÈGE, Bernard. L'espace public: perpétué, élargi et fragmenté. In:

MOROZOV, Evgeny. *Big tech: a ascensão dos dados e a morte da política*. Tradução de Cláudio Marcondes. São Paulo: Ubu Editora, 2018.

MURRAY, Charles; HERRNSTEIN, Richard. *The Bell Curve*. New York: The Free Press, 1994.

NASCIMENTO, Milton Meira do. *Opinião pública e revolução*. São Paulo: Edusp; Nova Stella, 1989.

NOVAES, Adauto (Org.). *A condição humana: as aventuras do homem em tempos de mutações*. v. 1. Rio de Janeiro; São Paulo: Agir Editora; Edições Sesc São Paulo, 2009.

NOVAES, Adauto (Org.). *A experiência do pensamento*. São Paulo: Edições Sesc São Paulo, 2010.

NOVAES, Adauto (Org.). *Mutações entre dois mundos*. São Paulo: Edições Sesc São Paulo, 2017.

NOVAES, Adauto (Org.). *Mutações: o futuro não é mais o que era.* São Paulo: Edições Sesc São Paulo, 2013.

NOVAES, Adauto. Mundos possíveis. In: NOVAES, Adauto (Org.). *Mutações: o futuro não é mais o que era.* São Paulo: Edições Sesc São Paulo, 2013. Disponível em: https://bit.ly/3aGcp7C. Acesso em: 26 mar. 2021.

ORLANDI, Eni. *Terra à vista.* São Paulo: Cortez, 1990.

ORTIZ, Renato. *Cultura e modernidade: a França no século XIX.* São Paulo: Brasiliense, 1991.

PAILLIART, Isabelle (Org.). *L'espace public et l'emprise de la communication.* Grenoble: Ellug, 1995.

PARENTE, André (Org.). *Imagem-máquina: a era das tecnologias do virtual.* Rio de Janeiro: Editora 34, 1995.

PÊCHEUX, Michel. O mecanismo do (des)conhecimento ideológico. In: ŽIŽEK, Slavoj (Org.). *Um mapa da ideologia.* Tradução de Vera Ribeiro. Rio de Janeiro: Contraponto, 1996.

PESSANHA, José Américo Motta. Vida e Obra. In: PESSANHA, José Américo Motta (Org.). *Santo Agostinho.* São Paulo: Nova Cultural, 1996. (Os Pensadores).

PETERS, Bernhard. The Meaning of the Public Sphere. In: WESSLER, Hartmut (Org.). *Public Deliberation and Public Culture: The Writings of Bernhard Peters, 1993-2005.* Houndmills: Palgrave Macmillan, 2008.

PIKETTY, Thomas. *Capital e ideologia.* Tradução de Maria de Fatima Oliva do Coutto e Dorothee de Bruchard. São Paulo: Intrínseca, 2020. (Edição digital [ePub]).

QUÉAU, Philippe. O tempo do virtual. In: PARENTE, André. *Imagem-máquina: a era das tecnologias do virtual.* Rio de Janeiro: Editora 34, 1995.

RANCIÈRE, Jacques. *A partilha do sensível: estética e política.* 2. ed. Tradução de Mônica Costa Netto. São Paulo: Editora 34, 2009. (Coleção Trans).

RANCIÈRE, Jacques. *O desentendimento: política e filosofia.* Tradução de Ângela Leite Lopes. São Paulo: Editora 34, 1996.

REIS FILHO, Daniel Aarão (Org.). *O Manifesto comunista 150 anos depois.* Rio de Janeiro; São Paulo: Contraponto; Fundação Perseu Abramo, 1998.

ROVELLI, Carlo. *A ordem do tempo.* Tradução de Silvana Cobucci Leite. Rio de Janeiro: Objetiva, 2018.

ROVELLI, Carlo. *A realidade não é o que parece*. Tradução de Silvana Cobucci Leite. Rio de Janeiro: Objetiva, 2017.

RUBIN, Isaak Illich. *Teoria marxista do valor*. Tradução de S. Amaral Filho. São Paulo: Editora Polis, 1987.

SANTOS, Boaventura de Sousa. O Social e o Político na Transição Pós-moderna. In: SANTOS, Boaventura de Sousa. *Pela mão de Alice*. Lisboa: Edições Afrontamento, 1994.

SAUSSURE, Ferdinand de. *Curso de linguística geral*. Organização de Charles Bally e Albert Sechehaye. São Paulo: Cultrix, 1969.

SENNETT, Richard. *O declínio do homem público*. Tradução de Lygia Araújo Watanabe. São Paulo: Companhia das Letras, 1995.

SHORTO, Russell. *Os ossos de Descartes: a história do esqueleto por trás do conflito entre fé e razão*. Tradução de Daniel Estill. Rio de Janeiro: Objetiva, 2013,

SILVA, Carlos Eduardo Lins da. *Muito além do Jardim Botânico: um estudo sobre a audiência do* Jornal Nacional *da Globo entre trabalhadores*. São Paulo: Summus, 1985.

SIMAAN, Arkan; FONTAINE, Joëlle. *A imagem do mundo: dos babilônios a Newton*. Tradução de Dorothée de Bruchard. São Paulo: Companhia das Letras, 2003.

SIMON, Gérard. *Sciences et savoirs au XVIe et XVIIe siècles*. Lille: Septentrion, 1996.

SMITH, Adam. *A riqueza das nações: investigações sobre sua natureza e suas causas*. São Paulo: Editora Nova Cultural, 1996.

SÓFOCLES. *Antígona*. Tradução de Millôr Fernandes. Rio de Janeiro: Paz e Terra, 1996.

SOUSA, Mauro Wilton de (Org.). *Sujeito, o lado oculto do receptor*. São Paulo: Brasiliense, 1995.

STANLEY, Jason. *Como funciona o fascismo*. Tradução de Bruno Alexander. Porto Alegre: L&PM, 2018. (Edição digital).

STEINBERG, Charles S. *Meios de comunicação de massa*. São Paulo: Cultrix, 1970.

TOCQUEVILLE, Alexis de. *A democracia na América*. Tradução de Júlia da Rosa Simões. São Paulo: Martins Fontes, 1998.

TOURAINE, Alain. Comunicación política y crisis de la representatividad. In: FERRY, Jean-Marc et al. 2. reimp. *El nuevo espacio público*. Barcelona: Editorial Gedisa, 1998.

TROTSKY, Leon. *A história da revolução russa*. v. 1. Tradução de E. Huggins. Brasília: Senado Federal; Conselho Editorial, 2017.

VIRILIO, Paul. Imagem virtual mental e instrumental. In: PARENTE, André (Org.). *Imagem-máquina: a era das tecnologias do virtual*. Rio de Janeiro: Editora 34, 1995.

WEBER, Max. A política como vocação. In: WEBER, Max. *Ciência e política, duas vocações*. Tradução de Octanny Silveira da Mota e Leonidas Hegenberg. São Paulo: Cultrix, 2006.

WEBER, Max. *Ciência e política, duas vocações*. Tradução de Octanny Silveira da Mota e Leonidas Hegenberg. São Paulo: Cultrix, 2006.

WESSLER, Hartmut (Org.). *Public Deliberation and Public Culture: The Writings of Bernhard Peters, 1993-2005*. Houndmills: Palgrave Macmillan, 2008.

WHITROW, Gerald James. *O tempo na história*. Tradução de Maria Luiza X. de A Borges. Rio de Janeiro: Jorge Zahar Editor, 1993.

WOLFF, Francis. Por trás do espetáculo: o poder das imagens. In: NOVAES, Adauto (Org.). *Muito além do espetáculo*. São Paulo: Editora Senac, 2005. p. 39. Disponível em: https://bit.ly/3tYqV27. Acesso em: 26 mar. 2021.

WU, Tim. *The Attention Merchants: The Epic Scramble To Get Inside Our Heads*. London: Atlantic Books, 2016.

ZANATTA, Rafael; ABRAMOVAY, Ricardo. Dados, vícios e concorrência: repensando o jogo das economias digitais. *Estudos Avançados*, v. 33, n. 96, p. 421-446, 2019. Disponível em: https://bit.ly/3voJpZK. Acesso em: 26 mar. 2021.

ŽIŽEK, Slavoj (Org.). *Um mapa da ideologia*. Tradução de Vera Ribeiro. Rio de Janeiro: Contraponto, 1996.

ŽIŽEK, Slavoj. *Acontecimento: uma viagem filosófica através de um conceito*. Tradução de Carlos Alberto Medeiros. Rio de Janeiro: Zahar, 2017. (Edição digital [ePub]).

ŽIŽEK, Slavoj. *As metástases do gozo: seis ensaios sobre a mulher e a causalidade*. Tradução de Miguel Serras Pereira. Lisboa: Relógio D'Água, 2006.

ŽIŽEK, Slavoj. O espectro da ideologia. In: ŽIŽEK, Slavoj (Org.). *Um mapa da ideologia*. Tradução de Vera Ribeiro. Rio de Janeiro: Contraponto, 1996.

Jornais e veículos eletrônicos

A ONU E a opinião pública global. *O Estado de S.Paulo*, Editorial, p. A3, 5 out. 2020. Disponível em: https://bit.ly/2Pw3huS. Acesso em: 27 mar. 2021.

A POLUIÇÃO DA nuvem digital. *Superinteressante*, 21 jan. 2013 (atualizado em 31 out. 2016). Disponível em: https://bit.ly/3xrNuhG. Acesso em: 27 mar. 2021.

A ROBOT WROTE this Entire Article. Are You Scared Yet, Human?. *The Guardian*, 8 set. 2020. Disponível em: https://bit.ly/3t1dkWd. Acesso em: 27 mar. 2021.

A SURVEY OF Technology and Entertainment. *The Economist*, 19 nov. 1998. Disponível em: https://econ.st/3aIU4Xq. Acesso em: 27 mar. 2021.

APPLE SE TORNA a primeira empresa a alcançar valor de mercado de US$ 2 trilhões. *Época Negócios*, 19 ago. 2020. Disponível em: https://glo.bo/32T8uQA. Acesso em: 27 mar. 2021.

ARMAZENAMENTO DE DADOS digitais causa poluição e desperdício de energia. *Ecycle*. Disponível em: https://bit.ly/2QZSoBO. Acesso em: 27 mar. 2021.

BANCO MUNDIAL. Individuals using the Internet (% of population) - Brazil. Disponível em: https://bit.ly/3gIVMMf. Acesso em: 27 mar. 2021.

BAUDRILLARD, Jean. A Disney World ilimitada. *Folha de S.Paulo*, Caderno Mais, on-line, 9 fev. 1997. Disponível em: https://bit.ly/3nrwMKX. Acesso em: 27 mar. 2021.

BAUDRILLARD, Jean. A verdade oblíqua (entrevista a Luís Antônio Giron). *Época*, 6 mar. 2003. Disponível em: https://glo.bo/3gEMXDb. Acesso em 27 mar. 2021.

BUCCI, Eugênio. Cinco trilhões de dólares. *O Estado de S.Paulo*, p. A2, 13 ago. 2020. Disponível em: https://bit.ly/3gVCSC7. Acesso em: 27 mar. 2021.

CANDIDO, Antonio. *Carta Maior*, 8 ago. 2006. Disponível em: https://bit.ly/3eARrrN. Acesso em: 27 mar. 2021.

CARDOSO, Eliana. Impulsos irracionais em decisões econômicas. *Valor Econômico*, 12 fev. 2011. Disponível em: https://bit.ly/2PuFdsg. Acesso em: 27 mar. 2021.

CERRI, Alberto. Quais os impactos ambientais dos metais pesados presentes nos eletrônicos?. *Ecycle*. Disponível em: https://bit.ly/3dTVrVe. Acesso em: 27 mar. 2021.

CÉU E SILVA, João. Yuval Harari: "Não sabemos o que ensinar aos jovens pela primeira vez na História". *Diário de Notícias*, Portugal, 21 maio 2017. Disponível em: https://bit.ly/3sVq0OB. Acesso em: 27 mar. 2021.

COHEN, David. A irracionalidade racional do Nobel Richard Thaler. *Revista Exame*, 9 out. 2017. Diponível em: https://bit.ly/3sVVVhY. Acesso em: 27 mar. 2021.

CORONAVIRUS IS BEING Used to Suppress Press Freedoms Globally. *Axios*, 31 mar. 2020. Disponível em: https://bit.ly/2S7SLuJ. Acesso em: 27 mar. 2021.

DIAS, Maria Clara. Nike é a marca de vestuário mais valiosa do mundo pelo segundo ano consecutivo. *Época Negócios*, jul. 2019. Disponível em: https://glo.bo/3nqElkN. Acesso em: 27 mar. 2021.

EAVIS, Peter.; LOHR, Steve. Big Techs Domination of Business Reaches New Heights. *The New York Times,* 19 ago. 2020. Disponível em: https://nyti.ms/2R5Crdb. Acesso em: 27 mar. 2021.

ESPINOZA, Javier. EU Targets Big Tech with "Hit List" Facing tougher Rules. *Financial Times*, 11 out. 2020. Disponível em: https://on.ft.com/3t0DLLQ. Acesso em: 27 mar. 2021.

FAINGUELERNT, Mauro. A câmara escura e a fotografia. Disponível em: https://bit.ly/3gJ98rW. Acesso em: 27 mar. 2021.

FAUS, Joan. Crescem as mortes na fronteira entre EUA e México apesar da diminuição drástica de imigrantes. *El País*, 11 fev. 2018. Disponível em: https://bit.ly/3sUknQv. Acesso em: 27 mar. 2021.

FELITTI, Guilherme. Computação em nuvem é o novo vilão do aquecimento global para o Greenpeace. *Época Negócios*, 31 mar. 2010. Disponível em: https://bit.ly/3vl8TY0. Acesso em: 27 mar. 2021.

FRANK, Gustavo. No topo de lista do mercado de moda, Nike é mais valiosa do que nunca. *UOL*, 14 ago. 2020. Disponível em: https://bit.ly/3dXLWEg. Acesso em: 27 mar. 2021.

GLOBAL ECONOMIC PROSPECTS. *The World Bank*, jun. 2020. Disponível em: https://bit.ly/3gJ18XK. Acesso em: 27 mar. 2021.

GUIMARÃES, Fernanda. Crise da Covid-19 dá espaço a empresas de tecnologia, que dispara na Bolsa. *O Estado de S.Paulo*, 12 jun. 2020. Disponível em: https://bit.ly/3xmjvYq. Acesso em: 27 mar. 2021.

INVENTÁRIO DE MIGRAÇÃO Internacional 2019. Organização Das Nações Unidas (ONU). Disponível em: https://bit.ly/3sXVrI7. Acesso em: 27 mar. 2021.

JAPPE, Anselm. A arte de desmascarar. *Folha de S.Paulo*, Caderno Mais!, 17 ago. 1997. Disponível em: https://bit.ly/2R6M5MH. Acesso em: 27 mar. 2021.

JESUS, Santa Teresa de. Meu Amado é para mim. *Acidigital*, Peru. Disponível em: https://bit.ly/3dWUVWE. Acesso em: 27 mar. 2021.

JESUS, Santa Teresa de. *O Livro da vida*. Capítulo 29, parágrafo 13. Disponível em: https://bit.ly/2R3Uz7i. Acesso em: 27 mar. 2021.

LAVELLE, Patricia. Entrevista com Jacques Rancière. *Valor Econômico*, Caderno EU&, 7 nov. 2014. Disponível em: https://bit.ly/3dShImi. Acesso em: 27 mar. 2021.

LE PARLEMENT ADOPTE les propositions de loi sur les infox. *Le Monde*, 20 nov. 2020. Disponível em: https://bit.ly/3vnHBAq. Acesso em: 27 mar. 2021.

MULLER, Nicolas. O começo da internet no Brasil. *Oficina da Net*, 23 abr. 2008 (atualização: 29 maio 2018. Disponível em: https://bit.ly/3sXW58v). Acesso em: 27 mar. 2021.

NOVA CAMPANHA ONU75 promove "maior conversa da história sobre futuro global". *ONU News*, 24 out. 2019. Disponível em: https://bit.ly/3gJfW8I. Acesso em: 27 mar. 2021.

O QUE LEVA Apple, Google, Tesla e outras empresas a serem acusadas de lucrar com trabalho infantil na África. *BBC*, 17 dez. 2019. Disponível em: https://bbc.in/32WrQE4. Acesso em: 27 mar. 2021.

OXFORD ENGLISH DICTIONARY. Word of the Year 2015. *Oxford Languages*. Disponível em: https://bit.ly/2QDydtF. Acesso em: 27 mar. 2021.

PETERS, Jay. Apple is Now the World's Most Valuable Publicly Traded Company. *The Verge*, 31 jul. 2020. Disponível em: https://bit.ly/3dYh9rg. Acesso em: 27 mar. 2021.

PETERSON, Mike. Apple Becomes First U.S. Company to Hit $1.5 Trillion Market Valuation. *Appleinsider*, jun. 2020. Disponível em: https://bit.ly/3gJ2rWE. Acesso em: 27 mar. 2021.

PINHEIRO, Victor. Ações da Apple disparam e empresa volta a ser a mais valiosa do mundo. *Olhar Digital*, 31 jul. 2020. Disponível em: https://bit.ly/2R7vYPi. Acesso em: 27 mar. 2021.

PINTO, Ana Estela de Sousa. Mundo vive onda de recuo democrático, aponta estudo. *Folha de S.Paulo*, p. A11, 13 set. 2020. Disponível em: https://bit.ly/32Q1CTS. Acesso em: 27 mar. 2021.

PLECHER, H. Gross Domestic Product (GDP) of the United States at Current Prices from 1984 to 2021. *Statista*, 27 maio 2020. Disponível em: https://bit.ly/3aLFQFk. Acesso em: 27 mar. 2021.

QIN, Amy; WANG, Vivian; HAKIM, Danny. Como Steve Bannon e um bilionário chinês criaram uma "estrela" da direita na mídia com o coronavírus. *O Estado de S.Paulo*, 20 nov. 2020. Disponível em: https://bit.ly/32RYFSH. Acesso em: 27 mar. 2021.

QUAIS OS MAIORES aeroportos do mundo?. *Blog da Maximilhas*, 19 out. 2019. Disponível em: https://bit.ly/3dWM6Ml. Acesso em: 27 mar. 2021.

ROCHA, Eduardo. Um terço da atividade cerebral vai para a visão. *Rádio USP*, 14 fev. 2018. Disponível em: https://bit.ly/2QDtbgL. Acesso em: 27 mar. 2021.

ROMM, Tony. Amazon, Apple, Facebook and Google Grilled on Capitol Hill over Their Market Power. *Washington Post*, 29 jul. 2020. Disponível em: https://wapo.st/3dTMif9. Acesso em: 27 mar. 2021.

ROSS, Sean. The 5 Biggest Chinese Software Companies. *Investopedia*, 25 fev. 2020. Disponível em: https://bit.ly/3xrjjr1. Acesso em: 27 mar. 2021.

SALIBA, Elias Thomé. A fascinante história de uma cabeça. *O Estado de S.Paulo*, 15 jun. 2013. Disponível em: https://bit.ly/3dVU20j. Acesso em: 27 mar. 2021.

SCHLINDWEIN, Simone. Cobalto: um metal raro, precioso e disputado na República Democrática do Congo. *Deutsche Welle (DW)*, 16 set. 2018. Disponível em: https://bit.ly/3gGSetZ. Acesso em: 27 mar. 2021.

SCHROEDER, Jared. Are bots entitled to free speech?. *Columbia Journalism Review*, 24 maio. 2018. Disponível em: https://bit.ly/3aIXn0M. Acesso em: 27 mar. 2021.

SCHROEDER, Jared. Os robôs e a liberdade de expressão. *Revista de Jornalismo ESPM (edição brasileira da Columbia Journalism Review)*, n. 22, p. 54-55, jul.-dez. 2018. Disponível em: https://bit.ly/3dSiUWO. Acesso em: 15 abr. 2021.

SIPRI – Stockholm International Peace Research Institute. Disponível em: https://bit.ly/3evnIR0. Acesso em: 27 mar. 2021.

TAMAGOTCHI COMPLETA 15 anos após conquistar 78 milhões de pessoas. *Veja*, 23 nov. 2011. Disponível em: https://bit.ly/3novuQP. Acesso em: 27 mar. 2021.

TEXTOR, C. Gross Domestic Product (GDP) at Current Prices in China from 1985 to 2019 with Forecasts until 2025. *Statista*, 22 out. 2020. Disponível em: https://bit.ly/3vuc53P. Acesso em: 27 mar. 2021.

THE WORLD'S MOST Valuable Resource Is no Longer Oil, but Data. *The Economist*, 6 maio 2017. Disponível em: https://econ.st/32TNYPK. Acesso em: 27 mar. 2021.

TIMOTHY LEARY MORRE on-line. *Folha de S.Paulo*, 1 jun. 1996. Disponível em: https://bit.ly/3viyYa0. Acesso em: 27 mar. 2021.

UMLAUF, Fernanda. Bitcoin consome tanta energia quanto toda a Suíça, afirma estudo. *Tecmundo*, 6 jul. 2019. Disponível em: https://bit.ly/32S9dRR. Acesso em: 27 mar. 2021.

VILLAS BÔAS, Bruno. Brasil deve deixar em 2020 de ser uma das dez maiores economias do mundo. *Valor Econômico*, 9 nov. 2020. Disponível em: https://glo.bo/3aHMwEr. Acesso em: 27 mar. 2021.

VIRILIO, Paul. Entrevista ao Caderno Mais!. *Folha de S.Paulo*, 9 fev. 1997. Disponível em: https://bit.ly/3dVck1K. Acesso em: 27 mar. 2021.

WERNECK, Humberto. O papa do papo. *O Estado de S.Paulo*, 21 nov. 2017. Disponível em: https://bit.ly/3t1hs8F. Acesso em: 27 mar. 2021.

WINCK, Ben. The 5 Most Valuable US Tech Companies are Now Worth More Than $5 Trillion after Alphabet's Record Close. *Business Insider*, 17 jan. 2020. Disponível em: https://bit.ly/3aImVv8. Acesso em: 27 mar. 2021.

WONG, Julia Carrie. QAnon Explained: The Antisemitic Conspiracy Theory Gaining Traction around the World. *The Guardian*, 25 ago. 2020. Disponível em: https://bit.ly/3dT5LNg. Acesso em: 27 mar. 2021.

WORLD HEALTH ORGANIZATION – Organização Mundial da Saúde. Disponível em: https://covid19.who.int. Acesso em: 27 mar. 2021.

WORLD'S TEN LARGEST Companies (s.d.). Recuperado em: 6 set. 2019. Disponível em: https://cnn.it/3xt7PTS. Acesso em: 6 set. 2019.

WRIGHT, Robert. Science and Original Sin. *Revista Time*, 28 out. 1996. Disponível em: https://bit.ly/3dUy79D. Acesso em: 27 mar. 2021.

Filmes

A dama de Shanghai. Direção de Orson Welles. Estados Unidos, 1947.

A Rosa Púrpura do Cairo. Direção de Woody Allen. Estados Unidos, 1985.

Brexit: Driblando a democracia. Direção de Thomas Huchon. França, 2018.

Brexit: The Uncivil War. Direção de Toby Haynes. Inglaterra, 2019.

Cidadão Kane. Direção de Orson Welles. Estados Unidos, 1941.

Eléments d'idéologie. Direção de Lutz Hachmeister. Alemanha/ Reino Unido, 2005.

Goebbels Experiment. Direção de Lutz Hachmeister. Alemanha/ Reino Unido, 2005.

Janela da Alma. Direção de Walter Carvalho e João Jardim. Brasil/ França, 2001.

Matrix. Direção de Lilly e Lana Wachowski. Estados Unidos/ Austrália, 1999.

O dilema das redes. Direção de Jeff Orlowski. Estados Unidos, 2020.

O último grande herói. Direção de John McTiernan. Estados Unidos, 1993.

Privacidade hackeada. Direção de Jehane Noujam e Karin Amer. Estados Unidos, 2019.

Tron. Direção de Steven Lisberger, Estados Unidos/ Taiwan, 1982.

Wall Street. Direção de Oliver Stone. Estados Unidos, 1987.

Agradecimentos

Em primeiro lugar, devo agradecer ao professor e editor Ricardo Musse, pelo honroso convite para que eu escrevesse este título. Sem Ricardo Musse nada feito. Ele me deu as orientações precisas para definir o escopo deste livro e, ao ler as primeiras versões, corrigiu erros e pontos obscuros. Em segundo lugar, agradeço a Ana Paula Cardoso, jornalista, mestre em Literatura e professora, pela leitura crítica atenta, rigorosa e carinhosa na preparação dos originais.

Minha pesquisa sobre a Superindústria do Imaginário começou há mais de vinte anos. Na minha tese de doutorado, *Televisão objeto: a crítica e suas questões de método*, defendida em 2002 na Escola de Comunicações e Artes da Universidade de São Paulo (ECA-USP), expus os principais conceitos que, agora, em versão atualizada e mais aprofundada, são os pilares teóricos deste livro. Agradeço à minha orientadora, Dulcília Buitoni, e aos examinadores que avaliaram meu trabalho na qualificação e na banca final, quando me aprovaram com distinção e louvor: Eduardo Peñuela Cañizal (qualificação), Octavio Ianni (qualificação e banca), Jeanne Marie Machado de Freitas (banca), Renato Ortiz (banca) e Paulo Arantes (banca).

Quando defendi o doutorado, detalhando o conceito de *valor de gozo*, eu desconhecia a menção que Jacques Lacan fizera a essa expressão durante um seminário de 1966 e 1967, "A lógica do fantasma". À época, a transcrição desses seminários circulava apenas na forma de um CD-ROM caseiro para círculos restritos, e eu nunca tivera nem notícia desse material. Passei um par de anos acreditando que eu tinha cunhado o termo *valor de gozo*, que me parecia lógico, natural até, mas meio de mau gosto. Eu tinha uma certa inibição de pronunciá-lo em voz alta. Um dia, meu aluno de pós-graduação Rafael Venâncio encontrou as referências lacanianas e veio compartilhá-las comigo. Para mim, foi um alívio descobri-las. Senti nelas uma confirmação para o meu trabalho. Eu e Rafael, a quem devo muito, publicamos juntos um artigo tratando desse conceito no âmbito dos estudos da comunicação.

Sou imensamente grato à psicanalista Maria Rita Kehl, que me apresentou a tantos conceitos em tantas conversas. É dela a expressão "mais-valia do olhar", que, com o crédito devido, aparece em alguns trechos desta obra. Maria Rita foi a maior influência para que eu começasse a estudar a comunicação no Imaginário. Muito obrigado também, Fernando Haddad, pela interlocução permanente, durante tantos anos, sobre esfera pública, sobre política, sobre imprensa e até sobre teorias evolucionistas. A convivência com ele tem sido um presente para mim.

Durante a elaboração do meu doutorado, pude contar com o apoio entusiasmado de professores da Faculdade Cásper Líbero, onde dei aulas em 2001 e 2002. Agradeço a Marco Antônio Araújo e a Laan Mendes de Barros por isso. Agradeço ainda a Laura Valente Schichvarger pela ajuda na localização de algumas citações.

Em 2008, eu me tornei professor da ECA-USP. Pouco depois, fui convidado para dar aulas de pós-graduação no PPGCOM (Programa de Pós-Graduação em Ciências da Comunicação) pela querida professora Maria Immacolata Vassallo de Lopes, a quem registro meu agradecimento. Lecionando na pós, pude transformar minha pesquisa sobre fabricação de valor no Imaginário numa disciplina. A convivência com os alunos tem sido maravilhosa e, de um certo ponto de vista, desequilibrada: aprendo mais com eles do que eles comigo. Muito obrigado a todas as minhas turmas.

Agradeço ainda ao professor Vitor Blotta pelas lições sobre Habermas e outros temas. A Carlos Eduardo Lins da Silva e a Caio Túlio Costa, dois dos maiores jornalistas do Brasil, agradeço pela parceria de duas décadas, pelos projetos que tocamos juntos e pelos ensinamentos que iluminaram raciocínios presentes neste livro. Bruno Dallari, um grande professor de Linguística, me ajudou a entender proximidades e distanciamentos entre Saussure e Bakhtin, além de ter me alertado para um pequeno ruído de tradução na expressão "esfera pública burguesa". Depois disso, o professor de direito em Frankfurt, o advogado brasileiro Ricardo Campos, foi generoso em sanar minhas dúvidas sobre essa tradução, abordada aqui numa nota de rodapé. Cynthia Van De Kamp me apoiou em traduções difíceis. Rejane Santos e a equipe editorial da Autêntica conduziram com esmero cada etapa da feitura deste livro, o que me deixou impressionado, comovido e grato.

Devo explicitar, sempre, a minha gratidão intelectual e afetiva ao filósofo Adauto Novaes, inspirador e líder da principal escola de Filosofia do Brasil, que só se dá a ver publicamente pelos ciclos que ele organiza e pelos livros que deles resultam. Foi ele quem me recomendou a leitura de Guy Debord, autor essencial no meu trabalho. Adauto me instruiu em cerca de quinze conferências que preparei para os ciclos. Suas orientações estão comigo.

Com meu coração caipira e catimbento, agradeço a Maria Paula Dallari Bucci, que pensa melhor do que eu e, por tantos anos, dialogou comigo sobre a elaboração das ideias amontoadas nestas páginas, nas quais, em leitura final, fez correções preciosas. Maria Paula me guiou com lições sobre direito, sobre poder, sobre existir e sobre não morrer à toa.

Coleção Ensaios

A proposta desta coleção é preencher uma lacuna no mercado editorial brasileiro: a publicação de obras redigidas por especialistas para o público geral, não especializado. Os autores, selecionados entre expoentes de sua área de atuação, apresentam resultados de pesquisas relevantes e originais – ou balanços da discussão intelectual sobre um tema determinado, em uma linguagem acessível, mantendo o rigor conceitual e dispensando o aparato acadêmico.

Os livros possuem abrangência multidisciplinar. Desdobram suas reflexões a partir do entrecruzamento de análises críticas da cultura, da política, da economia e da vida social em geral. Trata-se de uma atualização do modelo clássico de divulgação científica, direcionada para um leitor com bagagem e formação escolar e profissional distinta.

A linha editorial contempla traduções de autores e livros consagrados; predominam, porém, livros encomendados diretamente a autores brasileiros. Os quatro primeiros volumes são: (1) *China contemporânea: seis interpretações,* é uma reunião de seis ensaios sobre a transformação desse país em potência comercial, industrial e financeira; (2) *A superindústria do imaginário: como o capital transformou o olhar em trabalho e se apropriou de tudo que é visível,* de Eugênio Bucci, descreve e analisa a passagem da instância da palavra impressa para a da imagem ao vivo;

(3) *Arqueologias do futuro: O desejo chamado Utopia e outras ficções científicas*, de Fredric Jameson, trata da atualidade da noção de "utopia" e dos cenários distópicos da ficção científica clássica e contemporânea; (4) *Operação Lava-Jato*, de Marjorie Marona e Fábio Kerche, compõe um relato crítico da gênese, desenvolvimento e término das ações da força-tarefa que mudou a história do Brasil.

A coleção é coordenada por Ricardo Musse, professor de sociologia na USP e reconhecido por sua atuação no jornalismo cultural. Ele foi um dos editores do Jornal de Resenhas e possui experiência como articulista de suplementos e cadernos culturais dos jornais *Folha de S.Paulo* e *O Estado de S.Paulo*.

Este livro foi composto com tipografia Adobe Garamond Pro
e impresso em papel Off-White 80 g/m² na Formato Artes Gráficas.